南湖法学名家文库

跬步探微 中国法史考论

陈景良 著

法律出版社
LAW PRESS · CHINA
——北 京——

图书在版编目(CIP)数据

跬步探微：中国法史考论／陈景良著. -- 北京：法律出版社，2022

ISBN 978-7-5197-6265-0

Ⅰ. ①跬… Ⅱ. ①陈… Ⅲ. ①法制史-研究-中国 Ⅳ. ①D929

中国版本图书馆 CIP 数据核字（2021）第 257434 号

跬步探微:中国法史考论
KUIBU TANWEI:ZHONGGUO FASHI KAOLUN

陈景良 著

责任编辑 丁小宣 宋丽娜
装帧设计 凌点工作室

出版发行 法律出版社
编辑统筹 法律教育出版分社
责任校对 王晓萍 王语童
责任印制 刘晓伟
经　　销 新华书店

开本 710 毫米×1000 毫米 1/16
印张 19.75 **字数** 300 千
版本 2022 年 3 月第 1 版
印次 2022 年 3 月第 1 次印刷
印刷 北京建宏印刷有限公司

地址:北京市丰台区莲花池西里 7 号(100073)
网址:www.lawpress.com.cn
投稿邮箱:info@lawpress.com.cn
举报盗版邮箱:jbwq@lawpress.com.cn
销售电话:010-83938349
客服电话:010-83938350
咨询电话:010-63939796

书号:ISBN 978-7-5197-6265-0
定价:58.00 元
凡购买本社图书,如有印装错误,我社负责退换。电话:010-83938349

宋代司法传统研究中的若干问题(代序)*

一、学术研究的徘徊与突破

自1989年发表研究宋代法律制度及其历史地位的专业学术论文以来,我便对宋代的法制及司法传统产生了浓厚的兴趣。

兴趣是人生最好的老师,也是学术研究的最大动力。之所以对赵宋一代王朝的法治文明产生兴趣,究其原因:第一,受严复的影响。严复曾说:"古人好读前四史,亦以其文字耳。若研究人心政俗之变,则赵宋一代历史,最宜究心。"[1]严复留学英伦,研习工科。回国后,则致力于西方学术名著的翻译。他何以如此说?这深深地吸引着我。第二,我出生于农家,秉性喜爱文史。当时的开封师范学院是我小时候能够见到的最好的大学。而这个学校的所在地就是当年的世界第一大都市北宋汴京。未上大学之前,我对于宋朝历史的了解,除了不识字的祖母给我讲的"赵匡胤千里送京娘"的故事外,印象最深的便是以"包公"为题材的大鼓书和戏剧了。童稚之初心,往往是成年后职业兴趣的基石。第三,是对史学大师邓广铭先生的崇拜与敬仰。读法律史硕士时,导师薛梅卿先生曾多次于课堂、课下讲到邓先生治学的严谨。其对学生要求的严格,学术造诣的高深及为人的耿介,盛传于学林。邓先生一生致力于宋史之研究,对宋代文化评价甚高。由于崇拜先生,我随之也对宋代法治文明情有独钟。

---

* 原载《师大法学》2017年第2辑(总第2辑),法律出版社2018年版。收入本书时文章略有改动,此后不再一一说明。

〔1〕 王栻主编:《严复集》(第3册),中华书局1986年版,第668页。

如此一来,我便对赵宋王朝320年的历史及其法治文明充满了向往与热诚。宋代的基本史料,如《宋史》《续资治通鉴长编》《宋会要辑稿》《文献通考》《建炎以来系年要录》《三朝北盟会编》《全宋文篇目分类索引》《宋代诏令全集》等,都成了我节衣缩食后购下来的必读之书。就连鸿篇巨制的《全宋文》,也都收入我的书架之上。

阅读史料,给我带来了对学理的思考与追问。由20世纪80年代延续下来的"文化热"持续到20世纪90年代初,更使我从文化之主体——人的角度,思考一个时代中司法传统的承担者与这个传统的形成之间的关系。这就有了"士大夫与宋代司法传统"的视角。

把"士大夫"作为一个群体,从能动的角度,以比较的立场,去探索宋代司法传统的内涵,特色及其历史地位,借以区分与西方法律文明中司法职业群体——法官、律师等的人格、知识素养、法律地位的异同,成了我二十余年来学术研究的最大兴趣点。为此我发表了一系列的专业学术论文。与此同时,关于宋代司法传统的研究,无论对我本人还是法史学界,似乎也都出现了一个"瓶颈"。

欲突破学术研究进程中的困境,2010年,我申报并承担了国家社科项目"宋代司法传统中的理性与经验"。在课题项目研究和宋代史料阅读中,我常常陷入这样的沉思:何为理性,何为经验?宋代司法传统中的理性与经验所指为何,该以怎样的方法与理论观察此一问题呢?我认为,必须从学术研究的目标定位入手来思考这些问题。

在我看来,学术研究的意义有二:一是知识的增量;二是思想的创新。前者是基础,后者是学人的希求。法律史作为史学与法学交叉的学科,既是基础理论学科,又是一个极其重视文献史料及学术积累与心理沉淀的冷学问。从一定意义上说,法律史与其说属于法学学科,倒不如说它更接近于史学,属于文史哲中的人文学科。故法律史研究中的史料厚重性与文献的挖掘,当属研究的首要之义。既为研究,当然应于研究中有所创新。学术研究应提倡个性化,所谓创新即为突破。突破所指亦有两个面向:一是研究者对自身以往研究的新视野;二是对学界于此课题研究相关成果的总结吸纳与推陈出新。如果说后者在于追踪成果,提炼成果观点并加以消化利用,从而吐故纳新的话,那么对于前者来说,超越自身是质的飞跃,更是学术研究上的艰难。因为学术研究不是在一个点上画同心圆,追求它的平面之扩展,如研究中的数量、名气、成果的反复被利用等,而是要注重在研究过程中的升华,从一个低的台阶爬到一个更高的台阶,直到山顶而纵览天下美景,故而学术研究中的自身突破是一个更难实现的学术目标。

基于上述认识,我个人选择的学术进路是:首先,厘清学界以往对宋代司法制度及其司法传统的代表性成果,并尽可能于此成果中找出给自己带来启发性的观点与视野。其次,把这些成果的代表性观点化为研究者的问题意识,于史料的阅读中寻求宋代司法传统之内涵所具有的新知识,以及认识的增长点。再次,既然课题研究的宗旨是宋代司法传统中的理性与经验,那么以比较的方法与现代法学理论的视野,在中西法治文明比较中揭示宋代司法传统所具有的文明元素与制度特色,并在现代的司法改革实践中反思历史传统的深刻与厚重,则自然成为研究课题中的应有之义。最后,必须申明的观点是:宋代司法传统及司法文明的研究,及至整个中国法律史的研究都必须坚持。文献的阅读,事实的论述及其阐释的方法,虽然离不开西方的视野,但盲目崇拜西方与研究中的闭目塞听都是极其有害的。

二、学术史回顾与问题的提出

赵宋王朝的法治文明及司法制度,由于其存续在盛唐之后,再加上其版图的缩小,南宋更是偏安于江左,故其成就长时期并不受学界重视。直到20世纪80年代初,随着改革开放的深入发展,我国大陆与台湾地区的学术交流也逐步深入。这里必须要着重说明的是,对宋代法制成就的认识,首推我国台湾地区学者徐道隣先生的《中国法制史论集》[2]。在这本著作中,徐先生不仅写出了"大法学家苏东坡"的宏文,而且还在宋代的《鞫谳分司制》与《翻异别勘制》两篇考证性的专题论文中,分析了宋代法制独具的时代特色,且明确提出了"宋律为中国传统法的最高峰""宋朝的皇帝懂法律和尊重法律的,比中国任何其他朝代都多"。[3] 这对于沉寂了千年的宋代法制文明与在教科书中重唐抑宋的大陆法史学界两方面来说,都不啻冬日惊雷,具有振聋发聩的作用。然后学界王云海、张晋藩、郭东旭等先生分别推出论著,如王云海先生主编的《宋代司法制度》、张晋藩教授主编的《中国法制通史(第五卷):宋》、郭东旭教授的《宋代法制研究》、赵晓耕的《宋代法制研究》、薛梅卿的《宋刑统研究》先后出版。这些著作虽然对宋代法制的深入研究起了巨大的推动作用,但就宋代司法传统而言,其研究的视角

---

〔2〕 徐道隣的《中国法制史论集》后收入《徐道隣法政文集》中,该文集由清华大学出版社2017年3月出版。

〔3〕 参见徐道隣:《宋律中的审判制度》,载《徐道隣法政文集》,清华大学出版社2017年版,第206-207页。

与我从士大夫之群体出发,阐释宋代司法传统的理性与经验,进而揭示宋代司法文明历史进程中的先进元素,还有着较大的差异,其给我的反思与启示还有待深化。

真正给我带来启发的是中国大陆学者何勤华、戴建国、张中秋诸教授;日本的学者宫崎市定、高桥芳郎、寺田浩明先生;中国台湾地区研究宋代法制及司法传统的柳立言先生。现分述如下:

何勤华、张中秋均非研究宋代法律史的专家,二位学者给我的启发主要是如何站在比较法的立场上,确定比较的逻辑进路与文献的选取。此外,张中秋从中国的文化原理出发,解读中西法秩序与司法正义的路径,对我思考宋代司法传统的理性元素及文明特质有重要启示。

戴建国是宋史学者,他在20世纪80—90年代集中研究宋代法制,其代表性文章发表后,以《宋代法制初探》一书结集出版[4]。书中《宋代刑事审判制度研究》一文,对宋代《鞫谳分司制》与《翻异别勘制》的考证与学理分析,不仅深化了徐道邻先生对此一问题的论述,而且还对文献中"鞫谳分司"出现矛盾的原因进行了新的解读,指出"鞫谳分司"绝非说所有的案件中"鞫""谳"两司官员都不可以于本职中兼他任,而是说同一案件中一法官不能同时出任两职。这种纠谬抉误的学识给我留下了极其深刻的印象。其后,戴先生又出版了《唐宋变革时期的法律与社会》一书,这本书从日本学者内藤湖南的"唐宋变革"假说出发,把社会变革下宋代法律的变迁,从法律形式、法典编纂体例到刑罚、奴婢财产继承、契约文书诸项制度,分六章进行研究。其中财产继承与契约文书制度的发展两章,研究的触角直接深入宋代的婚姻家庭及老百姓的社会生活中,其所揭示的中国历史文化原理,对我认识宋代司法传统的深层肌理有着重要的启示。戴先生的著述是我喜欢的重要参考书目。[5]

再说日本学者。在研究中国法律史的学人中,老一辈学者中田薰、仁井田陞、大庭脩、滋贺秀三等固然都是中国大陆法史学人耳熟能详的人物,但给我最大教益的仍然是对"唐宋变革说"有进一步阐释的宫崎市定。宫氏长篇论文《宋元时期的法制与审判机构》的理论主旨在于阐释宋代的审判机构与制度原理是社会断裂与变革的标示,其背后所反映的是近世中国都市文化与个人主义的兴

[4] 戴建国:《宋代法制初探》,黑龙江人民出版社2000年版。

[5] 2019年和2020年,戴建国先生又推出两本专著。参见戴建国:《宋代法制研究丛稿》,中西书局2019年版;戴建国:《秩序之间:唐宋法典与制度研究》,上海人民出版社2020年版。

起。这种理论所具有的魅力如迎面春风,给我对宋代司法传统的思考增添了一种新的活力。

寺田浩明承其业师之余绪,从中西文化原理不同的类型学角度,以明清的土地权利与制度为研究中心,在基本史料的解读上独辟蹊径,寻求与中国史学界及法律史学界不同的理论支点与解释框架。他不仅解释了中西法律在秩序建构上的不同起点,还以极其精细的笔触对宋代以后田宅诉讼中的专有名词"管业"进行了深刻的揭示。寺田认为,中国人所理解的"管业"一词并不表明田宅主人对土地与房屋所拥有的所有权,土地所有权本身并没有成为一种国家的制度。

"管业"是伴随宋代土地私有制深化及田宅诉讼的兴起而出现的一个专有名词。在宋代之后,尤其是明清时期的江南一带,人们常把现实生活中正在对某一田地或房屋进行管理、占有、使用、收益的人称为"管业者"。"管业"是一个指涉多项事实,如同一块土地上有不同权益的多个业主,含义极其丰富的词汇。它表征着中国历史上,人们在田宅上的权益观念与实际管领状态,也是法官审理田宅诉讼纠纷时首先要弄清的一个事实。

寺田对"管业"含义的解释及其背后所反映的中国文化特有的逻辑结构,[6]对于我研究宋代司法传统有着指导性意义,因为从田宅诉讼看,研究宋代法官如何追求司法实践中的理性之真及价值关怀的向善,是本人课题研究的应有之义。

高桥芳郎英年早逝,他关于宋代司法活动中"茶食人"的职业属性,令我关注。高桥氏对此曾发表过专题研讨,限于文献对"茶食人"记载的疏漏,高桥氏此文篇幅不大,也没有真正厘清"茶食人"在宋代司法活动中的定位。只是说,他承担的功能大体上相当于诉讼中的保识人角色。虽然,高桥氏没有揭示出"茶食人"与"宋代司法传统"的内在关系,但先生毕竟于此一视角率先着鞭,为我解读宋代司法活动中的各色人等及其角色定位,指向了一个可探索的视域。[7]

2014年,大陆学者戴建国先生于《史学月刊》发表《南宋基层社会的法律人》一文。[8] 在学界已有成果的基础上,其对"茶食人"的角色、定位、职业性质做了进一步的厘清。可能出于史学学科的谨慎,在史料未备的前提下,戴先生也未对

---

〔6〕 [日]寺田浩明:《权利与冤抑》,王亚新等译,清华大学出版社2012年版,第228-232页。

〔7〕 高桥氏探讨宋代"茶食人"的专文,由于没有中译本,故只能作大概介绍。

〔8〕 戴建国:《南宋基层社会的法律人》,载《史学月刊》2014年第2期。

“茶食人”的角色与宋代司法传统之间的关系作进一步的论证。这就为我进一步思考与研究留下了继续探索的空间。

最后,重点要说的是我国台湾地区学者柳立言先生对宋代法制研究的贡献及其对我个人研究的启发。

柳先生在博士阶段师从著名宋史前辈刘子健先生,并从美国著名的普林斯顿大学获取了博士学位。为了研究宋代法律制度,柳先生又返回美国于哈佛大学法学院进修、访学,后专门从事宋代法律制度与司法理论的研究。

柳氏的贡献有三:一是开辟了新的领域,即宋代的家庭法律制度与宋代的宗教、身份与司法。二是方法上的创新——我目之为“柳氏五问”或“柳氏之问”,即于研究的文献及课题中随时设问:什么时间、地点,为何,谁是主体,内容是什么。柳先生独创的这套方法,对于法律史专门领域中的具体问题之理论预设,总给人以环环相扣的新鲜感。三是文献材料的识别与解读,多有勘误纠谬之功。

至于柳先生研究成果的中心观点,我概括为:其一,从宋代留下来的判词与历史文献看,宋代的司法审判是依法判决而非恣意决断。其二,所谓依法判决并非简单的死扣法条,而是在首推依法而判的基础上,用大家熟悉的经典及经义去补充法律,而不是消解法律。因为这些经典及经义所蕴含的道理符合民心、合乎社会生活的实际。

柳先生所著文字,语言平实,论证严密,常一反学界流行之观点而别出新意,如柳先生分析《“天理”在南宋审判中的作用》一文[9],把天理与审判关系一分为二:一是对受害者权益的维护;二是对加害者行为之惩罚。柳先生分析说,前者,天理与法律平行而弥补其不足,没有导致司法不客观、不确定或不一致;对后者,为了弥补受害人与加害人之间伦理关系的损伤,有时会用天理说否定法律的机械规定。表面上看似是对法律的超越,实际上是在寻求法律条文背后的立法意图。

我的问题是,依法判决背后生长着理性成长的空间,判决合理性的司法实践是宋代司法主体——士大夫(如包公、宋慈、范应铃等人)审判经验的结果,宋代何以具备这样的历史条件及其知识的积累呢?以此为切入点,我在研究中企图

---

〔9〕 柳立言:《“天理”在南宋审判中的作用》,载《历史语言研究所集刊》第2册,中华书局2013年版。柳先生出版的作品另有:(1)柳立言:《宋代的家庭和法律》,上海古籍出版社2008年版;(2)柳立言:《宋代的宗教、身分与司法》,中华书局2012年版;(3)柳立言:《人鬼之间:宋代的巫术审判》,中西书局2020年版;(4)柳立言:《南宋的民事裁判:同案同判还是异判》,载《中国社会科学》2012年第8期。

寻求新的路径与生长点。

三、切入问题的途径与解决的难点

清末时期的"变法修律"主持人沈家本说:"中学多出于经验,西学多本于学理。不明学理,则经验无以会其通,不习经验,则学理亦无以证其实,学理与经验正两需也。"〔10〕

长久以来,如何认识和评价中国司法传统,是众多中外学者研究的重点课题;尤其是近十年来,它又成为学者们争论不休的焦点。对这一问题的探讨意义重大,它影响我们如何弥补当今中国现实法律与传统之间的断裂,以便在社会转型加速、改革开放深入的今天,如何在新形势下,增强民族文化主体意识,从而在"千年变局"中解决"守成与创新"的问题。

由于对宋代司法传统的研究,是在如何认识中西司法传统的大背景下进行的,故对宋代司法传统的学理构思与事实叙述,也离不开学界以往对中国司法传统的总体认识,故欲认识宋代,首先应了解中国。

早先,在各种意识形态和西方知识的影响下,学者们的研究对中国司法传统存在许多偏见,具体可概括为两点:一是中国传统司法受制于皇权专制,中国的法律与司法缺乏对老百姓日常民事生活的规制,更没有对民事权利的保护;二是中国传统地方州县官没有受过法学教育,在司法审判时主要是注重情理和儒家道德,不遵照国家实体法,判案时随心所欲,由此司法缺乏可预见性与客观确定性。

以上认识有其产生的社会时代背景。自19世纪后期中国受到西方列强冲击后,中西文化之争成为缠绕在中国人头脑中的一个重大问题。然而,当时中国遭受接连败退的情景导致国人一开始就蒙蔽于西方文化的偏见。他们所问的问题是:中国为何落后于西方而挨打?这种设问的方式只能将他们引向寻找各种显示西方先进而中国落后的解释之中。司法传统因素成为其中重要解释之一,由此便出现了前面对中国司法传统偏见的概括。同时,这种概括又对西方司法传统建构了另一番图景,如西方司法不受行政干涉,其法官在判案时只是根据法律内部的逻辑进行推演,不受伦理道德的影响,司法审判具有确定性。如果我们对这一解释进行追根溯源,就会发现它早从黑格尔就开始了。黑格尔曾将中国传统法律看作实体性的、工具主义的,而非西方式的理性的形式主义法律。循着

---

〔10〕 沈家本:《历代刑法考》,邓经元、骈宇骞点校,中华书局1985年版,第2217页,附《寄簃文存》卷六"王穆伯(佑)新注《无冤录》序"。

这一思路,后来德国社会学家马克斯·韦伯亦指出中国传统法律是实质的、非理性的,它与形式的、理性的西方法律完全属于两种不同的类型。在这之后,这些思想进一步影响了日本学者滋贺秀三、寺田浩明等人。再往后便传播到国内,为国内许多学者视为无可辩驳的定论。如今它依然盛行,在国内中国法制史教科书中仍处于主流地位,不知影响了多少法学本科学子,甚至已成一般大众的常识。[11]

如今看来,韦伯和滋贺秀三等人的研究主要是为了证明为何西方首先走向现代,发展起资本主义这个问题,司法只不过是论证这个问题的一个论据。在这样的问题意识下,一个落后的中国必然有着落后的司法,这也注定了其无法与西方司法同步。

这种"以西方为标准衡量中国"的思维方式一开始就指向了中西之异,而对中西之同便有意或无意地忽视了。自20世纪90年代,已有学者开始对韦伯、滋贺秀三等人的观点提出反思和批评,其中代表性人物便是美国加利福尼亚大学洛杉矶分校历史系黄宗智教授。他于1996年发表的《中国的民事司法:清代的表达与实践》为其代表作,而在这之前的1994年,他已与白凯教授,还有哥伦比亚大学的曾小平教授共同主编了一本《清代与民国时期中国的民法》来阐发自己的观点。在研究过程中,黄宗智教授有意识地遵循了"从经验研究出发到理论,然后再返回到经验发现"的认识方法,以实现中国史研究理论的"本土化"建构。这得益于他对台湾淡新、顺天府宝坻和原四川巴县有关清代民事司法档案的细致整理和爬梳。黄宗智教授认为,清代州县官在审判时并不主要依赖于情理,大多数时候还是会依照《大清律例》来判案。这是因为在司法审判的实际运行当中,"县官处在一个严密的组织起来的官僚系统的底层,这个官僚体系有着一整套行为则例和报告审查制度"。[12] 因此,对于这些官员来说,最稳妥的办法就是尽量按律例断案。

如今二十余年过去,黄宗智教授的观点已引起国内学界的广泛注意,也有学者不予认同。他们认为,黄宗智无非想说明,所谓西方法律传统中的某些特质在中国传统法律中也能找到痕迹,如此他仍然未能跳出西方中心的理论框架。或

---

〔11〕 陈景良:《反思法律史研究中的"类型学"方法——中国法律史研究的另一种思路》,载《法商研究》2004年第5期。

〔12〕 [美]黄宗智:《清代以来民事法律的表达与实践:历史、理论与现实》卷一,法律出版社2014年版,第14页,"导论"。

者说,其希望突破“西方中心观”理论陷阱的努力并没有成功。因此今后关于中国司法传统的性质这一问题仍有探讨的必要。

这里之所以在叙述了宋代法制及司法研究成果之后又不惜笔墨重述学界对古典中国司法传统的研究及其评价,目的就在于,要把宋代司法传统的研究置身于整个中国历史的文化背景中。

沿着此一思路,本人研究的第一个视角是:从中国文化的内在理路出发,将中国司法传统植入它自己的历史进程与语境中,以寻找它自己特有的理性,以及在这种理性指导下形成的特有经验。

我的第二个视角是:具体到宋代来说,士大夫作为宋代各级政权机构中的长官,是实然的法官,听讼理断是他们处理政务、治国理民的主要职责。宋代的司法传统及司法制度的运行靠他们维系。因此,他们是宋代司法的主体。这个群体如何在司法实践中把儒家“民本”与“仁政”理念落实到听讼断狱中,他们在具体的审判活动中有何创造,怎样与诉讼活动中的基层法律人(如私书、贴名、茶食人、胥吏、衙役)打交道,如何运用宋代的物证、书证、人证去审理田宅诉讼,又如何在刑狱大案中运用勘验技术,去田间地头查证案件,从而去洗冤白谤,维护司法的公正呢?“干照”〔13〕“管业”“断由”〔14〕“茶食人”〔15〕“幹”“说史歧路人”等,这些专业名词与各色人等与宋代司法是什么关系?他们是怎样融合到司法实践中,从而铸造宋代风格独具的司法传统的呢?从北宋的“铁面包公”到南宋的职业司法者宋慈及其法医学名著——《洗冤集录》的诞生,都深深地吸引着我,引发我巨大的研究兴趣。也许这些重大而又复杂的理论与实践问题,并非短期内所能完成。但本人总想探讨一二,并从中总结和抽象出法理来。

现把思路绘图(见图1)以示清晰:

---

〔13〕　陈景良:《释“干照”》,载《河南财经政法大学学报》2012年第6期。

〔14〕　陈景良:《给断由:南宋司法公正的制度实践》,载《人民论坛》2020年7月下半月刊。

〔15〕　戴建国:《南宋基层社会的法律人》,载《史学月刊》2014年第2期。后收入氏著:《秩序之间:唐宋法典与制度研究》,上海人民出版社2020年版。

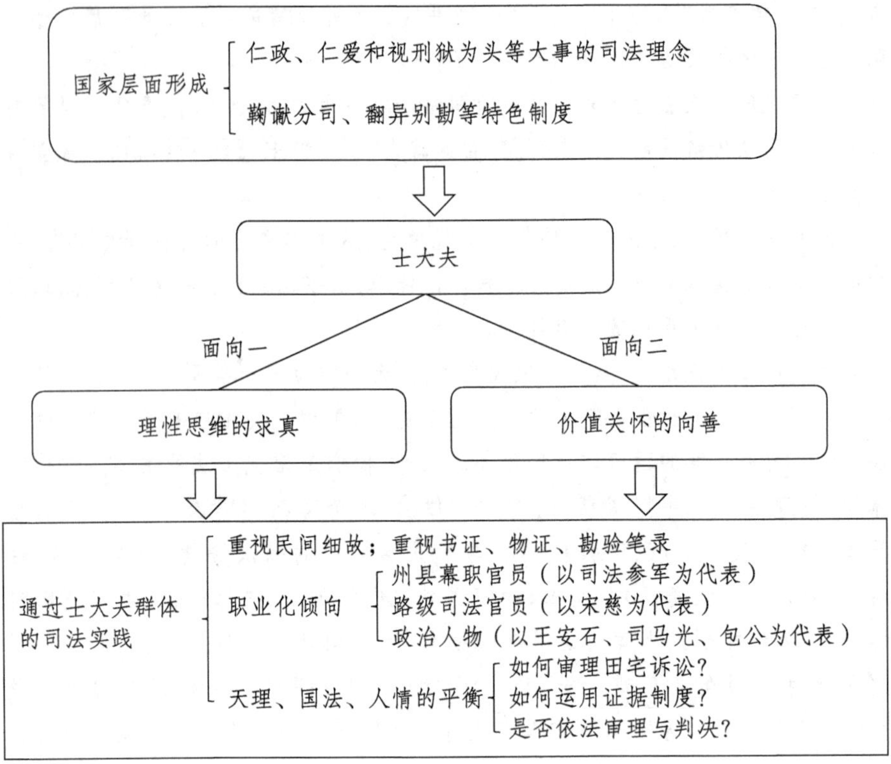

图1　宋代司法传统的理性与经验

明白了切入问题的视野之后,下面再对本人所持的学术观点与课题研究所要解决的难点略加论述。

先说本人之学术立场。首先,我认为宋代司法传统乃至整个中国法律史之研究,都离不开现代西方法学的理论视野,但以西方为参照系,并不意味着可以机械地套用西方法学术语去裁割中国历史,更不可唯西方马首是瞻。譬如,当我们用西方民法中的物权逻辑去分析宋代田宅诉讼中的私权观念时,要知道这些现代的“物权”“所有权”观念虽然可以使我们去厘清中西司法文明价值形态之差异,但用它们去解释中国的历史事实时,并不必然具有确当性。[16]

其次,研究宋代司法传统,必须以丰厚的史料为基础,阐释的方法离不开西方的视野,而坚持的立场则必须是对自身民族文化的认同。

〔16〕　陈景良:《突出“民族性”是中国民法典编纂的当务之急》,载《法商研究》2017年第1期。

最后,我们必须认识到:中西法律文明规范体系与价值理念的逻辑起点是对人之属性、人与人关系理解上的差异。中国文化强调人应有道德自觉,讲究人应该成君子理想人格,直到今日仍然如此。这种对道德君子的崇尚,使得那些读儒家之书的知识分子,通过科举考试及第后的士人成为社会精神与责任的担当者,这也由此决定了他们在社会中的特殊位置。具体来说,士人是社会的精英,担负着将儒家仁政理想施之于现实社会的重要责任,而他们实现途径之一就是在司法审判中主持公平与正义,维持着司法的正当性与社会理性的基础。

宋代是一个变革的时代,士大夫亦是一个不断壮大的阶层。宋代科举取士的人数超于唐代,其科考制度的完善更为唐所不及。完善的科举制度砥砺了士人的情操,使大多数平民及庶族地主知识分子出身的士人走向了政治舞台。社会经济的发展及时代的变革对司法提出了新的公平和效率的要求。法官的公平意识、人格理想、价值期待都有了新的时代风尚。宋之士人除了继续承袭儒家伦理道德之外,他们还更加重视从政的实际经验与司法断案的职业技能。通过士大夫——也就是宋代司法主体(法官)之手,宋代司法机制中建立了一套具有追求合理性、客观性、确定性的司法理念与原则,突出表现为:(1)从中央到地方(州县)都建立了一套组织严密的司法机构与制度,如众所周知的"鞫谳分司制""翻异别勘制度"等。[17] (2)在审理田宅诉讼上(大体上相当于现代的民事案件),坚持书证为裁判的重要证据,重视证据的客观示信力;劝导法官在办理婚姻诉讼案件时,要到实地调查取证,注意书证的辨伪;坚持依法审理,反对恣意妄为,要求结案后必须给当事人"断由",并规定了结案的期限。[18] (3)州府一级,不仅司法组织严密,且幕职州县官"侦讯、审理、断案"三职能,分工相当清晰,甚至还出现了司法职业化的倾向。宋慈作为职业法官,其法医学名著的诞生绝非历史的偶然。[19]

再说本人课题研究欲解决的重点与难点:课题研究的宗旨是立足于宋代的司法实践,发掘中国司法传统的特有理性与经验。难点是对以下三个问题深入地研讨:一是如何从理论上揭示中国古代,尤其是宋代司法实践中依法判决与援情入法的内在关系,即"天理、国法、人情"的审断模式是不是马克斯·韦伯所说

---

〔17〕 陈景良:《宋代司法传统的现代解读》,载《中国法学》2006年第3期。

〔18〕 陈景良、王小康:《宋代司法中的事实认知与法律推理》,载《学术月刊》2020年第2期。

〔19〕 陈景良:《唐宋州县治理的本土经验:从宋代司法职业化的趋向说起》,载《法制与社会发展》2014年第1期。

的“卡迪司法”,情、理、法的平衡运用是对依法判决的补充还是破坏?二是在皇权专制与儒家语境下,宋代司法为何有职业化倾向?司法实践中,法律作为知识是如何成长的?三是宋代法官在不具备现代权利观念的条件下,是如何保护私人权益的?〔20〕

四、几个重要概念的厘清

(一)理性与经验

理性是西方文化中的核心概念,中国历史文化并无理性概念的运用,宋明理学则称之为“性理”。梁漱溟在比较中西文化异同时说,中国文化长于理性,西方文化长于智理。智理即知识,梁漱溟所说的“理性”是他自己独特的用法,并不反映西方文化“理性”概念的真正含义。在西方文化与法治文明中,“理性”作为核心价值与中国文化中的“仁”与“和”之概念一样,既是文化的内核,又是一个极难把握的随时代不同而可注入时代因素的、丰富而又多彩的概念。

中国法律史研究,尤其是宋代司法传统的研究,我认为“理性思维的求真”与“价值关怀的向善”是两个最基本的面向。通常来讲,理性有三层含义。第一,指人们运用逻辑思维进行推理的能力。从这个意义上讲,理性就是人们处理问题的一种思维方式,也就是合乎条理地处理事情。理性在这里体现的是一种合理性。第二,指的是法官在审案过程中,运用逻辑思维进行推理的一个过程。通过这个过程,得到的判决结果具有客观性、确定性。第三,如果把理性集中到司法上讲,就是指司法的合理性、正当性、客观性与确定性。从这三个意义上来使用理性,我个人认为,宋代的司法传统,蕴含了这三方面的理性,或者有丰富的理性因素。

具体说来,就国家层面而言,宋代统治者鉴于五代十国刑狱黑暗、滥杀无辜的教训,政权甫一建立,便一扫弊政,革除旧疾,重用儒家知识分子,派有专业知识的人到各地主持司法,于开国初期便把儒家仁政爱民的思想变为“视刑狱为庶政之要务”(把司法审判与公正当作国家治理的头等大事)的司法理念。制定了保障司法公正的三大具有特色的制度:即州县长官亲自审案的制度、“鞫谳分司制度”、“翻异别勘制度”。

就司法主体——宋代的士大夫而言,“工吏事、晓律义、善理讼”已成为时代的新风尚。凡是有所作为的宋代法官,如北宋之包公、南宋之宋慈、《名公书判

〔20〕 张晋藩主编:《中国古代司法文明史》,人民出版社2019年版。其中,我撰稿第二卷下编《宋代的司法文明》的导论与第一至四章。

清明集》(以下简称《清明集》)中的法官群体、路府州的幕职官员,已把司法审判中的国家理念,通过“理性思维的求真”与“价值关怀的向善”两个层面的思考落实到司法实践中。正因如此,中国法律史上有了作为中国古代公正符号的、跨越数朝流芳百世的包公断案,还有着给中国带来驰名世界荣耀的宋慈法医学著作。事实上,除此之外,文学家苏轼、王安石的法学素养也是不让他人的。[21]

再就宋代的司法实践而论,理性元素的体现更可一展时代之内涵,著名者如民事婚姻审理中的“断由”制度、听讼中的书证制度、同案同判的审断制度等。

“经验”是一个人人耳熟能详的常用词,其含义无非是指:其一,从生活的多次实践中积累的知识或技术;其二,是一个人的亲身经历。与理性一词相较,经验强调的是在亲身经历或实践中得到的知识,具有突出的个人、地域或时代特征,它与理论是相对应的。理论强调普遍性,经验侧重特殊性。宋慈的司法经验是他负责路一级司法审判二十余年的亲身经历中得来的,他人难以取得,更无法代替。

但这绝非说,二者是完全对立的。理性可以超越经验,但又来自经验;经验由亲身经历或反复实践中得来,又需得到理性的指引。二者相辅相成,才能使大功告成。《洗冤集录》作为世界第一本法医学名著,就是在司法实践的基础上,由亲身经历过的宋慈在理性的提炼下完成的。

经验在宋代的司法实践中有哪些突出特征呢?其一,重视第一现场的勘验;其二,重视亲力亲为;其三,人命大案,强调人证、物证、尸体检验;其四,重视证据的辨伪与示信。以宋慈为例,宋慈的办案经验,以文字的形式记载下来,以帮助指导司法实践。这种总结司法实践经验的形式,主要有如下几个方面的体现。一是对判例、办案经验的搜集整理;二是法医学著作的出现,典型的就是《洗冤集录》的问世。

(二)宋代司法传统

传统是指不同文明形态下,世界各民族世代相传的,具有文化特色的各种制度、习惯与生活元素,常与习俗或风俗相联系。关于“宋代司法传统”,学界并无定义。我认为,它主要是指两宋 320 年(960—1279 年)所具有的,世代相传的,体现审判理念的各项司法机制、制度与诉讼活动。

宋代司法传统的典型特征:一是重视物证、书证,于民事审判中关心下层民

---

〔21〕 陈景良:《文学法理,咸精其能:试论两宋士大夫的法律素养》(上),载《南京大学法律评论》1996 年秋季号;陈景良:《文学法理,咸精其能:试论两宋士大夫的法律素养》(下),载《南京大学法律评论》1997 年春季号。

众利益,独创“断由”与“干照”制度;二是命盗重案及刑案实行“鞫谳分司、翻异别勘制”,司法职业化倾向出现,法医学与现场勘验技术发达,《洗冤集录》问世。

(三)宋代司法文明

中国司法文明的实态,已在历史上存在数千年。但对司法文明的自觉认识并与时代的进步及其社会发展相联系,且进一步将其视为评价社会政治文明进步与否的重要指标,则是最近的事,它的背后是社会转型中广大群众对司法公正与社会正义的诉求。然其内涵、特征及其以此为基础重新阐释历史文献、重构法律史研究的新义,究竟与以往有何不同?学界此前虽有文章或著述提及,但个中问题意识与解决问题之方法的新视野,学界并无自觉的认识。目前,法史学界张中秋教授曾专门著文,论及《传统中国司法文明及其借鉴》,给人以新的思考。[22]

学界对于“司法文明”并无确定性的概念,张中秋从国家司法是通过审判活动的实施,去落实法律原则所体现的正义与秩序之认识出发,认为“司法文明应是时代进步与社会发展以及人类理性对秩序与正义追求的一切司法成果”。它包括司法的精神、制度及物质成果,如司法理念、制度、机构、设施、符号、运作机制、模式等。把法律中的秩序和正义落实到司法活动中,是司法文明的本质要求,落实得越到位,文明程度就越高,司法文明史就是落实法律秩序与正义的历史。[23]

就宋代司法传统的研究而言,把“司法文明”之概念引进来的宗旨在于:通过理性思维的求真与价值关怀之向善两个层面,揭示司法审判活动中“理性”与“经验”,及宋代在何种历史条件下,具备了法律知识生长的空间,从而使司法职业化之趋向的出现成为可能。

五、文献的分类与使用

本人课题研究作为中国法律史与宋代法制研究中的一个领域,其研究的原则自然是史学与法学规则的有机结合。而法律史作为史学的分支,其研究必须以史料为基础,宋代司法传统当然不能例外。就此而言,本人课题研究所使用的历史文献主要有三大类:一是宋代基本史料,包括《宋史》《文献通考》《宋会要辑稿》《续资治通鉴长编》《建炎以来系年要录》《三朝北盟会编》《全宋文》等。二是法律类宋代专业史料,主要是《宋刑统》、《宋大诏令集》、《宋大诏令全集》、《庆元条法事类》、《天一阁藏明抄本天圣令校证》、《洗冤集录》、《折狱龟鉴》、

〔22〕 张中秋:《传统中国司法文明及其借鉴》,载《法制与社会发展》2016年第4期。

〔23〕 张中秋:《传统中国法理观》,法律出版社2019年版。另一代表性成果,可参见张晋藩主编:《中国古代司法文明史》,人民出版社2019年版。

《清明集》及其词汇解读等。三是史料笔记类文献。这主要包括中华书局组织点校的《唐宋史料笔记》三十余种的宋代部分,上海古籍出版社影印本的小说论史料笔记等。此外,《历代名臣奏议》、《宋代石刻文献全编》及中国各朝代律典或其他文献也会涉及。下面再申说文献之运用。

徐世虹先生曾言,中国古代法律文献,一般是指以书籍形式或非书籍形式记载中国古代法律的文字资料,其主要载体有甲骨、金石、简帛与纸。其大别有传世文献与出土文献,具体类别则有政书律典、司法文书、档案、契约文书、判词、律学文献、乡规民约、便民指南等,种类繁多,数量可观。[24]

宋代由于史学的发达及活字印刷术的发明,传世文献量大类广,浩如烟海,仅就《宋会要辑稿》而言,便有千万字之多,中华书局影印本8大册,上海古籍出版社的点校本则有16巨册,而《全宋文》更是多至360册。因此,泛谈文献的阅读是没有意义的。我认为文献的使用重在明其宗旨与确定取舍标准。我所确定的阅读宗旨是:基本史料为叙述事实、建构意义的基础,须重点阅读。

就法律制度而言,研究宋代司法传统,首先必须明确宋代三大基本史料《宋史·刑法志》《文献通考·刑考》《宋会要辑稿·刑法》的基本概貌,因为这三类基本史料,是支撑宋代司法传统研究的基础。对上述史料,既要通读,又要明其体例差异及其相互关系。就篇幅而言,《宋史·刑法志》字数最少,不过3万余字。《文献通考·刑考》居其二,有16万字之多。量最大者,是《宋会要辑稿·刑法》,约有70万字。就其相互关系而言,《宋会要辑稿》与《文献通考》二书中的刑法部分,是《宋史·刑法志》编纂的史源。故读《宋史·刑法志》务必知晓,此志的疏漏、谬误有之,移花接木者有之。欲明原委,邓广铭先生的《宋史刑法志考证》[25]一文则是不得不读的。徐松所辑的《宋会要辑稿》,是从《永乐大典》中辑过来的。明朝史臣编纂《永乐大典》时,尚能看到元人从南宋史馆掠去的《国朝会要》及后人所称的《宋会要辑稿》200多册。"会要"作为一种史学体例,开始于唐德宗时期的苏冕。他集唐高祖至德宗九朝沿革损益之制,成会要40卷。后经五代至宋初的王溥总纂而成一种新的史学体裁,赵宋320年,会要体史书编纂达到高峰。宋王朝共编纂会要12种,文字难以估量与统计。由于宋王朝所编会要并不刊行,因此,大部分会要并没保留下来。南宋灭亡时,元人从南宋史馆掠去的200余册,只是全部宋会要的一小部分。据专家考证,我们现在能见

〔24〕 赵晶:《天圣令与唐宋法制考论》,上海古籍出版社2014年版,第1页,"丛刑总序"。
〔25〕 邓广铭:《宋史刑法志考证》,载《历史语言研究所集刊》第20本(1948年),下。

到的清人徐松所辑的《宋会要辑稿》只是宋人张从祖、李心传续编的《总类国朝会要》之一种,已近千万字。[26]

会要与正史中的书、志性质相近,而内容与分类之详则又远非书、志所可比。即是说,它与书、志一样,是分门别类记载一代典章制度沿革变迁的专书,但其内容远超书志,地理、风俗等皆包含其中。《宋会要辑稿》的史源主要来自"实录"、"日历"及其中央六部与监司、州、府、军、监档案。由于历史久远及屡遭战火,宋不同于明清,司法档案难寻踪迹,唯一值得欣喜的是赖《宋会要辑稿》之书,我们仍可看到宋代司法档案的元素与部分材料。

再就体例而言,《宋史·刑法志》篇幅虽小,但其序言对赵宋王朝立法、司法宗旨之概括,则是《文献通考·刑考》《宋会要辑稿·刑法》所不具备的,故其史料价值仍不可取代。

研究宋代司法传统,不能仅依据此三种史料,而是要广搜博取各种有关史料,钩沉稽微、探赜索隐,才能有所创获。但欲先辨别最为基础的史料,明其短长,还是必需的。

宋代传世文献量大类广,与宋代司法传统相关的史料,浩如烟海。若不与课题研究的宗旨相联系,其对史料的取舍,必然漫无边际。因此,我的标准是:其一,站在比较的立场,以"司法文明"之内涵为据,尽量选取能反映宋代司法文明进步成果的史料,建构宋代司法传统中的"理性"意义,总结司法经验的重要成果,以为人们对中国古代法律传统的认识提供新认识与知识支撑点;其二,《宋会要辑稿》一书,由于包含有大量司法档案之元素,故对宋代司法传统的研究关系极重,其中的食货、选举、职官、刑法诸类,更是提炼宋代司法传统之"理性"的直接史源,故本书是为文献选取重点;其三,本人课题研究关注的重点之一是"宋代法官如何审理田宅诉讼",即我们今日所说的民事审判,故《名公书判清明集》一书所载之真实案例与法官之判词,自然成为史料首选;其四,士大夫的审判活动及其与司法活动各类人物的角色定位,也是本文考察的一个突出视角,故与此相关的史料、士大夫文集、政书,如《作邑自箴》《昼帘绪论》《州县提纲》等,也自然进入研究的视野。

六、研究的理论与方法

文献虽可尽量收集,但有史料,无方法、理论,自然难以构建法律史及司法传

---

〔26〕 参见刘琳所作《宋会要辑稿》之"序言"。参见(清)徐松:《宋会要辑稿》第1册,刘琳等点校,上海古籍出版社2014年版。

统研究的新意。法律史研究中的史料、理论与方法,既是一个重大的理论问题,也是一个认识论问题。法律史作为一个学科,是史学与法学的交叉学科,既有史学的属性,也有法学的内涵。历史学研究中求客观、真实的价值原则,亦同样适用于法律史的研究之中。就此而言,中外史学家对于史料与方法关系的研讨,成果早已汗牛充栋。形象的概括是:史料如同建筑材料,譬如钢筋、砖瓦、水泥、木材等。离开材料,各种风格的建筑物无从谈起,故史料为史学之基础。然而,仅有建筑材料,没有能工巧匠与图纸设计,则具有艺术价值的辉煌建筑不可能耸立于人们的视野中。在这里,能工巧匠就好比是史学研究中的理论与方法。理论是指导艺术,方法是实施方案。如同建筑学中的设计师,建筑之所以呈现为各种风格,如罗马式、哥特式、中国古典式、现代抽象式,全靠他们的创造与智慧。以建筑学做比喻,意思是说,史料如同建筑原料,是基础,巧匠为具体实施者,就是方法。图纸设计为指导者,就是理论的创造者。同理,在史学研究中,史料为史学之基,法律史也是一样。研究法律史,首先必须重视史料的搜集、甄别、阅读与理解,因为历史之真须通过史料呈现。然梳理史料、呈现历史之客观、叙述事实,必须遵循一定的规则:与研究问题有关的史料,尽可能广泛搜集;搜集来的史料应在阅读时辨伪考异;史料的取舍应与宗旨对应等,都必须经过史学的严格训练,掌握一定的史学方法。

方法如同能工巧匠,是史学研究中的具体实践者。然而,史料如何取舍,标准为何,作者的问题意识是什么,以什么样的范式表达作者之思想,叙述历史之事件,勾连已消失于历史长河中的事实碎片,给作者呈现一个鲜活的、有意义的历史之真,这就非有理论不可。没有能工巧匠与图纸设计,再多的史料也只不过是建筑原材料,不会成为有艺术风格的建筑物。著名史学家何兆武先生曾把重视史料视为"史学研究一",为首要原则;把理论与方法称为"史学研究二"。故而,他认为史学既是求真之学,又是一门艺术,离不开理论与方法,离不开史家的认识论与世界观。[27]

就本人研究而言,研究的对象为宋代,问题意识却是现实的,切入问题的视角是社会学,方法是历史社会法学,关注的重点是宋代司法主体——士大夫如何在司法实践中发挥其理性创造与总结司法实践经验的。

申言之,研究方法的重点有三:首先,坚持认为,宋代司法传统的研究,阐释

〔27〕 何兆武:《对历史学的若干反思》,载《史学理论研究》1996年第2期。

的方法是用现代的,离不开西方法学理论的视野,而坚持的立场则必须是对自身民族文化的认同。其次,传统司法的核心价值理念是儒家仁爱观念下的民本与恤刑思想,这与现代司法追求公平正义并不从根本上相悖。仁爱理念下的囚犯人道主义待遇恰恰就是现代社会中人权的基本内容。因此,传统与现代虽有不同,却又可以创造性地转换。那种截然相对的观点为本人所不取。最后,“理性”与“经验”之总结,通过宋代士人这个群体的两个面向而集中于司法实践中,这是本人研究所持的一贯立场与方法。

简言之,我的研究方法是以历史社会法学的眼光,把宋代司法传统的研究集中于两个面向:一是理性思维的求真;二是价值关怀的向善。“以现实的眼光关注法史,于法史研究中体悟现实”是我个人学术研究的基本旨趣。

目 录

法史考论

现实关怀

治学方法

学林记事

法 史 考 论

试论宋代士大夫的法律观念*

以创造“理解的社会学”(Verstehend Soziologie)闻名于世的马克斯·韦伯[1](Max Weber,1864—1920年),在研究近代法制合理化的过程中,曾提出过一个著名的观点:法律的发展不仅受经济条件及权力结构的影响,而且在世界上各个法系传统形成的历史过程中,“法律名流”作为该传统中法律文化的维系者,其活动及有意识的创造也将直接导致不同类型的法律传统模式的出现。美国的比较法学者格伦顿说:“当著名的社会学家马克斯·韦伯将其注意力转向世界法系的研究时,他看到每一法系的形成都曾决定性地受一批特定的领头人物的影响。他把这些人称为‘法律名流’(Rectshonorationren)。伊斯兰、犹太和印度世俗社会的宗教法系,则是由神学家们形成的。英国的普通法都是法官们的作品,布莱克斯通称这些法官为法律的‘活的宣传者’。另外,如同我们所了解的欧洲大陆法律通过优秀法学家的成果也获得了独有的特征。”[2]

---

* 原载《法学研究》1998年第4期。

〔1〕 韦伯既是德国当代著名的社会学家、历史学家,也是现代文化比较研究的先驱人物。他一生致力于考察“世界诸宗教的经济伦理观”,亦即试图从比较的角度,去探讨世界主要民族的精神文化气质与该民族的社会经济发展之间的内在关系。韦伯研究问题的方法,如他所创立的关于“理解”(Verstehen)和“理想型”(Ideal - type)的方法论,曾深深地影响一代学者。参见余英时:《士与中国文化》,上海人民出版社1987年版,第441页。另可参见陈景良:《反思法律史研究中的“类型学”方法——中国法律史研究的另一种思路》,载《法商研究》2004年第5期。

〔2〕 [美]格伦顿、戈登、奥萨魁:《比较法律传统》,米健等译,中国政法大学出版社1993年版,第55页。

韦伯的观点给我们如下的启示：在考察具体的法律模式及法文化的结构时，决不应忽视对影响此模式产生的——某一类具有共同价值准则和特殊文化涵养的人的研究。中国古代固然不具有专门的职业法学家及西方法学意义上的“法律名流”，但与此相映成趣的是，在10世纪末叶到13世纪中期中华古老帝国的土地上，却有着一个既饱读四书五经、俨然儒雅，又熟谙律令、工于吏事的知识阶层（或群体），史称之为“士大夫”。这个群体兼文章、经术、吏事于一身，融行政、司法、教化于一炉。他们在文化上摄儒释道之精华，言必中当世之过，行必有补于世，尊奉着“此天下，虽一人，吾往也”的精神信念，“乐以天下，忧以天下”，营造着中华文明的真精神。

“士大夫”是战国之际出现的一个社会阶层。战国时，随着官僚制度的兴起，一些出身于士阶层的人，靠着自己的才能，大显身手，一大批布衣卿相出现。这是一种巨大的历史进步。秦继战国之后而一统天下，治国以“明法重刑”为主导，司法行政则崇尚政统，独尚吏道，所谓专任“刀笔之吏”。汉继秦后，纠其偏狭，吸其教训，当属历史的必然。自汉武帝采纳儒生董仲舒的建议后，一方面，儒生源源不断地进入朝廷，形成士与吏并列朝廷的局面；另一方面，士与宗族的关系日益加深，出现了士族化倾向。从此以后，“儒通文法，吏服训雅”确乎成为“士大夫”阶层发展的一大趋势。换句话说：“士”这一战国之后独立出来的知识群体。在汉之后，又以某种方式与行政、文吏群体及血缘宗法群体再度结合，文道、吏道、师道又重新在士的身上找到了一体化的载体。这是一个总的发展趋势。它经历了秦汉、三国两晋南北朝、隋唐直至两宋，才告完成。

我国台湾地区学者赵铁寒先生说：元、明、清以来的政教大经，以至社会现象，人群的生活意识形态，除去近百年来受到西方文化的冲击变动的成分不算，若在我国文化史上找它的根源，那么，宋代的320年，便是中继线上一个新的起点了。严复的几句话道出实情，一点也不过分。[3] 这是就赵宋王朝乃中国史上“人心政俗之变”之转折点而言。就宋代士大夫而论，它的最为显著的时代风貌，是它“以天下为己任”的自觉精神。史以真（宗）、仁（宗）之际庆历新政的主持者范仲淹为其代表。他那句“先天下之忧而忧，后天下之乐而乐”的名言在历史上成为宋代士大夫时代风貌的生动写照。关于宋代士大夫的性格，日本学者岛田虔次氏有如下的说明，“宋学的主体是谁呢？这无非是士大夫。所谓宋学，

---

〔3〕 参见姚瀛艇主编：《宋代文化史》，河南大学出版社1992年版，第562页。所谓“几句话道出实情”，指严氏所说“人心政俗之变，则赵宋一代最宜究心”。

是士大夫之学,是士大夫的思想。士大夫是什么呢?它是在唐代伴随科举制度的确立而产生,至宋代成为确乎不动的势力的独特的统治阶级。在经济方面,他们经常成为地主,但这不一定是必需的条件。士大夫的特征,首先要在他们是知识分子这一点上,换言之,在(他们)是儒教经典之教养的保持者这一点上即'读书人'这一点上寻求。现在若稍稍周密地说,(他们)则是由于那儒教之教养(这同时也意味着道德能力)的缘故,故作那充分完美的应有之态,期待通过科举而可成为当政者(官僚)那样的人们的阶级"[4]。宋代士大夫作为赵宋政权的广泛参与者,同时也是时代精神的典型体现,已同汉唐儒生文吏迥然有别,乃是一种以天下为己任,通经术、明吏事、晓法律、重现实的复合型人才。疑经论政、批判现实、忧国忧民既是士大夫内心深处之意识,也是宋学主导之精神。换言之,中国的礼治文明,发展到赵宋一朝,进入了一个新的高峰。这正是中国古代知识分子的独特人格和主导精神。

这种精神反映到宋代司法实践上,出现了两种现象。一种现象是一些士大夫将前代敏勉断狱、平反冤案的记载汇集成书。较早的有五代末、北宋初和凝、和㠓父子的《疑狱集》,后来有郑克的《折狱龟鉴》,再后有桂万荣的《棠阴比事》,他们是一脉相承的。另一种现象是一些士大夫将自己的判词收集保存起来,甚至编入自己的文章,传之后世。如范应钤有《对越集》四十九卷,专收他的"断讼语",即判词。又如刘克庄的《后村先生大全集》中,一百九十二、一百九十三两卷就是他任江东提刑时的书判。在我看来,宋代士大夫以天下为己任,"挟道自重"的时代精神委实与宋代法律文化有着密不可分的关联。这里需要指出的是,就中国历史而言,士大夫[5]可分为两类:一是官僚绅士;二是学术绅士。本文所论,主要是指宋代那些经过科举考试而及第后被授予官职,在各级权力机关中从事政务司法活动的知识分子,著名者如欧阳修、范仲淹、王安石、苏轼、刘克庄、胡颖等。他们通经术,善文章,熟谙政务,是一种复合型的人才。就他们的法律观念而言,可以概括为:工吏事晓法律、批判实用和重视权利诉讼三大方面。

---

〔4〕［日］岛田虔次:《朱子学与阳明学》,蒋国保译,陕西师范大学出版社 1986 年版,第 9－10 页。

〔5〕20 世纪 90 年代初,我在京求学时,博士论文选题受北京大学阎步克《士大夫政治演生史稿》一书影响,做《士大夫与宋代法律文化》研究。后阅读宋史大家王曾瑜先生大作,知"士大夫"在宋代可分"乡士大夫"与"卿士大夫"两类。参见氏著:《琐屑编》,河北大学出版社 2020 年版,第 81－134 页。已故著名宋史学者刘子健先生眼光独到,把读书做官的士人从社会结构中剥离出来,作为考察君主官僚政体的一个重要指标,这对我的思考也很有启发。参见氏著:《中国转向内在——两宋之际的文化转向》,赵冬梅译,江苏人民出版社 2012 年版。

一、工吏事、晓法律

工吏事、晓法律是宋代士大夫的一种风尚。所谓“工吏事”，指士大夫群体从自觉的社会责任心出发，强烈要求参政并对典章法令十分娴熟；“晓法律”意谓精通律条与律义。

先说参政意识。宋不同于汉唐，士大夫作为左右宋王朝政治局势的决定性力量，其社会构成以庶族地主为主体〔6〕。宋代科举制度的完备及其所倡导的竞争意识及平等精神砥砺了宋代士大夫的矫世变俗之志。《宋史·范仲淹传》称：“仲淹泛通六经，长于《易》，学者多从质问，为执经讲解，亡所倦。尝推其奉以食四方游士，诸子至易衣而出，仲淹晏如也。每感激论天下事，奋不顾身，一时士大夫矫厉尚风节，自仲淹倡之。”〔7〕欧阳修《居士集》卷五《述怀》诗云：“顾我实孤生，饥寒谈孔孟，壮年犹勇为，刺口论时政。”南宋陆游说：“忧国孤臣泪，平胡壮士心。”〔8〕王安石则说：“四方有志之士，諰諰然常恐天下之久不安。”〔9〕可以说，危难之中的忧患意识是宋代士大夫参政、奋发图治的思想基础，而“工于吏事、通晓法律”则是士大夫立法修令、参政革新的必备条件。

“工于吏事”包含两方面的内容：一是士大夫群体对吏事的关注；二是士大夫对法律典章制度的娴熟。王安石在论述本朝人才之构成时说：“所谓文吏者，不徒苟尚文辞而已，必也通古今，习礼法，天文人事，政教更张，然后施之政事，则以详平政体，有大议论使以古今参之是也。所谓诸生者，不独取训习句读而已，必也习典礼，明制度，臣主威仪，时政沿袭，然后施之职事，则以缘使治道，有大议论则以经术断之是也。”〔10〕这是王安石对宋之士大夫习礼法、通政事、崇经术、重文章，从而具有实践经验的典型描述。就王安石本人来说，除以文章、经术闻名于世外，于政绩、吏道尤为精通。至和三年，欧阳修在向宋仁宗推荐王安石时说：“太常博士、群牧判官王安石，学问文章，知名当世；守道不苟，自重其身，议论通

---

〔6〕 据我国台湾地区学者陈义彦的研究，宋代士大夫在《宋史》中有传的为1953人，其中布衣入仕者占55.12%。参见陈义彦：《从布衣入仕论北宋布衣阶层的社会流动》，载《思与言》1972年第4期。转引自陈植锷：《北宋文化史述论》，中国社会科学出版社1992年版，第66页。

〔7〕 （元）脱脱等撰：《宋史》（第29册）卷三百一十四，中华书局1977年版，第10267－10268页。

〔8〕 （宋）陆游：《剑南诗稿》卷三十一，载《陆放翁全集》中册，中国书店1986年版，第497页。

〔9〕 （宋）王安石：《临川先生文集》卷三十九，载王水照主编：《王安石全集》第6册，复旦大学出版社2017年版，第750页。

〔10〕 （宋）王安石：《临川先生文集》卷六十九，载王水照主编：《王安石全集》第6册，复旦大学出版社2017年版，第1246页。

明,兼有时才之用,所谓无施不可者。”[11]熙宁二年,宋神宗在反驳唐介阻挠起用王安石的决定时说:“(安石)文学不可任耶?吏事不可任耶?经术不可任耶?”[12]再就范仲淹、欧阳修、曾巩而言,他们对吏事的关注和精通,史有明载。如天圣六年,晏殊向朝廷推荐范仲淹时下的总评语是:“为学精勤,属文典雅;略分吏局,亦著清声。”[13]晏殊的评语证之于其后的“庆历新政”,始信其不误。欧阳修向以文章道德著称于世,然据张舜民称:欧阳修逢人所谈多是吏事。吴曾《能改斋漫录》卷十三《欧阳公多谈吏事》条称:“张云叟言,初游京师,见欧阳文忠多谈吏事,张疑之,且曰‘学者之见先生,莫不以道德文章为欲闻者,今先生多教人吏事,所未谕也’。公曰:‘不然,吾子皆时才,异日临事当自知之。大抵文学止于润身,政事可以及物。吾昔贬官夷陵,彼非人境也,方壮年未厌学,欲求《史》《汉》一观,公私无有也。无以遣日,因取架阁陈年公案反复观之,见其枉直乖错不可胜数,以无为有,以枉为直,违法徇情,灭亲害义,无所不有。且以夷陵荒远偏小,尚如此,天下固可知矣。’当时仰天誓心,曰:‘自尔遇事不敢忽也。’迄今三十余年,出入中外,忝尘三事,以此自将。今日以人望我,必为翰墨致身;以我自观,亮是当时一言之报也。张又言:‘自得公此语,至老不忘。’是时,老苏父子间亦在焉,尝闻此语。其后,子瞻亦以吏能自任。或问之,则答曰:‘我于欧阳公及陈公弼处学来’。”[14]这里说的是著名公卿兼文学家的情况。再就一般士大夫而言,工于吏事、明习法令也于史屡有所闻。仅以《宋史》卷三百零四《列传》六十三的部分记载看,周谓、梁鼎、范正辞、刘师道、王济诸人,皆著政声。故《宋史》在总结此五人业绩时说:“渭有清节,临事多从便文;鼎好规画;师道喜论世务;正辞按贪吏,辩冤狱;济议论挺特,无所畏避。五臣者,仕不过监司、郡守,而名称其茂,可尚哉。”[15]苏轼在他起草的《太常少卿赵瞻可户部侍郎敕》中说:“具官赵瞻,明于吏事,辅以经术。忠义之节,白首不衰。”[16]他又在《送章子平诗》叙中说:“子平以文章之美,经术之富,政事之敏,守之以正,行之以谦,此功

[11] (宋)欧阳修:《奏议集》卷十四,载《欧阳修全集》卷一百一十,李逸安点校,中华书局2001年版,第1663页。

[12] (元)脱脱等撰:《宋史》(第30册)卷三百一十六,中华书局1977年版,第10329页。

[13] 曾枣庄、刘琳主编:《全宋文》(第19册),上海辞书出版社、安徽教育出版社2006年版,第207页。

[14] (宋)吴曾:《能改斋漫录》卷十三,上海古籍出版社1979年版,第393-394页。

[15] (元)脱脱等撰:《宋史》(第29册)卷三百零四,中华书局1977年版,第10069页。

[16] (宋)吕祖谦:《宋文鉴》卷三十九,齐治平点校,中华书局1992年版,第599页。

名富贵之所迫逐而不赦者也。"[17]宋代士大夫对吏事的关注，还可从南宋著名司法官员刘克庄的一段话中加以印证。他说："宝庆初元，余有民社之寄，平生嗜好，一切禁止，专习为吏。"[18]

再说对法律的重视和通晓。从实用的角度出发，重视法律在治理国家中御民惩暴、安全止争的作用，本是中国文化的一个古老传统。宋代，由于私有制的发展，商品经济的繁荣，统治阶级对法律在治理国家中的作用更加重视，以至于宋太宗下诏说："夫刑法者，理国之准绳，御世之衔勒……应朝臣、京官及幕职州县官等，今后并须习读法书。"[19]宋自太宗之后，法律考试遂成为选拔各级司法官员的必备途径。在此等形势下，宋代士大夫的法律观念与汉唐儒生相较遂有两点鲜明的时代特色。

第一，在宋代士大夫中间，通法晓律、争言法令成为一种时尚。史称，宋神宗时，彭汝励说："异时士人未尝知法律也，及陛下以法令进之而无不言法令"。[20]苏辙也有"天下争诵律令"[21]之语。宋代士大夫对法律的谙熟和重视，可通过曾肇(1047—1147年)为其家兄(曾巩)所写的行状加以说明。曾肇称："其材虽不大施，而所治常出人上。为司法，论决重轻，能尽法意，由是明习律令，世以法家自名者有弗及也。"[22]《宋史》卷三百一十九《曾巩列传》赞曰："曾巩立言于欧阳修、王安石间，纡徐而不繁、简奥而不晦，卓然自成一家，可谓难矣。宋之中叶，文学法理，咸精其能。"[23]

第二，宋代士大夫从忧国忧民的悲愤意识出发，特别重视狱讼，关心民间疾苦。两宋士大夫在听讼断狱时，既把刑狱视为涉及生民司命、民心向背、"国祚修短系焉"的大事，也从不把民事诉讼视作民间细故。这既是它与其他封建王朝的最大差异处，也是宋王朝民商立法尤为发达的原因所在。南宋时，法官吴雨岩的判词代表了宋之士大夫处理婚姻、田土、财产之讼时的基本思想，他说："此

---

〔17〕《苏轼文集》(第1册)卷十，孔凡礼点校，中华书局1986年版，第324页。

〔18〕《刘克庄集笺校》(第3册)卷九十四，辛更儒笺校，中华书局2011年版，第3973页。

〔19〕(清)徐松：《宋会要辑稿·选举一三》(第9册)，刘琳等点校，上海古籍出版社2014年版，第5520页。

〔20〕(明)黄淮、杨士奇编：《历代名臣奏议》卷一百一十六，上海古籍出版社1989年版，第1540页，《风俗》。

〔21〕(宋)马端临：《文献通考》卷三十八，上海师范大学古籍研究所、华东师范大学古籍研究所点校，中华书局2011年版，第1113页。

〔22〕(宋)曾巩：《曾巩集》(下册)，陈杏珍、晁继周点校，中华书局1984年版，第792页，"附录一"。

〔23〕(元)脱脱等撰：《宋史》(第30册)卷三百一十九，中华书局1977年版，第10396页。

其有关于朝廷上下之纪纲,未可以细故视之。"[24]

宋代士大夫在处理地方政务时,不仅娴熟朝廷法令,而且往往还从关心民间疾苦的角度出发,向朝廷提出免除苛捐杂税的建议,苏轼就是这方面一个典型的代表人物。他在任职杭州、扬州期间,提出了"以法活人"的口号,即依据法律、法令减轻民间疾苦。其事如下:

宋制,商船无论载货与否,皆据载重量收力胜钱,惟贩运粮食不收。宋神宗时各州、军为增加商税收入,对贩粮船也征税,称"五谷力胜钱"。以后,不少地方对非商船也收力胜钱,给老百姓带来了不堪忍受的重负。对此,苏轼说:"臣闻谷太贱则伤农,太贵则伤末。是以法不税五谷,使丰熟之乡,商贾争利,以起太贱之价;灾伤之地,舟车辐辏,以压太贵之直。自先王以来,未之有改也。而近岁法令,始有五谷力胜税钱,使商贾不行,农末皆病,废百王不刊之令典,而行自古所无之弊法,使百世之下书之青史,曰:'收五谷力胜钱,自皇宋某年始。'臣窃为圣世病之……臣闻以物与人,物尽而止;以法活人,法行无穷……须是尽削今日之弊法,专用《天圣附令》指挥,乃为通济,谨具逐条如后。"[25]于是苏轼在奏状中尽列《天圣附令》《元丰令》《元祐敕》的有关规定,以要求朝廷以法免除此项税收。据《苏轼文集》的记载,苏轼所列的法令与敕令如下:

《天圣附令》:诸商贩斛㪷,及柴炭草木博糴粮食者,并免力胜税钱。诸卖旧屋材柴草米麦之物及木铁为农具者,并免收税。其买诸色布帛不及匹而将出城,及陂池取鱼而非贩易者,并准此。

《元丰令》:诸商贩谷以及柴炭草木博糴粮食者,并免纳力胜税钱。旧收税处依旧例。诸卖旧材植或柴草斛㪷,并麦及木铁为农具者,并免收税。布帛不及端匹,并捕鱼非货易者,准此。

《元祐敕》:诸兴贩斛㪷及以柴炭草木博糴粮食者,并免纳力胜税钱。旧收税处依旧例,即灾伤地分,虽有旧例,亦免。诸卖旧材植或柴草斛㪷,并麦及木铁为农具者,并免收税。布帛不及端匹,并捕鱼非贸易者,准此。[26]

熟悉法典敕令,本是宋代地方官员为政的一项基本要求。值得玩味的是,苏轼从忧国忧民的悲愤意识出发,把法令的贯彻落实到减轻民间疾苦上,这既从一

---

〔24〕《名公书判清明集》卷十二,中国社会科学院历史研究所宋辽金元史研究室点校,中华书局1987年版,第459页。

〔25〕《苏轼文集》(第1册)卷三十五,孔凡礼点校,中华书局1986年版,第990-991页。

〔26〕《苏轼文集》(第1册)卷三十五,孔凡礼点校,中华书局1986年版,第991-992页。

个侧面反映了他的法律素养及人文情怀，也同时说明了忧患意识、法律观念与立法从政的密切关系。

二、批判实用的精神

自得和创新是宋代士大夫为学精神的两个方面，前者根源于怀疑古人、针砭时弊的批判意识，后者植根于“人自一说”的个体性格。朱熹说：“唐初，诸儒为作疏议，因讹踵陋，百千万言，而不能有以出乎二氏（指毛、郑）之区域。至于本朝，刘侍读（敞）、欧阳公（修）、王丞相（安石）、苏黄门（辙）与河南程氏（颐）、横渠张氏（载），始用己意，有所发明。”[27]这种人自一说，以异于古人、他人为荣的独得意识及对现实的激烈批判精神，也反映在宋代士大夫的法律思想及司法实践中。批判先修、指陈时弊遂为有宋一朝士大夫立法、司法之精神。

洪迈《容斋续笔》“张于二廷尉”条称：“张释之为廷尉，天下无冤民。于定国为廷尉，人自以不冤，此《汉史》所称也。两人在职皆十余年。周勃就国，人上书告勃欲反，下廷尉逮捕，吏稍侵辱之。勃以千金与狱吏，吏使以公民为证，太后亦以为无反事，乃得赦出。释之正为廷尉，不能救，但申理犯跸、盗环一二细事耳；杨恽为人告骄奢不悔过，下廷尉案验，始得所予孙会宗书，定国当恽大逆无道，恽坐腰斩。恽之罪何至于是？其徇主之过如此，《传》所谓‘决狱平法务在哀矜’者，果何为哉？”[28]张释之、于定国为汉代之著名廷尉，司法以公平无冤滥著称，洪迈于此举史事以证其谬，可谓是于别人不疑处而有疑。宋人好疑之精神，由此可见一斑！

更为耐人寻味的是郑克。他在《折狱龟鉴》一书中，不仅搜寻了上起春秋、战国，下至北宋大观、政和年间历代有关平反冤滥、决擿奸慝的案例故事，而且还以宋人独有的议论精神及胆识，记下了包拯司法的失误及政和年间里胥滥杀之事例，其言足以警世。郑克说：“善察奸者，吏不能欺，至远是也。虽然小人为奸，亦颇难防。包拯副枢知开封府，号为严明。有民犯法，罪当杖脊，吏受赇，与之约曰：‘今见尹，必付我责状。汝第号呼自辨，我与汝分罪。汝决杖，我亦决杖。’既而拯引囚问毕，果付吏责状，囚如吏言，分辨不已。吏大声诃之曰：‘但受脊杖出

---

〔27〕 曾枣庄、刘琳主编：《全宋文》（第250册），上海辞书出版社、安徽教育出版社2006年版，第324页。

〔28〕 （宋）洪迈：《容斋随笔》，孔凡礼点校，中华书局2005年版，第235－236页，《客斋续笔》卷二。

去,何用多言。'拯谓其招权,捽吏于庭,杖之十七。特宽囚罪,止从杖坐,以折吏势。不知乃为所卖,卒如素约,此盖防其招权,不防其见卖也。大抵察奸不可有意,吏果招权。杖之可矣,矫枉过正,遂宽囚重,为彼窥测,以至见卖,失在有意折吏之势也,然则善察奸者,可不鉴于此哉。"〔29〕

包拯决狱,号称严明,世人赞许之。郑克以独具匠心之笔记下这则案例,一反常人之所议。这也从一个侧面反映了宋人的怀疑精神及批评勇气。从汉代之张释之、于定国到唐朝李世民,直至本朝包待制,无不在其批判的视野之内。批判与实用本是一个问题的两个侧面,二者的结合构成了宋代士大夫独具风骚的时代面貌。

关于宋之士大夫的批判实用精神,具体说来有五层意思:一是重视实际从政能力的培养,即前文中所说的"工于吏事"。二是重视从经典中寻求治国的依据,如王安石在变法改制中便以《周官》为据。他在《三经义·周礼义之序》中说:"其人足以任官,其官足以行法,莫盛于成周之时;其法可施于后世,其文有见于载籍,莫具有《周官》之书。"〔30〕《郡斋读书志》卷一上《新经周礼义》按语评论说,"熙宁中设经义局,介甫自为《周官义》十余万言,不解《考工记》。按:秦火之后,《周礼》比他经最后出,论者不一……离去人情远甚,施于文则可观,措于事则难行……介甫以其书理财者居半,爱之,如行青苗之类,皆稽焉。所以自释其义者,盖以其所创新法,尽传著之,务塞异议者之口。"〔31〕三是士大夫在司法审判实践中,重视调查研究,尤其重视判别书证的真伪、物证的收集、证人的采访等。这在《清明集》中有大量的案例可为证明。四是重视总结前人办案经验,把实践中获取的药理、人体解剖、外科、骨科、检验等方面的知识直接汇集成书,宋慈的《洗冤集录》是典型的代表。此外,代理诉讼机构——书铺的出现,李元弼《作邑自箴》的问世,朱熹《约束榜》、黄震《词诉约束》、胡太初《昼帘绪论》等著作对告状格式及审断案件经验的总结,都是宋人实用精神在法律文化方面多层面的反映。五是讲求实用的士风。二程曾讲过下面的名言:"关中之士,语学而

〔29〕《折狱龟鉴》卷五"察奸·李至远识奸"条,这段史料是郑克为该条所写的按语。参见(宋)郑克:《折狱龟鉴译注》卷五,刘俊文译注,上海古籍出版社 1988 年版,第 290 页。

〔30〕王水照主编:《王安石全集》(第 3 册),复旦大学出版社 2016 年版,第 29 页,《周礼新义》。

〔31〕(宋)马端临:《文献通考》卷一百八十一,上海师范大学古籍研究所、华东师范大学古籍研究所点校,中华书局 2011 年版,第 5352 页。

及政，论政而及礼乐兵刑之学，庶几善学者。”[32]这种批判实用的精神，反映到立法活动上，大大促进了宋代立法的发展，制定了大量的反映商品经济发展，适应社会需要的工商法规和各类敕令，著名者如：调整海外贸易的《市舶条法》，反映财产继承关系的《天圣户绝条贯》（财产遗嘱条法）《景德农田编敕》《元丰司农敕令格式》《熙宁常平敕》等。梁启超对宋代实用风气之下编纂法典的壮观，作了如下的描述：“宋代法典之多，实前古所未闻，每易一帝，必编一次，甚者每改一元，必编一次。盖终宋之世，殆靡岁不从事于编纂法典之业。然莫不裒然成一巨帙，少者亦数十卷，多者乃至数百卷。亦可谓极千古之壮观矣。”[33]

三、重视权利诉讼

学界通常认为，西方文化重权利、尚自由，崇法好讼；中国传统文化重义务、尚人伦，卑法厌讼。倡此论最力者为耿介自恃的梁漱溟先生。他在1948年完成的《中国文化要义》一文中说：“外国人上法庭如同家常便饭，不以好讼为嫌。中国人则极不愿打官司，亦很少打官司。亲戚朋友一经涉诉讼，伤了感情，从此便不好见面。在欧美律师为上等职业，在中国则讼师乃为众人所深贱而痛恶”。[34]梁氏之论深深地影响着一代学者，直到20世纪90年代初期，一批对中国传统法律文化研究颇有见识的青年学者仍把梁先生的看法视为不易之论，并在著作中辟专章进行讨论[35]。当然，声称中国人“厌讼”，法典中没有“权利”的字眼，就中国传统文化的主导价值而言，一般说来似乎并无大错。即便如此，这种说法也只有在下列意义上才是正确的：第一，中国人不把法视作一种抽象的价值超验存在，而只是把它视作来自社会人伦生活，又反过来规范社会人伦关系的外在性规范，它的作用主要在于安邦定国，禁乱止争。第二，中国人不像西方人那样，把建立理想的社会寄托在法律对社会个体成员权利的保护上，而是通过社会个体的道德自觉，课义务于自身，让权利于对方，从而达到社会的普遍和谐，实现社会的

---

[32]　（宋）程颢、程颐：《二程集》（粹言卷），王孝鱼点校，中华书局2004年版，第1196页，《论学篇》。

[33]　梁启超：《饮冰室合集》（第2册），中华书局1989年版，第27页。

[34]　梁漱溟：《中国文化要义》，载《梁漱溟全集》第3册，山东人民出版社1990年版，第199页。

[35]　梁治平：《寻求自然秩序中的和谐——中国传统法律文化研究》，上海人民出版社1997年版，第八章；另可参见张中秋：《中西法律文化比较研究》，南京大学出版社1991年版，第八章第一节。需要说明的是，梁漱溟先生虽持上述观点，但他并不认为中国文化落后于西方，而是认为西方文化弊窦丛生，中国文化必将复兴。这是他与梁治平、张中秋二先生的不同之处。

理想与国家的长治久安。[36]

然而,必须指出的是,当我们对中西法律文化进行比较研究,并以此为据而证中国之劣时,持论尤当谨慎,特别是当我们把研究的视线投注于某个时代,或者某个时代的具体问题时,这个结论便大有可商之处。赵宋王朝,人们在社会生活中不以诉讼为耻,反以诉讼为荣,甚至嗜讼成风。士大夫亦在立法和司法活动中萌发了一种权利诉讼的意识,开始注意对下层农户、各类商人及孤幼、妇女的私有财产权利的保护,这是一种值得注意的现象。

(一)士大夫从忧患意识出发,开始注意关心下层农户的利益

在中国封建社会,儒家传统文化虽然一直占主导地位,但儒家的传承者即本文中所说的士大夫,作为一个群体在政事中起决定性作用,则是到了11世纪前后的北宋时代。之所以如此,皆植根于宋代的社会经济背景及科举取士制度中所体现的平等精神。两宋之际,士大夫的社会结构比例由魏晋、隋唐以来的门阀士族,转向以庶族地主为主体的儒家知识分子。士大夫们从社会的底层走向政权的各个部门,贫苦的经历使他们从青少年时代就养成了一种个人勤劳奋斗的自觉精神[37]。真(宗)仁(宗)之际的科举改革及外患频仍的社会现实,更使他们由自由、平等的竞争意识转化为对政治现实的关注。关心民瘼,批判现实,注重下层劳动者的权益,便成了其价值观念中的应有之义。

宋代因商品经济的发展和土地私有制的深化,农民对地主的人身依附关系较为松懈。封建士大夫对下层农户的利益及权利要求,表现出了极大的同情和关注,它表现为两个方面:

一方面,士大夫已经认识到"客户乃主户之本",[38]这里的客户是指"借人之牛,受人之土,佣而耕者"[39]的下层农户。主户则是泛指整个地主阶级。袁采说,"我衣食之源,悉借其力",因此必须"存恤佃客"。[40] 司马光说:"彼皆编户

---

[36] 美国比较法学者埃尔曼说:"依照儒家思想,普遍的和谐与稳定的理想状态并不通过法律或权利与义务之间的平衡而获得。'礼'的基本概念构想着一个以义务为中心并仅仅以义务加以调整的社会。"参见[美]埃尔曼:《比较法律文化》,米健等译,生活·读书·新知三联书店1990年版,第87-88页。

[37] 范仲淹、欧阳修、王安石、苏轼等人的成长道路是对此问题的极好说明。参见(元)脱脱等撰:《宋史》卷三百一十四、卷三百一十九、卷三百二十七、卷三百八十八,中华书局1977年版,第10267、10375、10541、10801页。

[38] 《苏轼文集》卷三十六,孔凡礼点校,中华书局1986年版,第1036页。

[39] (宋)石介:《徂徕石先生文集》卷八,中华书局1984年版,第87页,《录微者言》。

[40] (宋)袁采:《袁氏世范》(卷下),天津古籍出版社1995年版,第150页,《治家》"存恤客户"。

齐民,非有上下之势。”[41]

另一方面,士大夫在参政及立法时,特别强调治理国家,以关心民事为首要。吕大钧说:“为国之计,莫急于保民;保民之要,在于存恤主户,又招诱客户。”[42]南宋时,士大夫已经认识到:在内忧外患、江河残破的社会形势下,若不把宽恤民力与惩治扰民的贪官作为立法的首要之急,恢复和发展农业生产就是一句空话,更谈不上中兴大业。故士大夫特别强调“治道以民事为急[43]”,并督促朝廷制定了“民事被罪”之法。该法律规定:凡因“民事被罪者,并不得注知州军、通判、知县差遣[44]”,以加强对那些视民政为不切之务官吏的警戒与处罚。史载,南宋高宗时曾多次下诏,要求“诸路监司,广加询访,凡民间利病,官吏侵渔,无有具细,咸得以闻”[45]。

（二）士大夫在审理财产继承的案件中,注意保护妇女的合法权益

宋代之前,中国历朝的继承制度都是以宗祧继承为核心而兼及财产继承。所谓宗祧继承,就是以延续后代(男性)、养儿防老作为继承的核心,财产继承则是其次要内容。宋代,由于私有制的发展及封建经济的发达,继承法中,财产继承已占有独立的地位。如宋仁宗天圣四年(1026年)颁布的《户绝条贯》,就是一个极好的例证。宋代,在室女——未嫁之女一直享有财产继承权,只不过北宋与南宋略有不同。宋初,刑统引《户令》之规定:“诸应分田宅者,及财物,兄弟均分。”[46]“未娶妻者,别与娉财。姑姊妹在室者,减男娉财之半。”[47]南宋时,未嫁女在家产分析中的地位有了突破性的提高。士大夫在审判中十分注意保护她们的合法权益。这表现在:在家产分析中,在室女不再像北宋初年那样,只能分未娶妻之兄弟聘财的一半,而是得其兄弟财产的一半。刘克庄在审理田县丞财产一案中说:田县丞共有二女一男,身后财产,其女理当有份。他在判决中写道:“在法,父母已亡,儿女分产,女合得男之半。”[48]并说田县丞身后财产,“依诸子均分之法,县丞二女合与珍郎共承父分,十分之中珍郎得五分,以五分均给二

[41]　(宋)江少虞:《宋朝事实类苑》卷十五,上海古籍出版社1981年版,第184页,《顾问奏对》。
[42]　(宋)吕祖谦:《宋文鉴》卷一百零六,齐治平点校,中华书局1992年版,第1477页。
[43]　(宋)佚名:《皇宋中兴两朝圣书辑校》,孔学辑校,中华书局2019年版,第60页。
[44]　(宋)李心传:《建炎以来系年要录》卷一百七十一,中华书局1988年版,第2809页。
[45]　(宋)李心传:《建炎以来系年要录》卷一百七十一,中华书局1988年版,第2812页。
[46]　(宋)窦仪等:《宋刑统》卷十二,吴翊如点校,中华书局1984年版,第197页,《户婚律》。
[47]　(宋)窦仪等:《宋刑统》卷十二,吴翊如点校,中华书局1984年版,第197页,《户婚律》。
[48]　《刘克庄集笺校》卷一百九十三,辛更儒笺校,中华书局2011年版,第7534页。

女"[49]。

这里需要说明的是,宋代妇女的地位非从北宋到南宋单线性上升,在两宋士大夫的思想观念中,也不是所有的人都十分关注妇女的合法权益,尤其是在理学家的意识里,对妇女的束缚远比对妇女财产权的关照多。这只能说明社会生活的复杂及思想演进的多层面性,不应该成为否定宋代士大夫具有关注妇女合法权益一面的理由。

(三)士大夫在司法审判中开始注意保护孤幼及下层劳动者的权益

在宋代,随着私有制的深入发展和商品经济的繁荣,经济利益呈现多元化发展的趋势。在社会生活中,尽管儒家伦常观念依然是文化的主流,但在经济交往、婚丧嫁娶、科举及第等社会活动及礼尚往来的风俗习惯中,私有财产观念的加重成为宋人的一种时尚。经济的发展不仅使宋代保护私有财产权的立法较唐大为增加,[50]同时财产观念对伦常道德的冲击也在士大夫的审判活动中留下了鲜明的烙印。[51] 如此一来,两宋之际,士大夫在司法实践中形成的保护私有财产的意识,便有了以下的个性和特色:一方面,文化的主导价值仍然要求他们在司法活动中继续奉行儒家的人伦道德理想;另一方面,因经济发展而带来的私有财产观念及社会政治人生的深切忧虑,又促使士大夫在处理案件纠纷的过程中不得不适应社会生活发展的需要。这就使宋代法律文化出现了这样一种极为有趣的历史现象:崇尚和睦、提倡息讼的道德说教背后,隐藏着士大夫明断是非、保护孤幼财产权的意识,也隐藏着宋代社会生活中兴讼、嚣讼的现实。概括说来,其特点有:

1. 从"矜老怜幼"的伦理原则出发,在审判中创设"检校"制度,注意保护孤幼子女的合法权益。检校本是检查核实之意,但作为法律用语出现在宋代法典中,却另有特殊之含义:"所谓检校者,盖身亡男孤幼,官为检校财物,度所须,给之孤幼,责付亲戚可托者抚养,候年及格,官尽给还,此法也。"[52]这表明检校是

---

[49] 《刘克庄集笺校》卷一百九十三,辛更儒笺校,中华书局2011年版,第7541页。

[50] 以宋代基本法典《宋刑统》为例,其中有关田产典卖、财产继承等方面的内容都远较唐律为详,甚至为其所无。如卷十二的《户绝资产》《死商钱物》,卷十三的《典卖指当论竞物业》《婚田入务》等。另外,宋代还颁布了不少有关方面的单行法规,如《户绝条贯》等。

[51] 如胡颖(号石壁)在审判中说:"且贫民下户,尺地寸土皆是血汗之所致。"参见《名公书判清明集》卷九,中国社会科学院历史研究所宋辽金元史研究室点校,中华书局1987年版,第317页,《典主迁延入务》。

[52] 《名公书判清明集》卷七,中国社会科学院历史研究所宋辽金元史研究室点校,中华书局1987年版,第228页,《不当检校而求检校》。

对父母双亡之孤幼子女的财产实行代管的制度。检校作为法律用语首先出现在《宋刑统》上。《宋刑统》卷十二称："诸身丧户绝者，所有……店宅、资财，并令近亲转移货卖，无亲戚者，官为检校。"检校于北宋末普遍实行，终南宋而未改。

据有关史料记载，检校的内容有三：其一，适用检校的对象必须是父母双亡的孤幼；[53]其二，孤幼成丁后，官府必须如数发还被检校之财物；[54]其三，官府不应检校而检校者，须负法律责任。[55] 通过上述内容，我们大体上可以看出其立法意蕴所在。现在需要进一步阐明的是，士大夫们保护孤幼及下层劳动者的权益意识是怎样体现在司法活动中的呢？《清明集》卷八《叔父谋吞并幼侄财产》条记有这样一个案例：李细二十三（人名）为李文孜之叔父。李文孜年幼时，父母双亡。李文孜父母在生前曾收养李细二十三的儿子李少二十一为养子，但李少二十一不孝，致其养父母家破人亡。随后，李细二十三父子合谋吞并李文孜父母家产，遂引起一场诉讼纠纷。审理此案的是南宋时著名的士大夫胡颖。胡颖对此案的判决结果有三部分。首先，胡颖从儒家的人伦道德出发，痛斥李细二十三父子不讲兄弟骨肉之情，以不恭不孝之心侵吞李文孜父母财物的贪婪行为。其次，引用法律及敕令，说明判决理由。最后，援笔为判：李细二十三杖脊十五，编管五百里；李少二十一勘杖一百，押归本生父家，并枷项；其夺得的财物、契书一并发还；李文孜父母的财物由官府检校，待成年后给还；鉴于李文孜年幼，特请"一老成士友"对其教育，其费用由官府所检校的李文孜父母的财物中折充。

在《清明集》一书中，有关此类的判例远不止上引一例。该案的案情并不十分复杂，胡颖的判决就主导价值而言，仍不免要弘扬儒家的人伦道德。第一，宋代士大夫在判决中并非机械地墨守儒家断狱必原其尊卑上下之情的教条和单方面地维护尊长的利益，而是根据案情，据引律条，对儒家人伦道德作重新阐释，以解决现实问题，力求把现代法学中所说的权利义务关系纳入宋代社会所希求的理想秩序之中。这是中国法律文化中曲尽奥妙之所在，研究者当于此尽心焉。

---

〔53〕《名公书判清明集》卷七，中国社会科学院历史研究所宋辽金元史研究室点校，中华书局 1987 年版，第 228 页，《不当检校而求检校》。

〔54〕胡颖在判词中写道："其一户产业，并从官司检校……，俟成丁日给还。"参见《名公书判清明集》卷八，中国社会科学院历史研究所宋辽金元史研究室点校，中华书局 1987 年版，第 286 – 287 页，《叔父谋吞并幼侄财产》。

〔55〕《庆元条法事类》卷三十六："不应检校辄检校具职位姓名，取旨责罚。"参见杨一凡、田涛主编：《中国珍稀法律典籍续编第 1 册：庆元条法事类》，戴建国点校，黑龙江人民出版社 2002 年版，第 561 页。

第二,不言“权利”而从儒家“矜老怜幼”的仁爱意识出发,融儒家人伦道德于保护孤幼的司法实践中,这是中国法律文化不同于西方之处,也是两宋司法活动中普遍存在的现象。职是之故,学者在研究中国传统法律文化时,不可以典籍及法典中无权利之条文,就断然否定中国古代社会生活中社会个体成员也享受着实际上的权利这一历史真实。只不过中国文化中表达这一事实的词语与西方不同罢了。对此,梁漱溟曾深有体悟地写道:“(权利)论其字之本义,为‘正当合理’与吾人之所尚初无不合。但有根本相异者,即它不出于对方之认许,或第三方面之一般公认,而是由自己说出。例如子女享受父母之教养供给,谁说不是应当的?但如子女对父母说‘这是我的权利’,‘你应该养活我,你要给我相当教育费’——便大大不合中国味道。假如父母对子女说‘我应当养活你们到长大’,‘我应给你们相当教育’——这便合味道了。就是父母对子女而主张自己权利,亦一样不合,不过沿着自幼小教导子女而来的习惯,父母责子女以孝养,听着好像不如是之不顺耳而已。其他各种关系,一切准此而知。要之,各人尽自己义务为先,权利则待对方赋与,莫自己主张。这是中国伦理社会所准据之理念。而就在彼此各尽其义务时,彼此权利自在其中;并没有漏掉,也没有迟延。事实不改,而精神却变了。”[56]

2. 在诉讼中允许“以卑告尊,以幼告长”。我国唐代以前,法律禁止以卑告尊,以幼告长。《宋刑统》虽然沿袭唐律的内容与精神,对卑幼告尊长也加以限制,但随着社会的发展与经济的发达,私有财产观念逐渐冲击着儒家的伦理道德思想,统治者也就不断地修改着法律中不适应社会生活的礼治原则,制定新的法令,调整社会生活中多元经济利益,并允许在民事诉讼中以卑告尊,以幼告长,南宋社会尤其如此。据《清明集》的记载,在田土、房屋、财产等方面的纠纷中,既有叔侄之讼、兄弟之讼,也有母子之讼、舅甥争讼。在这些诉讼活动中,有的是尊长告卑幼,也有的是卑幼告尊长,如“嫂讼其叔用意立继夺业”“叔父谋吞并幼侄财产”“诸侄论索遗嘱钱”[57]“已出嫁母卖其子物业”“叔伪立契盗卖族侄田

---

〔56〕 梁漱溟:《中国文化要义》,载《梁漱溟全集》第3册,山东人民出版社1990年版,第93页。

〔57〕 《名公书判清明集》卷八,中国社会科学院历史研究所宋辽金元史研究室点校,中华书局1987年版,第260、285、291页。

业"[58]"母子互诉立继家财""子与继母争业""兄弟之讼""兄侵凌其弟"[59]等。有趣的是，无论是弟讼其兄，还是子诉其母，宋之士大夫作为法官都一一审理，而且还在判决中说："母子兄弟之讼当平心处断。"[60]刘克庄在审理丁侵凌其弟丁增一案中，不仅没有按照"宁曲其弟，不曲其兄"的道德教条审理，而且还依法维护了弟弟丁增的合法权益。此案的大意是：丁、丁增本为兄弟，父死时，尚有财产六七贯文。只因丁不务正业，好逸恶劳。分家之后不久，即将所分田业典卖殆尽，又垂涎其弟财物，侵渔不已，既牵弟之牛，又唆使人搬弟之柴。弟乃诉之于官，刘后村判弟胜诉，勒令丁"备牛两头，仍量备禾二贴，交还丁增"[61]。

上述案例并非宋代社会生活中一孤立的现象，而是普遍存在的社会现实。这说明在宋代，卑者为维护个人的私有财产权而诉诸官府，诉诸法律，在士大夫看来，完全是正常的。这是宋代士大夫私有权观念在司法实践活动中的典型表现。

3. 广开越诉之门，注重保护下层民众及商人的合法权益。有宋一朝，商品经济活跃，私有制深入发展，民间诉讼在江南一带十分盛行，以至于社会生活中出现了专门打官司的人，史称"讼师""健讼之人""珥笔之人"[62]，他们的活动，也成了一门学问，有的学者称之为讼学[63]。与此相适应，宋代士大夫的大多数人改变了原有的"自古善为治者，必禁越诉"[64]的旧观念，增强了保护下层劳动者及商人合法权益的意识。

先就前者而论。宋初沿用唐律之规定，严禁越诉行为的发生。北宋末期，因

[58] 《名公书判清明集》卷十，中国社会科学院历史研究所宋辽金元史研究室点校，中华书局1987年版，第296、308页。

[59] 《名公书判清明集》卷十，中国社会科学院历史研究所宋辽金元史研究室点校，中华书局1987年版，第360、365、371、373页。

[60] 《名公书判清明集》卷十，中国社会科学院历史研究所宋辽金元史研究室点校，中华书局1987年版，第361页。

[61] 《名公书判清明集》卷九，中国社会科学院历史研究所宋辽金元史研究室点校，中华书局1987年版，第373页。

[62] 参见郭东旭：《宋代之讼学》，载漆侠主编：《宋史研究论丛》第1辑，河北大学出版社1990年版，第133－147页。另《名公书判清明集》中《惩教讼》一判记载："不知何时有此一等教讼之辈，不事生业，专为嚣嚣，遂使脑后插笔之谣，例受其谤。"可见"珥笔之人"，乃脑后插笔之谓也。参见《名公书判清明集》卷十二，中国社会科学院历史研究所宋辽金元史研究室点校，中华书局1987年版，第479页。

[63] 郭东旭：《宋代之讼学》，载漆侠主编：《宋史研究论丛》第1辑，河北大学出版社1990年版，第133－147页。

[64] （宋）谢维新：《古今合璧事类备要》外集卷二十六，上海古籍出版社1992年版，第584页。

社会形势所迫，宋王朝首先在民事诉讼方面，洞开了越诉之门，及至南宋，允许越诉的范围越来越宽。概言之，当出现下述四个方面的情况时，允许越诉：其一，百姓的物业遭受侵害之时；其二，官吏侵渔百姓之时；其三，豪强利用“务限法”企图谋吞下户田土之时；其四，官吏受纳租税不依法时。[65]

这里，我们以南宋的大理寺卿李洪为例，看看士大夫们是怎样通过修改“务限法”，来表达对下层农户利益之关注的。务，在此指的是受理某些民事案件的期限。宋代“务限法”规定：凡官府受理民间田宅、婚姻、债负案件时，“以二月一日后”为入务，“十月一日后为务开”，入务后不得受理。[66] 但是富豪之家往往以此为借口，拖延时间，侵渔贫户小户田产。对此，李洪上奏朝廷说：“务限之法，大要欲民不违农时，故凡入务而诉婚田之事者，州县勿得受理。然虑富强之家乘时恣横，豪夺贫弱，于是又为之制，使交相侵夺者受理，不拘务限。比年以来，州县之官务为苟且，往往借令文为说，入务之后，一切不问，遂使平民横被豪夺者，无所申诉。欲望明饬州县，应婚田之讼有下户为豪强疆侵夺者，不得以务限为拘，如违，许人户越诉。”[67] 李洪的上言，得到了朝廷的批准。[68]

再就宋代的商业及海外贸易活动而言，士大夫非常注意在诉讼活动中保护商人的合法权益。宋代，商品经济、功利主义思想十分流行，这不仅在士大夫中间形成了一股冲击秦汉以来传统贱商抑末思想的力量，[69] 而且就宋代的最高统治者皇帝来说，也从唐末五代以来“掊克斯甚、交易不行”的惨痛教训中，认识到了“通商惠工”、保护商人利益的重要性。宋太宗说：“当职之吏，恣为烦苛，规余羡以市恩宠，细碎必取，掊克斯甚，交易不行，异夫通商惠工之旨也。”[70] 为此，他允许商人若遇地方官吏刁难，可越级上告。当时的工商法规允许中间人从中穿线、搭桥以促进贸易活动的展开，但市场中的牙人、侩子往往借此欺诈商人，从中

[65]　（宋）谢维新：《古今合璧事类备要》外集卷二十六，上海古籍出版社1992年版，第584页。

[66]　（宋）窦仪等：《宋刑统》卷十三，吴翊如点校，中华书局1984年版，第207页，《婚田入务》。

[67]　（清）徐松：《宋会要辑稿·刑法三》（第14册），刘琳等点校，上海古籍出版社2014年版，第8418页。

[68]　（清）徐松：《宋会要辑稿·刑法三》（第14册），刘琳等点校，上海古籍出版社2014年版，第8418页。

[69]　在宋代，士大夫们同情商人，重视工商，是一种普遍的意识，自欧阳修、范仲淹、王安石、苏轼、李觏、陈亮、叶适等无不如此。范仲淹曾作诗赞许商人说：“尝闻商者云，转货赖斯民……上以利吾国，下以藩吾身。……吾商则何罪？君子耻为邻。”参见（宋）范仲淹：《范仲淹全集》卷二（上册），四川大学出版社2007年版，第25页，《四民诗》之“商”。

[70]　（清）徐松：《宋会要辑稿·食货十七》（第11册），刘琳等点校，上海古籍出版社2014年版，第6351页。

刁难。对此,士大夫在审判实践中予以痛斥,并以法严惩牙侩的欺诈行径,保护商人的合法权益。南宋胡颖在判词中写道:"大凡求利,莫难于商贾,莫易于牙侩。奔走道途之间,蒙犯风波之险,此商贾之难也,而牙侩则安坐而取之;数倍之本,趋锥刀之利,或计算不至,或时月不对,则亏折本柄者常八、九,此又商贾之所难也。而牙侩则不问其利息之有无,而已之所解落者一定而不可减。故曰:莫难于商贾,莫易于牙侩。"〔71〕这表明胡颖作为法官,对商人充满了同情之感。对于在本案中欺压商人的牙侩李七五、李四,他依法进行了惩治,"杖一百,押出府界,仍监还所欠钱、银"〔72〕。

对于在海外贸易中外商的合法权益,宋代士大夫也十分重视和关注。史称:"(南宋宁宗)开禧三年(1207)正月初七日,前知南雄州聂周臣言:'泉、广各置舶司以通蕃商。比年藩船抵岸,既有抽解,合许从便货卖。今所隶官司,择其精者,以售低价。诸司官府复相嘱托,名曰和买。获利既薄,怨望愈深,所以比年蕃船颇疏,征税暗损。乞申饬泉、广市舶司,照条抽解、和买入官外,其余物货不得毫发拘留,巧作名色。如违,许藩商越诉,犯者计赃坐罪,仍令比近监司专一觉察。'从之。"〔73〕

综上可见,两宋士大夫的主导精神及一代士风的形成,极大地促进了宋代法制的发展。两宋的法律注重保护卑幼、妇女、下层农户及各类商人的私有财产权利,法律的体系和技术都有长足的进步,这与士大夫的参政意识、否定现实道德说教的怀疑批判精神、诉讼法律观念的转变及对民间疾苦的关注有着千丝万缕的联系。同时,士大夫也通过司法活动的实践和案件的认真审理,营造了中国传统法律文化的个性,展现了宋代法律文化实用向上、保护社会个体成员合法权益的时代个性。恰如日本学者宫崎市定所言:"到宋代,近代的个人主义开始兴起,在形式上表现为中世纪法律的古代之礼,无论如何也不能适应这种新的时代了。"〔74〕

---

〔71〕《名公书判清明集》卷十一,中国社会科学院历史研究所宋辽金元史研究室点校,中华书局1987年版,第409页,《治牙侩父子欺瞒之罪》。

〔72〕《名公书判清明集》卷十一,中国社会科学院历史研究所宋辽金元史研究室点校,中华书局1987年版,第410页,《治牙侩父子欺瞒之罪》。

〔73〕(清)徐松:《宋会要辑稿·职官四四》(第7册),刘琳等点校,上海古籍出版社2014年版,第4221页。

〔74〕[日]宫崎市定:《宋元时代的法制和审判机构》,载刘俊文主编:《日本学者研究中国史论著选译》第8册,中华书局1992年版,第253页。

“文学法理，咸精其能”*

——试论两宋士大夫的法律素养

在现代社会，法律家的职业威信是国家规范效力的可靠保证，法律家的职业自治则是现代社会公正的基本前提。古代中国，没有现代意义上的职业法学家，士大夫作为礼法文化的维系者和承传者，在国家政治生活中发挥着重要作用，尤其到了宋代，私有制深化，商品经济繁荣，社会关系的变革为庶族地主知识分子广泛参与政权提供了广阔的前景，科举制度的改革则为儒家知识分子登上政治舞台进而发挥其才华，实现其政治抱负提供了公平竞争的机制。宋代自11世纪中叶以后，士大夫作为一支群体的力量，在政治舞台上具有举足轻重的作用，以至于有君主“与士大夫治天下”之语。〔1〕

宋之士大夫既不同于现代社会之职业法学家，也与汉唐之儒生略有差异。汉之儒生长于经义，疏于吏事，即使到了唐代，这种现象也依然存在。杜佑《通典》卷十七《选举五》称：“明经读书，勤著已甚，既口问义，又诵疏文。徒竭其精华，习不急之业，而当代礼法，无不面墙。及临人决事，取办胥吏之口而已。所谓所习非所用，所用非所习也，故当官少称职之吏。”到了宋代，随着社会生活

---

* 本文原分为上、下两篇，载《南京大学法律评论》1996年第2期、1997年第1期。

〔1〕 语出《续资治通鉴长编》卷二百二十一：“上曰：‘更张法制，于士大夫诚多不悦，然于百姓何所不便？’彦博（文彦博）曰：‘为与士大夫治天下，非与百姓治天下也。’”参见（宋）李焘：《续资治通鉴长编》，中华书局2004年版，第5370页。

变化,国家的官僚体制进一步发展,政治、经济、文化、司法诸社会职能固然不能像现代社会一样,泾渭分明,但随着社会关系的复杂化,统治阶级更加重视从政的实际经验,司法制度也越加缜密。

在法律活动中,对宋之士大夫来说,美人伦、厚风俗固属应有之义,但懂法晓律、娴熟审判程序更为士风所重。文吏、儒生合为一体,文章、经术、吏事熔为一炉,宋之士大夫完全成为一种复合型人才。史称:"宋取士兼习律令,故儒者以经术润饰吏事,举能其官。"〔2〕

以"法律素养"四字来概括宋之士大夫从事司法实践的基本要求和品位,亦是中国史籍在总结评价他们的活动时,所用文字中的应有之义。《宋史》卷三百一十九《曾巩传》论曰:"宋之中叶,文学法理,咸精其能。"〔3〕

一、善决狱讼—士大夫对法律的通晓

曾肇在为其家兄所写的行状中说:"其(指曾巩)材虽不大施,而所治常出人上。为司法,论决重轻,能尽法意,由是明习律令,世以法家自名者有弗及也"。〔4〕《宋史·曾巩传》论曰:"曾巩立言于欧阳修、王安石间,纡徐而不繁,简奥而不晦,卓然自成一家,可谓难矣。"曾巩,字子固,宋建昌军南丰(今属江西)人。少有文名,为欧阳修所赏识,王安石尝与之交游,嘉祐二年(1057年)进士。曾南丰之一生,其政绩远不如他的文学出名。正因为如此,后世学者多把注意力放在他的文学成就上,鲜有人从法律的角度去研究他的思想,更没有人把他作为宋代士大夫的一个代表,从一个侧面去揭示他与整个士大夫群体之间的关系。

其实,曾巩作为宋代士大夫群体中的一员,他的身上必然体现着有宋一代的士风及其主导精神。故其弟称他善决狱讼,通晓律意。史传以他个人之事迹来概括宋之中叶士大夫对法律的谙熟,非溢美之词,而是符合宋代历史实际的。史称,曾巩任地方官时,注意除民害,治疫赦灾,关心民间疾苦。《宋史·曾巩传》论曰:"知齐州,其治以疾奸急盗为本。曲提周氏拥资雄里中,子高横纵,贼良民,污妇女,服器上僭,力能动权豪,州县吏莫敢诘,巩取置于法。章丘民聚党村落间,号'霸王社',椎剽夺囚,无不如志。巩配三十一人,又属民为保伍,使讥察其

---

〔2〕(元)脱脱等撰:《宋史》(第30册)卷三百三十,中华书局1977年版,第10638页。

〔3〕(元)脱脱等撰:《宋史》(第30册)卷三百一十九,中华书局1977年版,第10396页。

〔4〕《曾巩集》(下册),陈杏珍、晁继周点校,中华书局1984年版,第792页。

出入。有盗则鸣鼓相援,每发辄得盗。有葛友者,各在捕中,一日自出首。巩饮食冠裳之,假以骑从,辇所购金帛随之,夸徇回境。盗闻,多出自首。巩外视章显,实欲携贰其徒,使之不能复合也。自是外户不闭。"[5]

现在的问题是,曾巩对法律的通晓是否具有代表性,史传的评价是否符合历史的实际。本文拟从以下几下角度来说明这个问题:其一,通过对与曾巩交往甚密的王安石、苏轼及司马光、韩维等人的考察来看士大夫对法律的熟悉程度;其二,通过郑克《折狱龟鉴》及宋人笔记小说的记载,来看担任基层司法官员的士大夫对法律的了解和掌握;其三,通过《清明集》和其他史料的记载,来看南宋士大夫的法律涵养;其四,通过朱熹的有关论述,来看理学家对法律的熟谙程度;其五,通过典型事例,来看陈亮、叶适等缙绅士大夫对法律的了解。

(一)北宋名公巨卿——王安石、苏轼、司马光、韩维等人对法律的娴熟

王安石是北宋政治舞台上的一位叱咤风云的人物,这不仅是因为他领导了中国11世纪著名的"熙宁变法",而且还在于他作为一名朝中宰执大臣,对法律有着极深的素养,在对"阿云之狱"的争论中,表现出了一个法律专家的敏锐眼光。王安石,字公甫,号半山,抚州临川人。史称"安石少好读书,一过目终身不忘。其属文动笔如飞,初若不经意,既成,见者皆服其精妙。友生曾巩携以示欧阳修,修为之延誉,擢进士上第,签书淮南判官"[6]。

判官,为宋代官名。依宋制,三司各部设判官三员,分管各案,开封府亦设判官二员。分日轮流审判案件,左右军巡院设判官二员,分管京城争斗和案件审理。临安府设签书节度判官厅公事,观察判官各一员。各州幕职官亦设签书判官厅公事和节度判官,如该州不设通判,则升判官为签书判官厅公事以兼之。小州判官、推官不并设,或以判官兼司法,也有由他官兼判官者。

可见,王安石初任官即与司法有关。据《宋史》《王安石年谱三种》《文献通考》《长编》等文献的记载,王安石对法律的精通可从以下三个方面考察:

第一,断案甚有己见,且对《宋刑统》条文非常娴熟。据嘉祐三年(1058年)记载:

俄直集贤院。先是,馆阁之命屡下,公屡辞。士大夫谓其无意于世,恨不识其面,每欲以美官,唯患其不就。除起居注之命下,辞之累日,阁门吏赍敕就付

[5] (元)脱脱等撰:《宋史》(第30册)卷三百一十九,中华书局1977年版,第10390-10391页。

[6] (宋)詹大和、(清)顾栋高、(清)蔡上翔:《王安石年谱三种》,裴汝诚点校,中华书局1994年版,第180页。

之,拒不受,吏随而拜之,则避之厕,吏置敕于案而去,又追还之。上章至八九,乃受,遂知制诰,纠察在京刑狱,自是不复辞官矣。

有少年得斗鹑,其济求之不得,恃与之昵辄持去,少年追杀之。开封当此人死。公驳曰:"与而持去,是盗也;追而杀之,是捕盗也,不当坐。"遂核府司失入罪,事下审刑、大理,皆以府断为是,诏放公罪,当诣阁门谢。公言:"我无罪"。不肯谢,御史举奏之,置之不问。[7]

从上述史料看,朝廷肯定了开封府的断决,否定了王安石的意见。但是我们仍然能从这段不太长的史料中发现如下的问题:一是王安石对律文——《宋刑统》相当熟悉,如他所说的"按律,公取,窃取皆为盗"一语,稽之《宋刑统》,出自卷二十《共盗并赃依首从法条》。该条称:"诸盗,公取,窃取皆为盗。"《疏议》曰:"公取,谓行盗之人公然而取;窃取,谓方便私窃其财,皆名为盗。"二是他有着强烈的法律意识。三是他断案虽以律文为据,但结论却有鲜明的个性。就本案来讲,王安石的结论不免有点主观色彩,但从他短短的几语中,仍能看出其深厚的法律素养。

第二,从"阿云之狱"的争论看,尽管王安石与司马光的观点截然不同,但双方辩论的依据却都是《宋刑统》的有关规定。以往论者多从新旧两派之争来看这个案子背后的历史背景,并强调"敕"在宋代法律中的突出地位。这固然不能说不对,但论者委实忽视了一个重要问题:这个不大的案件之所以能在北宋的历史上引起规模甚为巨大的争论(从刑部、大理到两制,直至皇帝数次改变诏令),且争论的双方都以法律家的眼光,从《宋刑统》的有关条文中,字斟句酌地阐明律义,以论证自己的观点符合原文,实在是宋代士大夫精通法律的典型表现。

对于"阿云之狱",据《宋史·刑法三》的记载,此案的大意是:宋神宗年间,登州一个叫阿云的女子,在母亡服丧期间许聘给姓韦的男子,她恶韦丑陋,谋杀而没有杀死。在审问过程中,决定将要检举她时,她供认了犯罪事实。审刑院、大理寺定为死罪,然以违律为婚的理由举报皇帝裁决,皇帝赦免了她死罪,知登州许遵上奏,引用《宋刑统》律文中关于"有所因犯杀伤罪而自首的人,可免除所因之罪,仍按照故意杀伤法处断"的规定,以阿云图谋杀人作为原因,认为应当依按问欲举自首的诏条予以减刑二等论处。刑部核定的意见与审刑院、大理寺

[7] (宋)詹大和、(清)顾栋高、(清)蔡上翔:《王安石年谱三种》,裴汝诚点校,中华书局1994年版,第57-58页。

相同。当时,许遵刚刚被召判大理寺卿,御史台奏劾许遵判决的不当,许遵不服,请求将案件下发内外两制讨论。于是皇帝命令翰林学士司马光、王安石共同议论。两人意见不同,就各持己见分别上奏皇帝。司马光主张刑部的判决是对的,王安石则支持许遵的意见。皇帝下诏采纳了王安石的建议,而御史中丞滕甫仍要求再推选官吏评议决定,御史钱顗并奏请罢免许遵判大理的官职,皇帝又下诏将案件交送翰林学士吕公著、韩维、知制诰钱公辅重新审定。吕公著等人的议论与王安石一致。于是皇帝制书说"可"。可是法官齐恢、王师元、蔡冠卿等都议论并奏告皇帝,说吕公著等人所议是不当的,于是皇帝又命王安石和法官等人共同讨论,反复研究讨论这一难案。

对于王安石与司马光的争论,马端临《文献通考》卷一百七十《刑考九》有详细的记载:

光(司马光)言:凡议法者,当先原立法之意,然后可以断狱。按律,其于人损伤,不在自首之例。释谓:"犯杀伤而自首者,得免所因之罪,仍从故杀伤者,盖以与人损伤,即不在自首之例。而别因有犯,如为盗、劫、囚、略卖人之类,本无杀伤之意,而致杀伤人者,虑有司执文,并不许首。"故申明:因犯杀伤而自首者,得免所因之罪。然杀伤之中自有二等。其处心积虑,巧诈百端,掩人不备则谓之谋。直情径行,略无顾虑,公然杀害则谓之故。谋者重,故者轻。今因犯他罪致杀伤人,他罪得首,杀伤不原。若从谋杀则太重,若从斗杀则太轻,故参酌其中,从故杀伤法也。其直犯杀伤,更无他罪者。惟未伤可首,已伤不在首限,今许遵欲以谋与杀分为两事。按:谋杀,故杀皆是杀人,若以谋与杀为两事,则故与杀亦为两事也。彼平居谋虑不为杀人,当有何罪而可首者,以此知"谋"字止因"杀"字生文,不得别为所因之罪。若以劫斗与谋皆为所因之罪,从故杀伤法,则是斗杀自首,反得加罪一等也。云获贷死,已是宽恩,遵为之请,欲天下引以为例,开奸凶之路,长贼杀之源,非教之善者也。臣愚以为,宜如大理寺所定。

安石言:《刑统》杀伤,罪名不一,有因谋,有因斗,有因劫囚、窃囚,有因略卖人,有因被囚禁拒捍官司而走,有因强奸,有因厌魅,咒咀,此杀伤而有所因者也。惟有故杀伤则无所因。故《刑统》因犯杀伤而自首,得免所因之罪,仍从故杀伤法,其意以为于法得首所因之罪既以原免,而法不许首杀伤,刑名未有所从,唯有故杀伤,为无所因,而杀伤,故令从故杀伤法。至今因犯过失杀伤而自首,则所因之罪已免,唯有杀伤之罪未除。过失杀伤非故杀伤,不可亦从故杀伤法。故《刑统》令过失者,从本过失法。至于斗杀伤,则所因之罪常轻,杀伤之罪常重,则自首合从本法可知，此则《刑统》之意。唯过失与斗当从本法。其余杀伤得免所因之罪，皆从故杀伤罪科之。则于法所得首之罪皆原，而于法所不得首之罪皆不免，其杀伤之情本轻者，自从本法。本重者，得以首原。今刑部以因犯杀伤者，谓别因有犯，遂致杀伤。窃以为律但言因犯，不言别因，则谋杀何故不得为杀伤所因之犯。又刑部以始谋专为杀人，即无所因之罪。窃以为律：谋杀人者，徒三年，已伤者，绞；已杀者，斩。谋杀与已伤已杀，自为三等刑名，因有谋杀徒三年之犯，然后有已伤、已杀、绞斩之刑名，岂得称别无所因之罪。今法寺刑部乃以法得首免之谋杀，与法不得首免之已伤合为一罪，其失律意明甚。臣以为亡谋杀已伤按问欲举自首，合从谋杀减二等论。然窃原法寺刑部所以自来用例断谋杀已伤，不许首免者，盖为律疏但言："假有因盗杀伤，盗罪得免，故杀伤罪仍科；遂引为所因之罪，止谓因盗杀伤之类，盗与杀伤二事，与谋杀、杀伤类例不同。"臣以为，律疏假设条例，其余出罪则当举重以包轻，因盗伤人者，斩，尚得免所因之罪。谋杀伤人者，绞。绞轻于斩，则其得免所因之罪可知也。然议者，或谓谋杀已伤，情理有甚重者，若开自首，则或启奸。臣以为有司议罪，惟当守法，情理轻重，则敕许奏裁。若有司辄得舍法以论罪，则法乱于下，人无所措手足矣。

御史中丞滕甫犹请再选官定议。诏：送翰林学士吕公著、韩维、知制诰钱公辅。于是公著等言：安石、光所论敕律悉已明备。所争者，惟为伤因，不为伤因而已。臣等以为，律著不得自首者，凡六科。而于人损伤不在自首之例。释谓：犯杀伤而自首者，得免所因之罪，仍从故杀伤法。盖自首者，但免所因之罪，而尚从故杀伤法，则所因之谋罪虽难原免，而伤者还得伤之罪，杀者还得杀之刑也。且律于器物，至不可备偿则不许首。今于人损伤尚有可当之刑，而必使偿之以死，不已过乎。古初立法，杀人者死，伤人者抵罪，后世因劫杀而伤者则增至于斩；因谋杀而伤者，则增入绞。倘不因先谋，则不过徒杖三等之科而已，岂深人于绞斩乎？若首其先谋，则伤罪仍在，是伤不可首，而因可首，则谋为伤因，亦已明矣。律所以设首免之科者，非独开改恶之路，恐犯者自知不可免死，则欲遂其恶心至于必杀，今若由此著为定论，塞其原首之路。则后之首者，不择轻重，有司一切按文杀之矣。朝廷虽有宽有，其可得乎！苟以为谋杀情重，律意不通其首。则六科之中当著谋杀已伤不在自首之例也。《编敕》所载，但意在致人于死，并同已伤及伤与不伤，情理凶恶不至死者许奏裁，今令所因之谋得用旧律而原免，已伤之情复以后敕而奏决，则何为而不可也。臣等以为，宜如安石所议便，制曰"可"。大理寺、审刑、刑部法官皆释罪，于是法官齐恢、王师元、蔡冠卿等皆以公著所议为不当,又诏安石与法官集议,安石与师元、冠卿反复论难,师元等益坚其说。明年二月庚子诏:自今谋杀人已死,自首及按问欲举并奏取敕裁。而判刑部刘述、丁讽言庚子诏书未尽,封还中书。于是安石奏,以为律意因犯杀伤而自首得免所因之罪,仍从故杀伤法。若已杀从故杀法,则为首者必死,不须奏裁。为从者,自有《编敕》奏裁之文,不须复立新制,与唐介等数争议于帝前,卒从安石议。是月,甲寅诏:自今谋杀人自首及按问欲举并以去年诏书从事。其谋杀人已死,为从者虽当首减,依《嘉祐敕》,凶恶之人,情理巨蠹及谋杀人,伤与不伤,奏裁。收还庚子诏书。

刘述等又奏以为不当,以敕颁御史台、大理寺、审刑院及开封府,而不颁之诸路。

司马光言,阿云之狱,中材之吏皆能立断,朝廷命两制、两府定夺者各再,敕出而复收者一,收而复出各一。争论丛横,至今未定。夫执条据例者,有司之职也,原情制义者,君相之事也,分争辨讼,非礼不决。礼之所去,刑之所取也。阿云之事,陛下试以礼观之,岂难决之狱哉,彼谋杀为一事为二事,谋为所因,不为所因,此苛察侥绕之论,乃文法俗吏之所争,岂明君贤相所当留意邪。今议论岁馀,而后成法,终为弃百代之常典,存三纲之大议,使良善无告,奸凶得志,岂非徇其枝叶而忘其根本之所致邪。

初,安石议行,司勋员外郎崔台符举首加额曰:"数百年误用刑名,今乃得正。"安石喜其附己,明年六月擢判大理寺。[8]

上述材料所引,意在说明这样的问题:无论争论双方的观点如何,所有参加讨论的人员都是以律文——《宋刑统》中的有关规定为依据,进行说理的。如此规模的讨论(中央三大司法机关、两制、两院均已参加)及反复的论难(朝廷的诏令出而复收,收而复出达数次之多),即表明了宋朝君臣对法律及疑难案件的重视,也同时说明了士大夫们对《宋刑统》的谙熟及对律义的通晓。

现结合上述案例,再就此问题略加申说。

其一,双方争论的代表人物是司马光与王安石。其二,争论的焦点是:谋与杀是否为两事。谋能否为杀之因。司马光认为,谋杀为一事,谋不得为杀之因,故谋不得首免。安石则否。其三,争论的双方都以《宋刑统》为依据,认为自己的解释符合律文之规定。

因本文引用此案例,意在考察士大夫对法律的熟练程度,故对争论双方的对

---

[8] 马端临:《文献通考》卷一百七十,中华书局 2011 年版,第 5097-5100 页,《刑考九》。

错可暂不评价。先看二者对《宋刑统》的引用情况。只有先明乎此，才能对二者加以评说。

司马光所言涉及的《宋刑统》律文是：

第一，《宋刑统》卷五《名例律》的“犯罪已发未发自首条”。该条的原文是：“其于人损伤（因犯杀伤而自首者，得免所因之罪，仍从故杀伤法），于物不可备偿，即事发逃亡，若越度关及奸，并私习天文者，并不自首之例。”[9]又云，其于人损伤。《疏议》曰：“损谓损人体，伤谓见血为伤。”注云“因犯杀伤而自首者，得免所因之罪，仍从故杀伤法。本应过失者，听从本。”《疏议》曰：“假有因盗故杀伤人，或过失杀伤财主而自首者，盗罪得免，故杀伤罪仍科。”[10]

从上述律文的规定看，“于人损伤”不在自首之限，这是律文的总体精神，但立法者考虑到事情的复杂性，又于此条加注说：“因犯杀伤而自首者，得免所因之罪，仍从故杀伤法。”杀伤人有很多种类，有故杀伤，斗杀伤、戏杀伤，还有因盗窃而杀伤，因略卖人口而杀伤等。对于因盗窃略卖人等而杀伤者，因杀伤非其本意，故当加害人自首时，其盗罪可原免，但其杀伤罪仍科。这就是前引史料中司马光“按律，其余人损伤不在自首之例”等一段话的意思。

第二，《宋刑统》卷十七《贼盗律》“谋杀”条与卷二十一《斗讼律》“斗殴、故殴、故杀”条。“谋杀”条规定：“诸谋杀制使，若本属府主、刺史、县令，及吏卒谋杀本部五品以上官长者，流二千里。已伤者，绞；已杀者，斩。诸谋杀周亲尊长、外祖父母、夫、夫之祖父母、父母者，皆斩。”[11]这当然符合《宋刑统》律文之规定。

司马光的意见很清楚：其一，阿云谋杀亲夫，虽杀而未死，但伤创其身十余处，依谋杀罪之规定，理应处死刑。虽然自首，不在原减之限。其二，谋不得为杀之因，故谋不得为首免。王安石与许遵等人把“谋”与“杀”视为两事，主张首免谋罪，当减谋杀罪二等处理，完全是破析律文。其三，阿云是在母服期间许嫁的，故贷其死，已是宽恩。

应该说，司马光的意见是符合《宋刑统》律文之规定的。那么，王安石持论的依据又是什么呢？他的意见是否与《宋刑统》相左呢？

王安石认为：谋为杀之因，阿云于案件将被举发时自首，当从谋杀减二等处罚。他的基本依据也是《宋刑统》的有关规定。他的论据是：

---

〔9〕（宋）窦仪等：《宋刑统》卷五，吴翊如点校，中华书局1984年版，第72页，《名例律》。

〔10〕（宋）窦仪等：《宋刑统》卷五，吴翊如点校，中华书局1984年版，第75页，《名例律》。

〔11〕（宋）窦仪等：《宋刑统》卷十七，吴翊如点校，中华书局1984年版，第273页，《贼盗律》。

首先,他认为《宋刑统·名例律》中有关"因犯杀伤而自首者,得免所因之罪"之规定应包括谋杀。因此,谋得为杀之因,故可首免。他的理由是:《宋刑统·名例律》的有关条文虽然规定了"于人损伤",不在首免之例的原则,但杀伤不同于损伤。就杀伤来说,情况十分复杂,既然立法者规定了因盗、略卖人而杀伤时,若自身盗罪可得减免的规定,那么,谋杀伤如同盗杀伤一样,其谋也得为杀之因,若加害有自首,当然也应减等处罚。这是名例律应有之义。所谓"《宋刑统》杀伤,罪名不一,有因谋,有因斗,有因劫囚、窃囚,有因略卖人,有因被囚禁拒捍官司而走,有因强奸,有因厌魅咒咀,此杀伤而有所因者也。"〔12〕

其次,他认为《宋刑统》只言"因犯",未言"别因"则谋杀理由应包含于其中,"谋杀"可为"杀伤"之原因。刑部、大理寺所判于律义相乖。用他的话说则是:"今刑部以因犯杀伤者,谓别因有犯,遂致杀伤,窃以为律但言因犯,不言别因,则谋杀何故不得为杀伤所因之犯。……今法寺、刑部乃以法得首免之谋杀与法不得首免之已伤合为一罪,其失律意明甚。"〔13〕

最后,他认为以《宋刑统》"举重以明轻"之原则,"谋"得为"杀伤"之因,自首理当原减。他说:"臣以为亡谋杀已伤,按问欲举自首,合从谋杀减二等论。然窃原法寺刑部所以自来用例断谋杀已伤不许首免者,盖为律疏但言'假有因盗杀伤,盗罪得免,故杀伤罪仍科',遂引为所因之罪止谓因盗杀伤之类。盗与杀伤为二事,与谋杀、杀伤类例不同,臣以为,律疏假设条例,其余出罪则当举重以包轻。因盗伤人者,斩。尚得免所因之罪。谋杀伤人者,绞。绞轻于斩,则其得免所因之罪可知也。"〔14〕

王安石的观点很明确,阿云自首,依法得免"所因之罪",这里的"因"是指阴谋去杀韦阿大,一旦免除了"所因之罪",余下的就是故意伤害了,再加上可减刑二等,所以对阿云的处罚应是流二千五百里。而不是像司马光所主张的那样,应处死刑。

王安石的观点是否符合《宋刑统》的规定呢?就《宋刑统》条文来看,其一,"于人损伤不在自首之限",这里自不必多说;其二,杀伤允许自首,并得免所因

---

〔12〕(宋)马端临:《文献通考》卷一百七十,上海师范大学古籍研究所、华东师范大学古籍研究所点校,中华书局2011年版,第5097页,《刑考九》。

〔13〕(宋)马端临:《文献通考》卷一百七十,上海师范大学古籍研究所、华东师范大学古籍研究所点校,中华书局2011年版,第5098页,《刑考九》。

〔14〕(宋)马端临:《文献通考》卷一百七十,上海师范大学古籍研究所、华东师范大学古籍研究所点校,中华书局2011年版,第5098页,《刑考九》。

之罪。这里就《宋刑统》所列的杀伤种类看,的确没有包括谋杀。因此,单就法律条文来看,王安石把“谋杀”判为两事,确有“破析律文之嫌”(司马光语)。

但问题在于:王安石的分析不单单是依据《宋刑统》之条文,而是在律文的基础上依律义来断案的。就《宋刑统》的原则来说,诸断罪,当律无明文时,理应举重以明轻(其实这是从唐律沿袭下来的传统)。既然律规定“因盗杀伤人者,斩”。尚得免所因之罪,谋杀伤人绞,绞轻于斩,当然亦应免所因之罪。

就此而论,王安石的推断也是符合律文精神的。自首得原减原则,其立法本意在于使人悔罪向善。重罪尚可原减,谋杀伤轻于盗杀伤,当然也应允许原减。

从上述案例看,我们可以得出如下结论:(1)王安石与司马光的争论,虽观点不同,但双方对《宋刑统》的娴熟却是相同的。[15] (2)从法学的观点观察王安石与司马光的争论,二人的分歧不单纯是新旧两派之争,而且还是两种法律价值观与方法论的冲突。[16] 王安石崇尚对罪犯的改造教育,主张减轻刑罚,鼓励他们自首,司马光则推崇刑罚的威慑作用。另外,在《宋刑统》没有明确规定的情况下,若断决疑难案件,王安石主张依《宋刑统》中之原则发挥律义听断,司马光则主张以礼的精神论处。而从实际处理的结果看,宋王朝对阿云一案并没有按谋杀夫来对待,而是按凡人论处的,这从一个侧面证明了宋代法律并没有完全拘泥于儒家之传统。[17] 士大夫对法律的娴熟包括两个方面:一是对《宋刑统》条文的熟悉,二是对律义的熟悉。这一点韩维的论述更加明确。

韩维,字持国,雍丘(今河南杞县)人,以文辅政而不肯试进士,父死后闭门不仕。神宗即位,加进龙图阁直学士,后升为翰林学士,知开封府。哲宗时,拜门下侍郎。著有《南阳集》,《宋史》卷三百一十五有传。《历代名臣奏议》卷二百十一《法令》中载有他关于“阿云之狱”案的奏议。这是一篇极为难得的史料,此段

---

〔15〕 美国学者蓝德彰认为:王安石的论点集中于司马光认为有损于君主威严的“枝叶”上。他的论点从探讨《宋刑统》中对杀伤罪的处理开始。他说,有七类杀伤罪带有“所因之罪”。这七类犯罪涉及以下的原因性行为:(1)谋;(2)斗;(3)劫囚、窃囚;(4)略卖人;(5)被囚禁,拒捍官司而走;(6)强奸;(7)厌魅咒咀。蓝德彰对阿云一案论述颇详。参见蓝德彰:《宋代法学中的“活法”》,载高道蕴等编:《美国学者论中国法律传统》,清华大学出版社 2004 年版,第 374 - 375 页。

〔16〕 这一点美国学者蓝德彰也已指出。

〔17〕 日本学者宫崎市定认为:宋代不断修订合于理但不合于礼的条款,以至出现了明显违反儒家礼精神的法律规定,他把这种现象的产生归结为:“宋代个人主义开始抬头所致。”参见[日]宫崎市定:《宋元时代的法制与审判机构》,载刘俊文主编:《日本学者研究中国史论著选译》第 8 册,中华书局 1992 年版,第 252 - 312 页。

史料尚未引起法律史学界及宋史学界的重视。从这篇奏议看,宋代士大夫不仅精通《宋刑统》律文、律义,而且法律概念明确,语言规范,逻辑性强。此全文引述如下:

神宗时,韩维议谋杀法状曰,臣等看详,王安石、司马光所论阿云案内情节,敕律悉已明备。所争者惟"因"字而已。以光之说,则"谋,不得为伤"之因。谋杀已伤,伤不得首,合从绞罪。以安石之说,则"谋,得为伤"之因。谋杀已伤,伤不得首,所因得首,合从原减。

臣等窃寻圣人制法之意,其大略有三:有量情而取当者,有重禁以绝恶者,有原首已开善者。盖损伤于人,有惨痛轻重之差。故刃伤者,坐以徒;他物拳伤者,坐以杖。其义足以相偿而止,是量情而取当者也,蓄谋伺便致人于死,非重绝之,则相仇者不禁,故谋杀已伤者,从绞,是重禁以绝恶者也。苛杀人未至于死,于物尚可以偿,于事犹可以自还者,皆得以首,是原首以开善者也。三者虽制法名殊,其于使人远罪而迁善,其义一也。

议者见损伤不许自首,谋杀已伤,从绞。便谓谋杀不通原首,是未尽圣人制法之意,而于律文有所不达也。律之正文著不得自首者,凡六科。而于人损伤不在自首之例,其下注云:因犯杀伤而自首者,得免所因之罪,仍从故杀伤法,此正恐后人惑于损伤,不得自首,便将谋杀已伤之类引用律文,所以特从此注也。

然而,于自首者,但令免所因之罪,而尚从故杀伤法者,此犹见损伤不得自首之意甚明。何则?所因之谋罪虽见原免,而伤者还得伤之罪,杀者还得杀之刑也。且造律者,于器物至不可备偿,则不许其自首,今于损伤尚有刑可以相当,而必令不得首,其可悔之谋罪而即偿以死,恐不尽圣人好生之心,而以开愚民改恶之路。

夫杀人者死,伤人者抵罪,此古初立法之本意也。然伤人之恶,其状万殊,有因劫杀而伤者,有因谋杀而伤者,古初之法既不足以禁奸,故后人酌其轻重之宜,增以绞斩之坐,以补前之未备。因劫杀而伤者则增至于斩,因谋杀而伤者,则增入于绞。向使不因先谋,则不过徒杖三等之科而已,岂致深人于绞乎?今若首其先谋,则伤罪仍在,是伤不可首而因可首,则谋为伤因亦已明矣。

又案,律家之所设首免之科者,非独开改恶之路,亦恐犯者自知不可免死,则欲遂其恶心至于必杀。又罪人未获则追扰逮捕酷及平民。由岁愈时,公私受害。若许其自首,俾从宽宥则罪人斯得。刑狱无留公私之害,一朝而息,则其为益盖不轻矣。今若由此著为定论,塞其原首之路:则后之首者,不择轻重,有司一切案文杀之矣。朝廷虽欲宽宥其可得乎?

苟以为谋杀情重,律意不通其首,则六科之中当著谋杀已伤不在自首之例也。疏议引盗杀为例,王安石所谓"举重以包轻"是也。盖律以强盗伤人为斩罪,而谋杀已伤为绞刑,假有群盗于此共窃一家。将至其门,知有人守御。遂谋杀之而入,若其不死而来首,则强盗之斩罪已免,所因而见原。谋杀之绞罪,以不得首而就死,用刑如此,岂不失轻重之差乎?难者又以为谋杀得免所因,有自绞刑而得杖罚者,则为已轻。是又未晓原首之意也。

人之恶莫大于谋反,其暴横莫甚于杀人而夺财,并于自首得从原减,何独于匹夫之相仇杀而必致于死也。夫中下之情,善恶相混,纠纷反复,未始有定。故小人之于罪恶,有未作而悔者,有方作而悔者,有已作而悔者。今法家以谋杀徒三年之罪,未行凶以前自首,故得全原。已伤者,其事已行。遂不许自首,便从绞坐,即如此,何以待方作而悔者乎?其人已死,在事有不可追之理,于刑有不可追之义,方作而悔者,其人尚存。乃令典已杀者,一坐以死,是岂尽用刑之次序哉?

盖圣人之于不仁,无已甚之嫉,而于奸恶有怙终之杀,念方作而悔,得为怙终乎,首而不原,不为已甚乎。夫造法者,常本人之大情,而不能曲尽情变变。古人所谓律设大法是也。议者乃多引奇罪以责律文之不合。若然,恐虽没世穷年而议卒不定也。且今律所不备,别以后敕从事者,甚众。何独怪论也。

请以谋杀一事言之。案编敕节文,谋杀于人,若投弃人于水中井崖险处,或以诸物绕系及填塞口鼻,但意在致人于死,偶获生免,并扼捽捶打要害之处。已死复生者,以上虽不见血,即同已伤之法。又谋杀人,伤与不伤,情理凶恶而致死者,并奏取敕裁。苟律文自备,则此二条何为而设也。荀卿有言曰"法而不议,则法之所当至者必废",然则法必待议而后行,所从来久矣。今所因之谋得用旧律,而原免已伤之情复以后敕而奏决。法以正其本,议以尽其类,则何谓而不可也?臣等以为宜如王安石所议便。[18]

韩维并非专门的司法官员,然就这篇奏议看,他不仅谙熟律文、律义,而且语言简练,概念明确,逻辑性甚强。奏议开头,便以极其精确的语言概括出了荆公、君实(司马光)之争的核心内容。然后,笔锋一转,进入了穷究"圣人制法之意"的研讨区域,这的确是抓着了问题的要害。因为只有明了立法之本意,才能准确

---

〔18〕 (明)黄淮、杨士奇编:《历代名臣奏议》(第3册)卷二百一十一,上海古籍出版社1989年版,第2776-2777页。

地掌握法律条文的含义。韩维把古之立法的精神概括为三:一是"量情而取当者"(相当于现代刑法中的"罪刑相当");二是"重禁以绝恶者",即对重罪则以严刑惩处;三是对于犯罪,允许其自首,以开悔罪向善之路。

韩维结合《宋刑统》之规定,对以上三种立法精神层层阐述,并得出结论说:"三者虽制法名殊,其于使人远罪而迁善,其义一也。"这可以说是点睛之笔,为他下面观点的阐述做好了铺垫。韩维认为,那种只据《宋刑统》律文的字面意思,便认为"谋杀不得原首"的观点是"未尽圣人制法之意,而于律文有所不达"。

通观韩维的这篇奏议,分析层层入扣,引用律文自然娴熟。对谋杀合得原首的解说通达明白,显示了一个士大夫深厚的法律素养。

"读书万卷不读律,致君尧舜知无术。"这是大诗人苏东坡写给其弟子的两句话,它道出了一代文豪苏轼对法律的重视。

苏轼(1037—1101年),字子瞻,又字和仲,号东坡居士,眉州眉山(今属四川)人。苏轼作为我国古代一位杰出的全能文艺家,他一生兼善诗、文、词和书画,具有很高的艺术成就。他的名字已深深地镌刻在中国文艺、文学发展史上,直到现在几乎妇孺皆知。然而,苏轼的生活还有另外一面,他一生遭际坎坷,经受了漫长的人生磨难。幼时的家庭教育和家乡的人文传统,孕育了苏轼博词雄辩、慨然为天下士的豪迈气概。多年地方官的经历又使他对民间的疾苦了解甚深。他不但率情任性,一生旷达,而且忧国忧民,精通法律,《苏轼文集》是保留宋代编敕最多的书目之一。

苏轼对法律的熟练主要表现为以下几个方面:其一,在他向朝廷乞写状奏及札子奏中熟练地运用法律条文及历朝编敕;其二,在向朝廷写的状奏或向上级长官写的书信中,对《宋刑统》条文了如指掌;其三,对法律概念的解释非常明确,文集中的策表、状奏,有许多内容与法律有关。

我们先来看第一方面。史载:

元祐五年八月十五日,龙图阁学士左朝奉郎知杭州苏轼状奏。检会杭州去年十一月二十三日奏泉州百姓徐戬公案,为徐戬不合专擅为高丽国雕造经板二千九百余片,公然载往彼国。却受酬答银三千两,公私并不知觉,因此构合密熟,遂专擅受载彼国僧寿介前来……冒求厚利,以致招来本僧搔扰州郡。况高丽臣属契丹,情伪难测,其徐戬公然交通,略无畏忌,乞法外重行,以警闽、浙之民,杜绝奸细。奉圣旨,徐戬特送千里外州,军编管。

至今年七月十七日,杭州市舶司准密州关报,据临海军状申,准高丽国礼宾院牒，据泉州纲首徐成状称，有商客王应升等，冒请往高丽国公凭，却发船入大辽国买卖，寻捉到王应升等二十人，及船中行货，并是大辽国南挺银丝钱物，并有过海祈平安将入大辽国愿子二道。本司看详，显见闽浙商贾因往高丽，遂通契丹，岁久迹熟，必为莫之大患。方欲具事由闻奏，乞禁止。近又于今月初十日，据转运司牒，准明州申报，高丽人使李资义等二百六十九人，相次到州，仍是客人李球于去年六月内，请杭州市舶司公凭往高丽国经纪，因此与高丽国先带到实封文字一角，及寄搭松子四十余布袋前来。本司看详，显是客人李球因往彼国交构密熟，为之乡导，以希厚利，正与去年所奏徐戬情理一同。

见今两浙、淮南、公私骚然，文符交错，官吏疲于应答，须索假借，行市为之忧恐，而自明及润七州，旧例约费二万六千四百余贯，未论淮南京东两路及京师馆待赐予之费，度不下十余万贯。若以此钱赈济浙西饥民，不知全活几万人矣。不惟公私劳费，深可痛惜，而交通契丹之患，其渐可忧，皆由闽、浙奸民，因缘商贩，为国生事。除已具处置画一利害闻奏外，勘会熙宁以前《编敕》客旅商贩，不得往高丽、新罗及登、莱州界，违者，并徒二年。船物皆没入官。窃原祖宗立法之意，正为深防奸细因缘与契丹交通。自熙宁四年，发运使罗拯始遣人招来高丽，一生厉阶，至今为梗。《熙宁编敕》，稍稍更改庆历，嘉祐之法。至元丰八年九月十七日敕，惟禁往大辽及登、莱州，其余皆不禁，又许诸蕃愿附船人贡，或商贩者听。《元祐编敕》亦只禁往新罗。所以奸民猾商争请公凭，往来如织，公然乘载外国人使，附搭入贡，搔扰所在。若不特降指挥，将前后条贯看详，别加删定，严立约束，则奸民猾商，往来无穷，必为意外之患。谨具前后条贯，画一如左。

《庆历编敕》：客旅于海路商贩者，不得往高丽、新罗及登、莱州界。若往余州，并须于发地州、军，先经官司投状，开坐所载行货各件，欲往某州，军出卖。许召本土有物力居民三名，结罪保明，委不夹带违禁及堪造军器物色，不至过越所禁地分，官司即为出给公凭。如有违条约及海船无公凭，许诸色人告捉，船物并没官，仍估物价钱，支一半与告人充赏，犯人科违制之罪。

《嘉祐编敕》：客旅于海道商贩者，不得往高丽、新罗及至登州界。若往余州，并须于发地州、军，先经官司投状，开坐所载行货名件，欲往某州，军出卖。许召本土有物力居民三名结罪，保明委不夹带违禁及堪造军器物色，不至越过所禁地分。官司即为出给公凭。如有违条约及海船无公凭，许诸色人告捉，船物并没官，仍估纳物价钱，支一半与告人充赏，犯人以违制论。

《熙宁编敕》：诸客旅于海道商贩，于起发州投状，开坐所载行货名件，往某处出卖。召本土有物力户三人结罪,保明委不夹带禁物,亦不过越所禁地分。官司即为出给公凭。仍备录船货,先碟所往地头,候到日点检批凿公凭讫,却报元发牒州,即乘船。自海道入界河,及往北界高丽、新罗并登,莱界商贩者,各徒二年。

元丰八年九月十七日敕节文:诸非杭、明、广州而辄发海商舶船者,以违制论,不以去官赦降原减……诸商贾许由海道往外蕃兴贩,并具人船物货名数所诣去处,申所在州,仍召本土有物力户三人,委保物货内不夹带兵器,若违禁及堪造军器物,并不越过所禁地分。州为验实,碟送愿发舶州,置薄抄上,仍给公据。方听候回日,许于合发舶州住舶,公据纳市舶司。即不请公据而擅行,或乘船自海道入界河,及往新罗、登、莱州界者,徒二年,五百里编管。

右谨件如前,堪会元丰八年九月十七日指挥,最为害事,将祖宗以来禁人往高丽、新罗条贯,一时削去,又许商贾得擅带诸藩附船入贡。因此,致前件商人徐戬、王应升、李球之流,得行其奸。今来不可不改,乞三省密院相度裁定,一依庆历、嘉祐《编敕》施行。不惟免使高丽因缘猾商时来朝贡,搔扰中国,实免中国奸细,因往高丽,遂通契丹之患。谨录奏闻,伏侯敕旨。[19]

这份状奏是苏轼在知杭州知府任上写的,名称为《乞禁商旅过外国状》。两宋时,朝廷鼓励海外贸易,并依法对能够招来商人的市舶司官员给予奖赏。[20]因此,当时明州、杭州的海外贸易十分发达。但是,商船来往于烟波浩渺的大海之上,若不对其依法管理,自然会带来一些弊端,如国家安全问题,所带货物是否违禁以及管理费用的支出庞大等。苏轼的这篇奏状就是针对上述问题而写的。此其一。

其二,从奏状的内容看,苏轼检汇了自庆历以来至元丰八年,宋王朝所颁布的编敕。实际上,这些编敕就是史书上所称的“市舶法则”或叫“市舶条法”。苏轼若对历代编敕不熟,绝不能如数家珍地次第胪列。

其三,苏轼经过对庆历、嘉祐、熙宁元丰诸编敕及敕令节文排比后,得出了“元丰八年九月十七日指挥,最为害事”的结论,其原因就在于这一指挥“将祖宗以来禁人往高丽、新罗条贯,一时削去,又许商贾得搜带诸蕃附船人贡”,招致徐戬等人得行其奸,故他要求三省密院相度裁定,一依庆历、嘉祐《编敕》施行。苏

〔19〕《苏轼文集》卷三十一,孔凡礼点校,中华书局1986年版,第888－891页。
〔20〕参见张中秋、陈景良:《宋代吸引外商的法律措施叙论》,载《法学研究》1993年第4期。

轼作为一个亲民之官能与敕令对比中,发现问题,并要求改正,这就更加说明他对法律的娴熟。

依宋制,凡文字(指一些书籍,如《册府元龟》等)、熟铁一类的东西,属违禁物品,禁止与外国人交易。但由于宋王朝鼓励海外贸易,尚书省往往破例允许文易,这便引起了苏轼的不满,他数次上书力陈其弊,并检法条,要求所过州郡遵守施行。《苏轼文集》卷三十五《论高丽买书利害札子三首》称:

元祐八年(1093年)二月十五日,端明殿学士兼翰林侍读学士左朝奉郎守礼部尚书苏轼札子奏。臣近奏论高丽使所买书籍及金箔等事,准尚书省札子,二月十二日三省枢密院同奉圣旨,所买书籍,曾经收买者许依例收买,金箔特许收买,余依奏,吏人免上簿者。臣所以区区论奏者,本为高丽契丹之与国,不可假以书籍,非止为吏人上簿也。今来吏人独免上簿,而书籍仍许收买,臣窃惑之,检会《元祐编敕》诸以熟铁及文字禁物与外国使人交易,罪轻者徒二年。

看详此条,但系文字,不问有无妨碍,便徒二年,则法意亦可见矣。以谓文字流入诸国,有害无利。故立此重法,以防意外之患。前来许买《册府元龟》及《北史》已是失错。古人有言"一之谓甚,其可再乎?"今乃废见行《编敕》之法,而用一时失错之例,后日复来,例愈成熟,虽买千百部,有司不敢复执,则中国书籍山积于高丽,而云布于契丹矣。臣不知此事于中国得为稳便乎?

又,贴黄。臣已令本部备录《编敕》条贯,符下高丽人使所过州郡,约束施行去讫,亦合奏知。[21]

苏轼不仅熟悉王朝敕令,且提出了"以法活人"的口号,即要求政府遵守法令,免除不该征收的苛捐杂税,以解商贾庶民之苦。宋制,商船不论载货与否,按载重要收力胜钱,唯贩运粮食不收,宋神宗时各州军为增加商税收人,对贩粮船也征税,称五谷力胜钱。北宋晚期,不少地方对非商船也收力胜钱,给老百姓带来了不堪忍受的重负。苏轼从关心民间疾苦的角度,要求免去此项税收。他在《乞免五谷力胜税钱札子》[哲宗元祐七年(1092年)十一月初七日]中说:

臣闻谷太贱则伤农,太贵则伤末。是以法不税五谷,使丰熟之乡,商贾争籴,以起太贱之价。灾伤之地,舟车辐辏,以压太贵之直。自先王以来,未之有改也,而近岁法令,始有五谷力胜税钱,使商贾不行,农末皆病。废百王不利之令典,而

---

〔21〕 参见《苏轼文集》卷三十一,孔凡礼点校,中华书局1986年版,第999页。"贴黄",宋奏状、札子用白纸,意所未尽,需要补充,用黄纸书写附贴于前后,称"贴黄"。

自古所无之弊法,使百世之下,书之青史,曰:收五谷力胜税钱,自皇宋某年始,臣窃为圣世病之。臣倾在黄州,亲见累岁谷熟,农夫连车载米人市,不了盐茶之费;而蓄积之家,日夜祷祠,愿逢饥荒。又在浙西,亲见累岁水灾。中民之家有钱无谷,被服珠金,饿死于市。此皆官收五谷力胜税钱,致商贾不行之咎也。臣闻以物与人,物尽而止,以法活人,法行无穷。今陛下每遇灾伤,损金帛,散仓廪,自元祐以来,盖所费数千万贯石,而饿殍流亡,不为少衰,只如去年浙西水灾,陛下使江西、湖北雇船运米以救苏、湖之民,盖百余万石。又计籴本水脚官钱不资,而客船被差雇者,皆失业破产,无所告诉。与其官私费耗?为害如此,何为削去今日所立五谷力胜税钱一条,只行《天圣附令》免税指挥,则丰凶相济,农末皆利,纵有水旱,无大饥荒。虽目下稍失课利,而灾伤之地,不必尽烦陛下出捐钱谷,如近岁之多也。今《元祐编敕》虽云灾伤地分虽有例亦免,而谷所从来,必自丰熟地分,所过不免收税,则商贾亦自不行。议者或欲立法,如一路灾伤,则邻路免费,一州灾伤,则邻州亦然。虽比今之法,小为通疎,而隔一路一州之外,丰凶不能相救,未为良法。须是尽削今日弊法,专用《天圣附令》指挥,乃为通济,谨具逐条如后。

《天圣附令》:

诸商贩斛㪷,及柴炭草木博籴粮食者,并免力胜税钱。

诸卖旧屋材柴草米面之物及木铁为农具者,并免收税。其买诸色布帛不及匹而将出城,及陂池取鱼而非贩易者,并准此。

《元丰令》:

诸商贩谷及以柴草木博籴粮食者,并免力胜税钱。(旧收税处依旧例)

诸卖旧材植或柴草谷面及木铁为农具者,并免税。布帛不及端匹,并捕鱼非货易者,准此。

《元祐敕》:

诸兴贩解㪷及以柴炭草木博籴粮食者,并免纳力胜税钱。(旧收税处依旧例,即灾伤地分,虽有旧例,亦免)

诸卖旧材植柴草解㪷并面及木铁为农具者,并免收税,布帛不及端匹,并捕鱼非货易者,准此。

右臣窃谓:若行臣言,税钱亦必不致大段失陷,何也?五谷无税,商贾必大通流,不载见钱,必有回货。见钱回货,自皆有税。所得未必减于力胜。而灾伤之地,有无相同,易为振救,官私省费,其利不可胜计。今肆赦甚近,若得于赦书带下,益见圣德,收结民心,实无穷之利。[22]

编敕是宋代立法的一种重要形式,史称:“宋法制因唐律、令、格、式,而随时损益则有编敕。”[23]熟悉敕令是宋代地方官员为政的一项基本要求,苏轼奏状中使用历代编敕,信手拈来,内容涉及海外贸易、税收等诸多内容,这从一个侧面印证了他对法律的娴熟。

我国台湾地区学者徐道隣对苏轼进行了专门的研究,并写出了《法学家苏东坡》一文。他在该文中列举了苏轼的九篇奏状及书,借此说明苏轼作为一个法学家应有的法律素养。这九篇文章的题目是:(1)《上文侍中论强盗赏钱书》;(2)《乞医疗病囚状》;(3)《与朱鄂州书》;(4)《缴李定词头奏状》;(5)《论每事降诏约束状》;(6)《上吕相公书》;(7)《奏为法外刺配罪人待罪状》;(8)《论仓法札子》;(9)《乞改居丧婚娶条状》。[24]

其实,就现已出版的《苏轼文集》来看,苏轼在奏、状、策、论、札子诸多论述中,既保留了许多宋代的编敕,又对法律条文的运用十分自如,其涉及法律之处远不止徐道隣先生上述之内容。现据徐道隣先生的研究,我们仅择“上文侍中强盗赏钱书”一文,来看苏轼对《宋刑统》条文的熟悉程度。熙宁八年(1075年),东坡知密州(今山东诸城县),恰巧此时,地方上发生了灾伤,于是朝廷下诏减刑,照理说此乃皇朝恩典。然而对于具有实际从政经验的地方长官苏轼来说,却又有了麻烦。宋朝法律重惩盗贼,对官吏的奖赏与对盗贼的惩处程度成正比,现在朝廷减刑,奖赏也随之下降,反而不利于捕获盗贼,对地方上的安全危害反而增大。因此,苏轼便写信给文颜博(即文中的文侍中,此时,文颜博以守司徒兼侍中河东节度使的身份判河阳)吐露自己的不快,并批评司农寺“增损旧律令冲改新制”,他的依据便是《宋刑统》条文。这是我们考察的重点。这封信的内容如下:

轼再拜。轼备员偏州,民事甚简,但风俗武悍,恃好强劫。加以比岁荐饥,椎剽之奸,殆无虚日。自轼至此明立购赏,随获随给,人用竞劝,盗亦敛迹。准法获强盗一人至死者,给五十千,流以下半之。近有旨,灾伤之岁皆降一等。既降一等,则当复减半。自流以下,得十二千五百而已,凡获一贼,告与捕者,率常不下

[22] 《苏轼文集》卷三十五,孔凡礼点校,中华书局1986年版,第990-992页。

[23] (元)脱脱等撰:《宋史》(第15册)卷一百九十九,中华书局1977年版,第4962页,《刑法志一》。

[24] 徐道隣:《法学家苏东坡》,载《徐道隣法政文集》,清华大学出版社2017年版,第389-405页。

四五人,不胜则为盗所害。幸而胜,则凡为盗者举雠之。其虽如此,而使四五人者,分十二千五百,以损其躯命,可乎?朝廷所以深恶强盗者,为其志不善,张而不已,可以驯致胜广之资也。由此言之,五十千岂足道哉。夫灾伤之岁,尤宜急于盗贼。今岁之民,上户皆阙食。冬春之交,恐必有流亡之忧。若又纵盗而不捕,则郡县之忧,非不肖所能任也。欲具有闻上,而人微言轻,恐不见省。向见报,明公所言。无不立从。东武之民,虽非所部,明公以天下为度,必不闻也,故敢以告。比来士大夫,好轻议旧法,皆未习事之人,知其一不知其二者也。常窃怪司农寺所行文书,措置郡县事,多出于本寺官一时之意,遂与制敕并行。近者令诸郡守,根究衙前重难,应缘此毁弃官文书者皆科违制,且不用赦降原免。考其前后,初不被旨。谨按律文,毁弃官文书,重害者,徒一年。今科违制,即是增损旧律令也。不用赦降原免,即是冲改新制书也。岂有增损旧律令冲改新制书,而天子不知,三公不与,有司得专之者。今监司郡县,皆恬然受而行之,莫敢辩,此轼之所深不识也。昔袁绍不肯迎天子,以谓若迎天子以自近,则每事表闻,从之则权轻,不从则拒命,非计之善也。夫不请而行,袁绍之所难也。而况守职奉上者乎。今圣人在上,朝廷清明,虽万无比虞。司农所行,意其出于偶然,或已尝被旨而失于开坐,皆不可知,但不请而行,其渐不可开耳。轼愚蠢无状,孤危之际,日以岌岌。夙蒙明公奖与过分,窃怀忧国之心,聊复一发于左右。犹幸明公密之,无重其罪戾也。[25]

徐道隣先生说,苏轼在信中对司农寺"增损律""冲改制书"的批评,完全是以法律条文为依据的。信中所说"律文毁弃官文书重害者徒一年",并非《宋刑统》的原文,而是两项条文的合用。《宋刑统》第四百三十八条(杂律毁弃制书宁文书)"诸弃毁……官文书者,准盗论"。[26] 第二百七十三条(贼盗、盗制书)"诸盗……官文书者杖一百,重害文书加一等"。[27] 杖一百加一等就是徒一年。信中所说"建制",指的是《宋刑统》第一百二十二条(职制律,被制书施行违者):"诸被制书,有所施行,而违者,徒二年。"[28] 依照《宋刑统》的规定,毁弃重要官文书,应该徒一年,而司农寺规定为徒二年,所以苏轼说是"增损律令"。

一项罪行之是否是朝廷的一般赦降下得到原免,依法是应该在"律"内,或

---

〔25〕《苏轼文集》(第4册)卷四十八,孔凡礼点校,中华书局1986年版,第1398－1399页。
〔26〕(宋)窦仪等:《宋刑统》卷二十七,吴翊如点校,中华书局1984年版,第439页。
〔27〕(宋)窦仪等:《宋刑统》卷十九,吴翊如点校,中华书局1984年版,第294页。
〔28〕(宋)窦仪等:《宋刑统》卷九,吴翊如点校,中华书局1984年版,第157页。

者用皇帝的“敕”来规定的。现在司农寺自动作出“不用赦降原免”的规定，自然是冲改“制书”了。苏轼的这种详细分析和对《宋刑统》的具体运用，若对法律不熟悉是绝对不可能做到的。

林语堂在《苏东坡传》中有这样一段话，可视作对苏轼谙熟法律的一种注脚。他说：

古今的川人都善争辩，最会写雄浑的长篇。就连中产社会谈话间也充满渊博的案例和明智的典故，在外省人眼中具有古典优雅的气氛。苏东坡也分享了这种内在的辩才和不服输的决心。不用提他和鬼神争辩好多回，就是他的策论也以清晰、有力而知名。苏氏父子的敌人都攻击他们像战国的诡辩家。朋友则称赞他们有孟子的雄见，像孟子一样善辩，引喻恰当。四川人应该是很好的律师才对。

因着这个原因，眉州人得到“难管”的恶名，苏东坡有一次辩解说，这里的人不像低文化区的人民，他们不会轻易地被长官吓倒，仕绅家中都有法典、畅谈法律和规条而“不以为非”。这些仕绅守法度日，也要求官吏守法，如果地方官公正廉明，任期届满，大家会把他的肖像挂在家中，膜拜五十年。但是他们就像现代的学生换了新老师一样，自有一套顽皮的把戏。[29]

（二）担任基层司法官员的士大夫对法律的通晓

在宋代，担任基层司法官员的人员有两类：一是县一级的长官，他们既是亲民之官，但同时又必须亲自审理案件；二是州里的“司法参军”与“司理参军”一类的“曹官”，他们的职责是“议法断刑”审决狱讼。宋之士大夫于初入仕途之时，往往被派往地方担任基层司法官员。他们素质的良莠及其对法律的熟练程度，既关系到老百姓的切身利益，也与一个王朝吏治的清明与否休戚相关。现在的问题是：担任基层司法官员的士大夫是否熟悉宋之法，令善决狱讼呢？我们先来看下面的史料。

吴曾《能改斋漫录》卷十二《微司理几误杀人》（意思是：如若不是司理明断，几乎错杀了无辜之人）称：

侍御史王平，字保衡，侯官人。章圣时，初为许州司理参军，里中女乘驴单行，盗杀诸田间，褫其衣而去，驴逸，田旁家收系之。觉，吏捕得驴，指为杀女子者。讯之四旬，田旁家认收系其驴，实不杀女子。公意疑甚，以状白府。州将老

〔29〕 林语堂：《苏东坡传》，海南出版社1992年版，第18页。

吏素强项了不之听趣令具狱，公持益坚。彼怒曰："掾懦耶"。公曰"今触奏坐懦不过一免耳，与其阿旨以杀无辜，又陷公于不义，校其轻重孰为愈邪"。州将因不能夺。后数日，河南移逃卒至许，核之，乃实杀女子者。因旁家得活。后因众见州将谢曰："微司理，向几误杀人。"[30]

《宋史翼》卷十八载：

胡令仪，开封陈留人，雍熙中明经第，解褐泾州长原尉。除颍州郡法掾，辩析冤狱，常活人于死，拜大理评事，知泰州海陵县。[31]

西门成允，棣州厌次人，景德中，明法，起家莱州司法参军，再选仪州华亭尉，迁商州商洛令……城允以法进，而宽平毋害。莱守苛深，常有强盗。欲置之死，使高赃估，成允阅案，请估依犯时，持议甚坚。会使者在郡守，语先人交以责成允。成允益不屈，二囚遂不死。华亭极塞，蕃汉杂居多盗，成允部督追胥，教以捕法，赏募恶少，使与出人致其情，虽剧盗必得之。终去，邑人无警。商洛有兄弟讼财，引其父为佐。成允戚曰："所贵乎人者，为其有思也。今何以自别于异类。虽然岂天性本然哉，利弊亡之耳，姑归推吾言思之"。于是，相与泣于庭。曰：某曹小人。今而后知利心不足以移亲爱。实自长官赐之，拜而去，一邑感动。[32]

陈耿，字仲操，真定人，祥符初中第，得上元尉，迁建雄军节度推官，知永济县。王曾镇魏善其政。奏徙大名，拜权永清节度判官，荐者十余章，改秘书省著作佐郎，知霍丘。倾之，移阆中，迁太子左赞善，除叶县，迁中丞。庆历八年卒，年七十五。为人廉直，不阿世附俗，长于为政。在永定军，人有杀死于路者，贼不得其子，疑怨家所为，诣吏辩诉，吏以子言名，捕诉者按之。证逮讻讻，囚无以自明，耿察其不真，讼系待讯而急白守丞，请捕贼。守臣怒曰："司理侮法耶"，何敢为死罪解脱。遣他掾与杂治囚，笞掠数百千，不胜痛，诬服具狱待报。耿犹守之不听。人皆为耿惧。明年博野县捕得真杀人者，举郡大惊，众乃皆服。[33]

欧阳颖，吉州庐陵人，登进士第。历官有能名，常知万、峡、鄂三州。大中祥符末以朝散大夫行太常博士，知歙州。盗有杀民董氏于市者三年捕不获，颍至则得之，以抵法。又富家有盗夜人启其藏者百计捕之不获。有司苦之。颍独召富家二子，械付狱鞫，吏民皆曰：是素良子也。警疑互谏。颍不听。鞫愈急，二子

---

〔30〕（宋）吴曾：《能改斋漫录》卷十二，上海古籍出版社1979年版，第369页。
〔31〕（清）陆心源：《宋史翼》卷十八，吴伯雄点校，浙江古籍出版社2017年版，第371页。
〔32〕（清）陆心源：《宋史翼》卷十八，吴伯雄点校，浙江古籍出版社2017年版，第373页。
〔33〕（清）陆心源：《宋史翼》卷十八，吴伯雄点校，浙江古籍出版社2017年版，第375页。

服。取其所盗某物于某所,皆是。佥以为神明。[34]

以上记载的是士大夫为基层司法官员时善决狱讼的忱况,其实“敏断刑狱”往往与“明习法令”密不可分。郑克《折狱龟鉴》卷四载:

赵抃参政(字阅道,宋衢州西安人,举进士第,为武安军节度推官。后官至参知政事,《宋史》卷三一六有传)初为武安军节充推官。有伪造印者,吏皆以为当死。抃独曰“造在赦前,用在赦后。赦前不用,赦后不造,法皆不死”。遂以疑谳之,卒免死。

对此,郑克称赞说:“劫禁物(指另一案例)造伪印,其论以法,有不当死而用法者或处死焉,是枉滥也。则如曾与赵者(曾指曾公亮),可谓明且谨矣。昔臧冑‘参处法意,至析秋毫’,此何愧彼哉!”[35]

该卷还记载了这样一件事:主客郎中陈奉古任贝州通判时,有个差役拘捕盗犯,盗犯的母亲企图上前夺取盗犯,差役抗拒不给,将她推倒在地。第二天,盗犯的母亲死了。差役被交付法吏,判处死刑。陈奉古不同意这种愈见,他认为“捕捉盗犯有亡失法。如今有人夺取盗犯,依法当得抵御。”因为抵御而打死了人,却按殴斗杀人论处,那么吏人就无法捕捉盗犯了。杀掉一个无辜的人,而使抢夺盗犯的事情得逞,这样的法律不对。于是将案件上报朝迁、得到批复:差役处以杖刑。人们都称赞陈奉古。[36]

郑克在《折狱龟鉴》一书中曾搜寻了自汉到宋的案例280余件,其中大部分是发生在宋代的事情。从该书的记载看,宋之士大夫明习法令、善决狱讼的事例在100例以上,以上两例只是其中一二。

若就郑克而言,他本人即是宋之士大夫中具有丰富办案经验,明习法令的典型代表。郑克本人名不见于史传。据清人朱绪曾《开有益斋读书志》和近人余嘉锡《四库提要辩证》考证:郑克,字克明,宋开封人,宋徽宗宣和六年登沈诲榜进士,南宋初历官登仕郎,建豪府上元县尉和承直郎,湖州提刑司干官。[37] 另据

---

〔34〕(清)陆心源:《宋史翼》卷十八,吴伯雄点校,浙江古籍出版社2017年版,第378页。以上史料记载的,皆是循吏的形象。循吏的特征是:据理奉法,善决狱讼,美风俗,敦教化。

〔35〕(宋)郑克:《折狱龟鉴译注》卷四,刘俊文译注,上海古籍出版社1988年版,第211页。

〔36〕(宋)郑克:《折狱龟鉴译注》卷四,刘俊文译注,上海古籍出版社1988年版,第214－215页。

〔37〕“干官”为宋朝“干办公事”官职的简称,又称为“干办官”。原名“勾当公事”,因避宋高宗赵构名讳改。宋制,制置使、总领、安抚使、镇抚使、转运使、提点刑狱公事、都大提奉茶马、都大提举坑治、三衙长官等皆可置干官为属官。

元人刘埙《隐居通议》记续，宋高宗绍兴三年，降诏恤刑，戒伤中外，俾务哀矜。郑克因取五代和凝、和㠓父子所著《疑狱集》为基础，分类增广，附以论断，撰成《折狱龟鉴》一书。

郑克作为提刑司干办官，集数年办案经验，辑录上起春秋、战国，下至北宋大观，政和年间历代有关平反冤滥，抉擿奸愚的案例故事270余条，390余事，并以按语的形式对其中大部分案例故事进行了分析和考察。《折狱龟鉴》一书除系统地给我们介绍了前人在案件的侦破、检验、审讯、判决和平反等方面积累的正反两方面的历史经验外，我们可以从中发现郑克本人对宋代法律的娴熟。

《折狱龟鉴》卷四《马亮纵囚》条的按语中记成了郑克的这样一段话："丁谓丞相说，真宗朝，因宴，又亲事官失去金楪一片。左右奏云'且与决责'。上曰'不可。且令寻访。'又奏'只与决小杖'。上曰'自有寻访日限。若限内寻得，只小杖亦不可行也。'至尊守法尚尔，臣子理合如何？"[38]这段话出自丁谓之口，或许有溢美之嫌。郑克以此作为按语，足以表明了他的认可态度。之所以如此，就在于真宗所言与《宋刑统》律文甚为吻合。《宋刑统》卷二十七《弃毁亡失备偿》条规定："亡失器物、符印之类应坐者，皆听三十日求访，不得，然后决罪。若限内能自访得，及他人得者，免其罪。限后得者，追减三等。"[39]这说明郑克明习律令。

再说洪迈。若与郑克相比，洪迈不是专门的司法官员，其所著《容斋随笔》也不是一部专门的法律著作，但迈知识渊博，所著之书向为史家所重。《四库全书总目提要》说："其中自经、史、诸子、百家以及医卜、星、算之属，凡意有所得，即随手札记。辩证考据，颇为精确。"[40]其实，该书中不少内容是涉及法律的，如卷十二《刑罚四卦》、卷十六《治盗法不同》，《容斋续笔》卷一《田宅契卷取直》、卷二《张于二廷尉》、卷五《唐虞象刑》、卷八《姑舅为婚》，《容斋三笔》卷十六《敕令格式》，《容斋四笔》卷七《考课之法废》、卷九《健讼之误》，卷十《过所》《吏部循资格》、卷十一《御史风闻》等。下举两例以兹说明：

《容斋三笔》卷十六之《敕令格式》条称：

法令之书，其别有四，敕、令、格、式是也。神宗圣训曰"禁于未然之谓敕；禁于已然之谓令；设于此以待彼之至，谓之格；设于此使彼效之谓之式"。凡人笞

---

〔38〕（宋）郑克：《折狱龟鉴译注》卷四，刘俊文译注，上海古籍出版社1988年版，第238页。

〔39〕（宋）窦仪等：《宋刑统》卷二十七，吴翊如点校，中华书局1984年版，第444页。

〔40〕（宋）洪迈：《容斋随笔》，孔凡礼点校，中华书局2005年版，第957页，"附录"。

杖徒流死,自例以下至断狱十有二门,丽刑名轻重者,皆为敕;自品官以下至断狱三十五门,约束禁止者,皆为令;命官庶人之等,倍全分厘之给,有等级高下者,皆为格;表奏、帐籍、关牒、符檄之类,有体积制楷模者,皆为式。《元丰编敕》用此,后来虽数有修定,然大体悉循用之。今假宁一门,实载于格,而公私文书行移,并名为式假,则非也。[41]

此段文字,《元丰编敕》以前一段对敕令格式的解释并不是洪迈所说,《宋史·刑法志》也有类似记载,能够反映洪迈法律知识和水平。

再来看洪迈对法律术语"过所"的解释。《容斋四笔》卷十记载:

《刑统·卫禁律》云,"不应渡关而给过所,若冒名请过所而度者"。又云"以过所与人"。又《关津疏议》,关谓判过所之处,津直度人,不判过所。《释名》曰,"过所,到关津以示之。"或曰"传,传转也。转移所在,识以为信"。汉文帝十二年"除关无用传。"张晏曰,"传,信也,若今过所也。"两行书缯帛,分持其一,出入关,合之乃得过,谓之传也。《魏志》,仓慈为敦煌太守,西域杂胡欲诣洛者,为封过所。延尉决事曰:"广平赵礼诣雒治病,门人资过所诣洛阳,责礼,冒名渡津,受一岁半刑"。徐铉《稽神录》"道士张谨好笔法,客游华阴,得二奴,曰德儿、归宝,谨顾可凭信。张东行,凡书囊、符法、过所,衣服皆付归宝负之,将及关,二奴忽不见,所属之物,皆失之矣。时秦、陇用兵,关禁严急,容行无验,皆见刑戮。既不敢东渡,复还主人,乃见二儿。因掷过所还之",然过所二字,读者多不晓,盖若今时公凭引据之类,故裒其事于此。[42]

(三)从《清明集》看南宋士大夫的法律素养

1987年1月中华书局出版了《名公书判清明集》一书,该书由中国社会科学院历史研究所宋辽金元研究室点校。这是一部研究宋代,特别是南宋中后期社会史、经济史,尤其是法制史的珍贵典籍。该书的价值,参加点校的陈智超教授撰有长文述之。[43]

该书中的"书判"二字,意指担任司法官员的士大夫在断决狱讼时所写的判语。判语中案例并非唐代科举考试时假拟的案例,而是发生在宋代社会生活中

[41]　(宋)洪迈:《容斋随笔》,孔凡礼点校,中华书局2005年版,第616页,《容斋三笔》卷十六。

[42]　(宋)洪迈:《容斋随笔》,孔凡礼点校,中华书局2005年版,第745页,《容斋四笔》卷十。

[43]　陈智超:《宋史研究的珍贵资料——明刻本〈名公书判清明集〉介绍》,载《名公书判清明集》,中国社会科学院历史研究所宋辽金元研究室点校,中华书局1987年版,第645－686页,"附录七"。

的真实情况。“名公”与“清明”四字蕴含两层意思：其一，书中的士大夫断狱明敏，且关心民间疾苦。其二，通晓律义，严格执行宋朝法律。

打开《清明集》，我们不难发现，每一书判都以有关法律条文作为判决的准则，并载明司法机关是怎样根据已查证的实事，援引法律条文的。有意思的是，这些判决非简单照搬法律条文，而是根据其他因素。融天理、人情于法意之中，但法律是其基础。这样一来，也就出现了两个问题：首先，既然是“名公”，“清明”判案理属当然。“清明”的首要条件是严格执行法律。如若不完全依法律条文处置能说是“名公”严明执法吗？其次，当法条与情理冲突时，是屈法以伸理，还是明法以抑情呢？

这便是法律条文与活生生的社会现实之间的矛盾。法典一旦公布于世，其条文便不能变化，谓之“死法”，但其法越需要靠司法者解说。另外社会生活是变化的，所谓“生活之树常青”，乃“活法”之意蕴。如何能以“不变”之条文来处理常变之事体呢？这是古今中外都会遇到的大课题。南宋士大夫是怎样回答这一问题的呢？

我们先来看有关史料，然后再对问题作出分析。

1.《兄弟论赖物业》。判者，刘后村。[44]

在法，已分财产满三年而诉不平，及满五年而诉无分违法者，各不得受理。翁晔、翁显系亲兄弟，其父翁宗珏在日，有田五十八种，于淳熙十二年分拨与二子，各得田二十九种。宗珏庆元六年死，翁晔将所得田二十九种尽行典卖，及曾将共段田陪并与弟翁显，原契见存。翁显又执亲邻，就丁政远边赎得翁晔原典田，及作翁团名，典得魏齐箕田。乡民辛勤，增置些小田业，岂是容易。翁晔已死，其子翁填觊觎乃叔物业辄妄入词，称是翁显将在众钱物，置到田产，欲行均分。自淳熙十二年至今，已及三十六、七年，翁显执赎并置到田业，皆是嘉泰已后，及有是嘉泰（嘉定）十一年者，岂得是在众钱物？委是被人教唆，妄生词诉，且免断，契给还翁显，余人并放。[45]

---

〔44〕 刘克庄（1187—1196 年），兴化军（今属福建莆田人），字潜夫，号后村居士。《宋史》无传。生平事迹参见（清）陆心源：《宋史翼》卷二十九，吴伯雄点校，浙江古籍出版社 2017 年版，第 701 – 702 页，《文苑四 · 刘克庄传》。《名公书判清明集》所收书判，大多为任江东提刑时作。

〔45〕 《名公书判清明集》卷十，中国社会科学院历史研究所宋辽金元史研究室点校，中华书局 1987 年版，第 373 页，《兄弟论赖物业》。

2.《因奸射射》。判者，范西堂。[46]

祖宗立法，参之情理，无不曲尽。傥拂乎情，违乎理，不可以为法于后世矣。临桂黄渐，穷衣缝掖，以小学为生，侨寓永福，依于陶氏家，携妻就食，贫不获已，此已可念。

寺僧妙成与主人陶岑互相衣物，遂及其妻，因谓有奸。尉司解上，县以黄渐，陶岑与寺(僧)妙成各杖六十，其妻阿朱免断，押下军寨射射。此何法也？黄渐有词，县司解案，并追一行供对，与所诉同。如此断事，安能绝讼。在法：诸犯奸，徒二年，僧道加等。又法：诸犯奸，许从夫捕。又法：诸妻犯奸，愿与不愿听离，从夫意。今黄渐即不曾以奸告，只因陶岑与寺僧交讼，牵联阿朱，有奸与否，何由得实。捕必从夫，法有深意。黄渐即非愿离，县司押下射射。淫滥之妇，俾军人射以为妻，此固有之。当职昔在州县，屡尝施行。第三人以上方为杂户，或原来无夫，或夫不愿合，无可归宿之人，官司难于区处，方可为此。未闻非夫入词，而断以奸罪，非夫愿离，而强之他从。殊与法意不合。若事之暧昧，奸不因妇告而坐罪，不由夫愿而从离，开告讦之门，成罗织之狱，则今之妇人，其不免于射者过半矣。况阿朱有子，甫免襁褓，使之分离，遂决天亲，夫岂忍为！数岁之子，贫而无恃，虽日从公，焉保其生，以政事杀民，此其一耳。寺僧犯奸，加于常人可也，今止从杖罪。妇人和奸，从徒二年也可也，今乃免断。妇断，寺僧减降，不妨从厚，胡为黄渐与之同罪？胡为阿朱付之军人？重其所当轻，而轻其所当重，为政如此，非谬而何？守令亲民，动当执法，舍法而参用已意，民何所凭？家人一卦，古今不可易之理也。凡人有家，当日置于座侧。然必于天下之家道，尽合乎易之家人，比屋可封矣。岂复有男女之讼更至官府。礼运之说，亦前圣之格言，夫人食味，别声，被色，而生斯世，岂容不知。然断天下之讼，尽于舍法而用礼，是以周公、孔子之道，日与天下磨砻浸灌，为羲皇之世矣。两造俱备，岂复有人。敕令格式之文不必传，详定一司之官不必建，条法事类之书不必编，申明指挥之目不必续，文人儒士固愿为之，何待武弁始知有此。圣王垂训，所以经世，祖宗立法，所以治讼。二者须并行而不悖也。县司此断，悉由薄尉，非长官而受白状，非所司而取草款，具为违法，行下取问承吏张阴、刘松，必有取受，本合送勘，今且免行，各从

---

〔46〕 范西堂，即范应铃，号西堂，丰城人。开禧元年（1205 年）进士，书判中有抚州、宜黄的，当为其通判抚州时作；有蕲春的，当为其通判蕲州时作；有临桂、宾州的，当为其任广西提刑时作。

杖一百。阿朱付元夫交领，仍责立罪状，不许再过永福，如违，先从杖一百。[47]

3.《检法书拟》。判者，宋自牧。[48]

王元吉，亦奸民之尤也，顶冒功赏，假称制属，结托豪民杨子高为声势，蔑视国法，毒害平民，盖不一端而足。今姑以大者言之，旁缘制司名色，增长私犯盐价，锁缚抑勒铺户，取偿者，则又执私约以欺编，计赃一千贯有余，被害者不知其几人矣。在法：质借投托之类为名，其诈称官遣人追捕以取财者，以强盗论。即此一项所犯，已该绞刑。又况遣子商贩，往来江右，动以官钱易砂毛私铸，搬入摄夹杂行用，以求厚利，遂使私钱流入湖湘贩者众。在法：剪凿钱取铜，及卖买兴贩之者，十斤配五百里。元吉父子所犯，据供已五百贯，以斤计之，抑又不知其几千百矣。甚至以趣办工匠课程，取媚芮路分，致投之水者二人，以盐船漂泊，趋打稍工赴水者一人，占据良人女为小妻，逼迫其父自缢者一人。在法：以恐惧逼迫人致死者，以故斗杀论。若元吉之犯绞刑，盖亦屡矣。恶贯已盈，岂容侥免。欲将王元吉决脊杖二十，配广南远恶州军。所是日前卖盐废约，并不行用。仍贴县，给屋业还赵十一管业。[49]

4.《霸渡》。判者，蔡杭。[50]

敕：请津渡于深阔湍险之处，吓乞取财者，以持杖窃盗论。律：诸本以他故殴击人，因而夺其财物者，计赃以强盗论。又敕：诸强盗得财者，徒三年，殴人者，配千里。法令所载，昭如日星。奸民无状，辄敢冒犯，郑在九捉讨过渡客人方太渡钱，抢去麻布一片，及将方太等缚打，正犯上项条令。况其骗人财，拆人屋，多取铜田渡钱八十贯，罪犯非一而止，豪据一方，呼啸朋俦，肆为劫夺，往来之人，被其若害，不能申诉者，何可胜计。决脊杖十五，配一千里，以为霸渡害民者之戒。朱再乙名为诉郑再九，而所争正系争夺据渡，累代豪占，决非善良，抢取渡钱一节，

---

〔47〕《名公书判清明集》卷十二，中国社会科学院历史研究所宋辽金元史研究室点校，中华书局1987年版，第448页，《因奸射射》。

〔48〕宋自牧，即宋慈，字惠父，号自牧，福建建阳人。

〔49〕《名公书判清明集》卷十二，中国社会科学院历史研究所宋辽金元史研究室点校，中华书局1987年版，第465－466页，《结托州县蓄养罢吏配军夺人之产罪恶贯盈》。

〔50〕蔡杭，字仲节，号久轩。绍定二年（1229年）进士，召试馆职，后任江东提点刑狱，移浙东，知隆兴府，官至参知政事。《清明集》所收蔡杭书判，凡可知地点的，都在饶、信、徽三州，当为其任江东提刑进所作。

尤为非理，勘杖一百，放。余照厅所拟行下，仍榜诸处津渡。[51]

5.《已卖而不离业》。吴恕斋判。[52]

阿章绍定年内，将住房两间并地基作三契，卖与徐麟，计钱一百五贯。当是时，阿章寡妇也，徐鼎孙，卑幼也。律之条令，阿章固不当卖，徐麟亦不当买。但阿章一贫彻骨，他无产业，夫男俱亡，两孙年幼，有可鬻以糊其口者，急于求售，要亦出于大不得已也。越两年，徐十二援亲邻条法，吝赎为业，亦既九年。阿章并无一词。今年正月，忽同鼎孙陈词，当来只典与徐麟，不曾断卖，仍欲取赎。本县已令徐十二交钱还业。今徐十二又有词于府，称是徐麟见其修整圆备，挟曩年吝赎之恨，扶合阿章、鼎孙，妄以断卖为典，且缴到赎回徐麟原买赤契三道。切详此讼，阿章既有卖与徐麟赤契，分明该载出卖二字，谓之不曾卖，不可也，经隔十有余年，若以寡妇、卑幼论之，出违条限，亦在不应受之域。向使外姓展转得之，在阿章已断无可赎之理。但参酌人情，阿章与徐十二为从嫂叔，其可赎不可赎，尚有二说。据阿章供称，见于其孙居于此屋，初不曾离业。倘果如此，则徐十二合念其嫂当来不得已而卖之意，复幸其孙克自植立，可复旧物，以为盖头之地。楚人亡弓，楚人得之，何忍迫之出外，而使一老二孤无所归乎！此阿章所以为尚可赎也。

但又据徐十二供，阿章离业已久，只因徐麟挟仇，教唆兴词。若果如是，则又难堕小人奸计，以滋无根之讼。大率官司予决，只有一可一否，不应两开其说，但本府未审阿章曾离业与否，难以遽为一定之论。今两词并不到府，暑天又不欲牵连追对，宗族有争，所合审处。欲牒昌化佐官，更与从公契勘，限五日结绝，申。[53]

从上述案例看，司法官员在判词中引用的法律条文有律有敕，所谓有法，首先是指《宋刑统》，其次是指敕令。《应元条法事类・户婚门》现在能看到的是残卷，现亦可据判词中所引条文补其不足。就上史料看，案例一引用的法律条文属于财产继承方面的内容。《宋刑统》对此没有明文规定。宋仁宗天圣年间，宋王

[51]　《名公书判清明集》卷十四，中国社会科学院历史研究所宋辽金元史研究室点校，中华书局1987年版，第553页，《霸渡》。

[52]　吴恕斋，即吴革，江西庐山人。《名公书判清明集》中，吴恕斋判词一般均为其在临安知府任上所作。

[53]　《名公书判清明集》卷六，中国社会科学院历史研究所宋辽金元史研究室点校，中华书局1987年版，第164－165页，《已卖而不离业》。

曾经制定了《户绝条贯》及《遗嘱财产继承法》。但由于史料亡佚，这两部单行规的详细内容已不可考。就案一来说，翁晔、翁显因对其父财产分配不公而争讼，但离初分之时已过六七年。法官引用条文说："已分财产满三年而诉不平，及润五年而诉无分违法者，各不得受理。"这是断决此案的基本依据。本案引用的法律条文，出处虽已难详考。但根据《宋会要辑稿·刑法三》"诉讼"之有关规定，宋代刑事"理雪"时效一般为三年。史载：宋仁宗庆历七年十月十二日诏："今一命官犯罪，经断遣后如有理雪者，在三年外更不施行。"[54]"绍兴二年九月四日敕：应经断人，依限三年处不许诉雪，如元因有司勘断委有不当致久负冤抑，在五年限内者并仰经所属投状以闻。"[55]宋高宗绍兴五年闰四月十日户部言："卖田宅依法满三年而诉，以利息债负准折，或应问邻而不问者，各不得受理。"[56]户婚财产同属一类，在宋代法律中常归为一门。从这些史料看，可以间接地印证法官所引之法条是准确的。

案例二、三、四所引之条文源出《宋刑统》卷二十六《诸色犯奸》、《私铸钱》、卷二十一《斗殴故欧故杀》条。

据学界之研究，《清明集》大约有 1/5 的判词引用宋代法律条文。[57] 判词中声称依法为断而未具引法条者数目更多。更为有趣的是，法官往往还以能"剖判曲直则依条法"而自鸣得意，以至于范应铃有"守令亲民，动当执法，舍法而参用已愈，民何所凭"[58]之语。可见，判决必以法律条文为依据，且具引准确，是士大夫从事司法审判工作并青史留名的基本条件，诚如司马光所言："至于律令勅式，皆当官者所须。"[59]

判案以法律为依据，但又不是简单照搬法律条文，而是根据当事人的实际情况及案件的性质，灵活变通法律以适应社会生活的需要，这是士大夫作为司法官

---

〔54〕（清）徐松：《宋会要辑稿·刑法三》（第 14 册），刘琳等点校，上海古籍出版社 2014 年版，第 8402 页。

〔55〕（清）徐松：《宋会要辑稿·刑法三》（第 14 册），刘琳等点校，上海古籍出版社 2014 年版，第 8405 页。

〔56〕（清）徐松：《宋会要辑稿·刑法三》（第 14 册），刘琳等点校，上海古籍出版社 2014 年版，第 8417 页。

〔57〕孔学：《〈名公书判清明集〉所引宋代法律条文述论》，载《河南大学学报（社会科学版）》2003 年第 2 期。

〔58〕《名公书判清明集》卷十二，中国社会科学院历史研究所宋辽金元史研究室点校，中华书局 1987 年版，第 449 页，《因奸射射》。

〔59〕（宋）李焘：《续资治通鉴长编》卷三百七十一，中华书局 2004 年版，第 8979 页。

员的第二项要求。如若一个司法官员只晓律文而不通律义,即便是他一丝不苟地执行法律,也只多得一"使俗吏"之名,而决不会成为"名公"。

对律义的通晓包括了三个方面的内容:一是要深明祖宗(包括圣人)立法之意。二是把"情理"作为变通法律的依据,使案件判得合情合理。三是当法律与情理冲突时,既要原则上切察圣人重宪之意,又不必拘泥于"一准乎礼"之教条,而是根据社会发展的需要,现实的需要处理问题。用宋人的话来说,就是使法意与人情融为一体。

胡颖说:"法意、人情实同一体,徇人情而违法意,不可也;守法意而拂人情亦不可也。权衡于二者之间,使上不违于法意,下不拂于人情,则通行而无弊矣。"〔60〕

就上引史料案件五来说,临安府昌化县的寡妇阿章与其孙子徐鼎孙申诉,要求赎回他们在十一年前典与徐麟的两间住房和墓地。这项房产,早在九年前已由阿章的小叔徐十二援照亲邻条法赎归已有。昌化县原以判决徐十二将房产交还阿章,领回赎契。徐十二不服,向临安府申诉:当时是阿章将房产卖与而不是典与徐麟。现在是徐麟教唆阿章祖孙无理诉讼。在诉讼中,徐十二提交了他赎回房产时所得到的阿章卖契,临安府依据此卖契判定阿章当时是卖而非典。〔61〕

考察本案要说明的问题是:其一,此案援引的法律条文有哪些?其二,法官是怎样处断的?其三,法意与人情是否如学界以往所论,仅仅是正名分,徇私情。

此案援引的法律条文有二:一是孤寡典卖田产物业的规定;二是亲邻条法。二者都规定在《宋刑统》卷十三《户婚门·典卖指当论竞物业》条内。依《宋刑统》之规定,孤儿寡母典卖产业,要有一定的条件和保证。否则典卖无效,法律不予保护。故吴恕斋判词中有律之条令,阿章固不当卖,徐麟也不当买之语。若依法律条文的规定,此案并不难判决。阿章为断卖诚心诚意,且年限已久,又超过了官府受理的期限,完全可以驳回申诉,继续交由徐十二管业,但是,这样一来,判决的结果将大悖社会生活之情理。就本案来说,有三点需要法官思考:一是诉讼双方有堂嫂叔的亲属关系;二是阿章祖孙一老二孤,无所依靠;三是阿章申诉她一直没有离业(若按照法律之规定,合法的典卖,业主一经典卖〔62〕产业,

〔60〕《名公书判清明集》卷九,中国社会科学院历史研究所宋辽金元史研究室点校,中华书局1987年版,第311页,《典卖田业合照当不来交易或见钱或钱会中丰收赎条》。

〔61〕参见陈智超:《宋史研究的珍贵资料——明刻本〈名公书判清明集〉介绍》,载《名公书判清明集》,中华书局1987年版,第645-686页,"附录七"。

〔62〕这里的典卖包括的典卖与绝卖两种情况。

即应与产业脱离关系。但在宋代的现实生活中,情景并非完全如此。业主典卖后而不离业的情况大有人在,如典卖房屋后,作为租户仍在原处居住等。阿章的情况可能就是如此)。这就是判词中所说的"参酌人情"之义指。故法官吴恕斋并未最后下判,而是责令原审(昌化县)就地查实阿章究竟是否离业,如确未离业,将予以照顾。应该说这种考虑是恰当的。

胡颖在判邹应祥、邹应麟与邹应龙"兄弟之讼"(争财产)一案中,根据情理与法意,作了几点变通(该案的大意是:邹应祥、邹应龙、邹应麟为三兄弟,邹应龙反诉其兄应祥分财不公,应祥反诉其不恭):一是依《宋刑统》之规定,祖父母、父母在,子孙不许别居异财。在本案中,邹氏三兄弟尚有六十老母需奉养,故官府对分财一事,本可不予受理。但法官胡颖考虑到案中有邹氏三兄弟之母故意就财产标拨之情节,加之有绍熙三年三月九日户部看详之文为依据(该看详规定:凡祖父母、父母愿为标拨而有照据者,合与行使,无出人其说,以起争端),故还是对此案进行了受理。二是就本案的案情而论,应祥作为兄长既有收应龙之子为子之举,又有抚养应龙之女为女之行,应该说做到了兄友。但其弟应龙并不恭敬其兄,反而以拳相加,且讼其兄于公堂之上。以致名分与礼教,法司法重责应龙不恭不罪,财产之讼也不应受理,更不须考虑邹应龙的利益。但实际上胡颖并没有这样判决,而是对邹应龙从轻勘一百。针对分产一节则认为"今复混而为一,固不失其为美,但应龙顽嚣之心,终不可改,今日之美意,未必不复为他日之厉阶,固不若据已标拨,各自管业,以息纷争之为愈也"。[63]

就《清明集》的记载来看,判词中所说的"参酌人情"及"天理、人情、国法"之语,有几点特别需要关注:第一,"参酌人情"的基础是查清事实,并检出有关法律法条款包括敕令、看详,然后再考虑案件的具体情节(如阿章的孤苦无依。邹氏三兄弟争财中其母已同意标拨等)适当地变通法律,以适应社会生活的发展而非如往者所论,法官可以随心所欲地决断。第二,在法意、人情的相互参酌中,士大夫判案并非完全拘泥于"礼"之教条。就《人伦门》《户婚门》所载的案例看,在兄弟子女争财之类的诉讼中,法官在"教人伦、美风俗"的同时,往往还要依法保护弟弟或女儿的合法权益,这是宋代社会生活出现的特别值得予以关注的现象。第三,当法律与情理冲突时,士大夫作为法官考虑的首要因素是如何使检出的法条与案件的情节两不相碍,若确定无法排除矛盾,则在考虑案情与社会实际

〔63〕《名公书判清明集》卷十,中国社会科学院历史研究所宋辽金元史研究室点校,中华书局 1987 年版,第 371－372 页,《兄弟之讼》。

的基础上，以情理修改法律，既不拘泥于礼之教条，也不呆板地照搬法律条文，而是融天理、国法、人情于一体。陈智超先生说："所谓'法意'与'人情'的关系，在封建社会法制史的研究中是一个经常遇到而不可忽视的问题。贪官污吏可借此而上下得手，一些正直的官吏也可据此而维护弱者的某些利益，不可一概而论。"[64]

（四）理学家朱熹对法律的娴熟

朱熹，字元晦，一字仲晦，号晦庵，又号晦翁，别称紫阳，生于宋高宗建炎四年（1130年），祖籍徽州婺源（今属江西）人，1200年卒于建阳。"熹幼颖悟，甫能言，父指天示之曰'天也'。熹问曰：'天之上何物？'松异之。就传，授以《孝经》一阅，题其上曰'不若是，非人也。'"[65]

朱熹19岁中进士，做过五任地方官。24岁在泉州同安县任主簿，28岁去职。自此以后一直到50岁以前，他只担任过一些有官无职的闲差事。

朱熹一生实际从政的时间并不多，主要从事学术研究和教育工作。他50岁任知南康军，复建白鹿洞书院，"经常与诸生质疑问难，诲诱不倦。"54岁在崇安（福建省）武夷山下建武夷精舍，"四方士友来者甚众"。61岁知漳州刊印《四经四子书》，经常到州学"训诱诸生"。65岁知潭州，修复岳麓书院"治郡事甚劳，夜则与诸生讲论，随问而答，略无倦色"。后来回到建阳考亭，修建沧州精舍，"学者益众"，最多曾达到数百人。朱熹此时曾写沧州歌一首抒怀，其中有句云："春尽五湖烟浪，秋夜一天云月，此外尽悠悠。永弃人间事，吾道付沧州。"[66]

朱熹作为理学的集大成者，向以其哲学思想博大精深而闻名于世。其实，朱熹在法学方面，不仅把"道""气""性"诸哲学范畴与法律联系起来，建立了一个系统的"德礼政刑"互为终始的理论体系，从而作出了自己的贡献。同时，他还在讲学授徒中，阐述了他对《宋刑统》的见解，表明了他对法律的娴熟。

《朱子语类》卷一百二十八《法制》记载：

先生（指朱熹）因论本朝南渡以来，其初立法甚放宽，盖欲聚人。不知后来放紧，便不得。

今之法，大概用唐法。

---

〔64〕《名公书判清明集》附录七，中国社会科学院历史研究所宋辽金元史研究室点校，中华书局1987年版，第668页。

〔65〕（元）脱脱等撰：《宋史》卷四百二十九，中华书局1977年版，第12751页，《朱熹传》。

〔66〕参见（宋）黎靖德编：《朱子语类》（第1册），王星贤点校，中华书局1986年，第1－2页。

问:“今三代之法,或可见于律中否?”曰:“律自秦汉以来,历代修改,皆不可得而见矣。如汉律文简奥,后代修改,今亦不可见矣。”

律是历代相传,敕是太祖时修,律轻而敕重。如敕中刺面编配,律中无之。只是流若千里,即今之白面编管是也。敕中上刑重而下刑轻,如律中杖一百,实有一百,敕中则折之为二十(五折一)。今世断狱只是敕,敕中无,方用律。

因言律极好(律即刑统),后来敕令格式,罪皆太重,不如律。《乾道淳熙新书》更是杂乱。一时法官不识制法本意,不合于理者甚多。又或有是计嘱妄立条例者。如母已出嫁,欲卖产业,必须出母著押之类此皆非理,必是当时有计嘱而创此条也。孝宗不喜此书,尝令修之,不知修得如何。

旧来敕令文辞典雅,近日殊浅俗。

宋莒公曰:“应从而违,堪供而阙。此六经之亚文也。”谓子不从父不义之命,及力所不能养者,古人皆不以不孝坐之。义当从而不从,力可供而不供,然后坐以不孝之罪。

或问:“敕、令、格、式,如何分别?”曰:“此四字乃神宗朝定法时纲领。本朝止有编敕,后来乃命群臣修定。”元丰中,执政安焘等上所定敕令。上谕焘曰:“设于此而逆彼之至谓之格,设于此而使彼效之谓之式,禁于未然谓之令,治其已然谓之敕?修书者,要当如此。若其书完具,政府总之,有司守之,斯无事矣。”神庙天资绝人,观此数语,直是分别得好。格,如五服制度,某亲当某服,某服当某时,各有限极,所谓“设于此而逆彼之至”之谓也。式,如,磨勘转官,求恩泽封之一类,只依个样写去,所谓“设于此而使彼效之”之谓也。令,则条令禁制其事不得为、某事违者有罚之类,所谓“禁于未然”者。敕,则是已结此事,依条断遣之类所谓“治其已然者”,格、令、式在前,敕在后则有“教之不改而后诛之”的意思。今但欲尊“敕”字,以敕居前,令、格、式在后,则与不教而杀之何异?殊非当时本指。又问:“伊川云介甫言:律是八分书。是他见得如此。何故?”曰:律是《刑统》。此书甚好,疑是历代所有传袭下来。至周世宗,命窦仪注解过,名曰《刑统》即律也。今世却不用律,只用敕令。大概敕令之法,皆重于《刑统》。《刑统》与古法相近,故曰:“八分书。”(介甫之见,毕竟高于世俗之儒)[67]

某事合当如何,这谓之“令”。如某功得几等赏,某罪得几等罚这谓之“格”。凡事有个样子,如今家保状式之类,这谓之“式”。某事当如何断,某事当如何

---

[67] 括号内文字为原文所有,原文以小字排印。

行,这谓之"敕"。今人呼为"敕、令、格、式",据某看,合呼为"令、格、式、敕"。敕是令、格、式所不行处,故断之以敕。某在漳州,曾编得户,婚两门法。

本合是先令而后敕,先教后行之意。自荆公用事以来,方定为"敕、令、格、式"之序。[68]

这段史料大可值得注意之处有三:一是朱熹对《宋刑统》的解释。如"《宋刑统》大字是历代相传'注'字是世宗时修。""律是刑统,此书甚好"等,说明朱熹对《宋刑统》的编纂,沿革及律文内容相当熟悉。二是朱熹对律敕关系及敕、令、格、式概念的论述。不是对法律条文了如指掌的人,说不出这些概念的确切含义。三是朱熹在61岁知漳州时,曾编过户、婚两门法律。史称,朱熹于知漳州任上有推行经界摘丈田地之举,大概编纂法律与此有关。这就进一步印证了朱熹对法律的通晓。

(五)缙绅士大夫对法律的娴熟

有宋一代,自上而下的法律意识既为汉唐所没有,也为明清所不及。就士大夫而论,通晓法律工于吏事、关心狱讼是其共有的主导意识,这种意识在缙绅士大夫中也有明确的反映,由于史料的散缺和时间的仓促,仅以北宋李元弼和南宋的陈亮等人为例,对此问题略加论说。

缙绅士大夫,又称学术绅士,指那些不担任官职,或一生很少时间从政,主要以自身的身份、学识、财富及有关知识在乡间及大山名川徒结讲学,或从事宗族事务的人,甚还包括那些致仕的官吏。

缙绅士大夫的法律素养,可以通过以下几个方面加以说明:

第一,熟悉法令、深知法意。南宋事功学派陈亮、叶适是这方面的典型代表。陈亮的法律意识在前文中有所论述,这里再从缙绅士大夫的角度,略加申说。生活在12世纪后半期的陈亮,是一个奇特强毅的英雄俊杰人物。论事功,他是没有的,因为他一生梦寐以求的建功立业的机会,只有在他51岁状元及第之后才有了获得的可能,却不幸就在次年之春,当他准备赴建豪军签判任所供职之际,竟因病丧生了。

陈亮(1143—1194年),字同甫,原名叶汝能,婺洲永豪(今属浙江)人。在死后葬家侧龙窟马铺山,故称"龙川先生"。叶适(1150—1223年),字正则,温州永

---

[68]　(宋)黎靖德编:《朱子语类》(第8册)卷一百二十八,王星贤点校,中华书局1986年,第3080-3082页。

嘉(今属浙江)人。死后葬在长住永嘉城外的水心村,故人称"水心先生"。叶适同陈亮一样,倾毕生精力行道于一时,希冀匡救时弊,一展宏图。

陈亮、叶适不仅是我国古代哲学、经济思想史领域的杰出代表,而且也是古代法学园林里的著名思想大师。他们不仅为南宋的振兴提出一系列法度改革的具体主张,而且还在与朱熹等人的论战中,阐述了道与法度变革的关系,揭示了"道""义理""事功"与法度变革的辩证统一规律,从而奠定了法度变革的理论基石,表明了他们具有的深厚法律素养。

针对北宋以来法令太密、事权太专〔69〕的弊端,陈亮、叶适提出了"法随时立,须变而通之"的观点。需要指出的是,陈亮、叶适并非简单地反对法律在治理国家中的重要作用,相反,他们还认为法乃治国之良策,所谓"庆赏刑罚,圣人所以奔走天下之具",又说"自有天地,而人立乎其中矣,人道立而天下不可以无法矣"。〔70〕 陈亮甚还赞扬宋初之立法是"纲纪总摄,法令明备"。〔71〕 他们要反对的是法律上不知变革的保守主义,他批评道:南渡以来,大抵遵祖宗之旧,虽微有因革增损,不足为轻重有无。〔72〕 他大声疾呼说"于法而思之,用变通之道,不可缓也"。〔73〕 至于今日,而不思所以变而通之,则维持之具穷矣。〔74〕

这是从法须因时而异的角度来论述法度变革的必然性与必要性,也是"道存于人事"、"道"与事功变法密切相关之论点的逻辑展开,表现了南宋事功学派在法度变革上的朴素求实精神,闪烁着实践理性的光辉。

第二,《作邑自箴》中大量刑、民法规的保留,表明了作者是一位深谙法律,关心民事的学术之士。《作邑自箴》共10卷,其中涉及法律的有9卷。在这9卷中,既保有大置的民商法规,还记载着宋代诉状的式要求及"写状钞书收铺户约束"(见该书卷八),是现代学者研究宋代民商法律的重要史料。

该书的作者是李元弼,他不仅宋史无传,就是在现代出版的《宋人传记资料索引》中也查无此人,可见李元弼绝非达官贵人。据作者自序,李元弼生活在北宋末期政和年间,该书是他在收集乡间老先生论为政之要的基础上汇集成册的。

---

〔69〕 (宋)叶适:《叶适集》(下册),刘公纯等点校,中华书局1961年版,第806-817页,《水心别集》卷四十。

〔70〕 《陈亮集》卷十一,邓广铭点校,中华书局1987年版,第124页。

〔71〕 《陈亮集》卷一,邓广铭点校,中华书局1987年版,第5-6页。

〔72〕 《陈亮集》卷一,邓广铭点校,中华书局1987年版,第6-7页。

〔73〕 《陈亮集》卷十一,邓广铭点校,中华书局1987年版,第125页。

〔74〕 《陈亮集》卷一,邓广铭点校,中华书局1987年版,第12页。

该书卷八《写状钞书铺约束》中规定："据人户到铺（指书铺）写状，先须仔细审词，不得添借言语，多人闲辞及论诉不干己事，若实有合诉之事……即不得称疑及立证见。"[75]经此来对照对朱熹在《约束榜》中的规定，可知该书作者对宋代法律是十分娴熟的。

二、明治国之大体—士大夫从事法律工作的灵魂

《临川先生文集》卷六十九《取材》称："所谓诸生者，不独取训习句读而已，必也习典礼，明制度，臣主威仪，时政沿袭，然后施之职事，则以缘饰治道，有大议论，则以经术断之是也。"[76]范西堂云："圣王垂训，所以经世，祖宗立法，所以治讼，二者须并行而不悖也。"[77]

古代中国自汉以降，儒家思想占据统治地位。随着汉武帝"罢黜百家，独尊儒术"国策的推行，《诗》《书》《礼》《易》《春秋》等儒家经典蕴含的德政、人伦思想成为法律的灵魂。汉代郑玄、马融诸大儒以经注律、穷究圣意，遂成为时代的风尚。"明刑弼教"与"代天行罚"相辅相成渗透于司法实践之中。

作为一个司法官员，若仅知律文，即便是于实践中"直法行治，不避贵戚"，[78]也只多得以"汉吏奉三尺律令以从事"的美名。若是"专任刑罚"而不关心民间疾苦，那会被儒家知识分子贬斥为"俗吏"。司马迁写《史记》首开"循吏"与"酷吏"划分之先河。如果说"明习法令"是对二者的共同要求的话，那么循吏之最主要的特征就在于"奉职循理"，而所循之理正是儒家的政治主张与法律，此乃治国之大体。

宋代之士大夫作为时代的产物，通法律、工吏事是其鲜明的个性，但作为传统法律文化的承传者，明圣王之重训，晓治国之大体仍是其从事立法、司法工作的灵魂。

《宋史·刑法志一》称：

夫天有五气以育万物，木德以生，金德以杀，亦甚戾矣，而始终之序，相成之

---

〔75〕（宋）李元弼：《作邑自箴》卷八，载《宋代官箴书五种》，闫建飞等点校，中华书局 2019 年版，第 48 页。

〔76〕（宋）王安石：《临川先生文集》卷六十九，载王水照主编：《王安石全集》第 6 册，复旦大学出版社 2017 年版，第 1246 页。

〔77〕《名公书判清明集》卷十二，中国社会科学院历史研究所宋辽金元史研究室点校，中华书局 1987 年版，第 449 页。

〔78〕（汉）司马迁：《史记》卷一百二十二，中华书局 1982 年版，第 3145 页，《酷吏列传》。

道也。先王有刑罚以纠其民,则必温慈惠和以行之。盖裁之以义,推之以仁,则震惧杀戮之威,非求民之死,所以求其生也。书曰:"士制百姓于刑之中,以教祗德。"言刑以弼教,使之畏威远罪,导以之善尔,唐、虞之治,固不能废刑也。惟礼以防之,有弗及,则刑以辅之而已。[79]

则天象地,推仁于立法中,这是治国大体在法律上的首要表现。士大夫从事法律工作先当明此意。史称:"宋兴,惩五季之乱,太祖、太宗颇用重典,以绳奸慝。岁时躬自折狱虑囚,务底明慎,而以忠厚为本。海内悉平,文教浸盛。士初试官,皆习律令。其君一以宽仁为治,故立法之制严,而用法之情恕。"[80]宋初,《宋刑统》定有"折杖法"之举。《宋刑统》卷一载:"□(原缺)月十六日奉圣旨,徒流笞杖刑名应合该除免当赎上请外,据法书轻重等第,用常行杖施行,令臣等详定可否奏闻,伸官吏之依凭,绝刑名之出入,立兹定制,始自圣朝。臣等参详,伏请宜下法司,颁行天下者。奉敕宜依,仍付所司遥下诸道州府者。"这就是历史上有名的"折杖法"。[81]

所谓"折杖法",实际上是流、徒、杖、笞的代用刑。此法虽不适用于死刑,但它的适用使"流罪得免远徙,徒罪得免役年,笞杖得减决数"[82]。其在一定程度上缓和了社会矛盾,使五代以来的"五刑之苛"的局面有所改善,故宋人王林在《燕翼贻谋录》中称之为"良法美意,灿然见陈"。[83]

《宋刑统》作为宋朝的一部大法,统治者对其参加编纂的人员的素养要求甚高,以苏晓、奚屿等人条其事,以工部尚书、判大理寺窦仪总其成。苏晓,字表东,京兆武功人,权大理少卿,懂法律,深文少恩,曾与居可久共同制定《后周刑统》。[84] 苏晓显然以文吏的形象出现在史书上的。正因为如此,宋廷才以"学问

---

[79] (元)脱脱等撰:《宋史》卷一百九十九,中华书局1977年版,第4961页,《刑法志一》。

[80] (元)脱脱等撰:《宋史》卷一百九十九,中华书局1977年版,第4961－4962页,《刑法志一》。

[81] "折杖法"内容如下:"流刑:加役流决脊杖二十,配役三年。流三千里,决脊杖二十,配役一年,流二千五百里决脊杖十八,配役一年。流二千里,决脊杖十七,配役一年。徒刑:徒三年决脊杖二十,放。徒二年半,决脊杖十八,放。徒二年,决脊杖十七放。徒一年决脊杖十五放。徒一年,决脊脊杖十三放。"参见(宋)窦仪等:《宋刑统》卷一,吴翊如点校,中华书局1984年版,第3－4页。

[82] (宋)马端临:《文献通考》卷一百六十八,上海师范大学古籍研究所、华东师范大学古籍研究所点校,中华书局2011年版,第5043页,《刑考九》。

[83] (宋)王林:《燕翼贻谋录》,中华书局1981年版,第57页,"序"。

[84] (元)脱脱等撰:《宋史》卷二百七十,中华书局1977年版,第9258－9259页。

优博,多识典故,甚为太祖所重"[85]的窦仪负其总责,以防法典失于严刻。

窦仪在《进刑统表》中称:

臣闻虞帝聪明,始恤刑而御物;汉高豁达,先约法以临人。盖此丹书辅于皇极,礼之失则刑之得,作于凉而弊于贪,百王之损益相因,四海之准绳斯在。如御勒之持逸驾,犹郛郭之域群居,有国有家,其来尚矣。伏惟皇帝陛下宝图攸属,骏命是膺,象日之明,流祥光于有截;继天而王,垂洪覆于无疆。乃圣乃神,克明克类。《河图》《八卦》,惟上德以潜符;《洛书》《九章》,谅至仁而默感。哀矜在念,钦恤为怀。网欲自密而疏,文务从微而显。乃诏执事,明启刑书,俾自我朝,弥隆大典。责体时之宽简,使率士以遵行,国有常科,吏无敢侮。[86]

明治国之大体于司法实践中,多表现为士大夫对明慎用刑的坚持和对教亲睦族的宣扬,前者反映在刑事诉讼中,后者体现在民事案件的处断上。夏竦在请修宋律的奏议《议刑书状》中说:

惟圣作则,兆民赖之。故《书》曰:"惟刑惟法,其审克之。"《礼》曰:"悉其聪明,致其忠爱以示之。"《易》曰:"君子以明慎用刑而不留狱,其是之谓矣。"[87]元祐元年闰二月给事中范纯仁言:"四方奏谳,去年未改法以前,岁奏大辟凡二百六十四,死者止二十五人,所活垂及九分,自去年改法至今,未及百日所奏案凡一百五十四,死者乃五十七人。所活才及六分已上。臣固知未改法前,全活数多,其间必有曲贷,然尤不失'罪疑惟轻'之仁,自改法后,所活数少,其间必有滥刑,则深亏'宁失不经'之义。请自今四方奏大辟案,并令刑部,大理寺再行审覆,略具所犯及元奏,因依令执政取旨裁断,或所奏不当,亦原其罪。如此,则无冤滥之狱。"[88]

依宋制,对重大疑难案件,有"中书论正刑名之理"。上述"阿云之狱"一案,参与讨论者有刑部、大理寺、御史台官员,又有中书、两制官员驳难之议。范围之广,官员之多,时间之长都是历史上少见的。史载:

---

〔85〕 邓广铭、程应镠主编:《中国历史大辞典·宋史卷》,上海辞书出版社 1984 年版,第 448 页,《窦仪》条。

〔86〕 (宋)窦仪等:《宋刑统》,吴翊如点校,中华书局 1984 年版,第 5 页,《进刑统表》。

〔87〕 曾枣庄、刘琳主编:《全宋文》(第 17 册),上海辞书出版社、安徽教育出版社 2006 年版,第 93 页。

〔88〕 (宋)马端临:《文献通考》卷一百七十,上海师范大学古籍研究所、华东师范大学古籍研究所点校,中华书局 2011 年版,第 5101 页,《刑考九》。

苏州民张朝之同堂兄以枪戳死朝父逃去，朝执而杀之。审刑、大理当朝十恶不睦，死罪。案既上，参知政事王安石言："朝父为从兄所杀，而朝报杀之，罪至加役流，今赦应原。"帝从安石议，特释朝不问。

初，曾公亮以中书论正刑名为非。安石曰："有司用刑名不当，则审刑、大理当论正。审刑、大理用刑名不当，即差官定议，议既不当，即中书自宜论奏，取决人主。此乃所谓国体，岂有中书不可论正刑名之理。"[89]

在民事诉讼中，士大夫不仅要以法律剖别是非，而且还负有崇人伦、美教化的重任。胡颖说：

当职承乏于兹，初无善政可以及民，区区此心，惟以厚人伦、美教化为第一义。每遇听论，于父子之间，则劝以孝慈，于兄弟之间，则劝以爱友，于亲戚、族党、邻里之间，则劝以睦姻任恤。[90]

真德秀说：

当职昨在任日，遇亲戚骨肉之讼，多是面加开谕，往往幡然而改，各从和会而去。如卑幼诉分产不平，固当以法断，亦须先谕尊长，自行从公均分。或坚执不从，然后当官监析。其有分产已平，而妄生词说者，却当以犯分诬罔坐之。今请知佐每听讼，常以正名分，厚风俗为先。庶几可革媮薄。[91]

敦亲族，正是自汉以来循吏司法时所遵之理，也是中国传统法律文化的主导价值功能之一。宋之士大夫作为一种复合型司法人格，融文吏、儒生为一体，其时代特征在于：一方面，作为中国传统法文化的承继者，他不可能不把美风俗、兴教化作为其司法的灵魂；另一方面，私有制的深入发展又不可能不略略改变他们的诉讼观念。因此，宋之士大夫与汉代循吏相较，最大的不同就在于：前者兴教化的基础是以律（或曰以法）剖断是非；后者则以依教化为主旨。

翻开《名公书判清明集》卷四《户婚门·争业》，便会发现各条判词在论教说化为关的同时，几乎皆有"在法"在律之引语。如范西堂在《游成讼游洪父抵当

---

〔89〕（宋）马端临：《文献通考》卷一百七十，上海师范大学古籍研究所、华东师范大学古籍研究所点校，中华书局2011年版，第5100－5101页，《刑考九》。

〔90〕《名公书判清明集》卷十，中国社会科学院历史研究所宋辽金元史研究室点校，中华书局1987年版，第363页。

〔91〕《名公书判清明集》卷一，中国社会科学院历史研究所宋辽金元史研究室点校，中华书局1987年版，第10页。

田产》一案中判道：

准法：应文易田宅，过三年而论有利债负准折，官司并不得受理。又准法：应交易田宅，并要离业，虽剖零典买，亦不得自佃赁。游朝将田一亩，住基五十九步出卖与游洪父，价钱十贯，系在嘉定十年，印契亦隔一年有半。今朝已死，其子游成辄以当来抵当为词，契头亡没，又在三年之外，岂应更有受理。且乡人违法抵当，亦诚有之，皆作典契立文。今游朝之契系是永卖，游成供状亦谓元作卖契抵当，安有既立卖契，而谓之抵当之理，只缘当来不曾交业，彼此违法，以至争互。今岁收禾，且随宜均分，当厅就勒游成退佃，仰游洪父照契为业，别召人耕作。[92]

胡颖在《妄诉田业》一案中判道：

词讼之兴，初非美事，荒废本业，破坏家财，胥吏诛求，卒徒斥辱，道涂奔走，犴狱拘囚。与宗族讼，则伤宗族之恩；与乡党讼，则损乡党之谊。幸而获胜，所损已多；不幸而输，虽悔何及，故必须果抱冤抑，或贫而为富所兼，或弱而为强所害，或愚而为智所败，横逆之来，逼人已甚，不容不一鸣其不平，如此而后与之为讼，则曲不在我矣。今刘纬自是姓刘，乃出而为龚家论诉田地，可谓事不干己。想其平日在乡，专以健讼为能事。今事在赦前，固难追断，然若不少加惩治，将无以为奸狡者之戒。从轻决竹蓖十下。刘良臣押下佥厅，唤龚孝恭供对。佥厅所拟，反复曲折，凡千百言，龚孝恭之虚妄，已灼然可见，纵是有理，亦不应隔百余年而始有词，况理曲乎！户婚之法，不断则词不绝，龚孝恭杖八十，刘良臣照契管业。[93]

三、工诗词、善文章—士大夫从事司法实践的基本要求

古老的中国是一个诗歌的国度。诗歌是人类最早的精神创造之一，它不仅先于散文，而且也先于文字的制作。所谓“饥者歌其食，劳者欣其事”，诗歌反映了上古先民对劳动生活所生发的思想感情。[94] 在中国，最先用文字记录下来的诗集便是《诗》，后来称之为《诗经》。

《诗经》在两汉之后被奉为儒家经典之一种，它随着儒学独尊地位之确立，

---

〔92〕《名公书判清明集》卷四，中国社会科学院历史研究所宋辽金元史研究室点校，中华书局 1987 年版，第 104 – 105 页，《游成讼游洪父抵当田产》。

〔93〕《名公书判清明集》卷四，中国社会科学院历史研究所宋辽金元史研究室点校，中华书局 1987 年版，第 123 页，《妄诉田业》。

〔94〕（清）陈立：《公羊义疏》卷四十八，刘尚慈点校，中华书局 2017 年版，第 1844 页。

其盛日隆。隋唐行科举制度,诗赋自然成为考试科目中的必备内容。若就文章而论,隋唐行科举取士,其择人标准便有四种:"一曰身,取其体貌丰伟;二曰言,取其言词辩正;三曰书,取其楷法遒美;四曰判,取其文理优长。"[95]

诗歌,文章与中国古代法律文化的关系,实可从两个层面观察:一是文学价值层面,一篇文采飞扬,妙语连珠的判词,不仅会在民间广大流传,成为佳话,而且读起来朗朗上口,沁人心脾;二是教化价值的层面,注重教化是中国古代法律极为典型的特征。古诗不但是文艺的一种,具有文学的审美价值,而且它还具有教化的功能。孔子说:"《诗》可以兴,可以观,可以群,可以怨,迩之事父,远之事君。"[96]

诗的上述价值与中国传统法文化崇德政,尚人伦的主导价值功能相契合,使法文化笃实、厚重之神韵得以诗的形式为媒介而广为传播。

如果说,中国古代之诗歌以唐代为其顶峰,那么,宋继唐后,其诗歌的艺术成就与特色便在这个前人的巨大身形下,显得黯淡几分。其实,天水一朝的诗歌文章自有其独具匠心的时代色彩。[97] 单就诗歌反映社会生活的广度与深度而言,宋诗之历史地位既非唐代可比,也是其后的元明清诸朝难以超越的。

宋之诗歌的艺术成就,已为学界所关注。至于诗歌与法律文化之间的关系,当可于士大夫关心政治,体察民情的忧国忧民意识中去考察。

关心民间疾苦,本是中国古代诗歌的一个悠久传统。《诗经》已然,至唐愈盛。随着时代的发展及民族、阶级矛盾的加深,宋代士大夫关心政事、吏事的忧国忧民意识更加强烈,宋诗也因之在表现民生疾苦,关心政治、法律方面,较之于唐,有了更广阔和深入的进展。

就广度而言,宋诗不仅写到了"一般耕夫织妇",而且写到了其他农村劳动者,如渔民、纤夫等,还写到了城市贫民、手工业者,如各种小贩:工匠等。仅以北宋梅尧臣和南宋范成大为例,梅有《陶者》写泥瓦匠,《岸贫》写渔民,《牵船人》、

---

〔95〕 (唐)杜佑:《通典》卷十五,王文锦等点校,中华书局2016年版,第362页,《选举三》。

〔96〕 所谓"兴"是指联想与启示,使思想情感得以激发与转移;"观"指考察社会民情,观"风俗之盛衰";"群"汇通思想,联络感情,所谓"群居相切磋";"怨"指讽喻不良现象,"怨刺上政"。参见(梁)钟嵘:《诗品》,李子广评注,中华书局2019年版,第11页,"序"。

〔97〕 赵仁珪先生在其《宋诗纵横》一书中,把宋诗的特色概括为五点:(1)宋诗在表现政治斗争方面较唐诗,以至较历代所有的诗都显得更深入;(2)鉴于国情,宋诗在表现爱国斗争,抒发爱国思想方面比唐诗更为丰富充实;(3)随着阶级矛盾的不断加深,宋诗在民生疾苦方面比唐诗亦有发展;(4)进一步扩大了诗歌的表现功能;(5)广泛地品评艺术。参见赵仁珪:《宋诗纵横》,中华书局1994年版,第28-34页。

《杂诗绝句十七首》写纤夫,《沟渠》写城市贫民,《卖鹿角鱼》写小贩,《宜州杂诗二十首》写漆农等。范有《夜坐有感》写卖卜者,《枕上有感》、《雪中闻墙外鬻鱼菜者求售之声甚者有感三绝》、《墙外卖药者九年无一日不过,吟唱之声甚适,雪中呼问之,家有十口,一日不出即饥寒矣》写小贩,《咏河市歌者》写卖歌者等。[98]

就深度而论,宋诗反映的社会现象其深刻细致之程度远远超过了唐代。就著名士大夫来说,如欧阳修《食糟民》、王安石《收盐》《发廪》、柳永《鬻海歌》等诗,结合专卖制度来谈施政不善给人民生活带来的苦难,不愧是政治家吟咏民生的大手笔,读来感人,思之长叹,这都是以前所少有的。[99] 王安石《河北民》、曾巩《追租》、苏轼《陈季常所蓄》、张宋《劳歌》、陆游《农家叹》、梅尧臣的《村豪》、文同《织妇怨》、田画《筑长堤》、范成大《催租行》等,则以其细腻之笔触描绘了农家之苦,并深刻地揭示了官府通租苛刻、地保里正为虎作伥的种种丑态。田画在诗中写道:"南邻里正豪且强,白纸大字来追呼。"范成大诗云:"输官得钞官更催。踉跄里正敲门来。手持文书杂嗔喜,'我亦来营醉归耳。'床头悭囊大如拳,扑破正有三百钱。不堪与君成一醉,聊复偿君草鞋废。"[100]

苏轼说:"臣顷知杭州,又知扬州,今知颍州,亲见两浙、京西、淮南三路之民,皆为积欠所压,日就穷蹙,死亡过半。而欠籍不除,以至亏欠两税,走陷课利,农末皆病,公私并困。以此推之,天下大率皆然矣。臣自颍移扬,舟过濠、寿、楚、泗等州,所至麻麦如云。臣每屏去吏卒,亲入村落,访问父老,皆有忧色。云'丰年不如凶年。天灾流行,民虽乏食,缩衣节口,犹可以生。若丰年举催积欠,胥徒在门,枷棒在身,则人户求死不得。'言讫,泪下。臣亦不觉流涕。又所至城邑,多有流民。官吏皆云'以夏麦既熟,举催积欠,故流民不敢归乡'。臣闻之孔子曰'苛政猛于虎'。昔常不信其言,以今观之,殆有甚者。水旱杀人,百倍于虎,而人畏催欠,乃甚于水旱。"[101]

苏轼握笔写诗,揭露赋税之毒说:"我是朱陈旧使君,劝耕曾入杏花村。而今风物那堪面,县吏催租夜打门。"如此生动,缤细之笔触,当是唐人之弗如。读了此诗此文自然当使人对当时的生活苦难有更具体感受和了解。

---

〔98〕 赵仁珪:《宋诗纵横》,中华书局 1994 年版,第 31－32 页。

〔99〕 参见钱钟书:《宋诗选注》,人民文学出版社 1958 年版,第 29－30 页。

〔100〕 赵仁珪:《宋诗纵横》,中华书局 1994 年版,第 32 页。

〔101〕《苏轼文集》卷三十四,孔凡礼点校,中华书局 1986 年版,第 958－959 页。

士大夫如此关心民生，每每谈论吏事，一朝从事司法工作，自然会将诗词文章运用到法律及其审到实践之中。因为法律本身就是社会生活的反映，更与政治制度密切相关。诗词所具有神韵也是士大夫通过法律塑造理想人格的最佳载体。

大略说来，诗赋与法律文化的关系，就形式而言有这样几种表现方式：

第一，直接以诗赋表述自己的法律观念，以抒发奋然有为的政治情怀。如王安石在诗中写道："自古驱民在信诚，一言为重百金轻。今人未可非商鞅，商鞅能令政必行。"[102] 中国古语有"一诺百金"之说，王安石借以颂商鞅执法坚如金石之信念，无非要表达自己以法改革朝中之弊的胸怀。

第二，以诗入判。苏轼是宋代著名的士大夫与文人。据林语堂研究，苏东坡在通判杭州时，曾审理过两个案件，一是民间商贩卖盐案，二是一起风流和尚杀人案。前一判词沉重，字里行间流露出这位地方长官对民间疾苦的关切及对商人不慎获罪的同情；后一判词幽默，笔端之中透出这位太守的旷达。

先看前者，宋行榷卖制度，盐业自在其中，但是杭州湾的产盐区的商人不肯放弃生意，苏东坡作为地方长官不得不亲自审理因贩盐而获罪的商人，但对他们却充满着同情。除夕夜，他援笔判道：

除日当早归，官事乃见留。
执笔对之泣，哀此系中囚。
小人营糇粮，堕网不知羞。
我亦恋薄禄，因循失归休。
不须论贤愚，均是为食谋。
谁能暂纵遣，闵默愧前修。[103]

对于和尚杀人案，他的判词这样写道："这个秃奴，修行忒煞，云山顶上空持戒。一从迷恋玉楼人，鹑衣百结浑无奈。毒手伤人，花容粉碎，空空色色今何在。臂间刺道苦相思，这回还了相思债。"[104]

再来看唐庚的《讯囚》诗。唐庚（1071—1121 年），字子西，宋眉州丹棱（今属四川）人，绍圣进士。史称，他通世务，善诗文，著有《三国杂事》。他的《讯囚》

---

〔102〕 刘成国：《王安石年谱长编》卷四，中华书局 2018 年版，第 922 – 923 页。
〔103〕 《苏轼诗集》卷三十二，孔凡礼点校，中华书局 1982 年版，第 1723 页。
〔104〕 （明）蒋一葵：《尧山堂外纪》卷五十二，吕景琳点校，中华书局 2019 年版，第 819 页。

诗云：

参军坐厅事，据案嚼齿牙。
引囚到庭下，囚口争喧哗。
参军气益振，声厉语更切：
“自古官中财，一一民膏血。
为吏掌管钥，反窃以自私；
人不汝谁何，如摘颔下髭。
事老恶自张，证佐日月明。
推穷见毛脉，那可口舌争？”
有囚奋然出，请与参军辨：
“参军心如眼，有睫不自见。
参军在场屋，薄薄有声称。
只今作参军，几时得骞腾？
无功食国禄，去窃能几何？
上官乃容隐，曾不加遣诃。
囚今信有罪，参军宜揣分；
等是为贫计，何苦独相困！”
参军噤无语，反顾吏卒羞；
包裹琴与书，明日吾归休。[105]

这首诗判写大大小小官吏都是贼，小吏因贪污受处分，然而审问他的上级官员其实也不怎么样，致有“有囚奋然出，请与参军辩，参军噤无语，反顾吏卒羞”之语。这真是一幅活生生揭露官吏贪婪，丑态百出的图画。

第三，被告若为士人，可据其诗之优劣，而定罪之轻重。《清明集》卷十一《士人·引试》载：

胡大发，特乡下一豪横耳，身为隅官，乃敢抬轿呵殿，轮门恐吓，骗取财物，本合徒断，姑照拟勘杖一百，编管邻州，余并照拟行。本司已于淳祐九年十月初八日，将胡大发、毛德引断，内胡大发称是士人，习诗赋。逐当厅出给讼终凶诗引试，据胡大发答“天与水违讼，分明万象重，始焉微不审，终也遂成凶。有事须求直，无瑕不可攻。昏迷弗知返，悔吝乃相从，中吉当能悟，大贤何不容。圣行使无

[105] 钱钟书：《宋诗选注》，人民文学出版社1958年版，第92页。

讼,今日幸遭逢”。寻呈,奉台判:粗通,姑免勘断,重究竹蓖二十。

就这个案件看,被告胡大发是一乡下豪横,以“轮门恐吓,骗取财物”因被执。然胡自称是士人,习诗赋。故胡颖令以《易》“讼”卦所谓“讼终凶”为题赋诗。结果,判其“粗通”,令决“竹蓖二十”。这比原判之徒刑已轻了许多。诗赋的工拙竟成了影响判决的一个重要因素,足见士大夫对诗赋的重视。

下面说文章。欧阳修有言:“我所谓文,必与道俱。”〔106〕对此,于北宋文化史颇有研究的陈植鄂博士评论道:“在北宋文化史的各个层面中,与儒家学派关系密切的宋代的散文,即古文。古文是宋学传播与传承的主要工具,北宋古文运动是儒学复兴运动最亲密的伙伴。”〔107〕

活跃于天圣、明道、景祐、庆历、嘉祐诸时期的欧阳修,既是宋学初期疑古思潮的代表,又是北宋古文运动的领袖人物。他所创立的“以议论为长”的宋“四六”文体,〔108〕一洗骈文浮华卑弱之内风,而具朴实、明白之气,对宋代社会各阶层的社会文化生活发挥了重大的影响作用。王志坚自序其所编《四六法海》云:“四六与诗相似,唐以前作者韵动声中,神流象外。自宋而后,必求议论之工,证据之确。”〔109〕

程千帆先生说:“四六在宋代社会各阶层的社会文化生活中曾被广泛应用。其所具有的音节铿锵,便于宣读的特点,还使得这种文体成为新兴的话本小说和戏曲的有机部分。”〔110〕“《四六》语句较为朴实,且多用虚字以行气。六朝以来的骈文家每喜用典使事,雕章琢句。但宋四六在古文影响之下,颇洗浮华之习,行文造句,间用虚词,就使人看了耳目一新。”〔111〕

“四六”文体并非宋人所创,该词出自柳宗元。其《乞巧支》云:“骈四俪六,锦心绣口。”〔112〕后人因骈文的组成以四字句和六字句的并列或错综为主,所以摘

〔106〕《苏轼文集》卷六十三,孔凡礼点校,中华书局 1986 年版,第 956 页。

〔107〕陈植锷:《北宋文化史述论》,中国社会科学出版社 1992 年版,第 397 页。

〔108〕程千帆、吴新雷两先生指出:“宋四六的艺术特色大体上可以归纳五个方面,第一是注入散文的气势;第二是在排偶中喜用长句;第三是参以散文所擅长的议论;第四是工于剪裁;第五是语句较为朴实。”参见程千帆、吴新雷:《两宋文学史》,上海古籍出版社 1991 年版,第 521 – 522 页。

〔109〕程千帆、吴新雷:《两宋文学史》,上海古籍出版社 1991 年版,第 522 页。

〔110〕程千帆、吴新雷:《两宋文学史》,上海古籍出版社 1991 年版,第 527 页。

〔111〕程千帆、吴新雷:《两宋文学史》,上海古籍出版社 1991 年版,第 522 页。

〔112〕(唐)柳宗元:《柳宗元集校注》卷十八,尹占华、韩文奇校注,中华书局 2013 年版,第 1220 页。

取四六两字，作为骈文的代称。[113]

宋初诸公多恪守或模仿唐人，词藻浮靡华丽而无生气，至欧阳修始以其所倡导和擅长的古文笔法，来改造晚唐五代以来浮豪的骈体，并创了宋代四六文的新面貌。所以陈善《扪虱新语》卷一说，“以文体为诗，自退之始；以文体为四六，自欧公始”[114]。

宋四六文经过欧阳修的加工改造后，注入了散文的气势，少用故事而多成语，文字朴实，气势磅礴，措语自然，王安石、苏轼起而效法，蔚然成风。如果说，四六文体于北宋多施于制诰、表奏、文檄的话，那么，到了南宋，士大夫的断案判词则多以四六文体（或四六变体）写成，因为善议论：盖说理、文字平实的文体极易与法律的规范性、明确性、实用性相契合，诗词文章自然成为士大夫从事司法工作的必备人文涵养。

我们先来看刘后村（刘克庄）所写的判词。刘克庄既是南宋江湖派诗人的领袖，也是著名的司法专家。他在《兄弟争财》一案中，以四六文体的风格判道：

棠棣之华，鄂不韡韡。凡今之人，莫如兄弟，岂非天伦之至爱，举天下无越于此乎！徐端之一弟、一兄，皆以儒学发身，可谓自屋起家者之盛事，新安教授乃其季氏也。鸿雁行飞，一日千里，门户寖寖荣盛，徐端此身何患其不温饱，而弟亦何忍坐视其兄而不养乎？埙以倡之，篪以和之，此天机自然之应也。今乃肆作弗靖，视之如仇敌，乘其迸从之来，陵虐之状，殊骇听闻。且其家起自寒素，生理至微，乡曲所共知也。端谓其游从就学之日，用过众钱一千缗，是时双亲无恙，从公家有教导之费，父实主之，今乃责偿，以此恩爱何在？况徐教授执出伯兄前后家书，具言其家窘束之状，历历如此，徐端虽窜身吏役，惟利之饕，岂得不知同气之大义，颠冥错乱，绝灭天理，一至于此乎！前此见于两府判之详议者至矣，尽矣，州家恐为风教之羞，且从佥厅所申，修以和议。过此以往，或徐端更肆无厌之欲，嚣讼不已，明正典刑，有司之所不容姑息也。[115]

判词中“棠棣之华，鄂不韡韡”之语是一典故。“棠棣”本木名，即郁李，亦作“常棣”。诗中常以此比喻兄弟。此语出自《诗经·小雅》，棠棣为其篇名。旧说以为周公宴兄弟之诗，遂用为欢宴兄弟、敦笃友爱的乐歌。至于“埙以倡之，篪

---

〔113〕程千帆、吴新雷：《两宋文学史》，上海古籍出版社1991年版，第519－520页。

〔114〕程千帆、吴新雷：《两宋文学史》，上海古籍出版社1991年版，第520页。

〔115〕《名公书判清明集》卷十，中国社会科学院历史研究所宋辽金元史研究室点校，中华书局1987年版，第375页。

以和之”之语,也是借乐器之和声比喻兄弟之友情。刘后村以草木之花、音乐之器来比喻兄弟友爱之情,无非是说人伦至亲本于自然,目的当然在于美风俗、敦人伦。

若从思维方式、语言风格及美学的角度来考虑,可以看出以下几个特色:第一,士大夫作为司法官员在受理家庭之间财产纠纷的案子时,首先想到的是敦亲睦族,教以人伦,这是中国传统法文化的主导价值之所在,宋自然亦不例外。其次,以律剖决是非,并非完全恪守礼义中“宁曲其弟,不曲其兄”的教条,这是时代赋予他们的要求。故判词中“准法”“在法”“准律”之语俯拾皆是,也是宋代法律文化中的一奇异景观。第二,语言朴实无华,措辞自然易晓。如判词中“鸿雁行飞,一日千里,门户寝夜荣盛”之语,既以借此比喻徐端家业荣盛之貌,同时亦用来劝说兄弟之间和睦为怀,珍惜这份家业的荣兴。判词朴实而有文采,善议讼而不离说理之宗旨。这是宋之士大夫通义理、明法律、善文章之人文修养在司法上的典型反映,也是其独有的时代特色。第三,说理虽用典故,这在《清明集》一书中并不少见,如蔡杭在《兄弟之争》一案中说:“仍请若径、若庸、若沔兄弟念同气之亲,思鹡鸰意,勿信嗾使教唆之愈,辄兴伤风败俗之讼。”鹡鸰本是一种鸟,借以比喻兄弟,但并不像唐人那样“辞极藻绚,用事奥赜”[116],而是草木花鸟乃至乐器之喻,以诉兄弟母子之情。既启案中当事人向普慈爱之心,又抒判案者本人关心现实,体察民情之情怀。此等判词,文理并茂,情透词中,读来常使人感叹不已。此等判词,若在民间流传,它所塑造的理想人格,无疑便是那种温厚、笃实,不失同情之心,便又有几分机智和冷静的儒雅君子。

我们再来读读胡颖《治牙侩父子欺瞒之罪》所写的判词,这不仅是一个司法官员于断狱听讼后所写的判语,且又可说是一篇颇为感人的美学文章,他说:

大凡求利,莫难于商贾,莫易于牙侩。奔走道途之间,蒙犯风波之险,此商贾之难也,而牙侩则安坐而取之,数倍之本,趁锥刀之利,或计算不至,或时月不对,则亏折本柄者常八、九,此又商贾之所难也,而牙侩则不问其利息之有无,而已之所解落者一定而不可减。故曰莫难于商贾,莫易于牙侩。为牙侩者,当念其勤劳,念其险阴,公平其心,与之交易可也。乃又从而欺瞒之,其不仁亦甚矣。颜文龙不远千里,兴贩货物,投托李四之父子,前后赢余其牙钱,亦必不少。颜文龙意

[116]　唐朝张鷟所著《龙筋凤髓判》以“四六”骈文为体,其书判案情内容全为假设,语言风格讲究辞藻和用典,宋代书判与之大不一样。明人刘允鹏将《龙筋凤髓判》之风格概括为“辞极藻绚”“用事奥赜”。参见(清)周中孚:《郑堂读书记》卷六十,上海书店出版社 2009 年版,第 988 页。

其可托,遂以银、会寄于其家,取守会以为证,自谓他日必可执券取偿。岂料李四父子全无信行,遂欲从而干没之。及至到官,乃谓保证立双头文字,系是寻常富室欺凌愚民之所为。李四父子既为牙侩,乃世间狡猾人也,岂肯甘心立此等文字,与远乡客人乎!此盖万无是理。李四为此言,不特以颜文龙为可欺,是以太守为亦可欺矣!欺商且不可,况欺太守乎!为牙人至于敢欺太守,则前后之被其欺者,不知几人矣。欠负之罪轻,欺瞒之罪大,李七五、李四杖一百,押出府办,仍监还所欠钱、银。[117]

苏轼有言:“风俗之变,法制随之。”[118]诗歌、文章本为中国古代历朝文人所重,不独宋朝使然,然以忧患意识之重、关心民生吏事之切的角度把诗歌、文章与法律文化相联系却是宋之士大夫所独有的历史风采。诗歌本发于民间,乃风俗之所第,它独具的审美、抒怀、咏物的艺术特色很容易与中国传统法律文化具有的神韵相结合,因为中国古代法律不仅仅是一种技术性的条文与规范,它同时还具有美风俗,兴教化塑造君子理想人格的价值功能,这后一方面往往是诗歌得以大显身手的原因所在。

然而诗歌自己不会走到法律中去,它要实现与司法实践的结合,传中国古代法律文化之神韵还必须借助一定的条件。其中包括:其一,从事司法实践的主体必是一种复合型的人才,他们既要明经识典,通晓法律,又要具备灵感和较高的审美意趣。其二,听讼断狱之人不仅要谙熟法律条文,而且还要有关心民间疾苦、忧国忧民的人文主义之精神。其三,时代的发展提出这样的要求:经济利益的多元化及日益复杂的社会关系迫切需要司法者的意识,使他不可能从根本上脱古代法律的窠臼,错综交织的矛盾使司法主体既要顾及时代的要求,不能完全恪守礼之教条,而是要坚持法律的主导功能。这就要求司法者以较高的艺术形式把案件处理得恰到好处,诗歌、文章将于此一显身手。[119]其四,市民文化有长足的发展,以诗人判的典型案件及其司法者所塑造的理想人格借市民与社会各阶层之关注,能在民间广为流传。上述条件非宋莫属。宋之诗歌以关心现实、注重民间疾苦为其主要内容,宋之文章以平实,说理见长,宋之士大夫以晓法律、明

---

〔117〕《名公书判清明集》卷十一,中国社会科学院历史研究所宋辽金元史研究室点校,中华书局 1987 年版,第 409－410 页。

〔118〕《苏轼文集》卷二十五,孔凡礼点校,中华书局 1986 年版,第 723 页。

〔119〕如宋代《戒讼》诗云:“些小言词莫若休,不须经县与经州;衙头府底赔杯酒,赢得猫儿卖了牛。”参见(宋)范公偁:《过庭录》,载上海师范大学古籍整理研究所主编:《全宋笔记》第 6 编第 5 册,大象出版社 2013 年版,第 11 页。

经义、工义辞而著称于世，宋之民间有强烈的诉讼意识，宋之经济、文化的发展几近洒露出近代社会的曙光。

以诗入判，判词为司法官员所写且反映真实的社会生活，此种风尚为宋所创，影响所及，流布明清。明清两朝章回小说以宋之“说话”“话本”为基础而广为发展，《水浒传》《二刻拍案惊奇》《红楼梦》中以大量诗歌、判词、案例去反映宋、明、清的社会生活及人们的法律意识，这不能不说是受了宋朝的影响。

清之八怪之一郑燮（字克柔，号板桥）于范县任上援诗入判，颇得宋人之遗风。诗曰：

衙斋卧听萧萧竹，
疑是民间疾苦声，
些小吾曹州县吏，
一枝一叶总关情。[120]

---

[120] （清）郑燮：《郑板桥全集》卷一，凤凰出版社2012年版，第338页。

讼学、讼师与士大夫*

——宋代司法传统的转型及其意义

近代思想家严复说:“古人好读前四史,亦以其文字耳!若研究人心政俗之变,则赵宋一代最宜究心。”〔1〕唐宋之际,中国古代的社会结构发生了深刻的变革。随着土地私有制的深化及商品经济的繁荣,宋代民间“好讼”之风兴起,尤其是江南一带,还出现了专门教人打官司的学问和职业,这就是“讼学”与“讼师”。对此,学界虽有所论及,〔2〕但却很少从司法的角度去论及“讼学”与“讼师”何以在宋代产生,更没有注意到这种现象的产生与宋代司法传统的关系。本文将在考订“讼学”“讼师”材料的基础上,重点阐述宋代的司法传统及其历史地位。文章分五个部分:“好讼”之风的兴起;“讼学”与“讼师”;讼师与士大夫的冲突;士大夫与讼师:矛盾语境下的交融;结论。本文的理论预设是:受商品经济及私有财产利益的冲击,宋代的诉讼观念及司法认知模式在一定程度上冲击着汉唐以来以人伦道德为宗旨的“父母官型”诉讼传统,虽然宋代的司法不可能从根本上摆脱“礼法”思想的羁绊,公然承认“讼师”的合法性与正当性,但宋代官方机构在一定程度上认可讼师中代笔

---

* 原载《河南省政法管理干部学院学报》2002年第1期。本文在写作中,曾与中南财经政法大学张继成教授多次磋商,受益颇多。并曾就有关问题请教过上海师范大学戴建国教授、河南大学苗书梅教授等,特此致谢!

〔1〕王栻主编:《严复集》(第3册),中华书局1986年版,第668页。

〔2〕河北大学的郭东旭教授较早地论述了讼学在宋代的产生,但郭先生没有进一步阐述讼学与司法传统之间的关系。参见郭东旭:《宋代之讼学》,载漆侠主编:《宋史研究论丛》第1辑,河北大学出版社1990年版,第133-147页。

人及钞状书铺户(代写诉状的专业户)行为与资格,且对其活动进行规束,承认书铺代书的合法性与正当性,并在司法中允许当事人越诉且要求法官于民事判决中必须给当事人以“断由”(判决理由)的做法,却是汉唐及其后的元明清司法所不曾具备的,即使与当时的西方法制文明相比较,也还居于先进的地位。

一、民间“好讼”之风的形成

“兴讼”“嚣讼”“健讼”等词语在宋代的史料中俯拾皆是,[3]其意一也,即皆为善于或喜欢打官司的意思。宋朝,至迟在宋仁宗之后,随着私有制的深入发展及商品经济的繁荣,经济利益多元纷呈,民间善讼之风已初露端倪。《宋史》卷八十五《地理志》一称“登、莱、高密负海之北,楚商兼凑,民性愎戾而好讼斗”。生活在北宋中期的沈括也在《梦溪笔谈》中记载:“世传江西人好讼,有一书名《邓思贤》,皆讼牒法也(打官司的方法)。其始则教以侮文(教人舞文弄墨写诉状);侮文不可得,则欺诬以取之;欺侮不可得,则求其罪劫之。盖思贤,人名也,人传其术,遂以之名书。村校中往往以授生徒。”[4]另外,欧阳修、司马光、郑克等人的文集和笔记中亦有民间喜讼的记载。[5]

宋室播迁江左之后,长江流域的经济愈加发展,江南民间田土、房屋等财产流转关系加快,争利兴讼之风遂为世俗所尚,“鼠牙雀角”,动成讼端。[6]其范围之广、手段之多,涉讼人员身份之杂乃为世所罕匹。南宋著名诗人陆游在其《秋怀诗》中不无揶揄地说:“讼氓(诉讼之民)满庭闹如市,吏牍围坐高于城。”[7]陆

[3] 胡颖称:“故兴讼者胜亦负,负亦负;故教唆者胜固然,负亦胜。”参见《名公书判清明集》卷十二,中国社会科学院历史研究所宋辽金元史研究室点校,中华书局1987年版,第476页。“嚣讼”“健讼”因下文需详述,不再列出,《责决配状》。

[4] (宋)沈括:《梦溪笔谈》卷二十五,金良年点校,中华书局2015年版,第244页。

[5] 参见(宋)欧阳修:《居士外集》卷十二,载《欧阳修全集》卷六十二,李逸安点校,中华书局2001年版,第907页;(宋)司马光:《涑水记闻》卷十四,邓广铭、张希清点校,中华书局2017年版;(宋)郑克:《折狱龟鉴译注》,刘俊文译注,上海古籍出版社1988年版。

[6] 比喻词讼之争以及所争之细微末事。《诗·召南·行露》曰:“谁谓雀无角,何以穿我屋?谁谓女无家,何以速我狱?虽速我狱,室家不足。谁谓鼠无牙,何以穿我墉?谁谓女无家,何以速我讼?虽速我讼,亦不女从。”此诗原为形容以强凌弱引起的讼争,后世遂以“鼠牙雀角”来比喻争讼。清代乾隆年间歙县方士庹《新安竹枝词》云:“雀角何须强斗争,是非曲直有乡评;不投保长投文会,省却官差免下城。”参见王振忠:《老鼠与黄猫儿的官司》,载《读书》1999年第6期。

[7] (宋)陆游:《剑南诗稿》卷十八,载《陆放翁全集》中册,中国书店1986年版,第312页。

游遣怀之诗，并非无病呻吟，乃是宋代社会民俗世风的深刻反映。

就“好讼”之风的范围而言，百姓争讼绝非一州一县之孤立现象。南宋时，所辖疆域以路划分，共十七路，[8]再加扬州附近、成都府附近，左右江地区。大体包括现在的四川、贵州、云南、湖南、湖北、广东、广西、海南、浙江、安徽、江西、福建、江苏、上海等诸省市地区。史料有记载的，上述各路几乎全部涉及。《宋会要辑稿·刑法二》记载：南宋开禧年间（大约1205年后），“州县之间，顽民健讼，不顾三尺。稍不得志，以折角为耻，妄经翻诉，必侥幸一胜。则经州、经诸司、经台部。技穷则又敢轻易妄轻朝省，无时肯止。甚至陈乞告中惩尝未遂其意，亦敢辄然上渎天听，语言妄乱，触犯不一”[9]。为避免所引史料的重复，现将有关描述宋代各地“好讼”风俗的材料汇集如下，以便明晰：

《宋会要辑稿·刑法三》（宋代）记载：“江西州县百姓好讼，教儿童之言，有如四言杂字之类，皆词诉语。”[10]（江西地区）

《袁州府志》卷十三（明代）记载：“袁人好讼，闻之久矣”，“锥刀必争，引条指例而自陈，讦私发隐以相报，致有讼一起，而百夫系狱，辞两疑而连岁不决”。（今江西宜春一带）

《豫章先生文集》卷一（宋代）记载：“江西细民险而健，以终讼为能。”（江西赣州一带）

郑克《折狱龟鉴》卷八（宋代）记载：“韩琚司封尝通判虔州，其民善讼。”[11]（江西赣州一带）

《宋史·地理志》（元代）记载：“江南东西路，盖禹贡、扬州之城，当牵牛、织女之分。东限七闽。西略夏口，南抵大庾，北际大江。川泽沃衍，有水物之饶……其俗性悍而急，丧葬或不中礼，尤好争讼，其气尚使然也。”[12]（今安徽、江西）

《欧阳修全集·居士外集》卷十二（宋代）记载：“歙州民习律令，性喜讼，家

---

〔8〕 即两浙西路、两浙东路、江南东路、江南西路、淮南东路、淮南西路、荆湖南路、荆湖北路、京西南路、广南东路、广南西路、福建路、成都府路、潼川府路、夔州路、利州东路、利州西路。参见谭其骧主编：《中国历史地图集》（第6册），中国地图出版社1982年版。

〔9〕 （清）徐松：《宋会要辑稿·刑法二》（第14册），刘琳等点校，上海古籍出版社2014年版，第8365页。

〔10〕 （清）徐松：《宋会要辑稿·刑法三》（第14册），刘琳等点校，上海古籍出版社2014年版，第8406页。

〔11〕 （宋）郑克：《折狱龟鉴译注》卷八，刘俊文译注，上海古籍出版社1988年版，第479页。

〔12〕 （元）脱脱等撰：《宋史》卷八十八，中华书局1977年版，第2192页。

家自为薄书。"[13]（安徽徽南）

《清明集》卷十二《讼师官鬼》（宋代）记载："垄断小人，嚣讼成风。"[14]（饶州，今江西景德镇一带；信州，今江西上饶一带；徽州，今安徽黄山市一带）

《淳安县志》卷十四（作者时代不详）记载："吏奸民隐，百出无穷。文书讼牒，牵连纷纤，日惟不暇。"（淳安，今浙江金华一带）

《名公书判清明集》卷十三（宋代）记载："婺州东阳，习俗顽嚣，好斗兴讼，固其常也。"[15]（浙江安徽交界处）

《清明集》卷十二《专事把持欺公冒法》（宋代）记载："西安词讼所以多者，皆是把持人操持讼柄，使讼者欲去不得去，欲休不得休。"[16]（今浙江衢州一带）

《名公书判清明集》卷十二《专事把持欺公冒法》（宋代）记载："浙右之俗，嚣讼成风。"[17]（今浙江）

《惠州府志》（宋代）记载："广南海丰之民刚悍嚣讼，五尺之童庭白是非，无端恐。"（广东）

《鸡肋编》（宋代）记载："广州妇女凶悍喜斗讼，虽遭刑责而不畏。"[18]（广东）

《邵武府志》《龙溪县志》卷一（宋代）记载：邵武百姓"健讼而耻不胜"，龙溪百姓"巧避法网"，"讼牒充庭"。（今福建）

司马光《涑水记闻》卷十四（宋代）记载："王罕知潭州，州素号多事……有老妪病狂，数邀知州诉事。"[19]（今湖南长沙）

林语堂的《苏东坡传》[20]记载："古今的川人都善争辩，最会写雄浑的长篇，就连中产社会谈话间也充满渊博的案例和明智的典故……因为这个原因，眉州

---

〔13〕（宋）欧阳修：《居士外集》卷十二，载《欧阳修全集》卷六十二，李逸安点校，中华书局2001年版，第907页。

〔14〕《名公书判清明集》卷十二，中国社会科学院历史研究所宋辽金元史研究室点校，中华书局1987年版，第473页。

〔15〕《名公书判清明集》卷十三，中国社会科学院历史研究所宋辽金元史研究室点校，中华书局1987年版，第489页。

〔16〕《名公书判清明集》卷十二，中国社会科学院历史研究所宋辽金元史研究室点校，中华书局1987年版，第474页。

〔17〕《名公书判清明集》卷十三，中国社会科学院历史研究所宋辽金元史研究室点校，中华书局1987年版，第484页。

〔18〕（宋）庄绰：《鸡肋编》（卷中），中华书局1983年版，第53页。

〔19〕（宋）司马光：《涑水记闻》卷十四，邓广铭、张希清点校，中华书局2017年版，第313－314页。

〔20〕林语堂：《苏东坡传》，海南出版社1992年版，第53页。

人得到'难管'的恶名,苏东坡有一次辩解说,这里的人不象低文化区的人民,他们不会轻易地被长官吓倒,仕绅家中都有法典,畅谈法律和规条而'不以为非'。"(今四川)

再就好讼的方法而言,宋代民之"好讼"不仅范围广泛,且手法千姿百态,蔚为壮观。《琴堂谕俗编》中说:"今每见词讼,动饰诈欺,……本因喧争,便称被打,本因讨索,便称打劫。情态万状,虚伪百端,皆是自欺其心,以欺他人。"〔21〕此言并非儒士之偏见,实乃于史有据。现就其典型手段,略为申说:

1. 荆湖地区(今湖南、湖北),民之诉讼常以榉柳叶涂肤伪造伤表,以惑视听。司马光《涑水记闻》卷十四记载:"李南公知长沙县、有斗者,甲强乙弱,各有青赤,南公召使前,自以指捏之,曰:'乙真甲伪也'。诘之,果服。盖南方有榉柳,以叶涂肤,则青赤如殴伤者,剥其皮,横置肤上,以火熨之,则如棓伤者,水洗不落。南公曰:'殴伤者血聚而内硬,伪者不然,故知之。'"〔22〕

2. 食毒草以诬人。《范文正集》卷十三记载:在江西、福建等地,民间争讼更有因"与人有怨,往往食毒草而后斗,即时弊仆,以诬其怨者"。

3. 伪作冤状,以耸视听。郑克《折狱龟鉴》卷八《韩琚考枉》条称:"韩琚司封尝通判虔州(今江西赣州——引者注),其民善讼,或伪作冤状,悲愤叫呼,似若可信者,会守缺,琚行郡事,究其风俗,考其枉直,下莫能欺,辞伏者自以为不冤。"〔23〕韩琚为北宋名臣韩琦之兄,因曾做过司封员外郎,故称其为"司封"。郑克文中所述是他做虔州通判时,代理州政、研究当地民情风俗,考查案件曲直的事,从中我们可以从侧面了解到时人善讼的风尚。更有甚者,有的告状人为耸动官府,不惜以自伤手足为代价,鸣冤叫屈,搞得官府屡发禁令而不能止。早在北宋真宗大中祥符七年(1014 年)九月,就有忻州(今山西省)民"诣检院钉手诉田"。〔24〕 原来该民女的父亲到县诉田产纠纷,被县衙杖责,该女为父申冤,不惜钉手赴京而诉,引起了真宗的同情。南宋孝宗乾道四年(1168 年)八月十六日,

---

〔21〕 (宋)应俊编:《琴堂谕俗编》(卷下),载《文渊阁四库全书》(影印本,第 865 册),台湾商务印书馆 1986 年版,第 242 页。

〔22〕 (宋)司马光:《涑水记闻》卷十四,邓广铭、张希清点校,中华书局 2017 年版,第 312 页。文中"榉柳",又称柜柳,一种木质坚韧的树,其叶、皮可入药。另可参见《折狱龟鉴》卷六《李南公捏痕》条。

〔23〕 (宋)郑克:《折狱龟鉴译注》,刘俊文译注,上海古籍出版社 1988 年版,第 479 页。

〔24〕 (清)徐松:《宋会要辑稿 · 刑法三》(第 14 册),刘琳等点校,上海古籍出版社 2014 年版,第 8400 页。

门下省曾言:近来“健讼之人,往往妄自毁伤”,[25]乞请朝廷加以约束。《清明集》卷十三《钉脚》的判词中亦有婺州兰溪(今浙江金华一带)县方明子为诉兄冤“立牌钉脚”之事,后经官方查明,原来此为枉诉,由此引起婺州法官的感叹。

4. 收集阴私,以佐讼证。欧阳修写道:“歙州(徽州歙县一带)民习律令,性喜讼,家家自为薄书。凡闻人之隐私,毫发坐起语言日时,皆记之。有讼则取以证,其视入狴牢就桎梏,犹冠带偃箦,恬如也。”[26]

5. 妄起讼端,诬赖他人,或从中谋利,或昏赖田业。所谓讼端,就是指的“诉讼事端”。宋朝,浙右、袁州、饶州、信州、徽州一带(今浙江、江西、安徽),民间因田产财利之争,多起讼端,其间除正当争讼外,多有无赖嗜利之人或虚指债负,[27]或昏赖田业,[28]或挟仇报复,[29]或以亲属病、废疾、死亡之事诬赖报怨,以为骗胁之资。蔡杭称:“江东风俗,专以亲属之病者及废疾者诬赖报怨,以为骗胁之资。蒋百六自因病死于家,其兄蒋百五却拖移诬赖朱百八官。既以死事诬人,又且持刀拒追,可谓凶恶之最者。”[30]

二、讼学与讼师

随着民间“好讼”之风的兴起,一种专门教人打官司的学问与职业也应运而

[25] (清)徐松:《宋会要辑稿·刑法三》(第14册),刘琳、刁忠民、舒大刚、尹波等点校,上海古籍出版社2014年版,第8410页。

[26] (宋)欧阳修:《居士外集》卷十二,载《欧阳修全集》卷六十二,李逸安点校,中华书局2001年版,第907页。

[27] 吕陶在《奏乞放坊场欠钱状》中说:“或虚指债负,妄起讼端,横赖讼诉。”参见曾枣庄、刘琳主编:《全宋文》(第73册),上海辞书出版社、安徽教育出版社2006年版,第141页。

[28] 《名公书判清明集》卷十三,中国社会科学院历史研究所宋辽金元史研究室点校,中华书局1987年版,第509-510页,《以累经结断明白六事诬罔脱判昏赖田业》。

[29] 《名公书判清明集》卷十三,中国社会科学院历史研究所宋辽金元史研究室点校,中华书局1987年版,第504页,《挟仇妄诉欺凌孤寡》。

[30] 《名公书判清明集》卷十三,中国社会科学院历史研究所宋辽金元史研究室点校,中华书局1987年版,第508页,《以死事诬赖》。

生，这就是“讼学”与“讼师”。[31] 所谓“讼学”，即是教人词讼之学，也就是专门教人如何打官司的学问。有了这样专门的学问，就会有专门从事这项活动的人，这就是“讼师”。讼学与讼师，实际上指的就是有关诉讼的知识和职业。“讼师”的身份、叫法及其活动方式在宋代有着不同的表现形式，容下详述。这里，让我们先说“讼学”。

讼学在宋代究竟产生于何时？大体说来是在北宋仁宗时期，因为沈括的《梦溪笔谈》里已有了江西产生“讼学”的记载，[32] 宋室南渡后，江南的“讼学”更为盛行。《袁州府志》卷十三称：江西一带，“编户之内，学讼成风；乡校之中，校律为业。”这时期的“讼学”已成为民间的时尚。说它成为时尚，主要是有以下三种表现形式：第一，民间出现了专门教人词讼的机构——“讼学业觜社”。周密《癸辛杂识》续集上称：“江西人好讼，是以有簪笔之讥，往往有开讼学以教人者，如金科之法，出甲乙对答及哗讦之语，盖专门于此。从之者常数百人，此亦可怪。又闻括（沈括——引者注）之松阳（今浙江省）有所谓业觜社者，亦专以辨捷给利口为能，如昔日张槐应，亦社中之琤琤者焉。”[33] 这条史料有几点需要特别注意：首先，“讼学”一词在这里首次出现，并且它明确指出这是专门教人诉讼的学问，其方式是有问有答，或者是一人出题，数人诘难，然后再进行详加解说，如同《唐律疏议》对法律的解释，故文中称“如金科之法”，金科在古代汉语中为法律、法令的别称；其次，学习诉讼的人达数百人，说明民间对打官司的爱好十分广泛；最后，沈括记载的浙江松阳一带的“业觜社”，其主旨是训练人的诉讼技能，即让参加学讼的人变得口齿伶俐，名叫张槐应的人，就是其中的佼佼者。

第二，民间有人专门编撰教人打官司的书籍。上述沈括记载的江西的邓思贤，即是以人为书名，其内容皆为教人诉讼之语。

---

〔31〕 学界对“讼学”与“讼师”的研讨，已有所论及，宋史学界代表性的成果有：（1）陈智超：《宋代的书铺与讼师》，载《刘子健博士颂寿纪念宋史研究论集选编》，同朋舍1989年版。（2）戴建国：《宋代法制初探》，黑龙江人民出版社2000年版。其中《宋代的公证机构——书铺》一文与讼师有密切联系。（3）郭东旭：《宋代之讼学》，载漆侠主编：《宋史研究论丛》第1辑，河北大学出版社1990年版。对明清时期讼师及诉讼制度、诉讼思想的研究较为深入的成果可参见［日］夫马进：《明清时代的讼师与诉讼制度》，载滋贺秀三等：《明清时期的民事审判与民间契约》，王亚新、陈少峰、范愉译，法律出版社1998年版；梁治平：《法意与人情》，海天出版社1992年版。另可参见陈景良：《崔述反息讼思想略论》，载《法商研究》2000年第5期。

〔32〕 “讼学”一词，从严格的意义上讲，当首见于周密的《癸辛杂识》，详见下文。

〔33〕 参见（宋）周密：《癸辛杂识》，吴企明点校，中华书局1988年版，第159－160页，“续集之上”。周密（1232—1298年），字公谨，号草窗，又号四水潜夫、弁阳老人，祖籍济南，曾祖周祕随宗室南渡，定居吴兴，始为湖州人。

第三,教授学习诉讼的对象不仅仅局限在成人,而且还扩及儿童。史称:"江西州县有号为教书夫子者,聚集儿童授以非圣之书,有如四言杂字,名类非一,方言俚鄙,皆词诉语。"[34]由于史料的缺失,"四言杂字"的内容我们已无法知晓,但大体上是以地方风俗俚语为基础,以教人诉讼为内容,便于儿童记忆的"顺口溜"之类的东西,这里让我们想起了北宋时傅霖等人为刑统作赋宣传法律的活动,大体上可以说明,唐宋之际,民众对法律及诉讼有着广泛的需求。至于官府的态度是一个比较复杂的问题,尚待下面详述,这里再来说"讼师"。

"讼师"作为一个与法律活动有关的专有名词及教人打官司的职业,何时在中国古代社会出现,学界一般认为是在宋代。[35] 这是因为讼师的活动需要经济、法律、文化三方面条件的支持。其一,经济上必须形成以私有制为基础的多方财产关系,且这种多元的经济利益关系是冲突的,它客观上需要法律加以调整。如当时的宋代,土地私有制下的财产关系流转加快,田宅可典、可卖、可租,一块土地上形成所有权、典权、租权交织重叠的多方面的法律关系。其二,复杂的财产纠纷单凭伦理道德教化无以化解,它需要诉诸法律,由官方在诉讼活动中依法秉公断决,当这种判决影响到诉讼双方的利益时,涉讼之人仅凭生活中的常识是不能明辨是非的,这就必然要求借助于通晓法律之人,而此种职业团体又是官府无力提供时,民间讼师必然会以各种形式出现。其三,市民文化及民间"好讼"之风的兴成。"讼师"与上述三个条件实在是一个手足相关的问题,三者缺一不可。没有前两项条件,讼师的活动就失去了社会的空间和专业知识的支撑,没有后一个条件,讼师则失去民间存在的道德基础。因此,尽管"讼师"活动的合法性还会经常受到官方和士大夫的指责,但可以确定地说,讼师在诉讼活动中的活跃发展是和民众的正当需要分不开的。

讼师的称呼在宋代大概有以下几种:

1."珥笔之民"。宋人黄庭坚《江西道院赋》称:"江西之俗,士大夫多秀而

---

[34] (清)徐松:《宋会要辑稿·刑法二》(第14册),刘琳等点校,上海古籍出版社2014年版,第8378页。另《宋会要辑稿·刑法三》也有此类文字,所谓:"江西州县百姓好讼,教儿童之书有如《四言杂字》之类,皆词诉语。"参见(清)徐松:《宋会要辑稿·刑法二》(第14册),刘琳等点校,上海古籍出版社2014年版,第8406页。

[35] 茅彭年先生认为,唐朝已有讼师出现。参见茅彭年、李必达主编:《中国律师制度研究》,法律出版社1992年版,第33页。但该书作者所依据的材料仅为《唐律疏议·斗讼》之一条文,其他皆无史料予以说明,而此条也无"讼师"二字,况且该条的意思是说:被人雇用请去写作辞牒诉状,如果擅自增加告人罪状的,处笞刑五十。以此断定唐代已有讼师,似欠周详。

文，其细民险而健，以终讼为能，由是玉石俱焚，名曰珥笔之民。”(《山谷全书》卷十二)[36]“珥笔”即脑后插笔的意思，原本指古代史官、谏官上朝，常插笔冠侧，以便记录，谓之“珥笔”。《文选》载曹植《求通亲亲表》称：“安宅京室，执鞭珥笔。出从华盖，入侍辇毂”。[37] 到了宋代，“珥笔之民”成了帮人代写词状、招揽诉讼的代名词，这在当时的江南甚为流行，江西谚语称：“筠、袁、虔、吉，头上插笔。”[38]筠、袁、吉、虔即今江西省高安、宜春、吉安、赣州一带。可见当时诉讼之风的盛行，以至于黄庭坚及南宋应俊向社会发出了要劝服“执笔教讼者”息讼而“传问孝之章”的呼声。[39]

2. “佣笔之人”，即不在官府登记，专在民间代写诉状，招揽诉讼的人。根据《宋会要辑稿·刑法三》卷四十三的记载，早在北宋仁宗天圣年间桂州(今桂林)就有这种以佣笔为生的民间自由人士。史称：

仁宗天圣七年五月十一日(1029年)太常博士王告言：昨通判桂州，每岁务开，民多争析财产。洎令追鞫，多是积年旧事。按伪刘时(指南汉创始人刘隐建立的政权)，凡民祖父母、父母在，子孙始娶，便析产异爨，或敏于营度、资产益蕃；或惰不自修，田亩荒芜。其后尊亲沦逝，及地归中国，乃知朝廷《编敕》，须父亡殁始均产，因萌狡计，以图规夺，或乡党里巷佣笔之人，替为教引，借词买状，重请均分。洎勾捕证佐刑狱滋彰，或再均分遂成忿竞，故每新官到任，动须论诉，游手之辈侥幸实多，勤恳之民冤抑无告。今请限乾兴元年(1022年)正月一日以前，凡广南民若祖父母、父母在日分产与子孙者，悉以见佃为主，不在论理之限，诏如所奏。

在这段材料中，官府对“佣笔之人”的看法免不了受儒家人伦道德的影响，或有不实之词。当然，官府及司法中士大夫对讼学、讼师的态度是一个需要认真分析的多层面问题，留待以下详述，这里需要关注的倒是这段史料恰恰为我们提供了一幅认识“佣笔之人”何以存在的生动的历史画面。当时的桂林曾被伪刘政权统治，宋朝统一之后，民间的田产纠纷既因法令的前后差异而变得更加复

[36] 曾枣庄、刘琳主编：《全宋文》(第104册)，上海辞书出版社、安徽教育出版社2006年版，第234页。

[37] (梁)萧统：《文选》卷三十七，上海古籍出版社1986年版，第1687页。

[38] (宋)普济：《五灯会元》卷十六，苏渊雷点校，中华书局1984年版，第1080页。

[39] (宋)应俊编：《琴堂谕俗编》(卷上)，载《文渊阁四库全书》(影印本，第865册)，台湾商务印书馆1986年版，第230页。

杂,也因百姓的生存而变得激烈,而此时宋朝法令尚未及时颁布,司法官员的能力又远远不能满足现实生活的需要,如何解决这些田产纠纷,这对普通的百姓来说,还是一个颇为困难的问题,于是,就产生了急需专业人士帮助诉讼的客观需要,这便是"佣笔之人"之所以产生的最为正当的说明。

3."茶食人"。宋代有关"茶食人"的材料,现在能够看到的仅见于《清明集》及朱熹《朱文公文集·约束榜》。其名称由来及其确定含义均无详细史料以资申说。但"茶食人"这个名称对于那些活动于民间无官方俸禄,专以收取诉讼费用而讨得生计的"讼师"来说,倒是再恰当不过的别称了。根据史料的记载,"茶食人"是宋代民间机构——书铺里专门负责开雕诉状的人员之一,由于其出身寒微,生活无计,便也经常以本身职业的方便而从事诉讼活动,且从中收取费用以充生活之资。《朱文公文集·约束榜》谓:"人户陈状,本州给印字,面付茶食人开雕,并经茶食人保识,方听下状,以备追呼。若人户理涉虚妄,其犯人并书铺、茶食人一例科罪。"〔40〕这里的"印字"就是由官府发给告状人的专门用于开印诉状的纸张,茶食人负责开雕,并对告状人所告事情的真实负有担保责任,这是宋代官方对茶食人职业活动的正面记载,其他三载史料,则出自士大夫司法判决之手笔,不免多从伦理道德角度对"茶食人"的活动大加指责,但我们却可以从中了解到"茶食人"活动的另一个侧面。蔡杭在判决中写道:"成百四,特闾巷小夫耳!始充茶食人,接受词讼,乃敢兜揽教唆,出入官府,与吏为市,专一打话公事,过度赃贿。小民未有讼意,则诱之使讼;未知赇嘱,则胁使行赇。置局招引,威成势立,七邑之民,靡然趋之。以曲为直,以是为非,骗取财物,殆以万计。带领凶徒,自称朝奉,狐踪鬼迹,白昼纵横。"〔41〕另一则判词则称:"李三六系茶食人,行赇公事,受钱五十贯,欲决脊杖十三,配三百里,并监赃所夺钱业,送案别呈。"〔42〕从这些材料,我们可以看到"茶食人"助人为讼并从中收受费用的真实画面。

4."健讼之民"。宋代假托陈襄之名而编写的《州县提纲》一书在卷二和卷三中写道:"健讼之民朝夕出入官府,词熟而语顺,虽譊譊(形容争辩的声音——

〔40〕《名公书判清明集》,中国社会科学院历史研究所宋辽金元史研究室点校,中华书局1987年版,第641页,"附录六"。

〔41〕《名公书判清明集》卷十二,中国社会科学院历史研究所宋辽金元史研究室点校,中华书局1987年版,第476页,《教唆与吏为市》。

〔42〕《名公书判清明集》卷十二,中国社会科学院历史研究所宋辽金元史研究室点校,中华书局1987年版,第464页,《检法书拟》。

引者注）独辩庭下，走吏莫敢谁何？"这说明号称"健讼之民"的讼师，一是熟谙官场，二是口齿伶俐，三是争辩之雄姿足以让那些刁钻的奸胥滑吏也得让他三分。

5."讼师官鬼"与"哗魁讼师"。这两个名字分别见于《清明集》卷十二与卷十三，后者与前者略有不同。其一，身份不同，从现有的史料看，《清明集》中关涉前者的判词有八条，后者大约七条。前者的身份是士人或"假儒衣冠"。所谓士人即是有功名或读书识字的人，"假儒衣冠"即指那些与宗室略有牵连、识文断字而冒充有功名的人。这些人就是乡间的士绅，宋又称之为"朝奉"。[43] 后者，又称"哗魁讼师"，"哗"，本为吵闹之意，这里指喜欢拨弄是非、聚众兴讼的人。"魁"乃是头子之意，这种人多是些有劣迹的吏人子弟、有劣迹的吏人，宋朝多称之为"罢吏"。其二，前者活动的特点是利用其知识、钱资、势力及地域优势控制州县的吏员及低级官员，从而于诉讼中获利。在此意义上讲，宋代士大夫在判词中又多称此类人为"把持之人"。后者说穿了就是出身于吏人、干人之家的子弟利用其家庭与官府熟悉的优势，纠集无赖，聚众兴讼的"哗徒渠魁"。[44] 二者在串通胥吏，把持诉讼上又是相同的。《清明集》一书收有这方面的判词约二十余篇。现择其典型者稍作分析如下：

第一，招揽诉讼，供给食宿。翁浩堂曾于两浙东路任上写下判词称："西安（今浙江瞿县）词讼所以多者，皆是把持人操执讼柄，使讼者欲去不得去，欲休不得休。有钱则弄之掌股之间，无钱则挥之门墙之外。事一入手，量其家之所有而破用，必使至于坏尽而后已。民失其业，官受其弊，皆把持之人实为之也"。[45] 这是说，"讼师官鬼"这类人常以金钱多寡为取向而玩争讼之人于股掌之间。翁浩堂援笔举例说："郑应龙身居县侧，自称朝奉，孙又称宗女婿，专以把持为生。日在县门听探公声，凡有追呼，辄用钱买嘱承人，收藏文引，或得一判，则径驰报之所追之家，民讼淹延，皆此为祟。当职知之久矣。今所追缪元七等证对陈元亨争产事，郑应龙公然收留陈元亨，饮食于家，收藏缪元七，不与到官。隅官、保正

[43] 说到"朝奉"，研究徽州文化的学者王振忠教授曾说："'朝奉'一词，至迟在元代的徽州契约文书中就已出现。"参见王振忠撰文、李玉祥摄影：《乡土中国·徽州》，生活·读书·新知三联书店2000年版，第8页。其实，早在宋代的法律文书中就有了"朝奉"的专有名词，参见《名公书判清明集》卷十二，中国社会科学院历史研究所宋辽金元史研究室点校，中华书局1987年版，第474页，《专事把持欺公冒法》。

[44] 《名公书判清明集》卷十三，中国社会科学院历史研究所宋辽金元史研究室点校，中华书局1987年版，第483页。

[45] 《名公书判清明集》卷十三，中国社会科学院历史研究所宋辽金元史研究室点校，中华书局1987年版，第474页。

信帖来往,指证明白。及承人上门,则推后户而使之窜,又殴打捕人家人吴元有伤,其冒法欺公有如此者。缪元七、陈元亨事,本县已与决断,吴元、马曾之违慢,郑应龙之把持三名,且与勘杖一百。引监郑应龙唤出缪元七来,申州及请监司照会。"[46]

这段判词所载案情并不复杂,但对"讼师官鬼"这类人的身份、手段及活动却写得极为生动,是认识"讼师"性格及其活动方式的重要史料。在这个案件中,判词的作者是翁浩堂,即翁甫。甫,字景山,号浩堂,宝庆二年(1226年)进士,累官江西运使,太府少卿。《清明集》收入他的书判28篇,本案的判词是他在两浙东路知衢县任上写的。就本案来看,当事人陈元亨、缪元七因财产事发生争执,当官府传唤缪元七进行审理对证时,住在县衙附近的郑应龙,即讼师(自称"朝奉"),却把缪收藏于家,不使到官。此后,又放走证人,殴伤捕人之家人。从判词的描述来看,郑应龙和其孙子(自称宗女婿)熟谙县衙关系,经常刺探案情,贿赂承办人,并收藏官府通行文书(案中所谓"文引"),每遇官府追捕涉案人员则通风报信。对此,法官翁浩堂早已知晓。在本案中,郑应龙不仅收买当事人陈元亨、缪元七,且提供食宿,说不定还与县里的捕人吴元等有勾结,因为吴元、马曾二人在本案中态度暧昧,行动迟缓,被翁浩堂斥责为"违慢"(懈怠)。此案的处理结果是:郑应龙因把持诉讼,吴元、马曾因懈怠公务被分别决杖一百,并指令郑应龙交出缪元七。判决报州并送呈监司。在翁浩堂的笔下,讼师郑应龙的典型特征是:以获取金钱为目的,勾结吏人,把持诉讼,纵使当事人倾家荡产也在所不惜。

第二,请托官府,教唆词讼。蔡杭是南宋著名的司法官员之一,曾任江东提点刑狱,所辖饶(今江西景德镇市、鄱阳县一带)、信(今江西上饶市)、徽(今安徽黄山市一带)三州,地狭人稠,民风好讼。"讼师"的助讼活动在当地十分流行。蔡杭称之为"哗魁讼师"或"哗徒渠魁"。[47]《清明集》在卷十三《哗徒》一栏共收入判词3篇,一篇为马裕斋所写,两篇为蔡杭所撰,从这些判词中,可以发现如下特点:其一,这些所谓的"哗魁讼师"多是吏人或无赖子弟;其二,聚众兴讼;其三,请托官府,以讼为生。先看一段蔡杭笔下的史料:

哗徒张梦高,乃吏人金眉之子,冒姓张氏,承吏奸之故习,专以哗讦欺诈为

---

〔46〕《名公书判清明集》卷十二,中国社会科学院历史研究所宋辽金元史研究室点校,中华书局1987年版,第474页。

〔47〕《名公书判清明集》卷十三,中国社会科学院历史研究所宋辽金元史研究室点校,中华书局1987年版,第482-483页。

生。始则招诱诸县投词入户,停泊在家,撰造公事。中则行赇公吏,请嘱官员,或打话倡楼,或过度茶肆,一罅可入,百计经营,白昼攫金,略无忌惮。及其后也,有重财,有厚力,出入州郡,颐指胥徒,少不如意,即唆使无赖,上经台部,威成势力,莫敢谁何。乘时邀求,吞并产业,无辜破家,不可胜数。[48]

这段材料对张梦高的出身作了清楚的交代,张梦高本吏人金眉之子,现姓张,是假冒,其实是在他九岁时被张忠翊抱养(详见后文)。蔡杭说他专以欺诈为生。若判词之言属实,则张之所为不外是:收买告状之人,然后打点官府,歌楼茶肆皆为其活动场所,当然这样做是为了从中收取好处费。蔡杭说,己自任职以来,访民疾苦,对张之所为早已知晓,只是还未来得及惩治,刚巧在他受理词讼之日,张梦高与高万二秀却结伴前来打点官府,计谋策划,这无疑是自投罗网。蔡氏继续写道:

当职被命兼守,入境以来,访民疾苦,已知其为一郡之害,未欲便行追治。祸积恶盈,鬼夺其魄,乃于当职初受词之日,往来自投,与高万二秀等计嘱公事。捉获之时,两廊下状四五百人,欢声如雷,于此可见其积恶之深。及押下司理院根勘之后,又于便袋中搜出文牒一道,已拆去封皮,系是行在大宗正司牒本州追究哗徒赵时消不法事。牒内系是七月,此去行都仅数日程,岂有迁延月余之久。梦高时消,皆本州哗徒渠魁,未必非阴相表里,擅自拆递折牒,藏之于身。即此一事,可见其全无官府,全不知有三尺。其他如民户止是小争,则装架词语,唆令越诉。官司止是索案,则与贿嘱并人申解。如兄弟止是争闹,则教作分产诬论。官司方行追究,则与之入状和对,颠倒反复,尽出其手。未得钱,则嗾之使论,既得,则尼之使止。推原其罪,不可胜诛。不黥其面,无以惩恶,不窜其人,无以安众。狱吏畏其奸凶,在狱事之如兄,所供罪犯,百未一二,然所招打话行赇受财,已二十五项,该赃近五十贯。教唆哗徒,与贴同科。况又系武义县吏人金眉之子乎?又妄称九岁与张忠翊为子,九岁抱养,亦是违法,而况托假姓,以避其非吏人之子乎?张梦高决脊杖十五,刺配台州牢城,免监脏,即日押遣。仍申提刑司。推吏法司,循情卖弄,从轻杖一百。[49]

---

〔48〕《名公书判清明集》卷十三,中国社会科学院历史研究所宋辽金元史研究室点校,中华书局1987年版,第482页。

〔49〕《名公书判清明集》卷十三,中国社会科学院历史研究所宋辽金元史研究室点校,中华书局1987年版,第482-483页。

蔡杭的判词把张梦高的出身、助讼手段、威势及其处理结果交代得一清二楚，我们从中也可以看到江南的民风及讼师在实际生活中的助讼场面。另外，在宋代社会活动中还有一种专门负责代写诉状的专业户，宋人李元弼在其《作邑自箴》一书中称其为“写状钞书铺户”，这是为当事人提供法律服务的民间机构，由于下文将对其进行专门研究，故此处不再详述。为了避免所引史料的繁芜，现把《清明集》一书卷十二至十三所记载的讼师的身份、发案地点、手段等统计汇表如下（见表1），这对我们全面认识“讼师”这种职业及宋代的司法传统都是有意义的：

表1 《清明集》卷十二至卷十三关于讼师的基本情况

讼师名称类型		身份	地点	手段	判词作者	史料/页
种类	姓名					
讼师鬼官/把持之人	不详	不详	江南东路	以钱借公吏，垄断诉讼。“垄断小人，嚣讼成风，始则以钱借公吏，为把持公事之计，及所求不满，则又越经上司，为劫持立威之谋。何等讼师官鬼乃敢如此”	蔡杭	473
	郑应龙	朝奉，宗室女婿	两浙东路	向当事人提供食宿，收藏文引，贿赂官吏，操持讼柄，从中渔利	翁甫	474
	刘必先	假儒衣冠	荆湖路（今湖南湘江一带）	聚徒兴讼，赶打吏员	翁甫	474
	赵添监	假儒衣冠	荆湖路（今湖南湘江一带）	接揽诉讼，把持县道	胡颖	475
	刘涛	士人	荆湖路	资助钱财，教唆诉讼，与吏勾结，从中罔利	胡颖	478—479
茶食人	成百四	闾巷小（自称朝奉）	两浙路	以曲为直，以是为非，骗取钱财，兜揽教讼	蔡杭	476
珥笔之人	彭观才	不详	荆湖路	教讼	胡颖	479

表1并非《清明集》一书所收“讼师”判词的全部内容，据陈智超先生的研究，《清明集》有关“讼师哗徒的书判共二十四篇，有具体姓名的有二十三人，本人情况可知的有二十一人。其中士人或假儒衣冠、假手文解者七人，豪民五人、宗室或宗女婿四人，富民三人，书铺茶食人二人，父祖有官可以荫赎者二人，吏人之子二人，罢役吏人、无赖子弟、干人之子各一人”[50]。这些统计数字从社会学的角度看，对讼师的出身、性质颇能说明问题，其中“假儒衣冠”“假手文解”，则是宋代社会生活用语，大概是指那些冒充绅士和有功名的人。

通过上面的分析，我们可以看到：在宋代的社会生活中，存在一个与老百姓的物质利益密切相关的群体和职业，尽管对这个群体的称呼不同，他们的出身也不全然一致，但他们都有一个共同的特点：有一定文化，通法律，晓官府事务，且资助当事人，以诉讼为业，从中收取一定的费用，他们非官非吏，而是民，这个群体就是“讼师”。

现在的问题是，讼师的助讼活动虽然主要发生在民间，且他们不可能像现代的律师那样成为诉讼活动的主体，但助讼作为诉讼活动的一个侧面毕竟关涉当事人的利益和统治者的司法秩序，而在宋代的司法舞台上，士大夫作为各级官衙的执法主体，势必要与讼师发生关系。因此，人们自然会这样设问：讼师与士大夫之间，是否只是对立？如若对立，是在什么意义和层次上展开的？对立之外，还有无融合？这里所说的融合，该怎样理解？怎样评价二者之间的关系？

本文认为，讼师与士大夫之间的关系固然有着冲突的一面，但这种冲突不是单线式的简单对抗，而是在宋代商品经济发展、私有制深化、司法传统转型的大背景下，呈现一种对抗、流变、多层互动的复杂关系，甚至会在风俗之变的大潮下，于诉讼及财利这一关涉当事人物质生活的根本点上有着某种程度的融合。让我们先看二者的冲突。

三、讼师与士大夫的冲突

讼师与士大夫作为两个鲜活的群体，活动于宋代司法秩序中的两极，前者在民间，后者在官府。由于古代的司法理论不可能从根本上冲击儒家的理论框架，而代表官方的士大夫也就不可能在司法秩序的期待上、身份地位及其义利观上，与讼师有着亲和的认同感。因此二者的冲突常常通过不同的话语及宋代的法令

---

〔50〕 陈智超：《宋代的书铺与讼师》，载《刘子健博士颂寿纪念宋史研究论文集》，同朋舍1989年版。

表现出来,略言之,有以下三个方面:

1. 在司法秩序的期待上,讼师试图通过广泛参与民间的助讼活动,而维持其生业;士大夫则尽量以俗化民,把诉讼减少到一个最低的限度。故宋代官方多从立法的角度,对民间习讼学律予以禁止,甚至惩治讼师的教讼、助讼活动。史称,早在北宋哲宗年间,朝廷就曾应刑部之请,立法禁止讼学在民间的传播。李焘的《续资治通鉴长编》记载说,北宋元祐元年(1086 年)四月:"立聚集生徒教授辞讼文书编配法及告获格,从之。"[51] 南宋高宗绍兴七年(1137 年)九月二十二日:"明堂赦:访闻吉、虔(今江西省)等州专有教学教习词讼,积久成风,胁持州县,伤害善良,仰监司守令偏出文榜,常切禁止,犯者重置以法。"[52] 六年之后,此教讼之风不但未息,反而愈演愈烈,且教讼对象由成人扩及儿童,且以四言之杂字流传,其方言俚语充斥其间,引起了士大夫及官府的恐慌。《宋会要辑稿·刑法三》载:"绍兴十三年(1143 年)八月二十三日礼部言:'臣僚劄子,江西州县百姓好讼,教儿童之言,有如《四言杂字之》类,皆词诉语。乞付有司禁之。国子监看详[53],检准绍兴敕诸聚集生徒,教词讼文书者,杖一百,许人告;再犯者,不以赦前后,邻州编管[54]……从学者各杖八十。今《四言杂字》皆系教授词讼之书。有犯合依上条断罪。欲乞行下诸路、州、军、监司、依条施行。'从之。"

2. 就身份地位而言,讼师多由吏人、假儒衣冠、干人及其子弟等构成,出身卑微,人员复杂,且具有一定的反社会性;而士大夫的绝大多数是庶族地主及孤寒之家出身的知识分子,他们通过科举考试获得了晋身于宋代各级司法官员的资格,自然成为宋代司法舞台上的执法主体。就其法律地位而言,讼师不是诉讼机制中的权利主体,其诉讼资格和大部分诉讼活动(不是全部)不被官方认可,故这个群体中的绝大多人只能活动在民间,而不能走向司法公堂;而士大夫则是诉讼权力结构中的唯一主体,他们不仅是各级审判衙门的判断者或司法活动的主导者,而且也是官方法律的执行者与解释者,两者的诉讼地位自然判如云泥。

身份和法律地位的差异自然决定了二者活动方式的不同。前者常在司法活

---

[51] (宋)李焘:《续资治通鉴长编》(第 15 册)卷三百七十四,中华书局 2004 年版,第 9076 页。

[52] (清)徐松:《宋会要辑稿·刑法三》(第 14 册),刘琳等点校,上海古籍出版社 2014 年版,第 8406 页。

[53] "看详":宋代官方专门法律术语,意谓中央主管官署根据过去敕文或其他案卷所作出的决定。

[54] "编管":宋代专门法律术语,指官员被贬谪或其他人等触犯皇帝,送指定地区予以管制,称"编管"。邓广铭、程应镠主编:《中国历史大辞典·宋史卷》,上海辞书出版社 1984 年版,第 478 页。

动的狭缝中，于阳光照射不到的角落，通过五花八门的手法，打点吏人，伺探案情，从而展示自己的身手，赢得助讼中的一席地位；后者则端坐司法大堂，俨然是整个司法秩序的守卫者。故宋代官方常立法禁，惩治讼师与吏人的交接行为。宋制，县一级审判衙门的吏人皆以差役人担当，统称为胥吏，胥吏本就是源于百姓之役，因此不必给予俸禄。问题是，依宋制，县一级机构除县厅（县衙）、丞厅、尉厅、主簿厅外，一般不设幕职司法人员及机构，故其司法活动中的具体事务多由吏人承担。以官府接收诉状的手续而言，宋于县衙设有开拆司，受状之日，开拆司吏人将投诉人引屋西廊，排好队，走至庭下站立。依次序命三四人一组，投状人亲自将诉状交给开拆司吏人。然后，"人吏折状，约略检视，命投诉人走往东廊，听唤姓名，然后当厅而出"。这样一来，吏人便有了与讼师结交从中渔利的机会。对此，宋代官方屡发禁令予以制止。宋高宗绍兴十八年（1148年）二月十四日，刑部言："'臣僚奏请，在法，放停人吏（指停止服刑的胥吏）与词讼人交涉者，徒一年，因而计属公事，加一等，受财重者自从重。此良法也。然于放停人吏则知畏，而见役人吏及虽雄横有力之家与健讼之人阴为奥援，表里相通，致使良善之人深被其害。欲望更加参订，重立法禁。'本部看详：见役人吏与词讼之人交涉，欲元条徒一年上加一等，从徒一年半。若因而为计嘱公事，更加一等，从徒二年断罪，各系递加一等。"有诏从之。[55]

3. 讼师言利，士大夫尚义；讼师兴讼，士大夫息讼。义利观是中国传统文化的核心，处在社会结构大变、民俗喜讼的世风下，宋代士大夫的义利观并非没有变化，但就主导价值而言，我们仍能从典籍中感受到士大夫对讼师的嗜利性充满着道德的义愤。他们往往从人伦道德的角度，指责讼师的助讼行为，认为讼师是导致邻里失和、田业荒废、道德沦丧的根源。《清明集》卷十二至十三《惩恶门》把讼师与哗徒、豪横并列，视为民间巨蠹，其中"把持、哗徒、告讦"三类载有18篇判词，集中代表了士大夫对讼师的看法，其中尤以胡颖的两篇判词为其典型。他说："大凡市井小民，乡村百姓，本无好讼之心。皆是奸猾之徒教唆所至。幸而胜，则利归己，不幸而负，则害归他人。"[56]对于兴讼的危害，胡颖写道："词讼之兴，初非美事，荒废本业，破坏家财，胥吏诛求，卒徒斥辱，道途奔走，犴狱拘囚。

---

〔55〕（清）徐松：《宋会要辑稿·刑法三》（第14册），刘琳等点校，上海古籍出版社2014年版，第8407页。

〔56〕《名公书判清明集》卷十二，中国社会科学院历史研究所宋辽金元史研究室点校，中华书局1987年版，第476－477页，《责决配状》。

与宗族讼,则伤宗族之恩;与乡党讼,则损乡党之谊。幸而获胜,所损已多;不幸而输,虽悔何及。"[57]这样的批评,我们在《清明集》的作者判词中还能经常看到。这说明,传统的人伦道德仍具有强大的生命力。问题在于,宋代社会生活的复杂性及经济利益的多层面性,将会不断地撕开这道防线,从而为讼师与士大夫之间的交融提供了契机。

四、士大夫与讼师:矛盾语境下的交融

士大夫与讼师在秩序期待、身份地位、活动方式、道德伦理、时代语境诸多方面都存在矛盾与冲突,这是一个不争的事实。但我们为何又说,二者不是简单的对立,而在对立的背后还有着交融呢?这是否存在逻辑上的悖论,该怎样理解二者的多层面关系呢?

欲回答上述问题,首先,我们必须弄清二者的对立是在何种意义上展开的。讼师与士大夫的矛盾,说穿了是中国古代"礼法结构模式"下,司法权力结构中诉讼权利主体单一化的表现,在此种结构中,讼师与当事人均不是权利主体,唯一享有主体资格的是各级司法官员,即士大夫这一群体。支撑这一诉讼模式的价值体系是自孔孟以来,流传于世的"重义轻利"的道德观与"耻言财利"的轻讼理念,它已成为人们的行为模式和文化心态,融汇于社会生活的各个方面。就此意义上,讼师与士大夫不可能不存在对立。但问题恰恰在于:这些古老的被人们视为亘古不易的道德观、诉讼观,正在悄悄地发生着裂变。不仅民间争言财利、世风好讼,就是原本以道德仁义相高的士大夫——至少是那些关心民瘼、锐意进取的士人们,如王安石、欧阳修、苏轼、陈亮、叶适乃至《清明集》判词的作者们,也都把"讼"与"利"纳入了自己的视野之中,新的"义利观"及诉讼观随着鲜活的时代气息在士大夫的头脑中萌动。如果说,以儒家人伦道德为支撑,以传统话语为载体的宋代司法体制是一个有机体的话,那么在私有制深化、商品经济繁荣、社会结构剧变的宋代大背景下,许多蕴含着极富发展潜力的时代新因素正在这个有机体上滋润、萌生。如世风的好讼、市民文化的兴起、法医学著作的问世、禁止翻刻他人书籍法令的颁布、允许民事诉讼当事人越诉等,新的因素在产生成

---

〔57〕《名公书判清明集》卷四,中国社会科学院历史研究所宋辽金元史研究室点校,中华书局1987年版,第123页,《妄诉田业》。《妄诉田业》中提及"佥厅",佥,意为都、众人的。佥厅,又称都厅,为一州各幕职官"职事合治"的场所。南宋时,佥厅官员三至五人。参见朱瑞熙:《中国政治制度通史》(第6卷),人民出版社1996年版,第292页。

长，一股时代潮流冲击拍打着传统人伦道德的堤岸。新的已经萌生，但旧的依然强大。新旧交织，民风易俗，讼师与士大夫本属于两个不同群体，他们的身份地位与道德宗旨之异决定了他们具有不同的生活目的和情趣，但他们作为整个宋代司法秩序的个体基因，又如同上述其他因素一样，镶嵌在宋代司法传统转型的网络中，两者在整个社会“义利观”转变、诉讼观念增强的基础上，找到了一个虽不自觉，但却是客观上交融的契合点，即民事诉讼中对百姓财产利益的关注。进一步说，讼师从民间助讼的角度为当事人的财利之争出谋划策，尽管他们并非出于良好的动机；士大夫则从“以天下为己任”的社会良心出发，自觉担当起司法公正的重任，于诉讼中特别关注下层，尽管其中还不乏道德的说教。二者于此处交融，所谓交融，就是汇合，是指原来不同质的因素混合为一个有机体。这个有机体正是对百姓财产利益日益关注的新生的宋代司法体制。在这个有机体内，单纯的道德说教已经不是解决诉讼纠纷的最佳方案，而是要诉诸司法判决，进入诉讼程序。诉讼作为一个程序和裁决纠纷的方式，它不能单靠说教，必须诉诸司法的公正。这样一来，讼师与士大夫原本属于宋代司法秩序中不同的两极，现在却通过解决当事人的纠纷，与重视财产利益的司法程序而走到了一起。其一，士大夫的不讳言讼利观念，很容易与讼师的“兴讼好利”之旨趣相融；其二，这种观念的变化必然促使士大夫乃至宋代官府去深刻观察社会的变化。民间的好讼，究竟意味着什么？虽然，他们还不能完全承认社会个体私利的正当性、至上性以及讼师在诉讼中的权利主体地位，但他们毕竟开始从现实的角度去分析问题，认识到讼师助讼的活动，不能仅靠压制，而且还需要调整、规范，从而有限度地承认讼师中代书人的地位，乃至通过士大夫制定的地方法规，确定代写诉状专业户，即“钞状书铺户”的合法身份，登记注册，系以名籍，这是前代及后朝都未曾出现过的现象，这难道还不是亲切的交融吗？对此，则学界忽之甚焉。[58]

详言之，考察二者矛盾语境下的交融，需从三个方面着手：其一，宋代士大夫尽管从主导价值观念而言，是道德理想主义的承担者，尤其是在理学影响下的南宋司法官员中，不乏耻言“讼利”之士，这一点已为学界研究所侧重。[59] 但需要注意的是，商品经济下的私有财产观念如汹涌澎湃的大潮无时无刻不在冲击着

〔58〕 讼师、讼学与官府的对立，宋史学界已多有论述，代表性的成果有：陈智超：《宋代的书铺与讼师》，载《刘子健博士颂寿纪念宋史研究论集选编》，同朋舍1989年版；裴汝诚：《宋代“代写状人”和“写状钞书铺”——读〈名公书判清明集〉札记》，载氏著：《半粟集》，河北大学出版社2000年版。

〔59〕 王志强：《南宋司法裁判中的价值取向》，载《中国社会科学》1998年第6期。

传统的人伦道德防线，在此种浪潮下，士大夫中的功利主义学派与务实派一般并不耻言“讼利”，而这一点是与讼师背后的“兴讼”之风互为表里的。其二，士大夫作为官方的代表者，他们并不是一成不变地死守宋代的诉讼制度，而是有所创获，其中州县官员在诉讼方面发布的约束条贯，既是对宋代官方制度的补充，又多与讼师及民间“好讼”之风相关，在其约束的同时，常把讼师中的代写诉状人纳入其规制之下，这是宋代司法调适社会生活的积极措施，应从正面予以理解。其三，官府与士大夫也多从自身寻找诉讼繁多的原因，故其在批评、指责讼师嗜利的同时，往往从制度上加以改进，这固然不能全部归功于讼师，但其制度改进的方向确与讼师助讼所曲折反映的私有财产利益呈暗合之势，现进一步论述。

（一）讼师兴讼与士大夫不讳言“讼”与“利”

一般而言，讼师“兴讼”，士大夫“息讼”，这是一对不可调和的矛盾，但二者的融合又是怎样的发生的呢？其实这应从宋代社会结构转变中宋代士大夫“义利”观念的矛盾与裂变入手。

1. 士大夫中事功学派“义利”观念的裂变。自孔孟以来，儒家知识分子严“义利之辩”，大力鼓吹“义”高于“利”，并以此作为划分君子与小人之标准：君子尚义，小人言利。就此而言，士大夫对讼师的指责仍是以此道德观念为依凭的。问题在于：这种价值观念并非一成不变，铁板一块，而是在宋代士大夫的群体意识中悄悄发生着裂变，只不过这种变化仍在儒家话语的框架内进行罢了。事功学派的代言人物为北宋的李觏、王安石与南宋的陈亮、叶适等。他们在与理学及其他人的争辩中，倡言“利欲”，主张“义为利设”，这种言论与讼师及民间的“言利兴讼”思想不谋而合，同是商品经济背景下私有财产利益在人们价值观念上的曲折反映，最有代表性的是改革家王安石。他在吸取李觏“利分善恶”思想的基础上，对传统的“义利观”进行改造，使原来的“义利关系”的表述倒了个儿。他说：“利者，义之和。义固所为利也。”〔60〕王安石的解释则恰好把传统的“义利”关系颠倒了过来，使利成为第一位的东西。

到了南宋时期，士大夫反传统的功利主义思想进一步发展，反对“抑末”，讲求“功利”成为事功学派的基本主张。陈亮说：“古者官民一家也，农商一事也，上下相恤，有无相通。民病则求之官，国病则资诸民。商籍农而立，农赖商而行，求以相补，而非以相病。”〔61〕在事功学派看来，不计功利，仁义便亦随之不存。士

---

〔60〕 陈植锷：《北宋文化史述论》，中国社会科学出版社1992年版，第274页。

〔61〕 《陈亮集》卷十二，邓广铭点校，中华书局1987年版，第140页，《四弊》。

大夫“义利”思想的裂变不仅出现在事功学派之中,而且还反映在士大夫日常生活的交往及诗歌之中,“讼”与“利”是他们经常谈到的话题。譬如,宋代县级衙门接受讼状的器物或诉状本身,经常成为士大夫咏物抒怀的素材。王珪《送人东归》诗称:“绕阁云山吟有助,高谈终日讼筒稀。”讼筒即为受纳诉状之竹筒。强至《送宣州太守沈司封》诗中说:“讼铃闲郡阁,吟笔到江楼。”讼铃即为悬挂于官府大门外,让喊冤者敲击的铃。赵抃《次韵程给事见寄》诗称诉状为讼牍,诗云:“讼牍自怜无日暇,诗筒翻喜入秋新。”黄庭坚《送舅氏野夫之宣城》诗之二称:“耙桠丰圩户,桁杨卧讼庭。”傅专《梦蘧于临武县》诗:“讼庭如水吏人间,官舍萧然昼掩关。”[62]可见,宋代士大夫的诗文中包含着各种形容诉讼的话语。此外,以利说义、利为义先的论断也成为人们的口头禅,如苏洵在《利者义之和论》中说:“利在则义存。利亡则义丧。义利、利义相为用而天下运诸掌矣。”[63]南宋士大夫吴恕斋在判词中甚至说:“利之所在,虽微必争?”[64]

2.“息讼”语境下,士大夫以务实的态度纳讼利于司法活动的视野之中。宋代士大夫作为一个活跃在司法舞台上的群体,既不同于汉唐,也有异于明清。就身份而言,汉唐士大夫多出于士族,而宋则以庶族地主与孤寒之士(中小地主)为主;就学术宗旨而言,汉儒尚注释,宋人崇义理。与明清相较,宋代士大夫的一个最大特色是他们“以天下为己任”的忧患精神与参政意识。务实、创新、关心民众私有财产利益是宋代士大夫的普遍价值观念,即便是深受理学影响的南宋司法官员们,其头脑中的公平意识、人格理想及秩序期待,亦与司法中保护卑幼弱小的财产利益相关。只不过在儒家语境的框架内,保护私有财产利益的判决常常伴随着“息讼”的话语与对讼师的指责而进行罢了。以南宋著名的士大夫胡颖为例,他在处理富户赵端借“务限法”之名行无端吞并阿龙田产一案中说:

当职观所在豪民图谋小民田业,设心措虑,皆是如此。当务开之时,则迁延月日,百端推托,或谓寻择契书未得,或谓家长出外未归,及至民户有词,则又计嘱案司,申展文引,逐限推托,更不出官,展转数月,已入务限矣,遂使典田之家终无赎回之日。且贫民下户,尺地寸土皆是汗血之所致,一旦典卖与人,其一家长幼,痛心疾首,不言可知。日夜夫耕妇蚕,一勺之粟不敢以自饱,一缕之丝不敢以

[62] 此段史料引自《汉语大词典》(第11册),上海汉语大词典出版社1993年版,第77-79页。

[63] 叶坦:《富国富民论——立足于宋代的考察》,北京出版社1991年版,第188页。

[64] 《名公书判清明集》卷六,中国社会科学院历史研究所宋辽金元史研究室点校,中华书局1987年版,第188页。

为衣,忍饿受寒,铢积寸累,以为取赎故业之计,其情亦甚可怜矣![65]

此案并不复杂,大意是:下层民户阿龙一家因急需用钱,把己田四顷典与富户赵端,得钱98贯。几年后,阿龙积钱意欲赎回。但赵端乘机意欲吞并,故意迁延月日,不欲退田。文中所说“务限法”,是宋代制定的民事诉讼法规。“务”指农务,“限”指受理民诉的时限。依此法,宋代官府每年(农历)十月一日至次年二月一日这段时间内为“务开日”,即受理民事诉讼的期限,过期不再受理。此法主要在于保障农业生产的顺利进行。正因如此,也为豪强之家吞并下层民户田业提供了可乘之机,本案中的赵端正是如此。本来,孙知县已判令赵端退还阿龙出典之田,但赵端却故意拖延,致使阿龙兴讼到州,这就使复审本案的胡颖甚为忧虑,他在判词中一方面指责赵端的为富不仁,另一方面又十分担心阿龙所积攒的赎田之钱,会因讼师的参与而耗费于兴讼之际,从而丧失赎田之机遇。当然,从判词中我们仍可看到胡颖对阿龙赎回权的保护里仍不乏儒家仁政思想的怜恤之情,但他毕竟判决赵端必须“日下交钱退业”,依法保护了阿龙的田产赎回权。在宋代,胡颖之判并非孤立之现象,司法官员在讼师、讼学蔚然成风的时代风尚下,置“利”于士大夫视野之下已成为司法活动中人们的共识。

3. 士大夫与讼师的交融,我们还可以通过《清明集》一书所收的士大夫处理诉讼纠纷的模式进行深入分析。只不过在讨论时,特别需要注意以下两点:其一,不要被士大夫“息讼”话语的表面现象所迷惑。这是因为:虽然“息讼”二字还不时出现在宋代的文献之中,但如果我们不是停留在对这二字的现象描述上,而是把视域拓展到宋代社会生活的内部,我们就会看到在商品经济潮流下广泛兴起的私有财产关系及功利主义意识无时无刻不在冲击着旧有的诉讼观念,士大夫于“息讼”的话语下,并非死守“宁屈卑幼,不屈尊长”的宗法人伦道德观念,而是在分清是非的基础上,依法秉公处断,甚至会冲破道德的羁绊,径直保护卑幼弱小之利益,旧话语之下已蕴含着时代的新内涵。其二,对士大夫所息之讼的内容要进行层次上的分析,就《清明集》一书所记载的案例来看,士大夫所息之讼,大部分已不再是民间田宅财产纠纷中的是非之争,而是借诉讼之名行无端诈赖之实的无理缠讼。

为了更好地说明宋代“息讼”话语的时代内涵及其变化,揭示“息讼”与“兴

---

〔65〕《名公书判清明集》卷九,中国社会科学院历史研究所宋辽金元史研究室点校,中华书局1987年版,第317页,《典主迁延人务》。

讼”语境后士大夫与讼师的深刻矛盾与融合，展现宋代社会生活中多层经济利益关系引起的诉讼纠纷的错综复杂性，现据《清明集》一书列表如下（见表2），以求明晰：

表2 《清明集》关于息讼的基本情况

士大夫处理纠纷的模式	案件数/起	百分比/%	总案件/起	资料出处	备注
息讼	39	17.2	226（不包括3起刑事案件）	《清明集》卷四十	由于《清明集》一书所收判词主要是田土、房屋、婚姻、立继之纠纷，故此数字大体指民事案件，宋称之为“民讼”
表面息讼实为判决	10	4.4			
所息之讼为无理缠讼	7	3.0			
依法判决	170	75.2			
对讼师的指责（典型判词）	24	6.2			

这些基本数字也许可以帮助我们认识宋代普遍存在的“兴讼”事实及讼师活动的空间，同时也反映出作为法官的士大夫处理“兴讼”与“息讼”的实际情况。从上表的数字可以看出，尽管“息讼”还经常出现在士大夫的判词中，但那主要是适用于宗法人伦之间的情形。发生在常人间的一般民事诉讼，息讼的比例更少，就表中数字而言，依法判决的案件占70%以上，尽管这些数字并非准确精当。因为在宋代社会生活中，要厘清士大夫处理民事纠纷的确切类型是件十分困难的事，譬如就一件兄弟争财的案例而言，法官往往把判决与说教融为一体，既分是非，依法下判，又导之以人伦亲情，劝其和解。不过在这样的案例中总能够看到士大夫身后私有财产观念及商品经济思想对固有的人伦道德防线的冲击，旧的语言框架下也总能看到判词作者在以务实的态度对待纷争，从而使判决不再羁绊于僵化的教条中，而是对道德教条不断地冲破，以有利于私有制深化下民事法律关系的发展，这一点又恰恰与讼师兴讼背后的社会思潮不谋而合。一个典型的案例是受理学影响较深的胡颖〔66〕对《兄弟之讼》一案的处理。该案的大意是：一个叫邹应龙的，共兄弟三个，哥哥邹应祥，弟弟邹应麟。应龙既不恭于兄，又不友于弟。其兄应祥曾对应龙之子女进行过抚养，但应龙并不感谢其兄，反而因田产之争诉其兄于官府。因此，胡颖在判词中说他禽兽不如，无理之至。

〔66〕 胡颖与南宋理学的关系，王志强教授曾进行过深入的研究。参见王志强：《〈名公书判清明集〉法律思想初探》，载《法学研究》1997年第5期。

这是从人伦道德角度出发,对应龙诉其兄的行为所进行的批评。但对于兄弟三人分产一事,胡颖却并未因此而否认应龙的私有财产利益,而是让他们各自"管业"(占有、使用),"择利而图之"。[67] 案例中所说的"标拨法"——户部看详,是宋代官方对"父母在,不许别籍立财"的突破,胡颖的判决就其主旨而言,是对宋代私有财产观念的合理呼应,也与讼师言利的旨趣暗合。

(二)官方及士大夫对讼师中代书人及写状钞书铺户的调整与承认

1. 规范代书人的行为。宋代社会,田宅交易频繁,民事诉讼日多,尽管宋代官方不可能给讼师以权利主体的地位,士大夫也不可能不以儒家人伦的眼光审视其诉讼中的嗜利行径,但民众对诉讼的需求,在官方不能从制度及诉讼运作的框架内予以满足时,讼师的助讼活动便不得不对此缺漏进行补充。代理当事人书写诉状便是其中的一项重要活动。依宋制,凡田宅交易引起的诉讼纠纷,欲向官府起诉必须以书面诉状的形式进行,加之当事人多不识字,或不熟悉诉讼程序,由代笔人代书是宋代社会生活中普遍存在的现象。代写诉状的个人在北宋有不同的称呼如"傭笔之人"[68]、"代笔人"[69]、"代写状人"[70]、"鬻书之人"[71]等。宋代官方对这些人并非全都禁止其活动,而是以敕令的形式,从事与理两个方面加以约束与调整,在一定程度上承认代笔人的合法地位。北宋真宗咸平六年(1003年)十一月十七日诏:"其代写状人不得增加词理,仍于状后著名,违者勘罪。州县录此诏当厅悬挂,常切遵禀。"[72]景德四年(1007年)五月十三日,朝廷又颁发诏令说:"如是令人代笔为状即不得增添情理,另入言词。并元陈状人本无枝蔓论奏事,被代笔人诱引,妄有规求者,以代笔人为首科罪。"[73]就上述诏

[67] 《名公书判清明集》卷十,中国社会科学院历史研究所宋辽金元史研究室点校,中华书局1987年版,第371-372页。

[68] (清)徐松:《宋会要辑稿·刑法三》(第14册),刘琳等点校,上海古籍出版社2014年版,第8415页。

[69] (清)徐松:《宋会要辑稿·刑法三》(第14册),刘琳等点校,上海古籍出版社2014年版,第8410页。

[70] (清)徐松:《宋会要辑稿·刑法三》(第14册),刘琳等点校,上海古籍出版社2014年版,第8398页。

[71] (清)徐松:《宋会要辑稿·刑法二》(第14册),刘琳等点校,上海古籍出版社2014年版,第8309页。

[72] (清)徐松:《宋会要辑稿·刑法三》(第14册),刘琳等点校,上海古籍出版社2014年版,第8396页。

[73] (清)徐松:《宋会要辑稿·刑法三》(第14册),刘琳等点校,上海古籍出版社2014年版,第8399页。

令内容看,其主旨是要求代笔人须据实书写,不得以文词之茂润饰案情,以防所诉不实;也不得引诱当事人妄增情节,以免缠讼。说白了就是要代笔人直书告状人原话原事,且要求其对所写诉状负责。应该说,这种规定对于规范代笔人之行为是合理的,同时也说明实践中存在大量代书人以生花之笔,妄增情节,从而扰乱司法秩序的实例,否则官方不会连发诏书予以纠正。

2. 承认"写状钞书铺户"的合法地位。"状"指诉讼词状,俗称状子。"钞"指钞旁,即民户纳税的税钞。写状钞书铺户,即代写诉讼词状的铺户〔74〕,又称铺户或书铺。宋代的书铺有两种,一种是专以刊书售卖为业的书籍铺,又称为"书肆""书堂""书坊",这种书铺,宋以前已有之〔75〕。另一种书铺则专门承办各种诉讼及公证事务,这是宋代社会的新事物,也是与诉讼密切相关的民间机构。本文所谈的铺户,指后一种。书铺出现的确切时间,已不可考。现据成书于宋徽宗政和七年(1117 年)的李元弼的《作邑自箴》看,铺户已广泛存在于民间。该书的第三卷、第八卷对铺户的代笔职能进行了详细规定。需要说明的是,书中所载对铺户的职责管理及约束,并非宋朝敕令的照抄,而是为政一方的司法官员——士大夫们根据官方敕令精神发布的地方法规。文中称"约束事件",南宋黄震〔76〕曾于地方任上发布"词诉约束",朱熹知潭州时也有《约束榜》二十一条发布。〔77〕这是因为,宋代的法典《宋刑统》虽对民事诉讼有所规定,如"务限法",如老人、妇女不得为状首,诉讼应次第进行,〔78〕代笔人不得妄增事理等,但这些规定并不能满足社会的需要,对于诉讼日繁的民间需求而言仍显得过于粗疏,为政地方的州县官员针对当地的实际情况,如接受词讼的日期、程序,尤其是铺户的资格、职责等,便需要作出更加详尽的规定,这在北宋后期至南宋是一个普遍存在的社会现象。〔79〕执行诉讼制度的士大夫们正是通过这些"约束"来调整他们与讼师之

---

〔74〕 裴汝诚:《宋代"代写状人"和"写状钞书铺"》,载氏著:《半粟集》,河北大学出版社 2000 年版,第 311 页。

〔75〕 戴建国先生曾对"书铺"进行过深入研究。参见戴建国:《宋代的公证机构——书铺》,载氏著:《宋代法制初探》,黑龙江人民出版社 2000 年版。

〔76〕 黄震(1213—1280 年),庆元慈溪人,字东发,宝祐进士。历任江西提举、江西提刑、浙东提举等官,学宗周敦颐、"二程"、朱熹。著有《黄氏日抄》,其《词讼约束》为江南西路任上所作。

〔77〕 《名公书判清明集》,中国社会科学院历史研究所宋辽金元史研究室点校,中华书局 1987 年版,第 637 - 639 页,"附录五"。

〔78〕 (清)徐松:《宋会要辑稿 · 刑法三》(第 14 册),刘琳等点校,上海古籍出版社 2014 年版,第 8397 - 8398 页。

〔79〕 例如南宋胡太初《昼帘绪论 · 听讼第六》也载有此类规定。参见《宋代官箴书五种》,闫建飞等点校,中华书局 2019 年版,第 173 - 175 页。

间关系的。

《作邑自箴》卷三《处事》载：

告示：写状钞书铺户，每名召土著人（当地人）三名保识，自来有行止不曾犯徒刑，即不是吏人勒停[80]、配军拣放、老疾不任科决、及有荫赎之人，与本县典吏不是亲戚，勘会得实置薄（检验核实后注册登记——引者注），并保人姓名籍定（注册）。各用木牌书状式并约束事件挂门首（用木制牌子写明诉状的格式及其应遵守的规则挂在家门口，状式约束等在后），仍给小木印，印于所写状钞诸般文字年月前（文曰：某坊或某乡村居住写状钞人某人官押），如违县司约束指挥断讫，毁劈木牌印子，更不得开张，书铺内有改业者，仰赍木牌印子赴官送纳，亦行毁弃，他人不得冒名行使。身死者，妻男（妻儿）限十日送纳。[81]

这则由为政一县的士大夫代表县衙所发布的告示，为我们认识讼师中“写状书铺户”的具体活动提供了一幅活生生的历史画面。文中讲到了担任书铺户的资格、官方发给的凭证、营业形式、违纪受到的处罚、死后资格的注销等。由此可见，写状铺户是在籍的官方承认的代写诉状的专业户。只不过，他们在营业时须遵守一系列“约束事件”，违背者将被治罪并取缔其营业资格。文中所说的“约束事件”，包括了哪些内容，《作邑自箴》卷八《写状钞书铺户约束》有详细记载：

词状前朱书事目（红笔书写所告事项）；状销中急切处不得揩抹改动；据人户到铺写状先须仔细审问，不得添借语言，多入闲词及论诉不干己事。……百姓年七十或笃疾及有孕妇人并不得为状头。[82]

北宋时，民户投诉，若自能写状，可以不经书铺。宋室左迁江南之后，随着商

---

〔80〕“勒停”，宋代法律术语，指人吏停止服刑。

〔81〕（宋）李元弼：《作邑自箴》卷三，载《宋代官箴书五种》，闫建飞等点校，中华书局2019年版，第19页。

〔82〕“状头”，即状首。宋制，告状不实，要受杖责。基于儒家仁爱精神，70岁以上，孕妇及笃疾之人不得加刑。故朝廷自北宋宗以来屡发诏令，除重大事项外，禁止这些人到官府论诉，可令依次家人陈状。参见（清）徐松：《宋会要辑稿·刑法三》（第14册），刘琳等点校，上海古籍出版社2014年版，第8397－8398页。

品经济的进一步发展及"民讼"[83]的日益繁杂，作为亲民之官的士大夫在司法中对代写诉状的书铺户更加重视，对其代书行为的规范亦愈趋细密。见诸史籍的黄震之《词诉约束》及朱熹的《约束榜》便是这方面材料的极好说明。如黄震之《词诉约束》便规定了9种情况下不得受理民讼：

不经书铺不受，状无保识不受，状过二百字不受，一状诉两事不受，事不干己者不受，告讦不受，经县未及月不受，年月姓名不实的不受，披纸枷、布枷、自毁咆哮、故为张皇不受，非单独无子孙孤孀、辄以妇女出名不受。[84]

朱熹知潭州（今湖南长沙）时，发表的《约束榜》对书铺户及民讼的规范如下：

一，官人、进士、僧道、公人（谓诉己事，无以次人，听自陈）听亲书状，自余民户并各就书铺写状投陈。……二，书铺如敢违反本州约束，或于人户写状不用印子，便令经陈，紊烦官司，并追毁所给印子。[85]

南宋何谓印子，大体上说来，略似于《作邑自箴》卷八中记载的官方发给书铺户的小木印，上面刻有"某坊巷或乡村居住写状钞人某人官押"，代写诉状时，必须将它印在所写状子文字年月前，以备官方事后传讯。与北宋不同的是，这种由官方发给书铺的印子，须由本铺的茶食人负责开雕，且由其担保。一旦诉状虚伪，告状者、书铺户、茶食人共负连带责任。

综上，以诉讼为生计的代笔人及写状钞书铺户，广泛存在于宋代社会生活中，官方及士大夫在约束其行为时，亦同时对其资格予以承认，且发其牌记，系官登记注册，并规定注销的条件及手续，这说明士大夫与讼师并非全面对立，而是有所交融，即士大夫在一定程度上承认对方的合法性，而不是一味地否定，讼师也乐于接受这种规束。究其原因，当与宋代的司法传统的转型密切相关。

---

[83]　"民讼"为宋代尤其是南宋时民事诉讼的简称，大量出现于士大夫的民事判词中，如"凡听民讼，惟理之行"（《名公书判清明集》卷十三，中国社会科学院历史研究所宋辽金元史研究室点校，中华书局1987年版，504页），"民讼各据道理，交易各凭干照"（《名公书判清明集》卷四，中国社会科学院历史研究所宋辽金元史研究室点校，中华书局1987年版，112页）；"州县遇民讼之结绝，必给断由"，"州县凡有民讼，随时断遣"等[参见（清）徐松：《宋会要辑稿·刑法三》（第14册），刘琳等点校，上海古籍出版社2014年版，第8412、8415页]。

[84]　《名公书判清明集》，中国社会科学院历史研究所宋辽金元史研究室点校，中华书局1987年版，第637－638页，"附录五"。

[85]　《名公书判清明集》，中国社会科学院历史研究所宋辽金元史研究室点校，中华书局1987年版，第640－641页，"附录五"。

五、结论

苏轼说:“风俗之变,法制随之。”[86]唐宋之际,中国古代的社会结构发生了深刻变化,司法传统也随之转型。所谓“司法传统”,是指一个民族世代相传、具有特色的裁判纠纷、处理讼争的活动和因素,如司法的理念、制度、运作机制等。所谓“转型”,则是指宋代的司法传统与汉唐相比,一个突出的变化是由人伦理性向知识理性过渡。所谓“理性”,本是哲学名词,意为进行逻辑推理的能力和过程。[87] 中国古代法律受儒家人伦道德影响较深,故司法活动中,形式逻辑推理的运用较差,但这绝不意味着,古代中国的司法没有运用理性的能力。宋代司法传统正向知识理性过渡,其含义有三:

第一,就诉讼理念而言,宋代执法主体——士大夫不再视民讼为“民间细故”,而是精心审理,倍加关注。南宋时,法官吴雨岩的话是其典型代表。他说:“此其(指民讼)有关朝廷上下纪纲,未可以细故视之。”[88]这不仅仅是士大夫的认识,也是宋朝最高政府,尤其是南宋朝廷的一致意见。南宋自高宗至宁宗,屡发诏令,要“为政者皆知以民事为急”[89]。所谓“民事为急”,意指关心百姓事务为治道之要,当然也就包括各级官员对民事诉讼的审理。其间,有作为的士大夫还多从自己的角度总结民事诉讼不得清结的教训,认为“民讼之多,失在官府”[90],此种自觉的忧患意识,是宋代士大夫独具的时代特色。

第二,诉讼机制中适应社会发展的技术性知识增多。就民事诉讼而言,首先,是反映物权关系及田宅交易的活动术语专门化。例如,业主、典主、断骨卖(绝卖)、典、抵挡与倚当(二者皆为附条件的抵押担保)、上手干照(前一次物权转移的法律凭证)、批凿(宋制,田宅交易必须立文字契约,立约时,出典人或卖主须在砧基簿上记载更改物权关系的事项,宋谓之批凿)、声载(契约上所作的

[86] 《苏轼文集》(第2册)卷二十五,孔凡礼点校,中华书局1996年版,第723页。

[87] 《不列颠百科全书》国际中文版编辑部:《不列颠百科全书》(第11册),中国大百科全书出版社1990年版,第173页。

[88] 《名公书判清明集》卷十二,中国社会科学院历史研究所宋辽金元史研究室点校,中华书局1987年版,第459页,《豪民越经台部控扼监词》。另可参见赵晓耕:《两宋法律中的田宅细故》,载《法学研究》2001年第2期。

[89] (清)徐松:《宋会要辑稿·刑法三》(第14册),刘琳等点校,上海古籍出版社2014年版,第8414页。

[90] 《名公书判清明集》卷四,中国社会科学院历史研究所宋辽金元史研究室点校,中华书局1987年版,第120页,《漕司送下互争田产》。

说明）、众分之产（兄弟共有之产）、批破祖关（祖父母、父母遗留给子孙或子女的田产，为共有之产。一旦其中一人出典或卖，便打破了原有的产业结构，宋谓之批破祖关）、支书（兄弟分产之契约）、关书（兄弟共有之文书）、管业（占有、使用）等不胜枚举。其次，田宅交易程式化。其内容是：（1）典卖、倚当物业，先问房亲，房亲不要，次问四邻，四邻不要，他人并得交易；（2）房亲四邻不愿买者，可在出卖契约上注明，法律谓之批退，此为必经程序；（3）立书面，并由牙人担保；（4）到官府交割，办理过户手续，并加盖官府印章。上述程序既不能漏掉，也不可错乱。[91] 最后，民事判决中须给当事人断由，并在多种条件下允许当事人越诉，这也是汉唐所未曾有的，它强化了士大夫对判词的制作和技能训练，这也是宋代判词能流传至今的重要原因。

第三，司法活动中，尤其是在审理发生在亲属人伦关系范围内的民事案件时，法律的判决经常会冲破人伦道德的界限，苍白的说教往往被法律的理性判决所代替。宋代的法律甚至规定：（1）亲属之间的民事纠纷可以相互论告，不再受"卑幼不得告尊长"之伦理教条的束缚。《清明集》卷一说："如卑幼诉分产不平，固当以法断。"（2）尊长盗卖卑幼产业时，若卑幼论诉，不受官方已有时效的限制，史称："卑幼产业为尊长盗卖，许其不以年限陈乞（告状）。"[92]

宋代司法传统的转型与讼学、讼师、士大夫之间有着密切的关联及影响，它反映着宋代官方及士大夫努力调适其法令及心态，去适应社会生活需要的时代特征。在这层意义上，宋代对讼师，尤其是对讼师中的代笔人之业务、资格等，也并非概不承认，而是积极加以规范。因为讼师助讼的动因正在于其身后经济发展的力量，这种力量代表着社会前进的方向，也是统治者乐于用法律加以调整的，此其一。其二，转型时期的司法传统对诉讼制度不断进行调整，以适应社会发展的需要。如要求官府给出断由、限期结绝、允许越诉等，这些措施虽不是直接支持讼学与讼师的，但其机制运转中蕴涵着对法律知识的诉求，这在客观上有利于讼学、讼师的发展。其三，讼师助讼，民间兴讼，固然难免嗜利之徒从中渔利，但私有制发展下经济利益所引起的冲突，远非传统的道德说教所能解决，老百姓生活于现实之中，他（她）们对那些与自己生活密切攸关的田宅、财产、牛马

---

〔91〕 参见（宋）窦仪等：《宋刑统》卷十三，吴翊如点校，中华书局 1984 年版，《典卖指当论竞物业》；又见（清）徐松：《宋会要辑稿·食货六一》（第 12 册），刘琳等点校，上海古籍出版社 2014 年版，第 7463 页。

〔92〕《名公书判清明集》卷九，中国社会科学院历史研究所宋辽金元史研究室点校，中华书局 1987 年版，第 299 页，《卑幼为所生父卖业》。

之类的生产与生活资料,不能不视为头等大事,更不可能随便让与,如此一来,各个阶层在经济生活的交往中,难免陷入诉讼纷争之中,这就是士大夫及官府屡叹人心不古、诉讼盛行的真正原因。就南宋嘉定六年(1213 年)十月二日户部侍郎李珏的统计看,该年至 9 月底,全国未曾审结的民事案件共 1334 起,两浙路示审结者 240 余件,其中有的数年未决,可见诉讼之繁,绝非空言。[93] 而官方又不断发布诏令,督促州县尽快审结案情,以达讼理案清、其民安居乐业之效,然就其诉讼结构本身而言,这又是一件根本不可能做到的事情,这是因为就宋代最为亲民的机构县级审判衙门而言,即便在转型期,其正规设置的机构官员也无非是县令(或知县)、县丞、主簿、县尉、巡检等,最多也不过 20 人,其余与民讼相关的各项事务皆有吏胥承担,如接受、开拆诉状,传唤证人,提取证据等。在当时的社会,吏胥虽来自民间,且不拿官方俸禄,但他们本来就文化素质不高,又无正当收入,欲其清廉,不亦难乎?故就此途径而言,官方皆不能从官的数量及胥吏的质量上为庶民提供足够的诉讼帮助,更不肖说,即便是能从正式的司法制度自身提供数量充足的司法人员予以帮助,在此种只有官方审判人员享受诉讼主体权利的时代,欲其民讼皆清,亦无疑是痴人说梦。这样一来,被官方从道德角度屡加责备,就诉讼结构而言,不具备诉讼主体资格的各色助讼人士便必然为社会风气之需,应运而生,这就是形色各异的讼师活跃于宋代舞台的真正原因。

综上所述,宋代司法传统在转型中孕育着多种转向知识理性和近代的新因素,讼学、讼师也是其中之一,若能健康发展,必冲破儒家传统司法伦理的结构框架而走向近代。可惜的是,宋代司法传统的转型与士大夫诉讼观念的矛盾裂变依然在儒家语境内部进行,这就不能不表现为各种矛盾的冲突与交融。“好讼”与“兴讼”意味着宋代社会各阶层个体意识与私有财产观念的觉醒,“息讼”乃是儒家义利观在司法上的必然反映。二者既对立冲突,又互相融合。就对立而言,尽管士大夫中的功利学派与务实的名公们在一定程度上承认民间的私有财产观念,乃至保护他们的正当权益,甚或不讳言“讼”与“利”,但从根本上说,士大夫义利观的裂变并没有突破儒家的伦理框架,他们还很难视私有观念与财利为人们生活的正当来源,更难以从根本上承认讼师的诉讼主体地位。因为“争财言利”的“好讼之风”从本质上会动摇君主专制的统治基础,也是与儒家的人伦观念凿枘不投,乃至互为水火的,因此,二者的冲突也就难以避免。但二者又不是

[93] (清)徐松:《宋会要辑稿·刑法三》(第 14 册),刘琳等点校,上海古籍出版社 2014 年版,第 8414 页。

绝对不能融合，他们在一定条件下，又是可以交融的。因为，被胡适称为"现代阶段"或"中古的革新世纪"[94]的宋代，其政治结构、社会思潮、文化心理诸方面都在发生着剧烈的变化，以至于被人们称为近代的曙光。[95] 司法传统转型中的宋代士大夫作为一个司法群体，生活在这样一个充满朝气和革新的年代里，其迎面扑来的是一股生机无限的"兴讼"之风，鲜活的气息下跳动着社会发展的脉搏，士大夫们几乎随处可以触摸到社会各阶层充满活力的、形色各异的物质欲望，故他们中的不少人接受了商品经济的功利主义思想，即便是与理学密切相关的南宋"名公"们也并非一味恪守儒家人伦道德的教条，而是于司法中有所突破。至于在时代的潮流下，承认讼师中代笔人及抄状书铺户的地位并规范其行为、系以名籍，则是宋代独具的时代特色，也是宋代司法传统于转型之中所彰显出来的鲜活基因，对此，我们应该给予足够的关注。

---

〔94〕 胡适：《胡适口述自传》，安徽教育出版社1990年版，第303－304页。

〔95〕 ［法］谢和耐：《蒙元入侵前夜的中国日常生活》，刘东译，江苏人民出版社1995年版，第37页。

宋代“法官”、“司法”和“法理”考略*

——兼论宋代司法传统及其历史转型

“法官”、“司法”和“法理”这些词汇是中国古代法律语境中固有的用语。然而,由于受西方法学强势话语的影响,人们一般以为这些词是近代中国接受西方文化的产物。其实,这是对自家历史缺乏记忆导致的偏颇之见。本文以宋代典籍为主,在笔者有限的阅读范围内,试图对这些词汇的出现及其含义做一考辨,并尝试揭示这些词汇背后的历史变迁之内涵,进而对宋代的司法传统进行解读,以补学界研究之不足。

一、“法官”、“司法”和“法理”的历史溯源

先说“法官”。在中国古代,宋以前有无“法官”一词?若有,最早出现在何种典籍中?历史沿革怎样,内涵如何?这个问题,不但法史学界很少关注,即便是近年来对现代司法改革十分关注的学人,其著述也论之甚少,〔1〕现据有关史料考订之〔2〕。

中国古代没有与立法、行政鼎足而立的司法,也就没有出现现代社会司法意义上的从事司法裁判活动的审判机构和官员。当然,中国文明历史悠久,远在夏、商、周时期就出现了与司法活动

---

* 原载《法商研究》2006 年第 1 期。

〔1〕 陈瑞华、王利明、张志铭、朱苏力诸教授是当今学界研究司法制度与法官职业化的主要代表人物,但他们的著作对中国古代文献中的“法官”一词关注甚少。

〔2〕 上海师范大学戴建国教授向笔者提供了部分有关“法官”的史料索引,谨此致谢。

密切相关的官员，只不过那时不叫“法官”，而被称为“士”“大司寇”等。[3] 春秋战国以来，中国社会结构发生了重大变化，新兴地主阶级登上了历史的舞台，在“百家争鸣”中独树一帜的“法家”也应运而生。法家对法治理论的研讨，为我们留下了一笔丰厚的思想遗产。与司法活动密切相关、担负解读法令重任的官吏也进入了法家的视野。“法官”一词亦首次出现在《商君书》中：“天子置三法官，殿中置一法官，御史置一法官及吏，丞相置一法官。诸侯郡县皆各为置一法官及吏，皆此秦一法官。郡县诸侯一受宝来之法令学问，并所谓吏民知法令者，皆问法官。故天下之吏民，无不知法者。吏明知民知法令也，故吏不能敢以非理法遇民，民不敢犯法，以有法官也。遇民不修法，则问法官，法官即以法之罪告之，民即以法官之言，正告之吏。民知其如此，故吏不敢以非法遇民，民又不敢犯法。如此，天下之吏民虽有贤良辩慧，不能开一言以枉法，虽有千金，不能以用一铢。”[4]

这是我所见到的最早出现“法官”一词的文献。《商君书》说的“法官”，其职责不是审判，而是代表官方掌管法令，并向老百姓宣传、告知法令内容。这与其说是法官，还不如说是“送法下乡”的普法者，这与法家重视法令的宣传、教育有关。秦汉时，地方政府行政、司法合一，中央主管司法审判的官员称廷尉、御史大夫，法官一词未见出现。三国两晋南北朝时，我国律学及法典的创制都取得了长足的进步，尤其是北朝，律学世家众多。北齐的封氏家族便是其佼佼者，尤其封轨、封述父子长期从事司法审判工作，不但对朝廷法律的制定多有贡献，而且由于其断案公正，享有“好法官”之美名。史载：“述久为法官，明解律令，议断平允，深为时人所称。”[5] 这里所说的“法官”已是主要从事司法审判的官员。

唐时，“法官”一词出现较多。《唐律疏议》“贡举非其人”条规定：“‘考校’，谓内外文武官僚年终应考校功过者。其‘课试’，谓贡举之人艺业伎能，依令课试有数。若其官司考、试不以实及选官乖于所举本状，以故不称职者，谓不习典宪，任以法官；明练经史，授之武职之类：各减‘贡举非其人’罪一等。”《文献通考》记载唐代官员考课规则：“九曰推鞫得情，处断平允，为法官之最。”[6]

---

[3] 孙诒让：《周礼正义》，王文锦、陈玉露点校，中华书局2013年版，第3303页。

[4] 周立昇等编著：《商子汇校汇注》（第5册），凤凰出版社2017年版，第790－797页。

[5] （唐）李百药：《北齐书》卷四十三，中华书局1972年版，第573页，《封述传》。

[6] （唐）长孙无忌等：《唐律疏议》卷九，刘俊文点校，中华书局1983年版，第184页，《职制律》；（宋）马端临：《文献通考》卷三十九，上海师范大学古籍研究所、华东师范大学古籍研究所点校，中华书局2011年版，第1144页，《选举考十二》。

次说“司法”。唐之前，中国古代历朝历代都有主管法令、掌管审判活动的机构与官员，但他们并不称为“司法”，而是先秦时称为“司政”“司败”“司寇”“司理”等，[7]汉时称为“决曹掾”“贼曹掾”，北齐称“法曹参军”。[8] 唐时，“司法”一词已出现，其含义有二：一是指州一级长官的司法助手，用作此意时，“司法”常与“参军”并称，是一官名，名为“司法参军”。《新唐书》载：“上州……司法参军事二人……中州……司法参军事、司士参军事各一人……下州……司户参军事、司田参军事、司法参军事各一人，从八品下。”[9]二是主管律令、定罪、盗贼、赃赎等事务的机构和官员。《文献通考》称：“司法，两汉有决曹、贼曹掾主刑法，历代皆有（或谓之贼曹、法曹、墨曹），隋唐更革。唐掌律令、定罪、盗贼、赃赎之事。”[10]

最后说“法理”。“法理”一词，最早在班固《汉书·宣帝纪》中出现：“赞曰：孝宣之治，信赏必罚，综核名实，政事、文学、法理之士咸精其能。”[11] 这里“法理之士”与政事、文学并称，显然是指懂法晓律的官员。在汉代，所谓文学之士往往娴熟于儒家之书，法理之士则精通律法、熟悉吏能。之后，在《三国志·魏书·武帝纪》中亦出现“法理”一词，史载曹操之言：“夫刑，百姓之命也，而军中典狱者或非其人，而任以三军死生之事，吾甚惧之。其选明达法理者，使持典刑。”《南齐书·孔稚圭传》中也有类似记载：“臣闻匠万物者以绳墨为准，驭大国者以法理为本。是以古之圣王，临朝思理，远防邪萌，深杜奸渐，莫不资法理以成化，明刑赏以树功者也。”这里的“法理”一词，显然不是指法条，而是指法律条文所依据的价值观念，也就是法条之上的元规则。

综上所述，“法官”、“司法”和“法理”这些词汇，在宋代以前就已经出现，只不过还没有广泛应用于司法审判活动中，我们很难在古代的判词中找到它们的踪影。历史发展到宋代，社会结构发生了深刻的变化，司法机构及其审判制度更加缜密和成熟，“法官”、“司法”和“法理”这些词汇与司法审判活动联系更加紧密。我们不仅在正史、会要、奏议、长编等史料中看到它们，而且还可以在宋代士大夫的判词中——这些判词往往是真实案件的审判记录——经常看到它们出

---

〔7〕 参见罗竹风主编：《汉语大词典》（第3册），汉语大词典出版社1990年版，第62页。

〔8〕 参见商务印书馆编辑部：《辞源》（第1册），商务印书馆1979年版，第455页。

〔9〕 （宋）欧阳修等：《新唐书》卷四十九下，中华书局1975年版，第1371－1318页。

〔10〕 （宋）马端临：《文献通考》卷六十三，上海师范大学古籍研究所、华东师范大学古籍研究所点校，中华书局2011年版，第1907页，《职官考十七》。

〔11〕 （汉）班固：《汉书》卷八，中华书局1962年版，第275页，《宣帝纪·八》。

现，甚至在宋人的史料笔记中也能看到它们的身影。

二、宋代史料中的“法官”、“司法”和“法理”

首说“法官”。“法官”一词在宋代的司法审判中经常出现，甚至文人雅士在宴会游戏之间，也拿“法官”一词揶揄，“法官”已经融入了人们的日常生活。兹先把宋代史料分为三大类，即史料笔记、正史、士大夫判词，然后再从中一一考查“法官”一词的使用，从而彰显其时代内涵与意义。

（一）史料笔记

宋人的史料笔记共有三类：志怪小说类、历史琐闻类和考据辩证类。现在流布于坊间的宋人史料笔记主要有以下几种：其一，中华书局组织文史专家点校的《唐宋史料笔记》丛书，宋代约有30余种；其二，上海古籍出版社影印出版的《四库笔记小说丛书》，其中宋人笔记占较大比例，约有百余种；其三，上海师范大学古籍所点校整理、河南大象出版社出版的《全宋笔记》，现已出第一编，共10册。在宋人的史料笔记中，“法官”一词频频出现，其所指因具体情境不同而略有差异。

1. 宋人龚鼎臣《东原录》载：“王素为谏官，言李淑奸邪。范希文在政府，云：“李淑少年，可惜以此名点污。法官、议官惟务其深，自以为深则无咎。苟稍出之，则恐人疑其有情也。台官言事，惟务摭人之恶，不顾治体之如何尔，自以若恤治体，则近乎不举职矣。二者皆切于身谋而忘至公之道，非国家之益也。”〔12〕这里所说的“法官”一词，即指负责司法审判的专门官员。

《东原录》又载：“法官坏法律者三十年矣，向之入法寺者皆外官，不为上位所荐举无由改官，往往诵法书，求试法律断案。幸而中选，无他才识，惟泥其文而深其法耳！自后朝廷既宽失出之罪，又稍用儒士，始渐知法之弊矣。”〔13〕这里所说的“法官”，显然是指那些通晓法律、以断案为职业的司法官员。文中虽对他们只知拘泥法条，罔顾法意的僵化做法进行了严苛的批判，但从文字间，仍可看出法官的基本职责就是依法审断案件。

2. 北宋沈括《梦溪笔谈》载：“大理法官皆亲节案，不得使吏人。中书检正官不置吏人，每房给楷书一人，录净而已。盖欲士人躬亲职事，格吏奸，兼历试人才

〔12〕（宋）龚鼎臣：《东原录》，载《全宋笔记》第8编第9册，大象出版社2017年版，第190页。
〔13〕（宋）龚鼎臣：《东原录》，载《全宋笔记》第8编第9册，大象出版社2017年版，第190页。

也。"〔14〕此处"法官"一词,是指大理寺内负责检法、议刑、断案的官员。其中,检出法律条文以供案件适用,称"检法官",草拟判词的称"详议官",断案的称"详断官"。

3. 宋人苏辙《龙川略志》卷四《许遵泌法虽妄而能活人以得福》记载:"知润州(今江苏镇江)许遵尝为法官,奏谳妇人阿云谋杀夫不死狱,以按问欲举,乞减死。旧说,斗杀、劫杀,斗与劫为杀因,故按问欲举可以减。谋而杀,则谋非因,故不可减。士大夫皆知遵之妄也。时介甫在翰苑,本不晓法,而好议法,乃主遵议。自公卿以下争之,皆不能得,自是谋杀皆有按问。然旧法,一问不承,后虽犯者自言,皆不得为按问。时欲广其事,虽累问不承,亦为按问。天下皆厌其说。予至齐,齐多劫盗,而人知法有按问,则未有盗而非按问者。二人同劫,先问其左,则按问在左;先问其右,则按问在右。故狱之死生,在问之先后,而非盗之情……予见而叹曰:'惜哉!始议按问者之未究此弊也!'因以语齐守李诚之,诚之亦叹曰:'吾侪异日在朝,当革此弊。'予曰:'虽然遵议则非,而要能活人,吾议则是,而要能杀人,予言亦难改之。'诚之曰:'信然。奈何而可?'予曰:'昔劫盗,赃三千而死,今五千而死矣,非有常也。必欲改是,增至七千而死,庶几可耳。'后十余年,谪居筠州。筠守许长卿,遵之子也。言其兄弟及诸子仕宦者十余人,而郎官刺史至数人。予复叹曰:'遵之议妄甚矣,而子孙仕者若是其多也。一能活人,天理固不遗之也哉!'"〔15〕文中的"许遵尝为法官"一句,是说许遵曾经担任过法官。《宋史·许遵传》载:"许遵字仲途,泗州人(辖境相当于今安徽泗县、江苏泗洪等县地),第进士,又中明法,擢大理寺详断官,知长兴县。水灾,民多流徙,遵募民出米赈济,竟以无患。益兴水利,溉田甚博,邑人便利,立石纪之。为审刑院详议官,知宿州、登州。遵累典刑狱,强敏明恕。及为登州,执政许以判大理,遵欲立奇以自鬻。会妇人阿云狱起。"〔16〕由传中可知,许遵考中进士,又考取了"明法科"。"明法科"始于唐,盛于宋。许遵通于"明法科"后,被授予大理寺详断官,后又担任审刑院详议官,出任地方知州、知县多年,还判过大理寺。由此推断,苏辙文中所说的"遵尝为法官",是指他曾经担任过大理寺详断官、审刑院详议官,故"法官"一词也是指中央司法机关的专门官员。

4. 叶梦得《石林燕语》卷六载:"熙宁中,苏子容判审刑院知金州张仲宣坐枉

---

〔14〕 (宋)沈括:《梦溪笔谈》卷二,金良年点校,中华书局2015年版,第14页,"故事二"。

〔15〕 (宋)苏辙:《龙川略志》卷四,俞宗宪点校,中华书局1982年版,第19-20页。

〔16〕 (元)脱脱等撰:《宋史》(第30册)卷三百三十,中华书局1977年版,第10627-10628页。

法赃，论当死。故事，命官以赃论死，皆贷命杖脊，黥配海岛。苏请曰‘古者刑不上大夫，可杀则杀。仲宣五品，虽有罪得乘车。今杖而黥之，使与徒隶为伍，得无重污多士乎？’……《考异》：当云官五品，时法官援李希辅例，请贷杖脊，黥配海岛。苏言希辅、仲宣均为枉法。仲宣官止系违命，视希辅有间。上令免决黥之。苏又奏不可，曰：‘古者刑不上大夫。仲宣五品，今贷死而黥之，使与徒隶为伍，虽其人无可矜，所重者污辱衣冠耳。’遂免杖黥流岭外。非故事皆贷命杖脊，黥配海岛也。又，先以免杖，次乃免黥。”〔17〕考之《宋史·苏颂传》，文中也有“法官援李希辅例”这样的话，可知此处法官非指苏颂（颂此时任审刑院长官），而是指审刑院负责审理张仲宣案件的官员。

5. 宋人陈师道《后山谈丛》卷五《榆条准此》载：“鲁直为礼部试官，或以柳枝来，有法官曰：‘漏泄春光有柳条’。鲁直曰：‘榆条准此’。盖律语有‘余条准此也’。一坐大哄，而文吏共深恨之。”〔18〕这条记载，文字虽短，但却饶有趣味。鲁直为宋时主持考试的礼部官员，从文中描写的情景看，他手拿柳枝参加聚会，肯定不是严肃的场合，或许是朋友们的私下聚会或宴会，所以才有法官揶揄他说“漏泄春光有柳条”，鲁直的反应十分敏捷，遂回敬说“榆条准此”。这从一个侧面表现出鲁直对法律术语之谙熟。我们由此可以看出：一是“法官”之用语已进入士人的日常生活；二是宋代士人对法律十分娴熟；三是《后山谈丛》的作者陈师道，号“后山居士”，无意仕进，闲居授徒著书，他的书中能记载这些材料，反映出“法官”这个与司法相关的词汇已在民间广为流传。

（二）正史

史学界所说正史，一般指官修史书。其实，包括《清史稿》在内的二十六史，既包括了国家修撰的史书，也包括了私人著述，如《史记》《汉书》《后汉书》《三国志》《新元史》。本文对宋代“法官”的考察范围，就正史而言，还包括《续资治通鉴长编》《宋会要辑稿》《历代名臣奏议》。

《宋史·刑法志》载：“太宗雍熙二年（985 年），先是，太祝（官名）刁衎上疏言：‘古者投奸人于四裔，今乃远方囚人，尽归象阙，配务役。神京天子所居，岂可使流囚于此聚役。礼曰：刑人于市，与众弃之。则知黄屋紫宸之中，非行法用刑之所。望自今外处罪人，勿许解送上京，亦不留于诸务充役。御前不行决罚之刑，殿前引见司钳黥法具、敕杖、皆以付御史、廷尉、京府。或出中使，或命法官，

〔17〕（宋）叶梦得：《石林燕语》卷六，侯忠义点校，中华书局 1984 年版，第 84 页。
〔18〕（宋）陈师道等撰：《后山谈丛》，李伟国点校，中华书局 2007 年版，第 70 页，《萍洲可谈》。

具礼监科,以重明刑谨法之意。'帝览疏甚悦,降诏褒答,然不能从也。"[19]这里所说的法官,除负责审判的官吏外,还应包括监察御史等官员。

《宋史·刑法志》载:"初,真宗时,以京师刑狱多滞冤,置纠察司,而御史台狱亦移报之。八年,御史论以为非体,遂诏勿报。祖宗时,重盗剥桑柘之禁,枯者以尺计,积四十二尺为一功,三功以上抵死。殿中丞于大成请得以减死论,下法官议,谓当如旧。帝意欲宽之,诏死者上请。"[20]这里的"法官"一词当是泛指大理寺、刑部、审刑院、御史台的各类司法官员。

同书同卷又载:"刑部分四按,大辟居其一,月复大辟不下二百数,而详覆官才一人。明道二年,令四按分复大辟,有能驳正死罪五人以上,岁满改官。法直官与详覆官分详天下旬奏,狱有重辟,狱官毋预燕游迎送。凡上具狱,大理寺详断,大事期三十日,小事第减十日。审刑院详议又各减半。其不待期满而断者,谓之'急按'。凡集断急按,法官与议者并书姓名,议刑有失,则皆坐之。"[21]这段文字可分三层意思去理解:其一,"四按"是说刑部复核的职责分四类,即狱讼、奏谳、赦宥、叙复,大辟案件是其复核职责之一;其二,凡是在复核死刑案件时,能纠正死罪五人以上的,可以直接上调官职;其三,规定了大理寺复核案件的期限,审刑院复核、评议则减半,其中,不到期限就断决者,称之急按,急按需集体判决,司法官员与评议之人共同署名,负连带责任。因此,这里的"法官",是指大理寺、审刑院的"详断官"。

称大理寺的详断官为法官,有史可证。司马光《涑水记闻》记载:"韩魏公判相州(今河南安阳),有三人为劫,为邻里所逐而散。既而为魁者谓其徒曰:'自今劫人,有救者先杀之。'众诺。他日,又劫一家,执其老妪,搒捶求货,邻人不忍其号呼,来语贼曰:'此姥更无他货,可惜搒死。'其徒即刺杀之。州司即处三人死。刑房堂后官周清,本江宁法司,后为三司大将,王介甫引置中书,且立法云:'若刑房能驳审刑、大理寺、刑部断狱违法得当者,一事迁一官'。故刑房吏日取旧案,吹毛以求其失。清以此自大将四年迁至供备库使、行堂后官事。相州狱已决数年,清驳之日:'新法,凡杀人,虽已死,其为从者被执,虽经拷掠,苟能先引服,皆从按问欲举律减四等。今盗魁既令其徒云,有救者先杀之,则魁当为首,其徒用魁言杀救者则为从。又至狱先引服,当减等。而相州杀之,刑部不驳,皆为

---

〔19〕(元)脱脱等撰:《宋史》卷一百九十九,中华书局1977年版,第4971页。
〔20〕(元)脱脱等撰:《宋史》卷一百九十九,中华书局1977年版,第4976页。
〔21〕(元)脱脱等撰:《宋史》卷一百九十九,中华书局1977年版,第4976页。

失入死罪。'事下大理，大理以为：'魁言有救者先杀之，谓执兵杖来斗者也；今邻人以好言劝之，非救也。其徒自出己意，手杀人，不可为从。相州断是。'详断官窦平、周孝恭以此白检正刘奉世，奉世曰：'君为法官，自图之，何必相示？'二人曰：'然则不可为失入。'奉世曰：'君自当依法，此岂必欲君为失入邪？'于是大理奏：'相州断是。'清执前议，再驳，复下刑部新官定。刑部以清驳为是，大理不服。"[22]很显然，上文中刘奉世所说的"君为法官"，就是指大理寺详断官窦平和周孝恭二人。

南宋李焘《续资治通鉴长编》记载：宋真宗咸平二年（999年）十一月壬午，以太常丞刘综为河北转运副使。综尝上言："法官断狱，皆引律令之文，以定轻重之罪。及其奏御，复云'虑未得中，别取进止'，殊非一成不变之道，且复烦于听断。望示约束，不得复然。"[23]此处"法官"是对负责检法、议刑、断案官员的泛称，他们皆与司法审判相关，而其分工略有区别。

真宗咸平三年至四年（1000—1001年），朝中皆有大臣向皇帝上章论述法官职责之重，乃至认为法官之任关涉百姓的身家性命，故于其选拔时，不能仅仅只注意其资历。真宗咸平三年（1000年）六月乙亥，户部判官高司谏、直史馆孙何上奏说："法官之任，人命所悬。太宗尝降诏书，诸州司理、司法，峻其秩、益其俸。今吏部拟授之际但问资历相当，精律令者或令捕盗，懵章程者或使详刑，动至纷拏，即议停替，小则民黎负屈，大则旱暵延灾。欲望自今司理、司法，并择明法出身者授之，不足，即于现任司户、簿、尉内选充，又不足则选娴书判，练格法者考满无私过，越资拟授。庶臻治古之化，用阐太平之意。"[24]孙何从低级判官到知制诰，几经迁转，对朝政法令得失有深刻体验。他认为法官职责非常重要，太宗朝曾诏令严肃选拔各州司法官员，现在吏部任用司法官员只看资历，所用非人，弊端丛生，故力主改革，凡任诸州司理、司法等官员，须先通过"明法"考试，或于有司法经验者中选任。可见孙何此奏中所说的"法官"实指各州的司法与司理参军，他们是协助知州审理案件的专职司法官员。

孙何之见，也出自知金州（今陕西安康）陈彭年之口："又人命所系，在于法官，官或非才，人必无告。古者按大狱，议大刑，虽本于法律，亦辅以经义。故释之、定国之为廷尉，则无冤人，张汤、赵禹之列九卿，乃名酷吏。今国家重文学之

---

〔22〕（宋）司马光：《涑水记闻》卷十六，邓广铭、张希清点校，中华书局2017年版，第352－353页。

〔23〕（宋）李焘：《续资治通鉴长编》卷四十五，中华书局2004年版，第968页。

〔24〕（宋）李焘：《续资治通鉴长编》卷四十七，中华书局2004年版，第1021页。

选,轻刑法之司,故其属僚未得尽善。用忠恕之道,则为旷官,徇深刻之文,乃名奉法,唯格律而是守,岂经义之能详?若是,则囹圄何由空虚,鈇鑕何由偃息。臣请今后廷尉官属,咸委所司慎加铨择,不拘资叙,唯擢才能,使其理一成之刑,务于平允,用三宥之法,志在哀矜,无以爱憎舞文。无以高下希旨,自然民知耻格,时洽和平。"[25]陈彭年,抚州(今江西南城)人,曾任江陵府司理参军、大理寺详断官。史称他博闻强记,性敏给,曾预修《册府元龟》、同修国史,"其仪制沿革,刑名之学,皆所详练"。[26] 可见,他对法官之任能说出如此深刻的见解,绝非偶然。相比孙何,陈进一步认为:法官之选任,不仅与百姓生死攸关,而且,若任用不当,还会带来司法不公,使告状之人无路可走,故陈主张选任法官,除注意考核其法律知识外,还须注重其人文素养,用现代的话来说,就是还应注重其政治素养。德才兼备才是法官的理想人选。据文中之义,陈所说的"法官",是指大理寺的官员。

又《续资治通鉴长编》卷五十五,宋真宗咸平六年(1003年)六月癸未,诏:"律令具有明文,法官不能详处,多以狱情轻重列奏取裁,或再令审定,即复更改。一成之制,岂若是耶?自今无得以情理取旨。"[27]宋代,司法制度日趋成熟,依法律之规定,知州可断决徒刑至死刑案件,权力较重。为慎重起见,朝廷允许知州在审判死刑案件过程中,遇到"法重情轻,情重法轻,事有可疑,理有可悯"之特殊案情时,可将卷宗呈朝廷裁决,史称"奏谳",由大理寺详断。考之史籍,这条真宗所下诏令是针对当时司法官员以"奏谳"为名,不尽心办案,例皆送请取裁的弊端而发的。诏旨中的"法官",依文义及宋代司法之规定,应包括州与大理寺两级主管审判的司法官员。

此种意义上的"法官",我们还可以在真宗景德四年(1007年)五月甲辰的诏令中看到:"比见奏案断某州榷务亏额,定知州为私罪,乃云即合日至榷务。且长吏区处州事,榷务止当提辖耳,一加私罪,累及终身。乃知法官当简择平允通明者,若但能诵文习法,尤泥于事,不足尚也。"[28]同年闰五月甲申:"上阅开封府囚簿,有囚累月械系,案下法寺而未报者数人,指示王旦等曰:'此何故?'旦对曰:'法官于刑名间有所诘难故也。然臣尝领审刑,见案牍稽滞或逾百日,盖法

---

〔25〕(宋)李焘:《续资治通鉴长编》卷四十八,中华书局2004年版,第1047页。
〔26〕(元)脱脱等撰:《宋史》卷二百八十七,中华书局1977年版,第9665页。
〔27〕(宋)李焘:《续资治通鉴长编》卷五十五,中华书局2004年版,第1204页。
〔28〕(宋)李焘:《续资治通鉴长编》卷六十五,中华书局2004年版,第1455页。

官考限将满，则妄生诘难，延日俟替，以避断奏。’上曰：‘但处法平允，何许顾避？’乃诏主判官常加约束，无使复然。”〔29〕王旦这里所说的“法官”，具体是指开封府、大理寺与审刑院三机关中负责司法审判的官员。

真宗大中祥符五年（1012年），有大臣向皇帝报告说，全国各州、军的司法参军所用非人，致使使用法律不当，多有冤枉发生，希望朝廷之吏部在选任司法参军时，应从通过法律考试的“明法科”出身的人中选拔。真宗认为说得好，就把此奏议展示于朝中大臣，王旦却认为：明法出身的人虽懂法律，但还须有才识方可。过去，在司法参军空阙时，多由属县的簿、尉补之。今后应注意选拔既懂法律又有才识的人充任司法参军。故王旦言：“‘明法虽习律文，亦须有才识。顷法官阙，多取属县簿、尉习刑名者代之，今请令铨司参酌施行。’从之。”〔30〕很明显，这里的“法官”一词专指各州、军的司法参军。

宋神宗熙宁年间，年轻的皇帝在王安石的辅助下，进行了大规模的变法运动，中国古代的法律考试也由此而进入鼎盛时期。“法官”一词在此时期有了新的含义，与法律考试中的“试刑法”密切相关。“试刑法”本是宋朝士人升迁为中央高级司法官员所必须通过的一种法律考试科目，因其考试内容以刑名法律大义、断案为主，故得其名。而此一科目又是宋朝士大夫由州县司法官吏转升为中央司法机关高级法官的必经程序，故又被世人称为“试刑法官”、“试法官”或“乞试法官”等，在宋代的史籍中，这一时期的“法官”常与此同义。

《续资治通鉴长编拾补》中记载：“诏审刑、大理、刑部详议详断、详覆官，初入以三年为一任，再任以三十月为一任，仍逐任理本资序，其支赐都数比较逐官断罪有无失错稽违及校正刑名，分三等第给之。京朝官、选人历官二年以上无赃罪，虽有余犯而情非重害者，许两制、刑法寺主判官、诸路监司同罪举试刑名；如无人举试，但历任有举主二人，或监司以上止有一人，皆听乞试。试日许赍所习文字就试。每日试一场，每场试案一道，每道刑名约十件以上，十五件以下，并取旧断案内挑拣罪犯，攒合为案，至五场止。仍更问《刑统》大义五道，其所断案，具补陈合用条贯，如刑名疑虑，即于所断案内声说；所试人断案内刑名有失，令试官逐场具录，晓示错误；亦许试人再经试官投状理诉，改正其断罪，通数及八分以上，须重罪，刑名不失，方为合格。其考试官防，并如试诸科法。初，议谋杀刑名，上怪人多不晓者。王安石曰：‘刑名事减少，人习中书，本不当与有司日论刑名，

---

〔29〕（宋）李焘：《续资治通鉴长编》卷六十五，中华书局2004年版，第1460页。

〔30〕（宋）李焘：《续资治通鉴长编》卷七十八，中华书局2004年版，第1774－1775页。

但今有司既未得人而断人罪,不可不尽理。'上曰:'须与选择数人,晓刑名人可也。'他日,曾公亮在告,上谕陈升之曰:'法官事不见,将上学校事亦不见商量,中书诸事都未有端绪。曾公亮又已疾病,相公方壮,且勉力为朝廷立事,古人爱日与草木同,尽诚可惜。'于是,定议,降诏试刑法官盖始此。"[31]这里引用了宋神宗熙宁三年三月丙辰日诏令的全部内容,据以彰显"法官"与"试刑法官"、"试法官"含义相同的时代背景。法官与一考试科目同义,从一个侧面反映了宋代司法传统与"法官"这一词汇的时代关联。

"法官"一词在宋代又可指御史。宋哲宗元祐二年(1087年)四月甲辰,诏罢张舜民御史之职,于是引起了大臣们的强烈不满,纷纷上书,议罢者不公,其中右谏议大夫梁焘也是持反对意见的大臣之一。史载,右谏议大夫梁焘言:"国家所以明昌尊安者,以法度修而纪纲振也。御史者,守法度、持纪纲之官,人主或有缺失,犹得直言正论,至于犯颜逆耳,无所迴忌,况臣下过失,安得畏避不言哉?今御史敢言大臣者,天下之公议:大臣不快御史者,一夫之私心。罪天下敢言之公议,便一夫不快之私心,非公朝之盛事也。大臣虽重,人臣也:御史虽微,法官也。狗大臣而废法官,非尊君卑臣之纪纲。"[32]这里,我们权且不论朝廷罢黜张舜民御史之职是否公平,因为这起事件背后有着太多朝中大臣相互攻讦的复杂背景,单就"法官"一词所指而言,它明确告诉我们:法官涵盖御史也。

宋代,"法官"一词亦可指路提刑司负责司法审判的官员,《续资治通鉴长编》也有明文记载。史称,宋神宗元丰八年(1085年)十二月乙丑:"刑部言,令提刑司检法官复州县官小使臣等公罪杖以下案,申吏刑部、大理寺注籍,则法官可以专于谳狱。从之。"[33]宋制,路设提点刑狱司,负责审核州县报来的重大案件,以监督地方司法。路提刑司长官,称提点刑狱公事,简称提刑使,其所属有专门负责检法议刑的官员,称"检法官",有专门负责拟判的,称"检法书拟","法官"一词,就路一级司法机关而言,实际上既包括提刑使,也包括检法、议法、推鞫之专门官员。这里所说的"法官",似是指"检法官"之外的负责司法审判的路一级官员。

(三)宋代真实案例之判词——《清明集》

《清明集》一书主要记载了南宋时期地方著名法官审断案件的真实事例。书中的判词更是案件审理的真实记录,其中"法官"一词经常使用,足见该词在

---

[31] (清)黄以周:《续资治通鉴长编拾补》(第1册)卷七,中华书局2004年版,第345页。
[32] (宋)李焘:《续资治通鉴长编》卷三百九十九,中华书局2004年版,第9725-9726页。
[33] (宋)李焘:《续资治通鉴长编》卷三百六十二,中华书局2004年版,第8658页。

宋代司法实践中的重要性。现略举数例，以兹说明。

南宋时期，著名法官范应铃曾通判抚州（今属江西省）、蕲州（今湖北蕲春一带）、提点广西路刑狱。他一生审理案件甚多，世称名公。《清明集》一书载有他审理案件的多篇判词，其中有一案例发生在宜黄（今属江西），时间是公元1225年，案件的性质是争田产。当事人对县判决不服，争讼到州。范应铃对县之违法判决十分不满，在判词中进行严厉批评，其中提到"法官"一词。他说："尝谓乡民持讼，或至更历年深，屡断不从，固多顽嚣，意图终讼，亦有失在官府，适以起争。如事涉户婚，不照田令，不合人情，遍经诸司，乃情不获已，未可以一概论。宝庆元年（1225年），余焱有状经县，讼黄子真盗卖叔余德庆户土名东陂、小陂田产，合用亲邻收赎。黄子真执状出头，谓余德庆元买黄文万土名东坡、小坡田产，今复卖与本家，自是祖产，不应更问亲邻。由县及州，下佥厅，入州院，送法官，并作违法交易，不经批退，监勒受钱退业，其说一同。"[34]此段判词中，"佥厅"指宋代州一级幕职司法官员审案的办公场所，"州院"乃州拘禁人犯及证人的监所，"法官"则是指州一级负责检法议刑与审判案件之司法官员的总称，其实他们真实的称呼是"司理参军"或"司法参军"等。

《清明集》卷十二、卷十三所载的吴势卿、马光祖的判词，也都使用"法官"一词。吴势卿在《治豪横惩吏奸自是两事》一案的判词中说："法官所定，系徒一年，且决臀杖二十，折徒杖十，仍编管池州。"[35]马光祖则说："合从法官书拟，徒一年半，决脊杖十三，仍加送五百里外军州编管。"[36]吴与马二人判词中所说的"法官"，均指州一级负责审理案件的专门官员。

再说宋代的"司法"一词。在现代的法学理论中，"司法"一词有狭义、广义之区分。狭义的司法，仅指近代以来，以民主、自由法治理论为基础，国家司法机关裁判纠纷、审理案件的活动。广义的司法泛指不同文化形态下，各种国家机关处理纠纷的活动。中国古代社会，宗法势力较强，祠堂林立，礼俗在规范人们的社会行为方面发挥着重要作用。一个家族的族长依据乡规、民约对族人之间的纠纷进行处理，这种活动通常会受到国家的认可，具有准司法的性质，是封建国

〔34〕《名公书判清明集》卷四，中国社会科学院历史研究所宋辽金元史研究室点校，中华书局1987年版，第120－121页。

〔35〕《名公书判清明集》卷十二，中国社会科学院历史研究所宋辽金元史研究室点校，中华书局1987年版，第461页。

〔36〕《名公书判清明集》卷十三，中国社会科学院历史研究所宋辽金元史研究室点校，中华书局1987年版，第485页。

家司法权的延伸与补充，这仍然是法学意义上的“司法”。至于社会学家所理解的“司法”，可能还会包括某社会团体乃至黑社会组织的惩罚活动，已溢出了本文所用“司法”一词之意义的界域，故不置论。用“司法”一词来指国家的司法机关及其官员，至少在宋代社会已普遍出现，我们可以在《续资治通鉴长编》、《宋史》、《朱文公政训》及士大夫的司法判决书中经常见到。如《续资治通鉴长编》卷四十七，真宗咸平三年(1000年)六月乙亥载孙何的话：“太宗尝降诏书，诸州司理、司法，峻其职，益其俸……欲望自今司理、司法，并择明法出身者授之。”〔37〕这里的“司法”是指州级司法机关中掌检法议刑的官员，也就是司法参军。所谓“检法议刑”，就是检出法条、评议适用何种法律核定罪名刑罚等。〔38〕《清明集》卷十二载有三篇司法参军“检法议刑”的“检法书拟”，是了解南宋时期司法参军“检法议刑”、长官以此拟为基础最后定判的珍贵史料。

“司法”一词，用来指司法机构与司法官员，这在南宋著名思想家朱熹的《朱文公政训》中也屡次出现。朱熹说：“令所在常平仓，都教司法管，此最不是。少间太守要侵支，司法如何敢拗他？通判虽管常平，而其职实管于司法。”〔39〕《清明集》卷二《县令老缪别委官暂权》中，胡颖说：“县令之职，最为劳人，自非材具优长，智识明敏者鲜能胜任，王知县年龄已暮，精力已衰，而乃投身于繁剧之地，其以不职得罪此郡也宜矣。观权府所判，则其为人大略已可概见。当职到任之初，正藉同僚相与协济，而有令如此，将何赖焉！若遽去之，又非尊老之意，请刘司法特暂权管县事两月，急更缪政，疾戢吏奸，王知县且燕居琴堂，坐享廪禄，弗烦以事，惟适之安，岂不美哉！刘司法以俊才结知台阃，必能副拳拳之望。”〔40〕胡颖此处所言“刘司法”，是指县令或知县，由此可知，“司法”一词在宋代也可指县长官。之所以如此，可能与宋代法律要求州县长官须亲自审理案件有关。

另外，《清明集》载有胡颖写的《送司法旅衬还里》一文，其中说：“司法到官，未及逾年，遽至于斯。”〔41〕同书还载有南宋著名法医学家宋慈之言：“送都吏，选

〔37〕(宋)李焘：《续资治通鉴长编》卷四十七，中华书局2004年版，第1021页。

〔38〕日本京都学派代表人物宫崎市定曾详述了检法议刑与法官判决的经过，并引用《江苏金石志》卷五所载的律、敕、令、格。参见[日]宫崎市定：《宋元时代的法制和审判机构》，徐世虹译，载刘俊文主编：《日本学者研究中国史论著选译》第8册，中华书局1992年版，第276页。

〔39〕(宋)黎靖德编：《朱子语类》卷一百六十，王星贤点校，中华书局1986年版，第2642页。

〔40〕《名公书判清明集》卷二，中国社会科学院历史研究所宋辽金元史研究室点校，中华书局1987年版，第39页。

〔41〕《名公书判清明集》卷二，中国社会科学院历史研究所宋辽金元史研究室点校，中华书局1987年版，第43页。

差本司（提刑司）人吏一名，及踏逐差款司[42]推司二名，唤上两项诉陈瑛人及干连人，委请本司兼佥赵司法，于四景堂者反复诘问，不直供者绷讯，惟实之归。及见索到及索州院未到案，发照问引，会州院见行推司拘下，先将一项案连与司法看过，今深熟方可引上一行人勘。"[43]以上判词中所言之"司法"均指主管检法议刑及调查案件事实的司法官员。

最后说"法理"。"法理"一词在宋人的案例编纂与判词中多次出现，绝非历史之偶然，而是宋代法律知识普及、司法发达的表现。"法理"有三层意思：

第一，指法律条文。如吴雨岩在《不许县官寨官擅自押人下寨》中说："殊不思法有明禁，敕有明条，除监司州、郡外，诸县不得擅自押人下寨，违者从提刑司案劾。县官、寨官不顾法理，而宁畏豪家，是自求案劾也。"[44]这里的"法理"就是指"法有明禁，敕有明条"，即宋代法律规定的：除路提刑司、州设狱外，各县不许擅自设狱，关押犯人。又如《清明集·与贪令捃摭乡里私事用配军为爪牙丰殖归己》一案。"检法书拟"在判词中说："今两词对定，罗喆前后实借去钱三千一百贯，陈瑛则累本利共取八千一百八十贯，勒写田业准还，又寄库支用外，悉是白夺其四千四百余贯之业。原其设心措虑，非空罗氏之产不休。乃若主持贺八饶屋之讼，始则执毛信打夺所追人王世斌，置之囹圄，终则受其财贿，夤缘县官，号召县令，便可白休。惟得之求，宁顾法理。"[45]

第二，指天理与国法。南宋时期的法官韩似斋在《房长论侧室父包并物业》一案的判决中说："当职于孤幼之词讼，尤不敢苟，务当人情，合法理，绝后患，余并从拟行，贴县照应，备榜市曹。"[46]"天理、国法、人情"是宋代法官断案的多元依据，三者圆融是一项审判艺术，故此处的"法理"似指天理、国法两项内容。

第三，指法官断案时依据案情分析出来的法律原理。宋代著名法学家郑克

---

〔42〕"踏逐"，宋代方言，即寻求、物色、访求之意。参见龙潜庵编著：《宋元语言词典》，上海辞书出版社1985年版，第997页。宋代，犯人的原始供状叫"款状"，差款司就是州府一级负责审理案情的机构，其负责人称"司理参军"。

〔43〕《名公书判清明集》卷十二，中国社会科学院历史研究所宋辽金元史研究室点校，中华书局1987年版，第462页。

〔44〕《名公书判清明集》卷一，中国社会科学院历史研究所宋辽金元史研究室点校，中华书局1987年版，第33页。

〔45〕《名公书判清明集》卷十二，中国社会科学院历史研究所宋辽金元史研究室点校，中华书局1987年版，第463页。

〔46〕《名公书判清明集》卷七，中国社会科学院历史研究所宋辽金元史研究室点校，中华书局1987年版，第233页。

在《折狱龟鉴》卷八《何武夺财》一案的按语中说："张咏尚书知杭州。先有富民，病将死，子方三岁。乃命婿主其赀，而与婿遗书云：'他日欲分财，即以十之三与子，七与婿。'子时长立，以财为讼，婿持书诣府，请如元约。咏阅之，以酒酹地曰：'汝之妇翁，智人也。时以子幼，故此嘱汝，不然子死汝手矣。'乃命以其财三分与婿，七分与子。皆泣谢而去。"郑克接着分析说："此正类何武事也。夫所谓严明者，谨持法理，深察人情也。悉夺与儿，此之谓法理；三分与婿，此之谓人情。武以严断者，婿不如约与儿剑也；咏（张咏）之明断者，婿请如约与儿财也。虽小异而大同，是皆严明之政也。"[47] 依据宋代法律之规定，未嫁女可得兄弟之二分之一份额；已嫁女，只有在其父户绝时，才能继承娘家财产；出嫁女之夫，并无财产继承权，除非倒插门即所谓赘婿。本案中，法官最后判决七分与子，三分与婿。郑克认为这既严格遵循了法理，又深察人情世故，是个好判决。此中所亩"法理"，非指某一法律条文，而是指法意。

综上，可对宋代史籍中"法官""司法""法理"词汇的反复出现做一小结：

1."法官"一词在宋代的史料中已是主管司法审判之专门官员的代名词。该词所指尽管有多种含义：如可指县级长官、州一级司法官、中央司法机关的官员等，但其中所蕴含的"通晓法律，主管审判"的意味已与现代"法官"之职责颇为相通。至于"法官"一词与法律考试的科目——"试法官"或"试刑法"——同义则是宋代社会独有的语言现象，它从一个侧面反映了法律教育与宋代司法传统的内在关联，彰显了宋代"法官"的法律素养，具有重要的时代意义。

2. 法官的任用为宋朝的有识之君主及士大夫所重，公正廉洁为其执法之圭臬，这与现代司法官员依法卫道的人文精神也有颇为相似之处。

3. 宋代的"法官"时有别称，如"理官""大理官""寺官""李官"[48]"法直官""检法官""详覆官"[49] 等，但以法官泛指各级司法官员且以审判为其职责，独立办案，已是宋人的共识。这表明了宋代司法制度已含有近代司法的价值因素，甚至在一定程度上具有了皇权之下"分权制衡"的意味，颇耐人寻味。

4."司法"一词在宋代既指各级司法机构，也指负责审判或"检法议刑"的专门司法官员。它之所以不断地出现在宋人的判决书中，盖因宋代司法活动频繁、

---

〔47〕（宋）郑克：《折狱龟鉴译注》，刘俊文译注，上海古籍出版社 1988 年版，第 461－462 页。

〔48〕（清）徐松：《宋会要辑稿·职官二四》（第 6 册），刘琳等点校，上海古籍出版社 2014 年版，第 3655－3679 页。

〔49〕（元）脱脱等撰：《宋史》卷一百九十九，中华书局 1977 年版，第 4971－4972 页，《刑法志一》。

司法组织发达。

5."法理"一词在宋代的判词及宋人所撰案例汇编中也不断地出现。它有时指法律条文；有时指天理、国法；有时指法律的价值或法意。该词的内涵虽与现代的"法理"仍有一定的差异，但其运用的普遍性及其包含的价值意蕴足以从一个侧面反映宋代法学的成熟。

三、"法官""司法""法理"背后的宋代司法传统及其历史转型

语言与词汇是一个社会时代风貌最为直接、真实的记录。"法官""司法""法理"这些似乎近代社会才有的法学名词，在宋代社会反复出现，乍一看来，颇显突兀。但这并非历史的偶然，它与宋代社会的变化及其司法传统的历史转型密切相关。所谓社会变化，是指宋代社会结构的变化，即以土地私有制为核心内容的社会关系的变化，它波及政治经济、文化、思想及司法诸领域。政治、经济、文化及其思想的转型，学界论之已详；〔50〕而唯司法传统的转型，尚未受到学界的充分关注。所谓宋代司法传统，是指两宋（960—1279 年）所具有的且世代相传的贯穿司法机关处理纠纷、审理案件活动之诸社会因素，主要包括宋人的司法理念、司法机制、士大夫的时代风貌等。所谓司法传统的历史转型，是说与汉唐相比，宋代司法传统由人伦理性向知识理性转变。〔51〕"法官""司法""法理"这些与司法审判活动密切相关且反映宋代时代风尚的词汇之所以成为人们的日常用语，是与宋代司法传统的转型密切相关的。两宋之际土地私有制深化，以土地、房屋为核心的财产流转关系加快，有"千年田换八百主"〔52〕的说法。私有制的深入发展，带来了经济利益的多元化及商品经济的繁荣。随着社会生活中多元利益的形成，民间社会各阶层的诉讼纷争也异彩纷呈，人们于生活的各个方面随手都可触摸到物质欲望的脉动，就反映南宋诉讼纠纷最为真实的《清明集》一书而言，参与诉讼的不仅有农民、商人、豪强、胥吏、地主、僧侣，而且还涉及游民、别宅子（私生子）、接脚夫、说史歧路人（现在所谓的"说书艺人"）、镊刀夫（理发匠）、

---

〔50〕［美］包弼德：《斯文：唐宋思想的转型》，刘宁译，江苏人民出版社 2001 年版。

〔51〕参见陈景良：《讼学、讼师与士大夫——宋代司法的转型及其意义》，载《河南省政法管理干部学院学报》2002 年第 1 期。

〔52〕罗椅在《田蛙歌》中说道："虾蟆，虾蟆，汝本吾田蛙！渴饮吾稻根水，饥食吾禾穟花。池塘雨初霁，篱落月半斜。啁啁又向他人叫，使我惆怅悲无涯！虾蟆对我说：使嚣休怨嗟，古田千年八百主，如今一年一换家。休怨嗟，休怨嗟，明年此日君见我，不知又是谁田蛙！"转引自漆侠：《宋代经济史》（上册），上海人民出版社 1987 年版，第 248 页。

牙人以及江湖骗子等。鼠牙雀角，动成讼端。大到土地、房产，小到田里禾苗、烧火的柴草，凡与生产、生活相关的财产皆成人们诉讼的对象。传统的宗法关系趋于瓦解，伦理道德的堤坝在物质利益面前、在随手可触的私欲面前已显得苍白无力。在宋人的判词中，我们既可以看到儿子告继母的案例，也可读到侄告叔、母诉子及僧俗争业、兄弟互讼的案例。好一个纷争的社会，诉讼好讼之风成为时代的风尚，司法传统也随之转型。转型时期的宋代政府格外重视刑狱及民事诉讼，出现了中国历史上别具时代特色的、具有“分权制衡”因素的司法理念与运作机制，著名者如“鞫谳分司制”、“翻异别勘制”、“推驳制”、“录问制”、民事诉讼发给当事人“断由”的制度等。州一级司法，因职责重而组织严密、分工明确。其审判程序分为三个阶段，即推鞫、检法议刑、勘结。推鞫，或称鞫狱，实即调查事实，询问案情。检法议刑，即检出适用的法条，评议初定罪名，这在《清明集》一书的判词中有明确记载，通常由州一级协助长官判决的“司法参军”进行。“司法参军”世称“法官”，虽没有判决权，却可以拟判，提出建议，供长官最后判决时参考，史称“检法书拟”。〔53〕他们的拟判意见，通常会受到知州和提刑司的尊重。勘结，即作出判决并结案。有宋一代，州及中央机构的司法人员，职责分工明确，法律素养极高，有的负责检法，有的负责议刑，有的负责审判，有的负责监督。因他们的职责皆与司法相关，故宋人亦统称之为“法官”。

苏轼曾言“风俗之变，法制随之”。〔54〕这里的“法制”不仅仅指法律、法令，也包括宋代的司法传统。因为物质利益的纷争，当其不能在传统的儒家伦理范围内化解时，当事人势必冲破宗法伦理的防线而诉诸法律，进入司法审判领域。这样一来，社会生活对司法的诉求达到一个空前的水平，形成一股强大的压力。这种压力不仅迫切需要建立一个完备的司法机关和司法制度，还要求这个社会提供一批具有较高人文素养和通晓法律知识、谙熟吏事的专门法律人才。唯其如此才能解决社会中各种因财产利益而发生的纠纷，才能满足人们的利益诉求，才能适应整个宋代社会各阶层利益变动和发展的需要。

社会需要专门从事司法审判活动的官员，诉讼纠纷的频繁发生要求社会建立一个处理纠纷的机制，并使这个机制能够发挥社会调节器的平衡作用，从而实现司法公平的价值理念，这就是宋代“法官”产生的根本原因；“法官”因处理物

---

〔53〕《名公书判清明集》卷十二，中国社会科学院历史研究所宋辽金元史研究室点校，中华书局1987年版，第462－488页。

〔54〕《苏轼文集》（第2册）卷二十五，孔凡礼点校，中华书局1996年版，第723页。

质利益的纷争而裁决是非曲直——这就是“司法”;“司法”需要人文关怀,需要专业的法律知识,需要关注“天理、国法、人情”,这就是宋代的“法理”。“法官”以“法理”去“司法”成为时代风尚,成为宋代社会生活的必然需求,也成为司法传统在宋代由伦理型转向知识型的一个重要标志。

由此我们可以得出结论:宋代“法官”、“司法”和“法理”等词汇之所以进入人们的日常生活之中,在宋代史料中反复出现,其背后真正的动力是私有制深入发展下社会物质利益的多元化,它彰显的是宋代司法传统的鲜活风貌与时代转型!

宋代司法传统的叙事及其意义*

——立足于南宋民事审判的考察

传统与现代的关系问题，既是中国近代以来在西方文化的冲击下，如何改造自己的传统，从而实现“以人为本”，建立和谐社会的现代化实践问题，也是一个学界长期聚讼纷纭，难以达成一致看法的学术理论问题。法学界对中国传统法制——中国古代司法传统的看法及评价，也因视野及价值观念的不同，而有着不同的历史叙事及结论。多维视角下的不同叙事，既反映出了学术界对中国古代司法传统的浓厚兴趣，也使争论的焦点更加突出，[1]这就是：到底如何看待中国古代司法传统。中国传统法制，亦即中国古代司法传统是否就是德国著名学者马克斯·韦伯所说的、非理性的

---

* 原载《南京大学学报（哲学·人文·科学·社会科学版）》2008年第4期。

〔1〕 2006年11月，在中国法律史学界发生了一场饶有趣味的学术辩论，其主题是“传统中国司法是否为依法审判”。这场学术讨论所反映的仍是一百多年来中西文化碰撞下，中国文化如何面对以西方文化为主导的现代性话语标准的问题。就此而言，这并非一个新鲜的话题。然而，由于参加论辩的双方均是活跃在现今法学界，且对青年学子极有影响力的著名学者，故这场学术辩论的意义已不在论辩双方所持的观点的对与错，而在于通过双方的论辩，由此引起的业内人士对“中国传统法制与现代法治”关系的深层思考。论辩双方争论的焦点是：中国古代司法传统是不是德国著名学者马克斯·韦伯所说的“卡迪司法”。以北京大学贺卫方及清华大学高鸿钧二位教授为代表的学者认同马克斯·韦伯的说法，即认为：中国传统的纠纷处理犹如“卡迪司法”，其过程不注重同样的事情同样对待，而是就事论事。而持相反观点的则是我国台湾地区著名的法律史及法社会学专家张伟仁及林端教授。笔者主持了此次学术讨论会的第四单元。就学术观点而言，愚以为贺、高二位学者的观点有违历史事实，值得进一步研讨。

"卡迪司法"？

就中国的文明形态而言，儒家人伦文化的核心价值是"远神敬人，以人为本"，因此，中国古代文明早在西周时期就开始摆脱了宗教神鬼思想的羁绊，"卡迪司法"的宗教神秘性很难在中国文化的大环境下找到生存的空间；再加上，古代中国是一个成文法传统国家，成文法传统的典型特征是：法官断案原则上必须引用法律条文。尽管在儒家人伦文明形态下，好的法官在司法过程中必须融"天理""国法""人情"于一炉，绝不可能在复杂的社会现实面前，单纯机械地适用法律条文，但"援情入法"的基础是国家的基本法典必须在司法中贯彻落实，否则法官就要担负法律责任。中国至迟在唐代就已确定了这一原则，《唐律疏议·断狱律》规定：诸断罪皆须具引律令格式，违者笞三十。

故本人以为，马克斯·韦伯的论断有违中国历史实际。鉴于学界黄宗智、林端二位教授以明清时期的司法为例，对韦伯的学术观点已有厚重而缜密的分析与批评，〔2〕因此，本文的研讨只以宋代的司法审判为限。之所以如此选择是基于以下两个理由：首先，中国古代法官在司法过程中以真实案例为基础而记录下的判决书，最早而现在又能够看到的便是宋代的《清明集》，这是说明中国古代司法传统不是"卡迪司法"，而是依法断案的最为确凿的证据；其次，宋代的判词中，有关婚姻、田宅、财产继承方面的民事审判案件占有极大的比重，而学界于中国古代在刑事审判方面基本达成共识，那就是依法判决。唯有民事审判方面，还存在较大的争论。因此，以宋代为背景，选取《清明集》中的民事案例为素材，分析认识中国古代的司法传统，也于学界起着补其缺漏的作用。本文从语用学的角度出发，用历史叙事的方式，首先分析梳理概念，然后对宋代司法的理念、运作机制、审判原则，以及用语环境进行研讨，从而揭示宋代司法传统的典型特征及其现代意义。

一、概念与方法

欲言宋代司法传统，必先对其涉及的概念与方法进行交代。何谓司法、传统、宋代司法传统、叙事？

1. 宋代的司法。"司法"一词，并非现代的法律用语，早在宋代，这一词汇便已成为社会生活及审判活动中的日常用语。在宋人的话语及社会生活中，"司

〔2〕［美］黄宗智：《清代的法律、社会与文化：民法的表达与实践》，法律出版社2014年版；林端：《韦伯论中国传统法律：韦伯比较社会的批判》，中国政法大学出版社2014年版。

法”一词大约有两种含义:其一是泛指司法机构与司法官员。如南宋时期著名的思想家朱熹就曾说过:“今所在常平仓,都教司法管,此最不是。少间太守要侵支,司法如何敢拗?通判虽管常平,而其职实管于司法。”[3]在宋代,用以平准粮价的粮仓叫常平仓。太宗淳化三年(992年)始置于京畿;景德三年(1006年),除沿边州郡外,全国普遍建立。朱熹此处所说的“司法”,显然是指州里设置的司法机构及司法官员。其二是专指检法议刑的司法参军。在宋代,为了保障司法的公平,在司法审判中,专门实行调查审讯与司法判决互不隶属的分立制度,史称“鞫谳分司”制。[4] 也就是审讯的官员与判决的官员原则上既不能由同一人员担任,也不能隶属于同一机构。在宋代,负责调查审讯的官员在州一级叫“司理参军”,隶属于“推司”,[5]又称“狱司”;负责判决的叫“司法参军”,隶属于“法司”[6]。司法参军是知州的幕职官员,专门负责判决前的“检法议刑”工作。所谓“检法议刑”,就是针对案件,检出适用的法律条文,向州长官提出建议,但其不得参与决断。《清明集》载有荆湖路监司官员胡颖的《送司法旅衬还里》一文,文中说:“司法到官,未及愈年,遂至于斯。家贫子幼,道阻且长,世无巨卿可以托死,营护归葬,谁其任之?当职辱在同僚,固不敢禁脱骖之赙(赙:送布帛财物助人办丧事),然出疆之后,则吾未如之何也已。昔申屠子龙送同舍人伍子胥之丧,以归乡里,遇司肆从事于河巩之间,从事又为之封传护送。今司法旅衬将湘乡登舟,醴陵、安陆二邑皆潭属也,封传护送,都运,安抚大卿必所乐为。备申运司,乞行下湘乡与之雇舟,醴陵与之雇夫,凡其费用皆所自备,不敢为两县之挠,特欲借官司之力,以图办事之易耳。”[7]这是胡颖在监潭州任上,为其下属奔丧的抚恤性文字,其文中所提到的“司法”,虽未知其详,但知其家境贫寒,孩子幼小,奔丧之途遥远艰辛。更为重要的是,这里的“司法”,别无他指,确指“司法参军”无疑。其证据有二:一是“司法到官,未及愈年,遂至于斯”一句,知“司

---

[3] (宋)黎靖德编:《朱子语类》卷一百六十,王星贤点校,中华书局1986年版,第2642页。

[4] 参见徐道隣:《鞫谳分司考》,载《徐道隣法政文集》,清华大学出版社2017年版,第226－238页。

[5] 徐道隣:《鞫谳分司考》,载《徐道隣法政文集》,清华大学出版社2017年版,第230页。

[6] “宋朝官文书所称的‘法司’,包括内外各种机关里的‘检查’官,各州的‘司法参军’,和各县的‘编录司’。”参见徐道隣:《鞫谳分司考》,载《徐道隣法政文集》,清华大学出版社2017年版,第232页。

[7] 《名公书判清明集》卷二,中国社会科学院历史研究所宋辽金元史研究室点校,中华书局1987年版,第43页。“旅衬”,旅者漂流,衬者衣衫,代指客死他乡之人的尸骸棺椁。为尊死者,特讳言之。

法”二字非指司法机构，而是指司法官员；二是文中提到地名“醴陵、安陆”皆属潭州管辖，潭州即今长沙。称州里的官员为“司法”，只有“司法参军”才如此称呼。故此，胡颖所称“司法”即潭州“检法议刑”的“司法参军”。

“司法”泛指司法机构及司法官员，就此义而言，宋代与现代广义的“司法”一词并无实质性差异，只不过宋代的“司法”专指州一级“检法议刑”的“司法参军”一义，已化作历史的陈迹，不复存在。而现代社会中狭义的司法一词所包含的“仅指民主宪制基础上，法院独立行使的审判裁断活动”之义，宋代的“司法”一词也不能包含。

2. 宋代司法传统。“传统”一词含义丰富，极难为其下一确定含义。学界通常认为，传统是历史发展继承性的表现，它对人们的思维方式及其社会行为有着无形的影响及控制作用。就此而言，“传统”大约可指一个民族世代相传、具有特点的社会因素及其行为方式，如风俗、习惯、思维、语言、文化等。“宋代司法传统”这个概念是指赵宋王朝所具有的，且极富时代特征的，代代相传的司法机关及其官员处理诉讼纠纷、审理民刑案件的活动及社会因素，主要包括司法理念、运作机制、审判原则、行为方式四个方面的内容。

3. 宋代司法传统的叙事及其意义。何谓“叙事”，为何要用“叙事”一词来言说历史传统，其隐含的意义为何？

“叙事”原本指叙述故事。这个词首先在文学界使用，它是用来讲故事的。大家知道，文学讲究形象思维，文学叙述的是故事而非事实。尽管文学故事的背后总有事实的影子，但故事不同于事实，这是一个常识。按理说，文学的讲故事不能用于历史研究，因为历史学的核心价值是求真求实。文学重形象思维，史学尚客观真实，领域不同，标准不同。何以史学研究乃至法律史研究亦可用叙事的手法呢？换言之，本文使用“叙事”的方法与传统法律史研究有哪些不同呢？这里可以分三个层次来回答此一问题。

首先，随着语言学与解释学的兴起，社会学研究广泛使用叙事的概念与方法，来对同一时期的同一重大历史事件作出截然不同的价值判断。从而突显多元价值主体对同一历史文本所具有的不同视域与旨趣。这样的多元视觉叙事也同样引发了历史学家的兴趣，史学界也在近些年来广泛应用这一方法。

其次，后现代主义者公开否定历史研究的客观性与真实性，认为：史书与小说没有什么区别。[8] 在此种思潮下，多元视觉的叙事风格不去追求历史之真而去追求历史之新也成为现代人的一种时尚。

最后，叙事的方式适用到历史学研究中，在尊重历史资料所彰显的客观真实性基础上，强调语言在历史解释中的向度及解释艺术在历史文本中的不可或缺功用，这也确与历史学的本质有着暗合的作用。所谓历史学的本质是说单纯的史料堆积而非历史的真实与客观，历史已经过去。因此任何历史研究之真，固然离不开史料的基础，但历史学不同于史料学，史料如砖石水泥木材，它要成为美轮美奂的建筑物，尚需图纸设计与能工巧匠，故此，历史学又是一门艺术。而叙事方法下的语言向度及解释艺术恰恰是历史学研究中的两个法宝，故本文在首重历史客观之真实的基础上，强调对宋代司法传统的叙事必须放在历史语言的向度下，借用史料载体，作出符合中国古代成文法传统典型特征的解释，而不是盲从马克斯·韦伯的结论。

二、“为政者务以民事为急”——宋代民事审判中的司法理念

理念即认知。所谓司法理念就是指司法主体对司法活动本身及司法对象所持的情感、态度与认同方式。在宋代，司法活动的主体是经过科举考试及法律专业考试合格后，进入中央及地方各级司法机构，担任司法审判职责，或者辅助司法审判的各类官员，他们通称为士大夫。有关士大夫的司法理念著文研讨，笔者过去关注的重点是刑事审判，而于民事审判中的司法理念则用力不多。尽管宋代与其他朝代一样，在审判活动中对刑事案件与民事案件的审理并无现代意义上的民刑之分。但是由于宋代土地私有制的深化及财富流转关系的加快，百姓日常生活中有关婚姻、田宅、财产继承、赁房租屋的活动与纠纷，确实是空前活跃、日繁一日，因此，宋代的最高统治者皇帝及各级司法官员也确实给了民事审判以高度关注；尤其是宋廷左迁之后，江南地区经济进一步活跃，因人稠地稀而引起的“田宅纷争”更是日见千状。南宋的统治者们为了应对这种局面，不仅于民事审判方面创建了独特的“断由”制度，还开创了允许卑幼告尊长的历史先河；在民事案件的受理及审判中，以传统的“民本”思想为基础，提出了“为政者

[8] 参见汪荣祖：《史学九章》，生活·读书·新知三联书店2006年版，“导言”。

务以民事为急"[9]"民讼事关朝廷上下之纲纪，未可以细故视之"[10]的司法理念。从逻辑的角度来看，司法理念首先包括对司法的整体认知，其次是对法官素质的要求，最后是法官群体在审判活动中对刑民诉讼案件的态度。本文虽然重点研讨民事审判中的司法理念，但若不从刑事审判理念说起，我们就很难对宋代的司法理念有一个全面的认识，更无法彰显民事审判理念的时代特征。

1. 从开国之初视"庶政之中，狱讼为切"到南宋初期的"执政者务以民事为急"，标志着民事诉讼与民事审判成为南宋统治者关注的头等大事。现代的司法审判在宋代被称为"狱讼"或"民讼"。由于"狱讼"或"民讼"事关百姓的生命、财产、名誉及社会秩序的稳定，故视"狱讼"，尤其是事关百姓生命的"刑辟"大狱为政务之首——视司法审判为治国的头等大事，是宋朝皇帝与士大夫的共识。开国之初，太祖、太宗兄弟历经战乱，目睹了五代十国烟云兵燹中，悍兵骄卒率意司法、滥杀无辜的血腥事实，一革前代草菅人命、轻视狱讼的弊政，特别重视对刑事案件的审理。这种重视有多重表现：一是太祖、太宗皇帝亲自录囚，专事钦恤。这在《宋史·刑法志》中有明确记载；二是宋朝中期之前，本司监察之职的御史台及其官员们，其主要的职责与精力不是用在监察百官、振肃纲纪上，而是专门负责审理刑事大案，这在宋代也是一奇观，已为宋史学界所注目[11]；三是注意从儒家知识分子之中选拔司法官吏，且皆以律书试判，即进行司法考试。然而，就其理念而言，以宋太宗的认识最为到位。他对群臣说："朕以庶政之中，狱讼为切。钦恤之意，何尝暂忘。"[12]

学界一般认为，由于中国古代受儒家"民本"思想的影响，且出于社会秩序稳定的考虑，司法审判中，绝大多数朝代与开明的君主都对"强盗"或"人命"大案十分重视，制定有专门的法典予以惩处伤害人身及抢夺、盗窃财产的犯罪行为，而对"民间细故"，即有关婚姻、田宅、财产继承的民事案件，历来不予重视。其实，这是对历史的误解，更是断代研究不实，妄下宏观之论的现代偏见。

宋代至迟在北宋末期，已出现了一个十分值得注意的历史现象。这就是从

---

[9] （清）徐松：《宋会要辑稿·刑法三》（第14册），刘琳等点校，上海古籍出版社2014年版，第8414页。

[10] 《名公书判清明集》卷十二，中国社会科学院历史研究所宋辽金元史研究室点校，中华书局1987年版，第459页。

[11] 相关学术成果参见刁忠民：《宋代台谏制度研究》，巴蜀书社1999年版。

[12] （清）徐松：《宋会要辑稿·刑法五》（第14册），刘琳等点校，上海古籍出版社2014年版，第8511页。

北宋末至南宋之际，出现了一批特别关注州县民事案件受理及审判的政书。最为著名的，一是北宋末徽宗政和年间李元弼撰写的《作邑自箴》，二是托号北宋陈襄实为南宋人所撰的《州县提纲》，三是南宋初年胡太初的《昼帘绪论》，这些书虽然还不能视为法学专著，但其中有关民事案件受理、审理乃至民事诉状的格式等，的确具有丰富的内容。

这些著作的出现，不是一个孤立的社会现象，它在一定程度上反映了一个社会现实，即南宋的社会与经济生活中出现了一种需求，这就是如何处理民间的社会纠纷，而在这些纠纷中民事诉讼是其主要类型。事实也正是如此，南宋于高宗到孝宗朝，最高统治者已开始认识到与百姓生活密切相关的民事诉讼，不再是民间细故，而是有关朝廷上下纲纪的大事，凡“为政者务以民事为急”。对此，南宋皇帝自高宗到宁宗屡发诏书[13]，我们仅以南宋高宗绍兴十九年(1140年)为例。仅此一年，朝廷就连发三道诏令，说明宋朝最高统治者对此十分重视。史称：

绍兴十九年，二月乙亥诏自今监司守臣代还入见，并令以民事奏陈。先是，上谕大臣曰：“监司郡守得替上殿，本欲知民间利病。近来所奏，姑应文书，多不及民事，宜行告谕。”故有是旨。[14]三月庚戌，叶緋言：“自祖宗以来，定公私赃三等之罪，其意未尝不重于保护斯民而已。向缘官吏率多不定罪，而民被其害，是以又标立民事一罪，以戒惧之。”[15]四月己未，上曰：“治道以民事为急。”[16]

这里的所谓“以民事为急”，其中的“民事”二字非确指民事诉讼与民事审判，因为当时的宋代还没有现代的部门法观念，但“民事”一词包含有民事诉讼的内容则是确定无疑的，这从《宋会要辑稿·刑法三》之《诉讼·田讼》所载的大臣奏议及皇帝的诏令中可以得到验证。史称，宋宁宗嘉定六年(1213年)十月二十六日，权户部侍郎李珏言：

窃惟今日中外之弊，莫甚于按(案)牍积滞，吏习因循，视民政为不切之务，近因置籍稽考，诸路监司并州郡随本部委送民讼，截至九月终未结绝，共一千三百三十四件，其间盖有经数年尚未结绝。近而两浙转运司未结绝者亦二百四十

---

〔13〕 参见《宋会要辑稿·刑法三》之《诉讼·田讼》部分。

〔14〕 (宋)李心传：《建炎以来系年要录》卷一百五十九，中华书局1988年版，第2576页。

〔15〕 (宋)李心传：《建炎以来系年要录》卷一百五十九，中华书局1988年版，第2580页。

〔16〕 (宋)李心传：《建炎以来系年要录》卷一百五十九，中华书局1988年版，第2581页。

余件，是致人户不住经部、经台催趣。〔17〕

户部是宋代民事诉讼的上诉机构。依《宋史》卷一百六十三《职官三》记载，元丰改制前，户部只是一闲置机构，神宗改制后，户部的事权与机构扩充，设户部左右曹，左曹负有审理户婚、田债等民事上诉的职能。南宋时，户部左曹分设三案，即户口案，农田案、检法案。户口案专门受理民间因立户、分财、典卖屋业、陈告户绝、索取妻男之讼；农田案则专门掌管因"务限法"而引起的关于田宅典卖方面的务限之讼。"务限"即官府受理民事案件的期限。检法案则负责检出户部受理民事上诉时所适用的法条。由于户部受理民事上诉案后，并不直接审理，而是检出法条后，指导监察原审地方州县、监司的审判活动，故户部经常把这些上诉案件转送原审机构，并负责稽考、催办。故上引史料中，李珏才说，近来依据档案稽查考核，全国上诉至户部并由户部转送到各路州县、监司应当按时审结而没有审结的案子多达1334件，两浙路240余件。应结案而不结案，当然会引起民事诉讼当事人的不满，他们便不断地向户部与御史台催促，这才引发李珏向朝廷建议，凡各路及时理诉并审理公平者，应提名嘉奖；反之就予以惩罚，"庶使为政者皆以民事为急"，这里的以民事为急，便是指的及时处理民事诉讼案件为各级地方官员的首要任务。

2. 再看宋代如何看待法官的地位及怎样选拔法官。依据现在的法治理念，法官的地位与素养直接关涉政治的清明和社会正义的实现，向为现代的法治国家所重视。一般而言，现代社会中，法治程度越高的国家，其法官的地位和素养也就越高。当然古代不同于现代，但饶有趣味的是，宋代的皇帝和士大夫也在一定程度上认识到法官地位的高下与素质的良窳与国家的命运以及司法的公正休戚相关。宋真宗说："法官之任，人命所悬。太宗常降诏书，诸州司理、司法峻其秩、益其俸。"〔18〕这里的意思是说法官的司法审判之职责与百姓的生命攸切相关，亦即是说，百姓的生杀之权系于法官之手。太宗时就经常发布诏令，各州辅助长官审理案件的"司理参军"及"检法议刑"的"司法参军"，都要慎重挑选，以严肃其地位，并给其较高的俸禄。这样的认识也是士大夫的共识，北宋时期的户部判官、右司谏何孙和知金州的陈彭年都说过类似的话。〔19〕 将历代案例编纂为

---

〔17〕（清）徐松：《宋会要辑稿·刑法三》（第14册），刘琳等点校，上海古籍出版社2014年版，第8414页。

〔18〕（宋）李焘：《续资治通鉴长编》（第2册）卷四十七，中华书局2004年版，第1021页。

〔19〕（宋）李焘：《续资治通鉴长编》（第2册）卷四十七，中华书局2004年版，第1020页。

《棠阴比事》的南宋士大夫桂万荣甚至说："凡典狱之官，实生民司命，天心向背，国祚修短系焉。"[20]（即国家命运的长短与司法官员及司法审判密切相关——引者注）法官的职责如此重要，该怎样选拔，即通过怎样的途径才能保证法官具有良好的素质呢？宋代皇帝认为：其一，从事司法活动的官员必须是儒家知识分子，只有他们才明白法中之理；其二，仅懂儒家义理还不行，还要有法律知识，熟悉政府管理，即谙法律、晓吏事；其三，要保证司法官员明义理、谙法律、晓吏事，做到三者合一，只有在科举考试的基础上，再进行专门的法律考试——今日的法律职业资格考试，才能保证法官的素质的高水平。北宋时太宗常对群臣说："法律之书，甚资政理。人臣若不知法，举动是过，苟能读之，益人知识。"[21] 太宗的儿子宋真宗也对宰相意味深长地说："刑狱之官犹须遴择。朕常念四方狱讼，若官非其人，宁无枉滥。"[22]

正是在这种理念下，宋代的法律考试在规模和种类上都是空前绝后的。按照宋代的诏令要求，中央各级官员以及地方州县长官、监司官员及辅助司法审判的幕职官员，要想从事司法审判工作，都必须通过法律考试。[23] 宋代法律考试的名目有明法科、出官试、试刑法[24]（又称试法官、试刑名）等。著名法史学者徐道隣先生不无感慨地说："中国的考试制度，从唐朝起就有'明法'一科，专门用来选拔法律人才。到了宋朝——这是中国过去最讲究法律的一个朝代——法律考试便进入了鼎盛时期。"[25]

3. 怎样看待司法的对象——百姓呢？中国古代没有权利主体意识，只有民本思想。我国古代至迟在《唐六典》中就已明确要求，亲政抚民的县令"务知百姓之疾苦"，躬亲狱讼，审察冤屈。[26] 宋继唐后，州县官员于民事听讼中当然仍会秉持这种理念与传统，问题在于：历史发展到宋朝，尤其是到了南宋，中国古代的社会结构发生转变，以"均田制"为基础的中古田制结束，以私有制为基础的"租佃制"成为宋代土地所有制的主导形态，这导致宋代社会生活中的两种现象异常突出：一是大部分土地集中于主户之手；二是四五等主户中，拥有三五亩至

---

[20] 曾枣庄主编：《宋代序跋全编》卷四十六，齐鲁书社 2015 年版，第 1205 页，《棠阴比事》"序"。

[21] （宋）李攸：《宋朝事实》卷十六，中华书局 1955 年版，第 241 页，《兵刑》。

[22] （宋）李焘：《续资治通鉴长编》（第 3 册）卷七十三，第 1659－1660 页。

[23] 司义祖编：《宋大诏令集》卷二百，中华书局 1962 年版，第 742 页。

[24] （宋）李心传：《建炎以来朝野杂记》卷十三，中华书局 2000 年版，第 268－269 页。

[25] 徐道隣：《宋朝的法律考试》，载《徐道隣法政文集》，清华大学出版社 2017 年版，第 283 页。

[26] （唐）李林甫：《唐六典》卷三十，陈仲夫点校，中华书局 2014 年版，第 753 页。

二三十亩土地的小农户异常增多。土地与房屋是百姓日常生活中最为重要的财富,也是借以生财的生产和生活资料,因此,在田宅流转过程中,因典当、抵当、倚当或买卖而引起的诉讼纠纷就格外的突出,这是唐代以前所没有的。这样一来,儒家民本思想的传统,反映在宋代州县司法官员的审判活动中,就有了一个前所未有的时代特征,那就是:依法判决,保护下层民众及卑幼的利益,允许卑幼在尊长侵夺财物或殴打其身时,依法起诉〔27〕,并放开了民事诉讼中的越诉大门〔28〕,由此形成了两宋,特别是南宋时期民事诉讼中两大凸显时代特征的司法机制:一是为了实现司法公平、疏理滞讼、保障司法秩序的正常运转,实行民事结案必给"断由"的制度;二是开创了民事诉讼中的"越诉"制度。

三、司法运作机制:首创民事诉讼中的"断由"制度与"越诉"制度

机制就是机理或原理。司法机制落实到宋代,就是指的宋王朝司法审判活动中是怎样启动受理程序,如何规定诉讼程序的运作,在什么样的精神下运作,有什么特征等。机制与程序相关,就宋代而言,刑民案件的诉讼程序作为常识已经在教科书及宋代法史研究的成果中大量反映〔29〕,本文不拟赘述;宋代的刑事审判运作机制,本人也有论及〔30〕,故此次研讨的重点在于民事诉讼受理中的"断由"与"越诉"制度。

何为"断由",为什么要在民事案件的审理中给当事人发放"断由"?断由是判决书,还是其他法律凭证?这个问题虽有论著涉及,但并没有一个明确的说法,更鲜有论者对它深入研论。根据史料的记载,南宋高宗时期,即宋高宗绍兴二十二年(1153 年),宋朝首创了发给民事诉讼当事人"断由"的制度。史称:

右谏议大夫林大鼐言:"比来遐方多有健讼之人,欺绐良民,舞玩文法。州

---

〔27〕中国古代依据儒家礼制思想,严禁卑幼告尊长,告者有罪。然而,到了宋代,随着土地私有制的深入发展,财富越来越受时代重视,《宋刑统》首先突破传统礼制的束缚,允许卑幼于尊长侵夺财物与殴打其身时,可以向官府起诉。参见卷二十四《斗讼律·告论周亲》条及其疏议。南宋时,卑幼因尊长侵夺财物而相告已成为时代风尚,这在《名公书判清明集》中绝非个案,如卷五的"侄与出继叔争业",卷六的"叔侄争""舅甥争"等。

〔28〕越诉的研究,可参见郭东旭:《宋代法制研究》,河北大学出版社 2000 年版。

〔29〕有关成果可以参见各类《中国法制史》教材,专著则有刘馨珺:《明镜高悬:南宋县衙的狱讼》,北京大学出版社 2007 年版,这是宋史及法史学界近几年最有代表性的成果。郭东旭:《宋代法制研究》,河北大学出版社 2000 年版。戴建国:《宋代法制初探》,黑龙江人民出版社 2000 年版。张晋藩主编:《中国民事诉讼制度史》,巴蜀书社 1999 年版等。

〔30〕参见陈景良:《宋代司法传统的现代解读》,载《中国法学》2006 年第 3 期。

县漕宪未结绝，则申冤于部、于台、于省，官司眩于偏词，必与之移送重定，外方往往观望，为之变易曲直。欲今后所送，如婚田、差役之类，曾经结绝，官司须具情与法叙述定夺因依，谓之断由。人给一本，厥有翻异，仰缴所结断由于状首，不然不受理，使官司得以参照批判，不失轻重，而小人之情状不可掩矣。将来事符前断，即痛与惩治。可使户婚讼简，台省事稀，亦无讼之一策也。"上曰："自来应人户陈诉，自县结绝，不当，然后经州、经监司，以至于经台，然后到省。今三吴人，多是径至省，如此则朝廷事多，可从所奏。"〔31〕

这是我们所能看到的，宋代最早也是最详实的，有关婚田诉讼给当事人"断由"制度的原始资料。这段资料通过右谏议大夫林大鼐与宋高宗之间的对话，清晰地说明了为什么要给断由，何谓断由，由谁来给，目的是什么，简直就是南宋高宗时期官府受理民诉案件及其运作的生动图画。试分析解说如下：

第一，就时间、地点而言。文中所说的高宗绍兴二十二年辛丑，印证于《宋会要辑稿·刑法三》之《诉讼·田讼》，知是1153年5月7日，而事情发生的原委是，三吴之地的百姓因为婚田诉讼纠纷在地方得不到及时处理，不遵循诉讼管辖之规定，径直上诉到中央，引起司法秩序的混乱，给朝廷造成了极大的压力，从而才有了上述对话。文中的"三吴之地"，大概指现代的江苏与浙江。这只是一个笼统的说法。实际上，南宋江南各路都有类似现象，这从宋代各类史料记载的时人"健讼""兴讼""缠讼"的世风中可以得到印证。〔32〕

第二，"断由"既非以往所说的判决书，也不是学者所说的"官府不予受理的判状"，据上引林大鼐之言，似是记载判决理由的官府用以结案的法律文书。该文书的内容主要是：判案时所适用的法条、案情事实、结案的理由三大内容。宋代已远离我们的生活，断由之原件已不可复得，要弄清此种法律文书的原貌，已非易事。唯有上述文字资料可使我们得知断由之概貌。我们在此再引《清明集》法官范应铃所断的真实案例，加深对此一法律文书的印象。该案的案情是南宋人王九状告其伯父王四侵占田产。经查，王四所占田产本是20年前从王九父亲处购得，有王九之父王昕在契约上的画押为凭。而且该契约已到官府盖印过割。另外，此交易已过15年，且王九的父亲也已亡故。依照法律，这样的诉讼官府不予受理。范应铃的判决原文是：

---

〔31〕（宋）李心传：《建炎以来系年要录》卷一百六十三，中华书局1988年版，第2658页。

〔32〕参见陈景良：《讼学、讼师与士大夫》，载《河南省政法管理干部学院学报》2002年第1期。

王九诉伯王四占去田产，王九状论王四擅卖本户田产，欺谩卑幼。今索到游旦元买契，系是王九父王昕着押，开禧元年交易，次年投印分明。准法：诸理诉田宅，而契要不明，过二十年，钱主或业主死者，不得受理。今业主已亡，而印契亦经十五年，纵曰交易不明，亦不在受理之数。田照元契为业，余人并放。[33]

判词中所说的业主就是土地的所有者王九的父亲王昕，而钱主则是土地的买者游旦。这应是一块王昕与王四——诉者王九之伯共有的土地。土地交易已过去16年，且卖者王昕已死。故法官的裁决是：此诉讼不合法律规定，不予受理。现在的土地仍归现所有人游旦，由游依契约占有、使用、受益。涉案人员放回原籍。古代不同于现代，民事诉讼当事人乃至证人，一旦涉讼，都会被官府关押，结案后，方才放回。这显然是一件法官裁决不予受理的法律文书——断由。

南宋之所以在民事诉讼结案时，要求官府发给当事人"断由"，其原因有三：一是南宋时婚田诉讼纠纷日益繁多，史称"讼牒纷纭，至有一二十年不决者"。[34]这势必给官府造成压力，也严重影响了宋代的司法秩序。二是宋代不像现在，民事诉讼没有严格的终审制度，比如现代的两审终审制在那时是不存在的。依宋制，民事诉讼须先经县受理，县审理后不服，可以申诉到州，州断决不服，可向路的监司机构申诉，再不服可向中央御史台直至户部申诉。这样的制度本身就为缠讼者提供了方便，若是初审者不在审结案件后，给当事人一个法律文书，说明理由与案情，以后从州至路，再到中央的复核审理，就更难免成为一笔糊涂账。故此，发给当事人断由，也是为了方便上级官府的审理，以使之有案可据，有理可依。三是为了保障交易的安全。田宅交易是宋代商品经济发展的需求，也是百姓生活所需。发放断由可使田宅交易在繁杂的纠纷审理中有稳定的预期。

断由的发放，先由初审的县级官府进行，此后各级上诉审的州、路监司机构均应发给当事人。断由是在结案的什么时间发给当事人，宁宗庆元三年的规定是"限三日内即与出给断由，如过限不给，许人户陈诉"[35]。依《清明集》法官范应铃断案的实例，断由也可于结案日当厅发给。范应铃在判决"吕文定诉吕宾占据田产"一案时，援笔说道：

---

〔33〕《名公书判清明集》卷四，中国社会科学院历史研究所宋辽金元史研究室点校，中华书局1987年版，第106－107页。

〔34〕（清）徐松：《宋会要辑稿·刑法三》（第14册），刘琳等点校，上海古籍出版社2014年版，第8408页。

〔35〕（清）徐松：《宋会要辑稿·刑法三》（第14册），刘琳等点校，上海古籍出版社2014年版，第8413页。

吕文定、吕文先兄弟两人,父母服阙,已行均分。文先身故,并无后嗣,其兄文定讼堂叔吕宾占据田产。今索到干照(宋代,土地典卖一应契约文书及纳税凭证,皆统称为干照——引者注),系吕文先嘉定十二年(1219年)典与吕宾,十三年八月投印(办理过割纳税手续——引者注),契要分明,难以作占据昏赖。傥果是假伪,自立卖契,岂应更典。县尉所断,已得允当。但所典田产,吕文定系是连分人,未曾着押,合听收赎为业,当元未曾开说,所以有词。当厅读示,给断由为据,仍申照会。[36]

如果说,给断由的机制是南宋官府为了在程序上保障田宅交易的安全及提高官府的司法效力的话,那么民事诉讼中"越诉之门"的洞开,其主旨则在于保护下层民众在田宅交易中的利益。

宋代之前,中国古代的诉讼程序中有两条不可逾越的原则:一是不允许卑幼告尊长,除非是三谋大罪;二是除非有特大冤屈,可邀车驾及击"登闻鼓"外,一般必须逐级告诉,不得越诉。宋代则打破了这两项原则。对于前者,上文已有研讨,现在再来看"越诉"机制在民事诉讼中的运行,这也是宋代特有的制度。

宋代越诉机制的创立,大约是在北宋徽宗政和年间。[37] 南宋时期,越诉之门洞开,允许越诉的法令与法规也由十数条增为百种之多[38],越诉的范围也越来越广,对此郭东旭先生已有专文论述[39]。由于本文论述的主旨在于民事诉讼中"越诉"机制的运行,故把研讨的重点放在与民事案件相关的诉讼程序上。宋王朝从北宋到南宋都对民事诉讼的受理与审结非常重视,制定了专门的法规——"务限法"来加以调整。北宋时,"务限法"规定于《宋刑统》的"户婚律"中,南宋则在高宗时颁布了"绍兴务限条法"[40]。

依据此法令,宋代民事案件的受理时间分别是:北宋的时间为每年的十月一日至正月三十日,三十三日以前审理完毕。南宋的时间则是每年的十月一日至

---

[36] 《名公书判清明集》卷四,中国社会科学院历史研究所宋辽金元史研究室点校,中华书局1987年版,第106页。

[37] (清)徐松:《宋会要辑稿·刑法二》(第14册),刘琳等点校,上海古籍出版社2014年版,第8332页。

[38] (清)徐松:《宋会要辑稿·刑法三》(第14册),刘琳等点校,上海古籍出版社2014年版,第8408页。

[39] 参见郭东旭:《宋代法制研究》,河北大学出版社2000年版。

[40] (清)徐松:《宋会要辑稿·刑法三》(第14册),刘琳等点校,上海古籍出版社2014年版,第8417页。

二月一日。其受理的时间与北宋一样,而审理结案的时间则做了调整。依据宋宁宗《庆元令》之规定,县级司法机关受理简单的民事案件,限当日结案;须追索证人的,限五日,州郡十日,监司半月。史称:“窃照《庆元令》,诸受理词诉,限当日结绝;若事须追证者,不得过五日,州郡十日,监司限半月。有故者,除之;无故而违限者,听越诉。”〔41〕

中国古代是一个农业社会,农务是各级官府的大事,现在也还有“农民的事,件件是政府的大事”之说法。因此,“务限法”之本意,旨在不使官府因受理民事案件而妨碍农务,因为古代的民事诉讼与现代有别。现代的民事案件,受理查证时,不会拘禁当事人,更不会关押证人。宋代则不然,证人及当事人若不到厅,会被强制拘禁。故民事诉讼一经涉案,则“追证会对”必牵涉数人,由此妨碍农务是必然的,故法令才规定农忙季节不受理民事案件,更不会审理。但社会生活是复杂的,地方的豪强及地主往往假借“务限法”之规定,侵占下层民户的田宅。

依照宋代法令之规定,土地与房屋可以典,也可以买。典不丧失所有权,可在一定限期内回赎。社会生活中,有小块土地三五亩至房屋三两间的贫民下户,常因生活窘迫拮据而典卖田宅,此时豪强之家往往借“务限法”之规定,在务开之前百般拖延,寻找各种理由,不让出典的贫户业主赎回田地或房屋,待务开后——农忙季节到来时,官府不再受理田宅之讼时,便欲侵吞。这在南宋社会的乡村生活中是一个常见的现象。对此,南宋高宗时,已有人认识到问题的严重性,故特向朝廷建议,即使务开之时,若业主回赎的田宅的期限已到,钱也备齐,出典契约文字分明,别无牵涉,也应该允许业主赎回产业。由此引起诉讼,官府也应受理。〔42〕 这还没涉及越诉,只是特殊情况下的例外。对此,官府予以采纳。可是,孝宗时,一些地方官员因循苟且,对此类规定不予执行,以避免引起麻烦。于是大理寺卿李洪向朝廷建言,当官员苟且不予受理上述情况下的民事诉讼案

〔41〕 (清)徐松:《宋会要辑稿·刑法三》(第14册),刘琳等点校,上海古籍出版社2014年版,第8414页。

〔42〕 《宋会要辑稿·刑法三》载:“高宗绍兴二年三月十七日两浙转运司言:准《绍兴令》,‘诸乡村以二月一日后为入务。应诉田宅、婚姻、负债者,勿受理。十月一日后,为务开。’窃详上条,入务不受理田宅等词诉,为恐追人理对,妨废农业。其人户典过田产,限满备赎,官司自合受理交还。缘形势豪右之家交易故为拖延,至务限便引条法,又贪取一年租课,致细民受害。诏:应人户典过田产,如于入务限内,年限已满,备到元钱收赎,别无交互不明,并许收赎。如有词诉,亦许官司受理,余依条施行。”参见(清)徐松:《宋会要辑稿·刑法三》(第14册),刘琳等点校,上海古籍出版社2014年版,第8417页。

件时,诉讼当事人可以越诉,由此洞开了贫民下户因田宅遭受侵吞,官府以务限为由,不予受理时,可越级上诉的大门。史称:

孝宗隆兴元年(1163年)四月二十四日大理卿李洪言:"务限之法大要,欲民不违农时,故凡入务而诉婚田之事者,州县勿得受理,然虑富强之家,乘时恣横,豪夺贫弱,于是又为之制,使交相侵夺者,受理不拘务限。比年以来,州县之官,务为苟且,往往借令文为说,入务之后,一切不问。遂使贫民横被豪夺者,无所申诉。欲望明饬州县,应婚田之讼,有下户为豪强侵夺者,不得以务限为拘,如违,许人户越诉。"从之。〔43〕

四、民事审判中的三大原则

宋代的民事审判颇具时代色彩,尤其是南宋的民事审判有着鲜明的三大原则,即田宅纠纷的诉讼中以书证为凭据的原则;同一类案情适用同一类法律的原则;依法判决的原则。

1. 关于第一条原则,中国古代司法自秦朝开始,就建立了以物证为首要证据的原则,这也是符合成文法传统之特色的。书证即是物证的一种重要形式,也是反映民事法律关系真实情况的最为有效的证据,其内容主要包括:(1)干照,即田宅交易中的一应契约及向官府过割、投印交税的法律凭证等;(2)有文字记载的遗嘱;(3)田宅交易中邻人与证人的陈述笔录;(4)官府的砧基薄;(5)书铺对书证之真伪所作的检验报告等。

由于书证具有客观性与真实性的特质,故其地位受到南宋各级司法官员的高度重视。我们来看《清明集》一书中法官对书证的认识,再以个案为例,看南宋的官员们在司法实践中,是怎样辨别书证——物证真伪,并依法作出判决的。

著名法官范应铃(字旂叟,通判抚州、蕲春,任广西提刑使)在"吴肃、吴镕、吴桧互争田产"一案中说:"夫岂知民讼各据道理,交易各凭干照。"〔44〕南宋时期的临安知府吴恕斋在审理发生在富阳、昌化等地的田宅交易案中多次说:"理诉

〔43〕(清)徐松:《宋会要辑稿·刑法三》(第14册),刘琳等点校,上海古籍出版社2014年版,第8418页。

〔44〕《名公书判清明集》卷四,中国社会科学院历史研究所宋辽金元史研究室点校,中华书局1987年版,第112页。

田产，公私惟凭干照"[45]，又在"孤女赎父田"一案中深切地说："切惟官司理断典卖田地之讼，法当以契书为主，而所执契书又当明辨其真伪，则无遁情。"[46]南宋时另一著名法官胡颖（历官知平江府兼浙西提点刑狱，湖南提举常平，广东经略安抚使，广西经略，京湖总领财赋）则说："大凡官厅财物勾加之讼，考察虚实，则凭文书，剖判曲直，则依条法。舍此而臆决焉，则难乎片言折狱矣。"[47]

书证虽具有客观性与真实性，但现实生活中，由于私欲及利益之所在，田宅交易中，当事人往往在契书上涂改作伪，以制造假象，蒙骗法官，获取不当利益。其中典主蓄意改典契为卖契，从而达致侵吞出典人产业的贪婪行为便是常见的社会现象。契书虽可涂改作伪，但殊不知，作伪便会留下痕迹，一旦法官通过书铺验明真伪后，真相便会暴露，契书作为书证仍具有极高的证据效力。法官吴恕斋在审理"孤女赎父田"一案中，不仅重视书证——契约，而且还亲自调查，并唤上书铺，对有作伪证嫌疑的契约文书进行查验，终于弄清了案情，并依法作出了公正的判决。依据《清明集》卷九的记载，此案的案情是：争讼双方为戴士壬与俞百六娘及其丈夫陈应龙。争讼的标的是俞百六娘之父俞梁留下的田产，故为田产交易之诉。双方因田产之争互诉于官府，俞百六娘一方诉求赎回本应属于自己（继承其父田产）的田产；戴士壬则诉求官府应把这块争执的田产判给自己所有，因为他声称这块土地是从俞百六娘之父俞梁手中买来的，而非如俞百六娘所言是典不是卖，并有文书——契约为凭。[48]

这个案情在《清明集》所载的案例中，情节虽不十分复杂，但由于俞梁已死——死于绍定二年（1229年），而田产的交易是在开禧二年——1206年，而双方争讼发生在1240年之后。从1206年至1240年，时间过去了三十余年，已是陈年旧账，又加上陈应龙从中作伪，改典为卖，俞百六娘又是招的赘夫，即民间所说的"倒插门女婿"，故涉及宋代法条极多。厘清此案并非易事。好在吴恕斋是个判案的能手，他在此案中既重书证，又通过书铺辨别了陈应龙手上契书的真

〔45〕《名公书判清明集》卷九，中国社会科学院历史研究所宋辽金元史研究室点校，中华书局1987年版，第313页。

〔46〕《名公书判清明集》卷九，中国社会科学院历史研究所宋辽金元史研究室点校，中华书局1987年版，第315页。

〔47〕《名公书判清明集》卷九，中国社会科学院历史研究所宋辽金元史研究室点校，中华书局1987年版，第336页。

〔48〕《名公书判清明集》卷九，中国社会科学院历史研究所宋辽金元史研究室点校，中华书局1987年版，第315－317页，《孤女赎父田》。

伪,查证后,知是典,不是卖。故依法判决俞百六娘夫妇有权赎回田产。这既还原了历史真相,又显示了书证在田宅交易诉讼的审理中所具有的决定性作用,坚持了“官司理断典卖田地之讼,法当以契书为主”的原则。

2. 关于第二条原则。民事审判中,同一类案情适用同一规则,是现代司法的最为重要的法治原则之一。在中国古代,由于没有制定民法典与民事诉讼法,故民事审判之传统一向为学界所诟病,认为古代之司法是充满不确定性的,不可预期的、“卡迪式”的司法。其实,这是对中国古代历史的简单化,也是对中国古代司法,尤其是民事审判传统的误解。没有民法典,不意味着没有单行的民事法规,更不意味着中国古代就没有民事法律关系。若说古代没有婚姻,没有田宅之交易,这是不可想象的。最起码,在商品经济十分繁荣的宋朝,就有单行的民事财产继承法——宋仁宗时期《户绝条贯》的颁布。到了南宋,民事纠纷日益增多,如何审理民事案件,南宋政府还在《宋刑统》的基础上颁行了《庆元条法事类》,其中规范民事诉讼程序的就有数十条,由于《庆元条法事类》留下来的是个残卷,这就使我们难以看见其全貌,值得庆幸的是,《清明集》一书保留了不少法官引用的民事诉讼法令,从而我们可以确认:宋代的民事诉讼及其审判也是奉行“同一案情适用同一类规则”之原则的。现从两个方面叙述之。

第一,我们从《清明集》记录的民事案例看,其中户婚门涉及的争业(田宅交易引起的诉讼)、立继、检校、户绝、女承分(财产继承)、取赎、雇赁之七大类案件都是适用同一规则的。田宅交易中的“取赎”类案件是宋代的民间生活中极为常见的纠纷类型。按照宋代法令,土地与房屋均可交易,即可买卖,也可典当,还可以抵当、倚当(以田宅为抵押而借钱)。典当与抵当,皆可在一定期限备钱取赎,这是中国古代特有的制度。但在田宅交易中,因典当或抵当而取赎时,发生的纠纷也最多,这是因为“典”这项交易既涉及出典人的资格,譬如寡妇、卑幼就无权出典,又涉及交易时当事人的亲邻,还涉及交易过程的中途变化,如先典后卖、典后出租等。此类纠纷的处理如不适用同一规则,必然使当事人无所适从,正常的田宅交易秩序将无法维持,社会生活因此而引起混乱。对此,司法官员格外重视。此类案件的审理适用的同一法规有:亲邻之法、典主故作迁延之法等。

所谓“亲邻之法”,是宋代颁布的专门用以规范田宅交易中当事人之亲邻行为的专门法规。因为此法令既关涉田宅交易中卖者一方的行为,也关涉田宅取赎时亲邻的优先权问题,故在田宅交易中十分重要。依据宋代法令,田宅交易中,无论是卖,还是典,都要先问房亲,房亲不要,次问四邻,即田宅出卖人的房亲与四邻有优先购买权,如田宅出典,业主已死,又无子女,亲邻可优先赎回。之所以如此规定,是为了维持家族之间的和睦、邻里之间的融洽,当然也是处于保护交易的安全。南宋时,亲邻之法的法意有所变化。依《清明集》卷九中胡颖之解释,亲邻之法的意思是:"照得(勘会案卷后得知——引者注)所在百姓多不晓亲邻之法,往往以为亲自亲,邻自邻。执亲之说者,则凡是同关典卖之业,不问有邻无邻,皆欲收赎;执邻之说者,则凡是南北东西之邻,不问有亲无亲,亦欲取赎。殊不知在法所谓应问所亲邻者,止是问本宗有服纪亲之有邻至者。如有亲而无邻,与有邻而无亲,皆不在问限。见于庆元重修田令与嘉定十三年刑部颁降条册,昭然可考也。今谭亨所欲执赎堂弟出典之田,既是有亲无邻,则是于法有碍,合照佥厅所拟行。"于此判中可知"亲邻之法"中亲邻的界定,也可见同一类纠纷中,皆适用同一规则。

在田宅的出典中,典主(典权人)经常假"务限法"之规定,当业主备钱收赎时,迁延拖沓,至务开时,不予还业。故此,朝廷颁布法令专门惩治此类行为。由于此类行为具有普遍性,故同一类案情中皆适用此一规则。胡颖在审理"典主迁延入务"一案中说:"'在法:诸典卖田产,年限已满,业主于务限前收赎,而典主故作迁延占据者,杖一百。'赵端本合照条勘断。"[49]

第二,为了维护田宅交易的安全,南宋的"法官"在民事审判中总结了五种"不予受理"案件的类型,现据我国台湾学者刘馨珺之研究,条例如下,以证宋代民事审判遵循同一案情同一处理之准则。

这五条法令是:(1)"诸典卖田地满三年,而诉以准折债负,并不得受理";(2)"诸典卖田宅满三年,而诉以应问邻而不问者,不得受理";(3)"诸理诉田宅,而契要不明,过二十年,钱主或业主死者,不得受理";(4)"典产契头亡没,经三十年者,不许受理";(5)"已分财产满三年而诉不平,及满五年而诉无分违法者,各不得受理"。[50]

3. 关于第三条原则,也是最重要的一条原则,即依法判决的原则。中国古代的司法审判,无论是刑事,或者是民事,都是依据法条判决,这本是一个不争的历史事实。可是为何学界既有前几年的日本学者滋贺秀三与华裔美籍学者黄宗智

[49] 《名公书判清明集》卷九,中国社会科学院历史研究所宋辽金元史研究室点校,中华书局1987年版,第138页。

[50] 《名公书判清明集》,中国社会科学院历史研究所宋辽金元史研究室点校,中华书局1987年版,第106、169、309、320、373页。

之间的大辩论〔51〕,也有去年的台湾学者张伟仁与北京大学贺卫方、清华大学高鸿钧先生之间的学术争鸣呢?争论的原因固然有多种,如立场不同、视域不同、方法不同等,但其中一个最重要的原因是,持中国古代司法审判是"卡迪式"司法,诉讼是"父母官型"诉讼的学者,大都为中国古代的"法意"与"人情"互相融合所带来的假象所迷惑,故执意认为中国古代的司法判决,尤其是民事审判主要以"情理"为主,没有法的生长空间。其实,这是误解。就宋代的民事审判而言,根据现代能够看到的案例,我国台湾学者刘馨珺、河南大学孔学先生均依《清明集》之统计,作出了称引法条53%〔52〕以上及引用法条占判案篇数1/5以上的结论。

窃以为,用引用法条的实证性结论,固然是对宋代民事审判基本上是依法判决的肯定,但却无意中回避了一个颇容易引起误解的问题,即中国古代,宋代也是一样,民事判决中的确在遵循依法判决的原则时,还有"法意"与"人情"融合的问题。怎样理解这个问题?法意与人情的协调是否就是对"依法判决原则"的颠覆?我的看法是否定的。其理由如下:

第一,宋代的民事审判案例中,虽然依然保留着道德伦理的说教,道德伦理即是情理中的重要内容,但若从宋代的历史语境出发,把这些道德教化的说辞放至宋代私有制深入发展,"争财尚利"已成为宋代时尚的大背景中考察,便可看出,儒家的道德防线已在"民事纠纷"的汹涌大潮中溃退,"法官"使用道德伦理说辞时,与其说是坚守人伦道德防线,不如说是在说词的表象背后,表达时代的新内容,这个新内容就是正视发生在兄弟、父母子女及家族内的财产纠纷,以说教为幌子,行依法判决、维护当事人(无论他是卑还是幼,只要法律允许)合法利益之实。《清明集》一书所载案例中,民事案件共226件,依法判决的占75.22%;表面息讼,实为判决的有10件,占4.4%,息讼教化的占17.2%。这些数字说明,在儒家人伦文明形态的大背景下,读儒家之书的"法官"完全摆脱道德说辞的束缚是不现实的,但其司法理念又确实在新的社会结构面前发生裂变,这是一个颇为值得关注的历史现象。

第二,从"法官"审理的个案来看,考虑情理,依然是在依法条之规定的基础上作出判决的,故依法给断仍是其判案的基础,这个基础是不可动摇的。

---

〔51〕 参见易平:《日美学者关于清代民事审判制度的论争》,载《中外法学》1999年第3期。

〔52〕 参见刘馨珺:《明镜高悬:南宋县衙的狱讼》,北京大学出版社2007年版,第357页;孔学:《〈名公书判清明集〉所引宋代法律条文述论》,载《河南大学学报》2003年第2期。孔学先生把引用律条分两类情况:一是明确引用;二是法意暗含,没有明确引用。

再以吴恕斋审理的“孤女赎父田”一案略加分析，以证其实。判词称：

俞梁有田九亩三步，开禧二年(1206年)典与戴士壬，计钱八十七贯。俞梁死于绍定二年(1229年)，并无子孙，仅有女俞百六娘，赘陈应龙为夫，当是之时，阿俞夫妇亦未知此田为或典或卖。至嘉熙二年(1238年)二月，始经县陈诉取赎。而戴士壬者称于绍定元年内，俞梁续将上件田作价钱四十五贯，已行断卖，坚不伏退赎。展转五年，互诉于县，两经县判，谓士壬执出俞梁典卖契字分明，应龙夫妇不应取赎。今应龙复经府番诉不已，准台判，佥厅点对，寻引两词盘问，及索俞梁先典卖契字辨验看详。切惟官司理断典卖田地之讼，法当以契书为主，而所执书字又当明辨其真伪，则无遁情。惟本县但以契书为可凭，而不知契之真伪尤当辨，此所以固士壬执留之心，而激应龙纷纭之争也。今索到戴士壬原典卖俞梁田契，唤上书铺，当厅辨验，典于开禧，卖于绍定，俞梁书押，敻出两手，笔迹显然，典契是真，卖契是伪，三尺童子不可欺也。作伪心劳，手足俱露，又有可证者，俞百六娘诉取赎于嘉熙二年(1238年)二月，而士壬乃旋印卖契于嘉熙三年(1239年)十二月，又尝于嘉熙三年三月内，将钱说诱应龙立契断卖四亩，以俞百六娘不从，而牙保人骆元圭者，尝献其钱于官。使其委曾断买，契字真实，何必再令应龙立断卖契，又何为旋投印卖契于俞百六娘有词一年之后耶？此其因阿俞有词取赎，旋造伪契，以为欺罔昏赖之计，益不容掩。切原士壬之心，自得此田，历年已深，盖已认为己物，一旦退赎与业主之婿，有所不甘，故出此计。照得诸妇人随嫁资及承户绝财产，并同夫为主。准令：户绝财产尽给在室诸女，而归宗女减半。今俞梁身后既别无男女，仅有俞百六娘一人在家，坐当招应龙为夫，此外又别无财产，此田合听俞百六娘夫妇照典契取赎，庶合理法。所有假伪卖契，当官毁抹。但应龙既欲取赎此田，当念士壬培壅之功，盖已年深，亦有当参酌人情者。开禧田价，律今倍有所增；开禧会价较今不无所损。观应龙为人，破落浇浮，亦岂真有钱赎田，必有一等欲炙之徒资给之，所以兴连年之讼。欲监陈应龙当官备十八界官会八十七贯，还戴士壬，却与给还一宗契字照业。俞梁既别无子孙，仰以续祭祀者惟俞百六娘而已，赎回此田，所当永远存留，充岁时祭祀之用，责状在官，不许卖与外人。如应龙辄敢出卖，许士壬陈首，即与拘籍入官，庶可存继绝之美意，又可杜应龙贱赎贵卖之私谋，士壬愤嫉之心，亦少平矣！[53]

---

〔53〕《名公书判清明集》卷九，中国社会科学院历史研究所宋辽金元史研究室点校，中华书局1987年版，第315－317页。

这篇判词叙述的案情并不十分复杂,前文已经叙述,争讼的焦点为:俞梁——俞百六娘之父的一块田产,到底是典给了戴士壬,还是卖给了戴士壬。若是卖,俞百六娘无权可赎,是典则依继绝法当赎父田。戴诉说是卖,俞百六娘夫妇诉称是典,二者争诉不已。

现查明,此田产是典,不是卖。戴士壬所执卖契,经书铺辨验为伪造。故俞百六娘夫妇于法可赎。依据的法条有二:一是在室女继绝法令,文中所谓准令,即依此;二是"法官"查出来的法条——"诸妇人随嫁资及承户绝财产,并同夫为主",依此法条,俞百六娘与丈夫陈应龙共有赎回权,只不过当以丈夫之名起诉。故吴恕斋作为"法官"在查明案情后,依法判决俞百六娘夫妇可赎回父田。不过判词中又提到"当参酌人情",这是必须引起我们关注的,因为法意与人情的平衡,或叫融合,是南宋"法官"在民事审判中必须面对的话题。在他们看来,二者并不矛盾,所谓"殊不知法意、人情,实同一体,徇人情而违法意,不可也;守法意而拂人情,亦不可也"[54]。此为胡颖之语,他代表南宋"法官"乃至中国古代"法官"的共同理念。以此来看此案中吴恕斋的处理,所谓的"参酌人情"在本案中所指有二:一是戴士壬对所典之田有"培壅之功";二是陈应龙为人破落浇浮,不是勤苦持家之人,其背后说不定有人指使。故"法官"在判决其有权赎回田产的同时,还特意要求陈应龙向官府写状担保,不许赎回后,卖与他人。应当说,这样的"参酌人情"完全合乎情理,也没有从根本上破坏"依法给断"的原则。

第三,宋代于地方州一级机关设有专门的检法机构——法司,还配有专门的检法官员,史称司法参军。他们负责保管皇帝新颁的法令,并在长官判决时,检出适用的法条,这也就保证了"法官"——地方长官依法判决的可行性。从现存的史料来看,不但《江苏金石志》第十三册第 32 页中保留了宋代法司检出来的法令,[55]《清明集》一书也载有"法官"依法断决民事案件的典型案例,现再具引一例如下,以示宋代的司法具有典型的成文法传统之特色,客观性与确定性才是其本质。

---

〔54〕《名公书判清明集》卷九,中国社会科学院历史研究所宋辽金元史研究室点校,中华书局 1987 年版,第 311 页。

〔55〕《江苏金石志》所引的法令是:"律:诸盗耕种公私田者,一亩以下笞三十,五亩加一等。敕:诸盗耕种及贸易官田、泥田、沙田、逃田,退复田同公田,虽不籍系也是,各论如律。"等等。参见国家图书馆善本金石组编:《宋代石刻文献全编》(第 2 册),北京图书馆出版社 2003 年版,第 338 – 339 页。

案例:游成讼游洪父抵当田产

判案法官范应铃:

准法:应交易田宅,过三年而论有利债负准折,官司并不得受理。(按照台湾学者刘馨珺之解释,此法条的意思是:典卖田宅完成交易满三年,业主到官府投词诉讼时,论诉钱主强迫业主将本意为抵当的田宅转变为典卖给钱主,则官方不予受理。参考氏著《明镜高悬:南宋县衙的狱讼》第 331 - 332 页——引者注)又准法:应交易田宅,并要离业,虽割零典卖,亦不自典赁。游朝将田一亩、住基五十九步出卖与游洪父,价钱十贯,系在嘉定十年,印契亦隔一年有半。今朝已死,其子游成辄以当来抵当为词,契头亡没,又在三年之外,岂应更有受理。且乡人人违法抵当,亦诚有之,皆作典契立文。今游朝之契系是永卖,游成供状亦谓元作卖契抵当,安有既立卖契,而谓之抵当之理。只缘当来不曾交业,彼此违法,以至争互。今岁收禾,且随宜均分,当厅就勒游成退佃,仰游洪父照契为业,别召人耕作。[56]

这样的判决,引用法条分明,与"卡迪式"司法格格不入。

五、余论

两宋之际,中国社会的结构发生了转型。以土地私有制为核心的财产流转关系成熟,商品经济的繁荣带来了经济利益的多元化,在人们生活世俗化的大潮下,社会各阶层的物质欲望空前膨胀,传统的儒家伦理道德构筑的处理社会纠纷的道德防线不能适应社会生活的需要。一个由"伦理型"向"知识型"转化的司法机制与传统应运而生。宋代的"法官"在处理社会各阶层无所不在的诉讼纠纷时,尽管还要在儒家的语境内参酌"人情",但是以法律为依据则是处理民刑案件的首要原则。法的客观性进入了宋代"法官"的视野,以"法"的功能确定人的财产利益边界是宋代司法的基本原则。宋代"法官"依法判决,重视物证,已非汉代以来司法官员"援情入法,法随情断"的传统司法模式所能涵盖,而是强调法律作为知识与客观准则在民事纠纷的审判中发挥重要作用,故宋代"法官"是依法判案,而不是随心所欲;宋代的司法传统是成文法传统,判决具有客观性与确定性,而不是"卡迪式"司法。

---

〔56〕《名公书判清明集》卷四,中国社会科学院历史研究所宋辽金元史研究室点校,中华书局 1987 年版,第 104 - 105 页。

“卢纾”非“卢纡”说略*

——徐道隣《中国法制史论集》献疑一则

一、徐文之误

徐道隣先生是著名的法律史家,他的《中国法制史论集》一书,于1975年由台湾志文出版社出版。由于该书的主要内容是宋代法律史及其司法制度,故该书向为宋史及法史学者所重。尤其是20世纪80年代后,该书我国由台湾地区传至大陆,遂成为法史研究生及法史学者案头的必备书。

然而,细绎历史文献,却发现徐先生大著中有一讹误,即徐著在《宋朝的刑书》一文之六《宋人法律著述》中,把唐朝的卢纾《刑法要录》十卷误认为了宋人的私人著作,且把“卢纾”误为“卢纡”。[1]

由于徐先生较早纠正了学界对宋代法制认识不足的偏颇之见,故《中国法制史论集》一书一向被视为经典,且徐先生的观点及论述很少被怀疑。就大陆学界而言,不仅2000年11月法律出版社出版的著名学者何勤华教授的《中国法学史》下卷一书,继续沿用了徐著的错误,[2]而且最近由中华书局刚刚出版的《裴汝诚教授

---

* 原载《法制与社会发展》2012年第5期。

〔1〕 徐道隣:《宋朝的刑书》,载《徐道隣法政文集》,清华大学出版社2017年版,第381页。

〔2〕 须指出的是,何勤华教授的大著已指出了徐先生文中的一些不准确之处。如何著指出:宋代私人法学著作是54种而非66种。此外,何著又指出,即便是这54种著作中,有几种书的作者是唐及五代时期人,并非宋人。如张鷟是唐人,和凝是五代人。但何著终未指出唐“卢纾”非宋代之“卢纡”。参见何勤华:《中国法学史》(第2卷),法律出版社2000年版,第28-29页。

八秩寿庆论文集》一书也仍然把唐朝的“卢纾”误为“卢纡”，把卢纾的《刑法要录》十卷误为宋代私人的法学著作，且用以佐证宋代律学的特征。[3]

二、宋代历史文献无“卢纡”此人，也无《刑法要略》十卷

就目前见到的宋代历史文献而论，记载著作书目的历史文献主要分官修与私人著述两类。官修的有《宋史·艺文志》及王尧臣等人主修的《崇文总目》两种。《宋史·艺文志》卷二百四十载：“卢纾刑法要录十卷。”[4]“卢纾”非“卢纡”，十分分明。《崇文总目》卷二记载为“天一阁钞本，卢纾撰，原释阙。”[5]宋人的私人著作，如陈振孙的《直斋书录解题》、尤袤的《遂初堂书目》、晁公武的《郡斋读书志》、郑樵的《通志》、马端临的《文献通考》均无“卢纡”其人。《通志》卷六十五记有“《刑法要录》十卷，唐卢纾撰”。

依据现代科技手段对宋代历史文献进行检索，上述官修与私人著作中均无“卢纡”其人。唯电子版四库全书中的《宋史》卷二百四十有“卢纡”之记载，[6]经与中华书局出版的二十四史之《宋史》比对，“卢纡”为“卢纾”之误。再核查中华书局出版的《新唐书》卷五十八《志》四十八第977页，仍为“卢纾刑法要录十卷，裴向上之”。可知《宋史·艺文志》二百四“卢纾，刑法要录十卷”之史源极其可能源自《新唐书》。

另外，“文渊阁四库全书电子版”中《玉海》卷六十六有“卢纡”之载：“唐刑法要录，志卢纡十卷，（大理丞）裴向上之（会要宝历二年十月裴向进。）”这里的“会要”指的是《宋会要》、《五代会要》抑或《唐会要》呢？经查《宋会要辑稿》与《五代会要》，无“卢纡”之人的记载，那么这里的“会要”一定是指《唐会要》无疑。那么《唐会要》中有无“卢纡”这个人呢？当然，即便是有，卢纡亦非宋代之人，因为《唐会要》记载的是唐代的人与事。

---

〔3〕《裴汝诚教授八秩寿庆论文集》刊载了宋史学者郭东旭先生的《宋代律学的表现特征》一文。郭先生在此文中仍然沿用徐先生的说法。认为“从宋代现存刑法著作书目来看，主要有卢纡的《刑法要录》”。虽然郭文并未注明此段文字的史料出处，但经此比对郭文与徐文，可以证明的是，郭文第118页上引的第一段文字就是源于徐文。且徐文之误仍被郭文所援用。参见李伟国、顾宏义主编：《裴汝诚教授八秩寿庆论文集》，中华书局2011年版。

〔4〕（元）脱脱等撰：《宋史》（第15册）卷二百四十，中华书局1977年版，第5138页。

〔5〕此依据的是河北大学宋史研究中心与北京国学时代文化传播股份有限公司联合研制的“宋辽夏金元史”电子馆的电子文档本。

〔6〕此依据的是上海人民出版社与迪志文化出版有限公司联合出版的“文渊阁四库全书电子版”的电子文档本。

三、卢纾为唐敬宗宝历二年前的大理寺丞，其著有《刑法要录》十卷

经考，卢纾著《刑法要录》十卷之记载首见于《唐会要》卷三十九《定格令》，后又见于《新唐书·艺文志》、郑樵《通志》，已如前述。《唐会要》卷三十九《定格令》载："宝历二年（826 年）十月，大理卿裴向进前本寺丞卢纾所撰《刑法要录》十卷。"[7]据此可知，卢纾曾做过大理寺丞，且时间应在宝历二年前。宝历是唐敬宗李湛的年号。故卢纾乃为唐时期从事司法工作的专职官员，怎能把他的著作视为宋人的私人法学著作！

四、治史需谨慎

综上，史学界及法学界误"卢纾"为"卢纡"，误唐人为宋人，误唐人法学著作为宋人法学著作，当自徐道邻始。此后，学者不察，以误传误，以讹传讹。读书治史能不慎乎！

---

〔7〕（宋）王溥撰：《唐会要》卷三十九，中华书局 1955 年版，第 706 页。

释“干照”*

——从“唐宋变革”视野下的宋代田宅诉讼说起

一、问题的提出

“干照”一词在宋代的历史文献及田宅诉讼中经常出现，但其所指究竟为何，学界很少论及，更没有把这个词汇与唐宋社会变革及司法传统转型相联系。本文试论之。

“唐宋变革论”是学界的一个大课题，自20世纪初由日本著名史家内藤湖南提出以来，[1]已近百年。百年来，学界围绕这一主题，召开学术研讨会，出版著作，发表学术论文，成果丰厚，新见迭出。[2]然而，已往的学术成果虽然在政治、经济、军事、文化诸方面成绩斐然，但从法律史的视野出发，研讨唐宋社会变革，也还只是

---

* 原载《河南财经政法大学学报》2012年第6期。

〔1〕 内藤湖南，又称为内藤虎次郎，20世纪日本著名史学家。台湾著名史家柳立言教授指出，内藤虎次郎《唐宋时代的研究——概括的唐宋时代观》，首发于日本的学术刊物《历史与地理》(1922年)；参见[日]内藤湖南：《概括的唐宋时代观》，黄约瑟译，载刘俊文主编：《日本学者研究中国史论著选译》第1册，中华书局1992年出版。译文将论文的出版时间误为1910年，受影响的学者颇多。但内藤的确是在20世纪初期就发展出“上古—中古—近世”的分期史观。又见[日]内藤湖南：《中国史通论》，夏应元等译，社会科学文献出版社2004年版。参见柳立言：《宋代的家庭和法律》，上海古籍出版社2008年版，第6页注①。

〔2〕 介绍“唐宋变革”的代表性文章主要有：张广达：《内藤湖南的唐宋变革说及其影响》，载氏著：《史家、史学与现代学术》，广西师范大学出版社2008年版，第57－133页；李华瑞：《20世纪中日“唐宋变革”观研究述评》，载《史学理论研究》2003年4期；柳立言：《何谓“唐宋变革”?》，载氏著：《宋代的家庭与法律》，上海古籍出版社2008年版，第3－42页。

近几年的新鲜课题。就笔者所见而言,我国台湾地区著名学者柳立言先生首先提出,应从法史的角度观察唐宋社会变革,[3]其后大陆学者戴建国以"唐宋变革时期的法律与社会"为题申请并获批国家社会科学基金项目,经过几年的努力,出版专著《唐宋变革时期的法律与社会》。[4]

然而,现在的问题是:(1)以法律史的视野观察唐宋社会变革,这里的法律是广义,还是狭义?二者是否需要区分?意义如何?(2)"唐宋社会变革"中的社会是一个宏阔的社会学概念,它涉及社会生活的方方面面,从法律史的角度去看这一问题,它与以往学界的眼光有何不同?要解决的是什么问题,以怎样的方法解决这一问题?对此,本文试图在学界已有成果的基础上进一步厘清这些问题,并以"干照"一词为切入点,给出新的解释。

就法律而言,有广义与狭义之分。狭义的法律是指国家机关制定或认可的规范,在西方法学流派中,持狭义法律观念的是实证主义法学派。广义的法律,除国家制定法外,还包括习俗、礼俗及其团体机构、社会组织制定的章程、办法等,社会法学派往往持广义的法律观念。中国是一个具有悠久成文法传统的国家,制定法是审判的主要依据,但由于中国人口众多,民族多样,又加上文化深受儒家思想影响,故历来以"礼法合一"著称。礼的部分规范,或上升为法律,或成为刑法与司法原则。即便是礼俗,也未必不可以广义之法视之。故以法史的眼

---

〔3〕 柳立言先生说:"笔者将在另一篇论文《法律史上的"唐宋变革"》指出,就法律领域来说,一个主要的变革是发生在宋初,并且很快就确定下来,而这个变革不是独立发生,它有着若干社会和经济变革作为后盾。至于其他领域,如政治、社会、经济、军事和思想等,可以有不同的变革期。过去太重视'朝代',执着于以'唐宋'或'明清'来指称变革期,假如以领域为主体,就可能是'法律变革'发生在宋初而定型于北宋中叶,'政治变革'发生在中唐而定型于宋初,而'儒学变革'发生在晚唐而定型于北宋中叶了。"参见前引氏著:《宋代的家庭与法律》,上海古籍出版社 2008 年版,第 20 页。笔者近几年竭力搜集并高度关注柳先生的成果,但目前仍未见这篇论文正式发表。

〔4〕 戴建国:《唐宋变革时期的法律与社会》,上海古籍出版社 2010 年版。2012 年 8 月 19 日至 22 日,"宋都开封与十至十三世纪中国史"国际学术研讨会暨中国宋史研究会第十五届年会在河南大学召开,笔者因专业背景的缘故,虽第一次参加史学专业的研讨会,却被分到了学术实力雄厚的法制组,且拙文的评议人为著名宋史学家戴建国教授。戴先生自 20 世纪 90 年代以来便在《文史》及《历史研究》等权威史学期刊上发表有关宋代法律史的学术论文。本人在宋代司法传统的研究中多次蒙戴先生指教,且惠赠书籍资料与我,不胜感激!此次,戴先生在担任拙文的评议人时,就本文中"干照"一般含义的第三义——"干照"为"日记"或"笔记"之义提出了不同意见,认为"毕氏干照存焉"一语应释为在政府颁发给毕氏家族的"告身文书"或"批书"中记载了此事为妥。戴先生之说或容有继续讨论的空间,但对戴先生的高情厚谊及学术见解,仍须于此表出,以示敬重!

光去看唐宋社会变革，既可从广义的法律出发，把礼俗、家范、家训、族规、私人书院的“揭示”等均视为法律，研究唐宋之际社会风俗的变化，[5]并以此去揭示中国自宋以后一千余年来老百姓的思维方式与行为方式，[6]也可以从制定法的层面，从国家司法审判与诉讼的角度，揭示唐宋社会变革的形态、内涵及其意义。就社会变革的内在属性而论，学界通常认为影响社会结构变化的最重要因素有二：一是土地私有制的深化与发展；二是社会阶级关系的变革。但在本文看来，其实还有一个重大因素，以往被学界所忽略了，这就是司法传统的变革与转型。我们如果不把司法制度与传统视为一个孤立的社会元素，而是从历史辩证唯物主义的立场出发，把法律视为社会生活的产物，法律根植于社会生活，社会是法律之源，法律又反过来规范社会生活。那我们就不得不承认，司法传统与司法制度只不过是镶嵌在整个社会结构中的一个环节。就司法审判而言，无论是刑狱，还是田宅诉讼，在一个成文法传统的国家里，审判的最重要依据与原则就是依法判决，并参酌天理与人情。就此而言，从国家制定法的角度，以唐宋之际的“田宅诉讼”为切入点，从司法构造的原理出发，把诉讼的理念、类型与原则置于社会结构的变迁中，从而去揭示唐宋司法传统转型与社会变迁的内在关联性，并把法律与司法传统转型视为衡量一个社会变革的重要指标与变量。其既是本文的一个新视野，也是学界以往所忽略的。尤其是，当我们以历史人类学的方法，把宋代司法，特别是“田宅诉讼”中新出现的“干照”一词，置于社会文化关系的意义网络中，而不仅仅将其看作一个抽象的历史词汇时，我们就会发现，在唐宋社

---

〔5〕 笔者前一段研究的成果，正是从这一角度出发的。2008 年，笔者承担了教育部人文社会科学基地重大招标项目（中国政法大学）“唐宋社会变动与法律变化研究”，并于 2010 年 12 月于河南大学召开学术研讨会，会议成果以“法律史视野下的唐宋社会变革”结集，但尚未正式出版。笔者的看法，参见拙文：《法律史视野下的唐宋社会变革——从“皇权统治国家、士绅建构社会说起”》，载《公民与法》2012 年第 3 期。

〔6〕 学界通常认为，中国人现在过日子的规则与逻辑受宋以来所形成的传统影响极深。一般来说，中国人的思维方式与行为方式已化约为老百姓过日子的规则与逻辑。这似乎是一个宏阔无当的观念，其实不然。近代以来，中国移植了西方先进国家的许多法律，包括公法与私法。民法学家甚至要以德国的民法理论打造人们的生活规范，塑造公民社会的根基。但在老百姓的实际生活中，婚丧嫁娶、待人接物、走亲访友，无不都在受宋代传统的影响。学界有关成果可参见葛兆光：《思想史研究课堂讲录》，生活 · 读书 · 新知三联书店 2005 年版。葛先生甚至认为：“所谓中国的传统文化，我们现在记忆中的或是生活所遇到的，其实不是真正的古代传统，而是宋代的传统。家庭、伦理等历史和常识，往往都是宋代给我们留下来的。宋代对现代中国的影响非常大。”笔者对此问题的认识，可参见拙作：《宋代司法传统的现代解读》，载《中国法学》2006 年第 3 期。

会历史结构的变迁中,尽管司法审判的主体依然是各级政府中的"士大夫"型官员,但宋代司法结构中的权力配置正在悄然地发生变化,即诉讼当事人中的原被告(他们大多数是老百姓)、参与助讼的"讼师"与各色杂人正在通过宋代司法中新话语的出现与法律生长的"理性空间",而改变已有的权力结构,从而使宋代司法传统由"人伦理性"向"知识理性"转型,甚至在一定程度上出现了"司法职业化"的倾向。尽管这个转型还要继续受儒家主流话语的制约,还要在漫长的社会权力结构中缓缓而行,甚至还会在其后的历史长河中出现逆转,但唐宋之际于司法传统转型中所形成的这种趋势,确乎是代表了儒家文明内部的"理性诉求"。笔者甚或认为,若没有这种来自社会结构与文化结构中的内在诉求,西方文明及西方法学理论要在具有几千年文明传统的古老土地上,一经清末变法修律,便于百十多年的历史中如水银泄地般渗透于中国社会生活的各个方面,几乎是不可能的。正是从这一角度出发,笔者在二十余年来的宋代司法传统研究中,才反复强调,在儒家伦理语境的大背景下,仍存在一种法律知识理性的诉求。

本文将主要以《清明集》中所载案例为参照,并结合笔者新近发现的、尚未为学界所重视的南宋临湘县令王炎的一则审理田宅诉讼的心得体会,以宋代田宅诉讼中的"干照"一词为中心,既探索"干照"的文义所指,又要通过该词汇背后蕴含的文化意义与社会变革的内在关联性,揭示宋代司法结构的变化与宋代司法传统的转型。

二、何谓"干照"?

"干照"一词,宋史学界并无统一认识,已有的《历史大辞典》与大型工具书中没有也几乎不可能有一个确当的解释,[7]因为它是宋代社会特有的产物。学界一般认为,就狭义而言,"干照"是指宋代"田宅诉讼"中有关田宅转移、交割及其纳税的契约文书之概称,[8]但这个解释并不确切。在宋代的历史文献中,"干照"一词大量出现。仅就不同历史体裁的文献而言,在不同的语境下,"干照"有不同的义指。依据"干照"涉及的领域不同和本文的主旨所在,可将其大致分为"一般意义上的干照"与"田宅诉讼中的干照"。后者与宋代田宅诉讼关联密切,甚或可视此为审理"田宅诉讼"的重要物证或书证,将是本文关注的重点。

---

〔7〕　经查,《辞海》、《辞源》与《中国历史大辞典·宋史卷》皆无"干照"词条。

〔8〕　参见戴建国:《唐宋变革时期的法律与社会》,上海古籍出版社2010年版,第408页。

（一）一般意义上的“干照”

1. 当论及刑狱或朝廷委派官员分决系囚及疏理滞狱时,“干照”一词的用意似与“干照人”相类,意指与案件相关联的人,不仅包括当事人,也包括证人。如北宋编年体史书、李焘的《续资治通鉴长编》卷四百六十八记载:“御史中丞郑雍言:‘雨雪愆少,农事不举,伏望申饬内外,督促刑狱,以导和气’。诏:在京委刑部郎中及御史一员,开封府界令提点刑狱,诸路州军令监司催结见禁罪人,内干照及事理轻者,先次断讫以闻。内府界徒以下罪人罪状明白不该编配,及申奏公事或虽小节不圆,不碍大情,并许决讫以闻”。[9] 这是发生在宋哲宗元祐六年(1091年)十一月的事。古代中国,受儒家仁政思想观念的影响,皇帝常常于自然灾害发生或者风雨不调时,下罪己诏,或分派官员疏理滞狱,既表示人间秩序要与天地和谐,也昭示天下,包括司法秩序在内的人间秩序若出现问题,则意味着上天之怒。皇帝应检视自身或者司法中是否有冤狱,因为决系囚徒不仅是司法之事,还事关天地与人间秩序的和谐,定期疏理囚徒,使滞狱得以疏缓,便成为一种自汉唐以来的常规制度。这道诏文就是在冬季天旱少雨雪的背景下发出的。诏文中的“干照”一词,结合上下文的语境,应指的是狱中所关押的与案情相关的干连证人,又称“干照人”。“干照人”一词在宋代历史文献中也经常遇到,本是指与案件相关联的人,既包括当事人,也包括证人。古代社会,刑狱大案,人命关天,相关证人要一并关起来,以便查明案情。在古代司法体制下,监狱所关之人并非全是已决犯,未决犯与证人也关在其中,因为古代无看守所与监狱之明确区分。至于狱中所关之干连人,是否包括婚田之讼的证人,学界有不同的看法,就文献记载而言,民事证人,宋代一般不拘押。但这并非绝对,因为古代社会的诉讼中,刑民诉讼之界限并非如现代清晰而有明确的标准。就此诏令而言,大意是说,朝廷在京委派刑部郎中及御史各一员,开封府界令提点刑狱——主管司法的首长,全国各路委派监司,督促所属司法机构疏理滞狱及尽快断决所关押囚犯,其中的干连证人——本引文中的“干照”与轻微犯罪人,要先行断决并上报朝廷。类似的意思在《长编》一书中曾多次出现,受本文主旨所限,不再一一列举。

2. 具有法律效力的官方凭籍与簿籍,多是印证官员因公活动开支的凭据。朱熹《晦庵集》卷十九载:“缘公库收支簿历干照,于内多有不明,尽系唐仲友收

[9]　(宋)李焘:《续资治通鉴长编》(第19册)卷四百六十八,中华书局2004年版,第11184页。

藏入宅。今来马澄赍到排日收支,官会草簿,细数见在,乞勒本人详细供具及有关买物帛泛费名件,亦乞令马澄同什物库专知陆閒,逐一销破,便见欺弊。”朱熹又说:“窃虑必有情弊,臣除已一面牒邻近州追衢州合干人收索赤历干照,逐一根勘,从法施行外,欲望圣慈,先将衢州违法擅支常平义仓米当职官吏特行责罚,以警诸郡,为擅用常平义仓米者之戒,须至闻奏者。”[10] 朱熹是我国著名的理学家,其开创的“宋明理学”曾影响我国元、明、清三代历史,但其在南宋历史上并不得志,做官时间也不长,其对南宋时期知台州唐仲友擅支常平仓粮米的按劾是否尽符合历史事实,学界看法并不一致。但我们这里关注的不是这件历史事件的真相及其对二人关系的评价,而是朱熹对“干照”一词的用法。

3.“干照”即日记或笔记。南宋王明清《挥麈录》后录卷八载:“张怀素,本舒州僧也。元丰末,客畿邑之陈留,常插花满头,佯狂县中,自称戴花和尚。言人休咎颇验,群小从之如市。知县事毕仲游怒其惑众,禽之廷下,索其度牒,江南李氏所给也。仲游不问,抹之,从杖一百,断治还俗,递逐出境。自是长发,从衣冠游,号落托野人。初以占风水为生,又以淫杇之术走士大夫门,因遂猖獗。既败,捕获于真州城西仪真观,室中有美妇人十余。狱中供出踪迹本末。时仲游死已久,诏特赠太中大夫,官其二孙。史册不载,毕氏干照存焉。”[11] 这里所说的“干照”,笔者推测为毕氏日记或笔记。理由有三:首先,这件事官方史籍并无记载,既然如此,它只能从记载毕仲游事迹的私人撰述中寻找。其次,与毕仲游私人关联且记载其事迹的文字表现形式不外乎三种体裁:一是行状;二是墓志;三是私人日记。最后,就上述三种记载毕氏私人事迹的文字体裁而言,行状与墓志却须死后,由其亲朋好友撰写,只有日记或笔记才能是私人撰述,既然这里没有说据墓志与行状所载,而是说“毕氏干照存焉”,只有解释为毕氏日记或笔记所载较为恰切。学界一般认为,北宋中后期,名士大夫撰写笔记之风盛行。这里的“干照”极有可能就是毕仲游亲自撰写的日记或笔记。

4.关联、关照之义。李纲《梁溪集》卷一百二十一《答钱巽叔侍郎书》载:“某顿首拜启宫使侍郎阁下,去冬承书贶,辞意郑重,以先内翰墓铭见委,宠示行状及干照文字一帙”。[12] “干照文字”即关联文字之义。宋代李光《庄简集》卷十一

---

〔10〕 曾枣庄、刘琳主编:《全宋文》(第234册),上海辞书出版社、安徽教育出版社2006年版,第172页。

〔11〕 (宋)王明清:《挥麈录》后卷八,上海书店出版社2001年版,第140页。

〔12〕 曾枣庄、刘琳主编:《全宋文》(第171册),上海辞书出版社、安徽教育出版社2006年版,第187页。

《乞蠲二浙积欠札子》:"窃虑行之既久,遂为永例。诸县因军马经由支过,系省钱斛多不肯豁除,坊场亏欠课利,委非侵欺,无缘补发,而官吏欲假此骚扰,时一举行,追呼捕逮,谓之干照钱。县官无所从出,止是剥民,如斯苛细,望悉蠲除。庶几小民,蒙被实惠,仰副陛下勤恤民隐之意"。〔13〕 此处"干照钱"即关联钱、关照钱。

5. 证据之义。《朱子语类》卷一百六十载有一段朱熹外任于漳州时与杨通老的对话,是讨论法律问题的,其中所说的"干照"即法律凭证或法律证据之义。文称:

杨通老问"赵守断人立后事错了,人无所诉"。曰:"理却是心之骨,这骨子不端正,少间万事一齐都差了!如一个印刊得不端正,看印在什么所在,千个万个都喎斜。不知人心如何恁地暗昧!这项事,其义甚明。这般所在,都是要自用,不肯分委属官,所以事丛杂处置不暇,胡乱断去。在法,属官自合每日到官长处共理会事,如有不至者,自有罪。今则属官虽要来,长官自不要他来,他也只得体这般法意是多少好。某尝说,或是作县,看是状牒如何烦多,都自有个措置。每听词状,集属官都来,列位于厅上看,有多少均分之,各自判去。到著到时,亦复如此。若是眼前易事,各自处断。若有可疑等事便留在,集中较量断去,无有不当,则狱讼如何会壅?此非独为长官者省事,而属官亦各欲自效。兼是如簿尉等初官,使之决狱听讼得熟,是亦教诲之也。某在漳州,丰宪送下状如雨,初亦为随手断几件。后觉多了,恐被他压倒了,于是措置几只厨子在厅上,分了头项。送下讼来,即与上簿。合索案底,自入一厨;人案已足底,自入一厨,一日集诸同官,各分几件去定夺。只于厅两边设幞位,令逐项叙来历,未后拟判。俟食时,即就郡厨办数位,饮食同坐。食讫,即逐人以所定事较量。初间定得几个来,自去做文章,都不说著事情。某不免先为画样子云,某官今承受提刑司判下状系某事:(一)甲家于某年月某日有甚干照,计几项;乙家于某年某月某日,有甚干照,计几项,逐项次第写令分明。(一)甲家如何因什么事争起到官,乙家如何来解释互论,甲家又如何供对已前事分明了。(一)某年某月某日如何断。(一)某年某月某日某家于某官番诉,某官又如何断。以后几经番诉,并画一写出,后面却点对以前所断当否,或有未尽情节,拟断在后。如此了,却把来看:中间有拟得是底,并依其所拟断决,合追人便追人;若不消追人,便只依其所拟,回申提刑司去。

---

〔13〕 曾枣庄、刘琳主编:《全宋文》(第154册),上海辞书出版社、安徽教育出版社2006年版,第101页。

有拟得未是底，或大事可疑，却合众商量。如此事都了，并无雍滞。”杨通老云：“天下事体固是说道当从原头理会来，也须是从下面细处理会将上，始得。”曰：“固是。如做监司，只管怕讼多，措置不下。然要省状，也不得。若不受词讼，何以知得守令政事之当否？全在这里见得。只如入建阳，受建阳民户讼，这个知县之善恶便见得。如今做守令，其弊百端，岂能尽防！如胥吏沉滞公事，邀求于人，人皆知可恶，无术以防之，要好，在严立程限。他限日到，自要苦苦邀索不得。若是做守令，有可以白干沉滞底事，便是无头脑。须逐事上簿，逐事要了，始得。某为守，一日词诉，一日著到。合是第九日亦词讼。某却罢了此日词讼。明日是休日，今日便刷起，一旬之内，有未了事，一齐都要了。大抵做官，须是今自家常闲，吏胥常忙，方得。若自家被文字来丛了，讨头不见，吏胥便来作弊，做官须是立纲纪，纲纪既立，都自无事。如诸县发簿历到州，在法，本州点对自有限日。如初间是本州磨算司，便自有十日限，却交过通判审计司，亦有五日限。今到处并不管著限日，或延迟一月，或延迟两三月，以邀索县道，直待计嘱满其所欲，方与呈州。初过磨算司使一番钱了，到审计司又使一番钱，到倅厅发回呈州呈复，吏人又要钱。某曾做簿，知其弊，于南康及漳州皆用限日。他这般法意甚好，后来一向埋没了。某每到，既以法晓谕，定要如此，亦使磨底磨得仔细，审底审得子细。有新簿旧簿不同处，便批出理会。初间吏辈以为无甚紧要在漳州押下县簿，付磨算司及审计司，限到满日却不见到。根究出，乃是交点司未将上，即时决两吏，后来却每每及限，虽欲邀索也不敢迁延。县道知得限严，也不被他邀索。如此等事整顿得几件，自是省事。此是大纲纪。如某为守，凡遇支给官员俸给，预先示以期日，到此日，只要一日支尽，更不留未支。这亦防邀索之弊。看百弊之多，只得严限以促之，使他大段邀索不得。”又曰：“某人世为良宰，云要紧处有八字：开除民丁，划割户税，世世传之。”又曰：“法初立时，有多少好意思。后来节次臣僚胡乱申请，皆变坏了。如父母在堂，不许异财，法意最好。今为人父母在不异财，却背地去典卖，后来都昏赖人。以一时之弊变万世之良法。只是因某人私意申请。法尽有好处。今非独下之人不畏法，把法做文具事，上自朝廷，也只把做文具行了，皆不期于必行。前夜说上下视法令皆为闲事。如不许州郡监司馈送，几番行下，而州郡监司亦复如前；但变换名目，多是做忌日，去寺中焚香，于是皆有折送，其数不薄。间有甚无廉耻者，本无忌日，乃设为忌日焚香以图馈送者。朝廷诏令，事事都如此无纪纲，人人玩驰，可虑！可虑！”又曰：“只如省部有时行下文字，尽有好处。只是后来付之胥吏之手，都没收杀。某在漳州，忽行下文字，应诸州用铸印处,或有阙损磨灭底,并许申上,重行改造。此亦有当申者。如合有铸印处,乃是兵刑钱谷处;如尉有铸印,亦有管部弓兵,司理主郡刑狱,乃无铸印。后来申去,又如掉在水中一般,过得几时,又行文字来;又申去,又休了。如今事事如此,省部文字,一付之吏手,一味邀索,百端阻节。如某在绍兴,有纳助米人从县保明到州,州保明到监司,监司方与申部,忽然部中又行下一文字来,再令保明!某遂与逐一详细申去云:'已从下一一保明讫,未委今来因何再作行移?'如此申去,休了。后来忽又行下来云:'助米人称进士,未委是何处几时请到文解?还是乡贡?如何,仰一一牒问上来。'这是叵耐不叵耐!他事事取如此邀求取索。当初朝廷只许进士助米,所谓'进士',只是科举终场人,如何敢恁地说!某当时若便得这省吏在前,即时便与刺两行字配将去!然申省去,将谓省官须治此吏,那里治他?又如奏罢一县令,即申请一面差人待阙,候救荒事讫,交割下替。不知下替便来争,上去部里论,部里便判罢权官。后来与申去云,元初差这人,乃是奉圣旨令救荒,尽与备许多在前。及后部中行下,乃前列圣旨了,后乃仍旧自云:'合还下替,交割职事。'直是恁地胡乱行移,略不知有圣旨?那个权官见代者来得恁地急,不能与争,自去了。"

敬之问:"《淳熙事类》,本朝累圣删定刑书,不知尚有未是处否?"曰:"正缘是删改太多,遂失当初立法之意。如父母在堂,不许分异,此法意极好,到后来因有人亲在,私自分析,用尽了,到亲亡,却据法负赖,遂著令许私分。又某往在临漳,丰宪送一项公事,有人情愿不分,人皆以为美。乃是有寡嫂孤子,后来以计嫁其嫂,而又以己子添立,并其产业,后委郑承看验,逐项剖析子细,乃知其情。"[14]

这里不避冗长,全段引用了朱熹在漳州时与弟子杨楫(字通老)及李敬之等人的对话,之所以如此,最为重要的原因就在于,"干照"一词的起源似无从考实,而在宋代的史籍中,又经常反复运用,此词的含义既当从上下文字语境中去把握,又必须与宋代的法律用语,尤其是宋代公文的行使、法官的听讼断狱相印证。这段文字通篇讨论的都是宋代法律方面的事情,是了解宋代官员办公、断案、法律运行、胥吏之弊的生动史料,但其价值尚未被法史学界所重视。就其中的"干照"一词而言,它的上下文语境是:首先,朱熹与其弟子杨楫就赵守审断一民户立后即立继事而展开的讨论,朱熹强调,理为心之骨,凡做事必合理,合理就

[14] (宋)黎靖德编:《朱子语类》(第7册)卷一百六十,王星贤点校,中华书局1986年版,第2647-2650页。

是抓住问题关键点。就“法官”审案来说，宋代社会民事诉讼甚多，官方来往文书频繁，且对案件的审期有明文要求。如此重压之下，朱熹认为一个长官要审清案件，理断明白，就必须充分调动下属官员的积极性，不能一人独揽，尽管长官对案件负有全责，但案子涉及的法律制度与知识十分繁杂，长官不可能全部是法律专家，如同现代社会中的法院各级院长，其专业知识未必强于具有专业背景的下属。在宋代，州级长官的幕职官及诸曹官，如司法、司理参军往往才具有专业的法律知识。故朱熹在这段对话中特别强调长官断案，理应发挥所属官员的能动性，下属官员尽职尽责，长官才不至于手忙脚乱。赵守之所以断错，就在于他大权独揽，不堪重负，压力之下胡乱断去，岂能不错！其次，按宋代法律之规定，州一级司法组织严密，分工甚明，长官之属官每日皆须到官长处即“佥厅”共同办公，若如不至是违法的。而赵守竟然不要下属来办公，致使所断立后案出错。朱熹借此例来说，他在漳州时，路提刑司送来很多需重新审理的案件，他初期也是自断，后感觉压力太大，于是于佥厅放置几件办公厨子，也就是摆放公文、案牍、档案的架子，分类置放。来了案件，即刻登记。案件审结，自入一厨。每天集合众属官，各据其职分配定夺。办公厅两边设帐幕，令所属官员就自己所经办的案件逐项叙来历，然后批判。到开饭时，饮食同座。饭后，令逐人汇报讨论。朱熹以提刑司所交办的案子为例，交代如何处理，以为示范。如甲家于某年某月日因某事争讼告到官府，乙家如何解释，互诉，甲家又如何应答。某法官于某日某月如何断，断后，有无翻诉，又翻诉于谁，此法官又怎样断，经几番翻诉，须一一写明。更为重要的是，某甲于某年某月某日有什么干照，计几项；乙家于某年某月某日有什么干照，计几项，都须逐项写立分明，以备审断为证据之用。故由此段文字上下的语境及宋代的法律用语来看，此处的“干照”一词，应为证据之义较为恰切。

另外，这段史料还透露出三条重要的信息：其一，官场中胥吏的作用及贪财。其二，通过受理民户之讼，洞见县令善恶，即是说，通过考察县一级长官对民讼案件的处理，便可知其是否符合国家的用人标准。官员断案清明与否是判别官员是否尽职尽责的标准。民讼不是小事，这是一段难得的史料。其三，唐宋以来的“同居共财制”一向被学界视为千古不易的财产制度，[15] 但实际上在宋代社会

---

〔15〕《宋刑统》卷十二《父母在别籍异财》：“诸祖父母，父母在，而子孙别籍异财者，徒三年。（别籍异财不相须，下条准此。）若祖父母，父母令别籍，及以子孙妄继人后者，徒二年，子孙不坐。〈疏〉诸祖父母，父母在，而子孙别籍异财者，徒三年。注云，别籍异财不相须，下条准此。”同卷《卑幼私用财》：“诸同居卑幼私辄用财者，十匹笞十，十匹加一等，罪止杖一百。”（宋）窦仪等：《宋刑统》卷十二，吴翊如点校，中华书局 1984 年版，第 192 - 197 页。

生活中从没有被认真执行过，法令不仅允许父母在时，子女可以在父母的允许下生分财产，而且南宋的《淳熙事类》还允许子女不经父母同意，亦可私分。这在中国法律史上还是首次，是一个划时代的变化。只不过《淳熙事类》的原文已不得见，此令仅见著于《朱子语类》中，若能于其他宋代文献中考出此令，当对中国法律史的研究有极大贡献，也为我们重新认识宋代司法传统的转型提供一更有说服力的佐证！

6. 档案之义。胡寅[16]《斐然集》卷十四："朕比览元符谏臣任伯雨章疏论列章惇、蔡卞，诋诬宣仁圣烈太后，欲追废为庶人。谁无母慈，何忍至此？赖哲宗皇帝圣明灼见，不从所请。向使其言施用，岂不蔑太母九年保佑之功，累泰陵终身仁孝之德。自朕纂服，是用疚心，昭雪党人刊正国吏。虽崇宁而后，迷国猥众，推原本始，实自绍圣惇、卞窃位之时，而谖慝未彰，公论犹郁，将何以仰慰在天，称朕尊严宗庙之意哉！可令三省取索见存干照文字，议罪来上。当正典刑，布告天下，为万世臣子之戒。"[17]此文中的"干照文字"即档案文字之义。

又洪迈《夷坚支景》卷七《范隅官》："乾道辛卯岁，江浙大旱，豫章尤甚，龚实之作牧，命诸县籍富民藏谷者责任粜数，令自津般随远近赴于某所，每乡择一解事者为隅官，主其给纳。靖安县羡门乡范生者在此选，其邻张氏当粜二千斛，以情语范曰：'以官价较市值，不及三之二。计吾所失，盖不胜多矣。吾与君相从久，宜蒙庇护，盍为我具虚数以告官司，他日自有以相报。'范喜其言甘，且冀后谢，诺其请，为之委曲，张遂不复捐斗升。阖里皆知之，而畏二家力势，费敢宣泄。壬辰秋大稔，前事顿息，范、张由此愈益交欢。癸巳之春，范以微疾卒，将殓复苏，呼谓其弟曰：'我适到一公府，殿宇严峻，官吏森列，使我供责减寿二纪状。我念平生无过恶，拒而不从，吏云前年汝为隅官，虚申张家赈粜米二千石，至饿死者若干人，非过恶而何？我记得向时张家认只一千石，今所言乃倍之，哀祈此吏放回取干照，遂得暂归。当来应干文书，尽置箧中，汝为检索，恐可籍手。'弟亟往取

[16] 胡寅（1098—1156年），宋建宁崇安（今属福建）人，字明仲，学者称致堂先生，胡安国侄，养为己子，宣和进士。靖康初，为秘书省校书郎，从祭酒杨时受学。张邦昌称楚帝，弃官归。建炎三年（1129年），张浚荐为驾部郎官，擢起居郎。上书高宗，陈抗敌大计及论苟安议和之非，辞气激切。绍兴中，任中书舍人，反对遣使入金，出知严州、永州。官至礼部侍郎，直学士院。秦桧当政，深忌之，以讥讪朝政落职安置新州。桧死，复官。生平志节豪迈，数上书论恢复。著有《读史管见》、《论语详说》及《斐然集》。参见邓广铭、程应镠主编：《中国历史大辞典·宋史卷》，上海辞书出版社1984年版，第325页。

[17] 曾枣庄、刘琳主编：《全宋文》（第189册），上海辞书出版社、安徽教育出版社2006年版，第107页。

视,果二千石,范即瞑目,是时年三十有八。逾岁,张亦死。"[18]

《夷坚志》是宋朝著名的志怪小说集。点校者认为,该书记载的是传闻的怪异之事,内容多为神仙鬼怪,异闻杂录,禨祥梦卜,也记载了宋人的一些遗文轶事,诗词歌赋,风尚习俗以及中医方药等。"这些材料除可资考证外,还可以窥见宋代城市生活的某些侧面。因而《夷坚志》不仅在文学史上有一定价值,同时也是研究宋代社会史的有用资料。"其实,点校者对该书价值的评价还忽略了一项重要内容,这就是法律史的意义。仅就此段引文看,作者虽然是以鬼怪梦卜之曲折手段表现了一个隅官的贪腐与玩忽职守。但里面透露出的官员于赈灾救荒中需于官方文本与档案中记载往来支出收入事项的信息,却是颇为契合宋代行政法律之要求的。其中所说的"干照"一词,理解为档案及一应文书,理应说得过去。以此条去印证宋代法典《庆元条法事类》,亦足见"干照"一词可作档案文书解。《庆元条法事类》卷七《职制门·四》"随敕申明·名例":"绍兴九年(1139年)七月二十四日敕:应承勘命官公事,其告敕、劄子、批书等应付身文字内有去失者,虽有干照,未曾陈乞保奏出给敕劄之人,仰子细推究来历、补授之困,仍召保官二员,委保实是某官,别无伪冒。如所保不实,科徒二年之罪。仍限当日所保事因,批上保官印纸或告劄。"[19]据同书卷十七《文书门·二》所载同条敕令,应补上以下文字:"及于申奏案状内开说召到保官,已批书保官印纸因依。如后来到部,反叙用若陈乞去失者,仍不得将结勘召保等因依作去失干照使用。"[20]

绍兴十年(1140年)二月一日敕:"大理寺参详,有官人去失付身有照证者,已有绍兴九年(1139年)七月二十四日命官犯罪有去失许召保指挥,自合遵守外,所有无照证,官司难以据凭之人,缘有荫人犯罪尚许收赎,其有官去失之人虽无照证,即难以便作无官人决罚,亦合召保施行。其再失已给到去失公据、付身人,亦难以作无官人决罚。"[21]这段补充文字十分重要,它不仅使绍兴九年(1139年)七月二十四日敕的文意更加完整,而且我们还可以通过对"绍兴十年(1140

[18] (宋)洪迈:《夷坚志》(第2册),中华书局1981年版,第937-938页。

[19] 杨一凡、田涛主编:《中国珍稀法律典籍续编第1册:庆元条法事类》卷七,戴建国点校,黑龙江人民出版社2002年版,第115-116页。

[20] 杨一凡、田涛主编:《中国珍稀法律典籍续编第1册:庆元条法事类》卷十七,戴建国点校,黑龙江人民出版社2002年版,第372页。

[21] 杨一凡、田涛主编:《中国珍稀法律典籍续编第1册:庆元条法事类》卷十七,戴建国点校,黑龙江人民出版社2002年版,第372页。

年）二月一日敕”中大理寺就此所发表的解释，尤其是其解释中“照证”一词的三次出现，印证“干照”与“照证”的相通之处，即它们都是指具有法律证明力且可查证的档案文书或法律凭籍，是宋代行政法制化的突出表现形式。

7. 泛指官员因注授差遣或受命于办某事于赴任途中因兵火战乱丢失有关身份证明时，能证明官员身份的“付身”“印纸”“补授文书”及其他证据。《庆元条法事类》卷十七《文书门·二》“州军保奏官员去失状”：

准令，诸弃毁，亡失付身，补授文书（谓告敕、宣、劄、印纸、帖、牒、请受文历之类），限十日经所在官司自陈，（若身在他所即除豁程限，仍于保状声说）召本色二人保（谓命官，召命官；将校，召将校之类。文臣须召升朝官，武臣须大使臣以上，甘付朝典委保。仍取索保官付身或印纸，长吏躬亲审验分明批凿。即因毁失经勘断者，免召保。如全去失及去失初補或末后及改官付身若印纸，应召管军、知閤、御带、监察御史以上之类委保者，自依本法。）系命官，将校付身、印纸，所在州保奏，余报元给官司，给公凭。今据某官某人状，元系某年月日某人榜，赐进士及第出身，或因父祖等任某官，遇某年月日大礼或致仕、遗表、阵亡、职任捧表特恩之类補授，是何官，后来缘是何事转至见今官。（并要年月日因。）昨在某州县，任是何差遣或寄居待阙，于某年月日因是何事去失是何告、敕、宣、劄之类。（各开具名件，如告、敕、宣、劄尽在，止去失印纸，即声说并无隐匿过犯。）如曾经兵火州军保奏，遇大礼并致仕、遗表補授未出仕之人，（即云今有当时于某州或某县给到去失公据，或别有某处照据文字见存，今来某见在某州军寄居，窃缘某州军系因兵火去处，案牍不存。）今召到委识保官二员，开具职位姓名（内曾经兵火州军去失之人，仍称并责某州或某县给到去失公据或干照文字。）粘连在前，乞行勘验，缴连保奏施行。前连保官某官位姓名状，各称年未七十，历任无赃罪及私罪徒，与某人非缌麻以上亲并相容隐人，不系分司、致仕、不理选限、进纳，归明偕人若流外官，亦不系全去失付身止给到公据之人。（使臣云不系未经任人。）今委保某人出身授改转官资，开具年月日因依，昨在某州县，任某差遣或寄居待阙，于某年月日因是何事，去失是何告、敕、宣、劄（如系全去失及去失初補或末后及改官付身，即声说不系承代他人及阑遗告敕、付身便作正身冒名祗授，亦不系借补空名改易书填，非泛恩赏補授、改易出身。）印纸。（如有去失印纸，也声说有无隐匿过犯。）如曾经兵火州军保奏，遇大礼并致仕、遗表補授未出仕之人，（即云保某人，有当时于某州或某县给到去失公据，或别有某处照据文字见存。）今来所保某人，委的当时曾作是何官，或曾任是何差遣，（武臣即云即不系诸处借补空名书填改易、妄称去失之人。)并是诣实。所保某人系在是何去处,知识来历因依,今年第几次作保。如后衮同,甘俟朝典,须至奏闻者。右州司所据某人状乞保奏去失告、敕、宣、劄或印纸,寻下某处勘会,委系于某年月日缘是何事去失。(内已授官未出仕之人,勘会委是曾于某年月日缘是何事保奏。)如曾经兵火州军保奏,遇大礼并致仕、遗表補授未出仕之人,(即云取索到某人当时某州或某县给到去失公据,或干照文字照验是实。)及取索到某人未去失以前干照付身(谓如告、敕、宣、劄或印纸,或官司给到可以为照文字。)寻委官典对,别无差漏伪冒。录白所存干照文字,粘连在前,取到保官付身或印纸,照验得系今年第几次作保,已批凿讫,保明并是诣实。谨录奏闻,伏候敕旨。[22]

文中的"付身",又称"付身文字""付身文书"。史学家朱瑞熙先生说,"此为宋吏部四选等发给任差遣官员的功过历,须随身携带。上级官府于其上批写:该官员于某年月日奉某官司之命,差到干办某事,至某年月日替罢;有无未结绝事件,在假月日,不在职月日以及展磨减勘指挥等"[23]。而"印纸"作为宋代官府文书名本有三义,在本段的文义是:"宋制,官员已授差遣,须于十日内缴真本告札、付身,赴礼部本选照检,请二日内于所交纸二十张上用印。中书门下省,枢密院所授官和外移差遣者,则直接由官府给付。此纸在铨选制中称'印纸',有行程历、保官、选人、使臣、京官、捕盗官并捕盗人及御前、尚书吏部印纸之分。官员出行,即填写所经地点、月、日与行程于行程历印纸,至目的地交官府检验。如系担任差遣,即在选人或京官,使臣印纸上填写到任月、日,替罢则填写有无不了事件在任功过等项。印纸均由本人随身携带。使臣及遥郡、横行印纸终身不得更换。官员若弃毁批书印纸后空纸,则降半年名次注阙。"[24]据此,本段引文中的"干照文字"与"干照付身",结合宋代授官注授差遣的制度及上下文义,大意是说,当某官员被注授差遣时,或授差遣主办某事时,于赴任途中或所经历兵乱火灾,亡失"付身""印纸""补授文书",并由所经州县官府给予证明或者是有关能证明这些法律文件的关联文字、凭证。法律要求,丢失者本人须在十日内向所授的主管部门报告,并把所经州县所给出的凭证及关联文字粘连上报,请求验实。故"干照文字"与"干照付身"中的"干照"应为具有法律效力的关联文字与

---

〔22〕 杨一凡、田涛主编:《中国珍稀法律典籍续编第1册:庆元条法事类》卷十七,戴建国点校,黑龙江人民出版社2002年版,第370－371页。

〔23〕 邓广铭、程应镠主编:《中国历史大辞典·宋史卷》,上海辞书出版社1984年版,第97页。

〔24〕 邓广铭、程应镠主编:《中国历史大辞典·宋史卷》,上海辞书出版社1984年版,第98页。

关联证据之义。

由于“干照”一词作为一个历史词汇，其起源似无法考实，但却又在宋代的文献中，尤其是法律文件及法典中被反复使用，故我们这里不厌其烦地引用文献以抽绎出“干照”一词的历史蕴含，以便与我们下面论及的宋代田宅诉讼中“干照”的用法与含义相沟通。就“干照”一词的含义，上文所讲有七，再把它们归纳起来，无非以下几种含义：一是干连、关联之义；二是日记或笔记之义；三是档案之义；四是文书之义；五是凭籍簿记之义；六是法律凭证之义；七是法律证据之义，也是本文所关注的最重要的含义。由于宋代的各种事务活动都已法制化，故它在不同的情形下，其所指法律意蕴并不相同，但“干照”一词所表现的最核心的时代意义是，宋代是一个一切按程式办事的法制社会，几乎所有的行政活动都有一套极其细致的规则，官员的衣食住行及公务活动都完全纳入程式化、文书化的法制轨道中。如此一来，当宋代官员作为法官审理刑狱及其田宅诉讼时，“干照”作为“证据”的法律意义就更加凸显而越发体现出宋代司法审判高度重视书证与物证的时代特征。宋代刑狱审判重视物证与书证，最近已受到学界的关注，并有有关成果问世。[25] 而对田宅诉讼中“干照”所彰显出来的证据意义则少有学者涉及，下面就把“干照”的这层意义重点予以揭示。

(二)田宅诉讼中的“干照”

在宋代田宅诉讼中，“干照”是田宅交易的一应契约文书的概称，包括田宅所有权转移、交割时，双方当事人所签订的契约文书、上手文书及其纳税凭证。个别时候，也有卷宗之意。[26] 《清明集》是南宋著名法官判决案件的真实记录，其史料与法律价值受到中外学者的高度重视。该书大约有 230 个案件，而有关婚姻、田宅、债负的诉讼约占 99% 以上，[27] 就书中 226 件民事诉讼案件而言，田

---

〔25〕 郭建：《案发当时：大宋提刑官断案宝典》，中华书局 2006 年版；魏文超：《宋代证据制度研究》，中国政法大学出版社 2013 年版。

〔26〕 《名公书判清明集》卷十二，中国社会科学院历史研究所宋辽金元史研究室点校，中华书局 1987 年版，第 464 页，《断罪》。

〔27〕 参见陈景良：《讼学、讼师与士大夫——宋代司法传统的转型及其意义》，载《河南省政法管理干部学院学报》2002 年第 1 期。拙文发表后，中国人民大学复印报刊资料中心《法理学 · 法史学》于 2002 年第 6 期予以全文转载，《中国社会科学文摘》2002 年第 5 期《论著精华》栏目摘录 5000 多字。我国台湾学者柳立言先生认为这是一篇研究讼学与讼师最为详尽的成果，见氏著：《青天窗外无青天：胡颖与宋季司法》，载氏编：《中国史新论 · 法律史分册》，台北，联经出版股份有限公司 2008 年版，第 268 页。大陆学者田涛在他主编的《黄岩诉讼档案及调查报告》（法律出版社 2004 年版）一书中，多次加以引用，见该书第 12、13、14、19 页等。

宅诉讼又在50%以上。在这些各类形态的田宅诉讼中,现依据河北大学宋史研究中心开发的《宋辽夏金元史电子馆》中的《清明集》一书,输入"干照"一词加以检索,统计出"干照"一词共出现107次。我们先选取一个典型的擅自出卖所寄田产的案例,分析"干照"一词在田宅诉讼中的义指,再列表统计"干照"一词的用法以示明晰。

首先需要明确的是,宋代社会是以田产及财产的多寡来划分户等的,户等越高,赋役纳税就越重。故生活中,常有人为降低户等而隐匿田产,把田产以契约的形式虚假典卖于亲戚或形势户之家等情形,时人称"诡名挟户"是也。形势户是宋代的官户,享受免役特权,故常为受寄田产之家。这样一来,社会问题也就出现了。受寄之人常借此吞并原寄托之家的田产,寄托之家虚假典卖所立契约本就违法,因为它是以偷税为目的的,现在弄假成真,有苦难言。这成为宋代社会生活中的一个普遍现象,常见于宋代的各种历史文献中。《清明集》所载的这个案件就属于此类性质。原告为南宋时期江山县(今浙江省衢州)临江乡吕千五,被告是吕千五的近亲詹德兴,善意第三人是毛监丞宅。审判法官为翁甫[字景山,号浩堂,宝庆二年(1220年)进士,累官江西转运使、太府少卿],时间为南宋理宗年间。该案的大意是,吕千五与詹德兴是亲戚关系,吕千五为逃避税役,于南宋淳熙十年(孝宗年号,1190年)、绍熙五年(光宗年号,1195年)两次立假契约卖于詹德兴家,并于光宗嘉熙四年(1240年)入了詹德兴的产簿。这些表面上完全符合宋代田宅买卖法律程序的契约皆为虚拟。但数年后,詹德兴却执此买契与产簿证据,把三块田产卖给了毛监丞宅,且毛监丞宅并不知情(相当于现在民法理论上所说的"善意第三人")。吕千五知悉后,将詹德兴告上法庭。法官翁甫的判词中两次出现"干照"一词,既指吕千五与詹德兴虚立的卖田契约,也指詹德兴据二契而获得田产的簿记——"砧基簿",[28]也就是田产底账。南宋绍兴经界法规定,人户砧基簿由人户自造,图画田形丘段,标明亩产四至,原系祖产,抑还典卖赴县印押讫,用为凭证。各县亦置砧基簿,以乡为单位,每乡一册,共三本,县、州转运司各藏一本。人户典卖田产,须各赍砧基簿及契书赴县对行批凿,有契书而不上砧基簿者无效。这样的案件,法官该如何判决,依据什么判别真伪,"干照"的义指在判词中为何,又是怎样运用的呢?下面就援引原判词以说明:

---

〔28〕 邓广铭、程应镠主编:《中国历史大辞典·宋史卷》,上海古籍出版社1984年版,第370页。

江山县詹德兴以土名坑南、牛车头、长町丘等田，卖与毛监丞宅。有本县临江乡吕千五者入状，陈称上件田系其家物，詹德兴盗卖。今据毛监丞宅执出缴捧干照，有淳熙十六年及绍熙五年契两纸，各系詹德兴买来，又有嘉熙四年産簿一扇，具载上件田段，亦作詹德兴置立，不可谓非詹德兴之业矣。又据吕千五执出嘉定十二年分关一纸，系詹德兴立契，将上件田段典与吕德显家，观此则又不可谓非吕千五之家物也。推原其故，皆是乡下奸民逃避赋役，作一僞而费百辞，故为此之纷纷也。吕千五所供，已明言乃父因乡司差役，将産作江山县重亲詹德兴立户，既此见其本情矣。在法：诸诈匿减免等第或科配者，以违制论。注谓以财産隐寄，或假借户名，及立诡名挟户之类。如吕千五所为，正谓之隐寄、假借，既立産簿，作外县户，却又兜收詹德兴典契在手。赋役及己，则有産簿之可推，户名借人，又有典契之可据，其欺公罔私，罪莫大焉。今智术既穷，乃被詹德兴执契簿为凭而出卖，官司既知其诈，而索以还之，是赏奸也，此吕千五之必不可复业也。詹德兴元系吕千五之的亲，故受其寄，及亲谊一伤，则视他人之物为己有，不能经官陈首，而遽自卖之。在法：既知情受寄，诈匿财産者，杖一百。詹德兴受吕千五户之寄産，自应科罪，官司既知其伪，而遂以与之，是诲盗也，此詹德兴之必不可以得业也。西安税赋陷失，科配不行，邑号难为者，皆因乡民变寄田産所致。当职或因索干照而见，或阅版籍而知，未能一一裁之以法，亦未见有寄主与受寄人如是之纷争也。上件田酌以人情，参以法意，吕、詹二家俱不当有。毛监丞宅承买，本不知情，今既管佃，合从本县给据，与之理正。两家虚伪契簿，并与毁抹附案。詹德兴卖过钱，追充本县及丞厅起造，牒县丞拘监。詹德兴已死，吕千五经赦，各免科罪，詹元三留监，余人放。[29]

此案的案情大意已如上述，现再就案情的细节、判决结果，干照的义指及作用略加分梳。第一，案件的寄主本是吕千五之父，而非吕千五本人。吕千五的父亲本是江山县临江乡乡司。乡司在宋代又称乡书手，其职责是“掌管催收赋税，参与推排户等，编造五等丁产簿。天圣以后，以第三、四等户充当”[30]。这说明吕千五家至少是个富户，因为按宋代的户等制，分为主户与客户两类，主户又分为五等，三四等户田多在百亩以上。吕千五之父因乡司之差役，负有丈量土地，编造产簿、排定户等之责。他在此项差役中，利用职务上的便利与詹德兴的亲属

---

〔29〕《名公书判清明集》卷五，中国社会科学院历史研究所宋辽金元史研究室点校，中华书局1987年版，第136－137页，《受人隐寄财产自辄出卖》。

〔30〕邓广铭、程应镠主编：《中国历史大辞典·宋史卷》，上海古籍出版社1984年版，第21页。

关系,转移田产,将己之田产挂名于詹德兴之家,又叫"诡名寄户"。第二,为了不使自己受损,吕千五之父与詹德兴采取了三种法律手段:首先是以詹德兴的名义立户,田产簿上归入詹氏;其次再以典的手段,假立契约,名义上从詹德兴户中典来本属于自己的土地,这样即可以降低户等,逃避税役,又可以实际占有土地的用益权;最后,再立假契约卖于詹德兴,实际上根本没有交易。这就是案件的全部经过及实情。那么,法官是怎样识破骗局的呢?一是靠吕千五供述,二是依靠双方当事人提供的契据。契据就是本文所说的"干照"。可见"干照"一词在田宅诉讼中是田宅转移、交割及纳税凭证的概称,其主要作用是证信。"干照"一词之所以在宋代不同体裁的历史文献中被反复使用,且多与有证明效力的法律行为、事件、凭证连用,说明宋代的司法及行政流程已经发展到一个高度重视物证与书证的历史转折时代。现再仅就《清明集》一书所见"干照"一词的不同用法,列表如下(见表1),以彰显宋代田宅诉讼的不同形态,供下文分析使用。

表1　《清明集》关于"干照"的用法

案件名称或事项	原文摘录	干照之义指与反映出来的诉讼形态	页数/页
申发干照(建阳承)	尽索陈某干照,计算顷亩	契约文书。排比户等,确定赋役之诉	79
章都运台判	昨据建阳县丞申,索到本县王某纠论陈某争役,案连及陈承议一宗告敕、批书、分析田业干照,寻送法司检坐条令,及画宗枝图看详	分家文书 确定赋役之诉	80
乞用限田免役(范西堂)	然据所赍到干照,有侍郎告轴,而无分关声说簿书,有知府户契,而无本位受分干照	证据与上手契约文书。确定赋役之诉	84
归并黄知府三位子户(不署判者姓名)	参对干照,并有可考。……今所有税钱合在限田之内,责状归并作一户送纳,干照当厅责付交领,仍给断由	证据与契约文书 确定赋税之诉	84-85
赡坟田无免役之例(范西堂)	合监充今年六都税长,先与召保,如将来有分明干照,见得合在限田之内,却与施行	法律证据 赋役豁免与否之诉	85

续表

案件名称或事项	原文摘录	干照之义指与反映出来的诉讼形态	页数/页
限田论官品(范西堂)	索上干照,从条参对,而七都之役,三岁无缺。……当刘知府初差之时,亦非不听从理为官户,但追到干人,监索干照,累日无之,情愿承认,只合照行。……合缴原判回申提举使台照会,如本户续赍到干照,合该见行限田免役法,自当照应施行	证据与契约文书 确定赋役之诉	88－89
提举再判下乞照限田免役状(范西堂)	刘知府无分关干照,而徒执绍兴年间告敕以免役,彼但知告不限乎年之久近,却不思泽例斩于孙之曾、玄	分家契约文书 确定赋役之诉	90
使州送宜黄县张椿与赵永互争田产(范西堂)	赵宏之男赵永持安庆公文,就本州陈乞,执出干照,具述前事,欲还元业	契约文书 佃户与业主之讼(凡人之间)	101
高七一状诉陈庆占田(不署判者姓名)	及索干照呈验,税钱一百二十,有令契立价钱五十贯,已是不登	纳税凭证 因诡名而引起的田产之讼(凡人之间)	103
吕文定诉吕宾占据田产(范西堂)	今索到干照,系吕文先嘉定十二年(1219年)典与吕宾,十三年八月投印,契要分明,难以作占据昏赖	田宅契约文书 典田之诉(叔侄之间)	106
使州索案为吴辛讼县抹干照不当(范西堂)	(此案中,“干照”一词仅见于标题,正文无“干照”字样。——引者注)	田宅之诉(邻里之间)	109
章明与袁安互诉田产(范西堂)	准使、州行下,经量田产,明示约束,各以见佃为主,不得以远年干照,辄因经量,妄行争占	契约文书 争田之诉(凡人之间)	111
吴肃、吴镕、吴桧互争田产(范西堂)	夫岂知民讼各据道理,交易各凭干照。在彼则曲,在此则直,曲者当惩,直者当予,其可执一,以堕奸谋	契约文书 争田之诉(叔侄之间)	112

续表

案件名称或事项	原文摘录	干照之义指与反映出来的诉讼形态	页数/页
胡楠、周春互争黄义方起立周通直田产(范西堂)	追上田主供对,而吴宇年方十四,并无片纸干照,此固难以占据	契约文书 因他人起立户名引起的田产之诉(凡人之间)	114
漕司送许德裕等争田产事(范西堂)	许奉初契既已投印,张、杨之典,朱昌之买,亦出干照分明	契约文书 因典、卖、租三层关系引起田产之诉(凡人之间)	117
干照不明合行拘毁(刘后村)	置买产业,皆须凭上手干照。潜彝所买桂仔贵荒田,契内明言文字被兄藏伉,后来仔贵备钱赎回,则是以赎回干照为据矣。……盖青石桥地契乃别项废干照,铁炉塘田契乃凿空架虚,不可行用之物	契约文书 因豪横霸占田产引起的田产之诉(凡人与豪横之间)	128
已卖之田不应舍入县学(翁浩堂)	今索到干照,得见郑应瑞买此业于毛仍二官人,系绍定六年契。……干照给还郑应瑞管业,并给据与之照应。备牒,仍申使、府	契约文书 田产之诉(凡人与形势户之间)	133 - 134
侄与出继叔争业(翁浩堂)	今索到干照,得见提举训武妻夏氏立为关约,称训武在日,借天常金、银、钱、会五千余贯,训武临终遗言,拨此田归还。……夏氏始谋,无所复考,只据干照而论,则词人师尧之父监税已曾预押,父不声诉,子可以诉乎	证据与契约文书 田产之诉(叔侄之间)	135
受人隐寄财产自辄出卖(翁浩堂)	今据毛监丞宅执出缴捧干照,有淳熙十六年(1189年)及绍熙五年(1194年)契两纸,各系詹德兴买来,又有嘉熙四年(1240年)产簿一扇,具载上件田段,亦作詹德兴置立,不可谓非詹德兴之业矣。……当职或因索干照而见,或阅版籍而知,未能一一裁之以法,亦未见有寄主与受寄人如是之纷争也	契约文书 田产之诉(亲属之间)	136 - 137

续表

案件名称或事项	原文摘录	干照之义指与反映出来的诉讼形态	页数/页
妻财置业不系分（翁浩堂）	执出干照上手，缴到阿胡元契，称卖与陈解元装奁置到分明，则不可谓之众分田矣	上手契约文书 父诉子及媳典众分田业（尊长与卑幼之间）	140
典卖园屋既无契据难以取赎（莆阳）	胡应卯父子生居县市，岂不晓此，自称典萧屯园屋与曾知府，而乃无一字干照。……先来县司不知凭何干照，与之交钱寄库，与之出据管业。……干照除胡应卯公据外，并当厅给还，徐八五留供对采桑叶事，余放	证据及田宅契约文书 园屋之讼（兄弟之间）	149－151
物业垂尽卖人故作交加（人境）	况其录白干照，即非经官印押文字，官司何以信凭	契约文书 田业之诉（兄弟之间）	153
揩改文字（人境）	及将本厅出产图簿与两家所执干照参对，得见二百八十七号及二百八十八号地见系龚敷管佃，二百八十九号地见系游伯熙管佃。……其二百八十九号地，据游伯熙干照内具载，计一十亩五十五步，参之官簿，却只计五亩一十五步。及与之研穷契勘，乃是续于干照内增益亩数，更改字画，浓淡疎密，班班可考	契约文书 因地界标志活树被砍引起田业之争讼（凡人之间）	154
田邻侵界（人境）	寻契勘车言可所收干照，得见图簿之中，有无揩改，虽事涉暧昧，然其供具元买车迪功田步亩四至，与见争田段四至不相照应。……仰聂忠敏、车言可各据元收干照，依未争前疆界管佃，不得妄有争占，如再支蔓，以为公私之扰，合行科坐	契约文书 争田之诉（凡人之间）	155－157
争山妄指界至（刘后村）	大凡置田，必凭上手干照，刘德成形状有如乞丐，所卖田三坵、山十二段，乃是凭大保长凭由作上手干照，不足凭据，今亦未暇论此	上手契约文书 山地之诉（凡人之间）	157－159

续表

案件名称或事项	原文摘录	干照之义指与反映出来的诉讼形态	页数/页
揩擦关书包占山地（翁浩堂）	方伯达、徐应辰所争冈头山，历时不决，今唤到各人赍出干照，得见方伯达亲叔方六乙将上件山出典与徐应辰之叔徐千四秀，千四秀有男名烨，见存	田宅契约文书 山地之诉（凡人之间）	159
执同分赎屋地（吴恕斋）	永成白约，固不可凭，使果是汝良分到自己之产，则必自有官印干照可凭，今不赍出，何以证永成白约之伪乎	契约文书 赎屋之诉（凡人之间）	165－166
争田业（不署判者姓名）	蒙备坐仓台行下孙、闾争田之说，委某究实。既亲诣地头供责，并参考两家干照公据等，照得闾丘辅之曾祖名绍，娶阿张为妻……大凡田婚之讼，惟以干照为主	法律凭据与契约文书 为争田产，诬其祖母妇道有亏（凡人之间）	177－179
诉侄盗卖田（吴恕斋）	官司于此且合追索两家干照，究证是与不是未分之田，则曲直予夺了然矣。……但两争干涉人众，若一一追到府，恐成烦扰，欲送富阳县，详所拟追索干照，从公结绝	契约文书与卷宗 田产之诉（叔侄之间）	183－184
王直之与朱氏争地（吴恕斋）	以两家契书考之，朱氏当尽有桑地，直之仅买得屋基，彼此干照，极是分晓	契约文书 田宅之诉（凡人之间）	185－186
叔侄争（吴恕斋）	本县合唤友能根问，凭何干照，与友闻交易，及当时曾不问盛荣，仍合唤友闻与盛荣面对，是与不是盗卖，则盛荣自无词矣。 再判： ……外所争竹地一段，据盛荣执出分书，委系文旺、文贵各得其半，盛荣即文旺之子，友能即文贵之孙，今友能乃全有之，别无片纸干照，必是影带包占，此盛荣所以反覆嚣讼不已也	契约文书 竹地桑田之诉（叔侄之间）	189－191

续表

案件名称或事项	原文摘录	干照之义指与反映出来的诉讼形态	页数/页
争地界（不署判者姓名）	以干照考之，卢永执出乔宅契书，该载四至，其一至止鲍家行路……考之干照，参之地势，证之邻里，其无道理如此，何为尚欲占据。……事既到官，惟以道理处断，引监沈百二除拆新篱，只依干照界至，归还地段，庶可息争	契约文书 地界之诉（凡人之间）	198－199
双立母命之子与同宗之子（通城宰书拟）	及责毛氏领状附县外，所据分拨一节，寻索到阿毛夫黄廷吉受分关书，并典买人户产业干照，备引差邬节监宅牙董丁杰下保，呼集黄氏族长，将黄廷吉分产，从公作两分均分	田产簿与契约文书 因立继引起的田业之诉（亲属之间）	219
女婿不应中分妻家财产（刘后村）	帖委东尉，索上周丙户下一宗田园干照并浮财帐目，将硗腴好恶匹配作三分，唤上合分人，当厅拈阄。金厅先索李应龙一宗违法干照，毁抹附案	田园契约 分产之诉（亲属之间）	277－278
诸侄论索遗嘱钱（范西堂）	今才五七年，而璟之妻子乃渝元约，诸姪陈论，意欲取索，就其族长索到批贴，系璟亲书，律以干照，接续支付，似可无辞	契约文书 因遗嘱引起的家产之诉（兄弟之间）	291－292
重叠（翁浩堂）	王益之重叠，陈思聪知情，并合照条勘杖一百。徐克俭干照给还，舒元诱干照毁抹附案	契约文书 因重叠典卖引起的田业之诉（凡人之间）	302
买主伪契包并（翁浩堂）	嘉定十六年（1223年），黄宗球出一契，抽东丘谷田三分中一分，典与黄宗智，索到干照，有母亲阿宋及牙人知押，此项委是正行交关外，有两分宗显、宗辉不曾出卖	契约文书 田产之诉（凡人之间）	305－306
有亲有邻在三年内者方可执赎（不署判者姓名）	今但以同关，便欲听其执赎，在法却无此说，合索干照参对施行	契约文书 赎田之时效（亲属之间）	309

续表

案件名称或事项	原文摘录	干照之义指与反映出来的诉讼形态	页数/页
过二十年业主死者不得受理(吴恕斋)	理诉田产,公私惟凭干照。沈邦政诉其祖沈文道有田八亩,坐落仁和县西塘,典在孙宅,本县不与理赎,经府陈诉。……若欲拔本寻源,须根问刘防御得田卖田之因可也,官司何可根究五十、八十年前干照之事。大凡为富不仁之徒,典人田産,不伏退赎,世固有之,官司当从公主张。但沈邦政既无片纸干照,其说略无根据,此必有生事者教唆之,徒事搅扰	田产簿与契约文书 田宅之诉(凡人之间)	313－314
妄赎同姓亡殁田业(佥厅)	续建阳县解到江文辉、刘大乙赴府,唤上词人、干人陈吉,各赍干照、砧基、支书、契照,当厅诘问供对	契约文书 因赎同姓亡殁田业引起的田产之诉(凡人之间)	320
典主如不愿断骨合还业主收赎(不署判者姓名)	范鄜赍出数重干照,历历可考,范侁于乾道三年(1167年)至淳熙四年(1171年),以小郭坂园屋,三次计价钱一百九十二贯足,出典与丁逸。……如范鄜无钱可赎,仰从条别召人交易。丁伯威如敢仍前障固,到官定从条施行。干照各给还	契约文书 因出典田宅引起的田产之诉(凡人之间)	321－322
主佃争墓地(莆阳)	本保勘会,互诉无凭,故未免亲行定验,然后照两家干照参决	契约文书 墓田之诉(主佃之间)	325
盗葬(不署判者姓名)	今再索上两处干照及画到地图参考,得见上件山地,吴太师宅系于淳熙八年(1181年)就徐洋买到,庆元二年(1196年)就游才卿买到,契内具载亩角四至,节节分晓	田产簿与契约文书 墓田之诉(凡人之间)	328
断罪(宋自牧,即宋慈)	若非专官专吏,索齐干照案牍,不特豪强依然得志,而被害之家反被诬罔之刑矣	卷宗 刑案判语	464
又判(宋自牧)	然而殴死人力,犹须见证追会,旁夺田产,亦要干照索齐	契约文书 田产之诉(凡人与豪横之间)	465

续表

案件名称或事项	原文摘录	干照之义指与反映出来的诉讼形态	页数/页
峒民负险拒追(胡颖)	如樊如彬自有己业田产，仰阿钟逐一开具地名、顷亩及佃户姓名，赍干照赴金厅点对，帖县为拘收租课，许逐年经安抚司给引，付亲人前来请领	契约文书 刑案判语	506－507
以累经结断明白六事诬罔脱判昏赖田业(刑提干拟)	阅案八帖并干照等，止有赵知县将钱二十八贯寄库，后因本府断，已将钱给还黄清仲了当，并无再备钱往陈宅赎田因依。……所有原供，索到原案干照，除毁抹者外，各欲发遣	卷宗 刑事判语	511
假为弟命继为词欲诬赖其堂弟财物(主簿拟)	立约之始，王平作用之名，明言即无分毫钱本，其他如日用口给，并有干照簿历可据……若以王子才今来所执干照并是假伪，王平之财本，官司固不敢凭以为无，则如王方虚词无据，或称些小，或称五百贯，官司何所凭据而断以为有？王方无可抵争，往往力于攻一妾使红梅，且曰红梅一出，则干照具白，此妾不出，虽千言亦难凭据。……不思有无财本，全凭王平之生前干照，何关于红梅之嫁未嫁邪？……王子才但干赍到干照，给还责领	卷宗与契约文书 因命继引起的田产之诉（凡人之间）	512－514
白莲增僧如琏论陂田（黄榦，号“勉斋”）	今照得上件争讼，本县县尉何不索出两县干照，从实打量……又田在港东，而论港西水圳，又别无干照见得有古水圳处来历，白莲寺乃有薛家借圳干照，若卢家得薛家产，亦港西下流，则借圳可也，岂可讼乎	卷宗与田产簿 陂田之诉（僧俗之间）	580－581
宋有论谢知府宅侵占坟地(黄榦)	及追谢知府宅干人索干照理断，干人录白到契字，称宋有已曾作知见交钱着押，又称一项系与曾吏部宅交易	契约文书 田产之诉（凡人与官员之间）	590
张凯夫诉谢知府宅贪并田产(黄榦)	引就追谢八官人索干照，并申安抚使司，乞就问谢知府取供责状申。押干人下县理对。……谢知府虽已移徙，其家尚留旧居，今乃倚恃豪横，不肯赍出干照，使词诉无由结绝	田产簿与契约文书 田产之诉（凡人与官员之间）	592－593

续表

案件名称或事项	原文摘录	干照之义指与反映出来的诉讼形态	页数/页
陈会卿诉郭六朝散赎田(黄榦)	追到干人,索出干照,却有父陈元亨着押	契约文书 田产之诉(凡人之间)	594
郝神保论曾运干赎田(黄榦)	郝神保论曾运干占据田产,欲备钱取赎。索出干照,郝神保之父茂成因病风颠,祖父忠义遂将田产拨与诸孙,则是知其子不可托付也。……曾运干典人田产,亦须索出人家干照,既知其关书所载,系是祖父拨与诸孙,又称其子风颠,岂得辄与风颠之人为交易乎?	契约文书 田宅之诉(凡人与豪横之间)	595 - 596
陈安节论陈安国盗卖田地事(黄榦)	再追出两干照,邹司户十契亦是陈安国代书陈安节名,尤为明白,此是违法瞒昧分明	契约文书 田产之诉(父子之间)	597
聂士元论陈希点占学租(黄榦)	本县追人索干照理对,经今四、五月,陈子国之子因他事到官,又行走窜,不肯赍出公据干照,前来理对……主簿一时不曾契勘,不索出陈子国上手有何干照,便以硃钞及官员公札为据,遂与出给公凭管业……然聂士元既有元祖上手干照,则虽有冒请公据,亦何所施	契约文书 租税之讼(凡人与官府之间)	600 - 601
约束榜(朱熹)	一、状词并直述事情,不得繁词带论二事。仍言词不得过二百字。一名不得听两状。并大字依式真谨书写。如有干照契据,并未尽因依,听录白连粘状前	田产簿、契约文书与纳税凭由 公文告示	641

三、"干照"所反映的宋代田宅诉讼形态

综上可知,"干照"一词除在宋代行政过程与刑案审理中运用之外,在田宅诉讼中最为主要的含义是契约文书、田宅交割后的纳税凭证、田产簿、砧基簿,甚至还是案件法律卷宗的总称。当其在田宅诉讼中作为契约文书的泛指而被广泛

应用于宋代司法实践时，其词汇背后折射出来的田宅诉讼形态及其意义还尚未被学界所认识。其实，通过电子检索宋代以前及宋代之后的历史文献便可得知，“干照”一词是宋代特有的词汇，当其与宋代田宅诉讼中的契约文书相联系时，其背后折射出来的不仅是宋代社会及司法实践对书证的高度重视，而且还可以从其所反映出来的田宅诉讼形态去观察唐宋社会变革中的宋代司法转型及其时代风貌，这对我们认识宋代司法传统由“人伦理性”转向“知识理性”是大有帮助的。

（一）宋代田宅诉讼形态的划分标准

就划分标准而言，所谓宋代田宅诉讼形态就是我们通常所指的“田宅诉讼类型”。在德国思想家马克斯·韦伯看来，“类型”既不是历史的真实，也不是现实与理论的真实，而是学者研究问题时一个理想化的抽象。〔31〕宋代田宅诉讼的类型依据不同的标准，可作不同的划分，这些划分出来的类型相互之间可能会有交叉，但这不影响划分对于研讨的意义。就此而言，大体可以做出以下三种不同的划分。

1. 以争讼参加者的身份为标准。具体又包括：

（1）凡人之间的田宅诉讼。这是宋代社会生活及司法实践中最为常见的诉讼形态。宋代百姓生活中的田宅争讼之繁，随时随地可见，所谓“利之所在，虽微必争”是也。〔32〕“凡人”二字并非现代用语，而是宋代社会及法典中的固有词汇，意指诉讼双方当事人为完全独立的两户人家，彼此之间不具有任何亲属、主仆或主佃关系。〔33〕我国台湾地区学者王平宇进一步说，上述条件下，还应包括“争讼双方是必须完全不具豪横、士人、官户或形势户之类的特殊身份，并在诉讼过程中，也未见任何一方请托特权，代为出面干预司法”〔34〕。《庆元条法事类》卷十《职制门·七》“同职犯罪名例敕”：“诸家人以职事共犯罪者，依凡人首从法。私名书手、军典习学人与正行吏人共犯，虽造意，仍以吏人为首。”该法典卷二十八《榷禁门·一》、卷三十二《财用门·三》“诈伪敕”、卷七十九《畜产门》“厩库敕”、卷八十《杂门》“烧舍宅财物诸”等条中皆有“凡人”一词。其实，凡人

---

〔31〕参见陈景良：《反思法律史研究中的“类型学”方法》，载《法商研究》2004年第5期；王威海编著：《韦伯：摆脱现代社会两难困境》，辽海出版社1999年版，第274页。

〔32〕《名公书判清明集》卷六，中国社会科学院历史研究所宋辽金元史研究室点校，中华书局1987年版，第188页。

〔33〕朱瑞熙：《宋代社会研究》，弘文馆1986年版，第43-44、59-60页。

〔34〕王平宇：《从〈清明集〉看南宋地方官对待“争业”诉讼的态度》，载《思与言》1997年第4期。

就是我们平常所说的平民百姓,在宋代法律用语中它是与官人、形势户及女使、人力等相比较而使用的。它的法律含义是指国家的编户齐民中未有官方身份与地位的人。《清明集》一书所载的“争业”诉讼中,大部分是发生在“凡人”之间的“田宅之讼”,这表明宋代土地私有制的深化及土地典卖、租赁的契约化、法律化,已成为人们日常生活中的常态,也是宋代百姓过日子所不可离开的规则与逻辑。

(2)亲属之间的田宅诉讼。所谓亲属,是泛指一切由血缘关系或婚姻关系结合而成的家庭与群体,广义上而言,也包括通过收养或再婚而进入该群体或家庭的个人。[35] 依儒家伦理和汉唐以来法律之规定,同居之亲属相互容隐,犯罪而不互相告发,是政府所提倡的,当然,直接危害封建政权的“三谋”重罪(谋反、谋大逆、谋叛)除外,故法律不允许卑幼告尊长。但到了宋代,随着私有制的深化,尤其是土地私有制的深入发展,因田宅交易而引起的诉讼纷争日盛一日,发生在亲属间的田宅争讼,不仅有尊长告卑幼之案例,如《清明集》“附录二”载:“阿江于五月经县论长男安国盗将田业出卖,续送主簿厅,阿江又自出供状,亦称长男盗卖田业。”[36]也有卑幼告其尊长的,或者卑幼与尊长之间互告的。如《清明集》卷六《争屋业·叔侄争》所载:“观盛荣方诉其侄包占古路,而友能复发其叔私贩糯米。”[37]还有外甥与舅舅互相争屋的,如《清明集》卷六《舅甥争》载:“张诚道,舅也,钟承信万钧,甥也。舅甥争屋,非义也。”[38]

大体说来,发生在南宋社会因田宅诉讼而引起的亲属之间的诉讼,进一步还可分为三类:一是尊长告卑幼的“田宅之讼”;二是卑幼告尊长的“田宅之讼”,这其中还包括儿子告继母的案例,如《清明集》卷五《继母将养老田遗嘱与亲生女》;三是兄弟之间的“田宅之讼”,如《清明集》卷六《兄弟争业》。

(3)凡人与官户、形势户、豪强及其代理人之间的诉讼。这里所说的官户,是泛指一切文武品官之家。而形势户,据《庆元条法事类》卷四十七《赋役门·连欠租税》条,则是指:“谓见(现)充州县及按察官司吏人,书手、保正耆户长之

〔35〕 王平宇:《从〈清明集〉看南宋地方官对待“争业”诉讼的态度》,载《思与言》1997年第4期。
〔36〕 《名公书判清明集》附录二,中国社会科学院历史研究所宋辽金元史研究室点校,中华书局1987年版,第596页。
〔37〕 《名公书判清明集》卷六,中国社会科学院历史研究所宋辽金元史研究室点校,中华书局1987年版,第189页。
〔38〕 《名公书判清明集》卷六,中国社会科学院历史研究所宋辽金元史研究室点校,中华书局1987年版,第191页。

类，并品官之家，非贫弱者。”即负担乡村差役的中上之家，并与部分的官户身份重叠。至于豪横，又称豪强，据《清明集》案例所载，乃主要是指南宋乡村社会中大地主与黑恶势力，其中间杂有官户或形势户及士人之身份，但二者之间并非具有必然联系。这类田宅诉讼的案件，官方如同现代社会一样最不易处理，在权势、金钱、有特殊身份的人及黑恶势力面前，宋代的法官，即便是南宋的名公们也常常感到十分棘手，难为百姓伸张权利。但我们这里关注的不是这类田宅争讼案件后所反映的宋代社会黑暗及司法于此的不公，而是从这些不公平处理的案件中寻找“干照”折射下宋代“田宅之讼”所反映出来的土地关系的私有化倾向及其因土地所有权、使用权频繁易主而带来的百姓日常生活的契约化与程序化趋势。因为即便是在法官不能公平审理的这类诉讼中，索取“干照”契据，并以此为准辨别是非，还是法官所必须坚持的底线，这在《清明集》附录所载的黄干处理谢知府强占庶民百姓田宅案中即可略见端倪，也可于不畏豪强的胡颖、宋慈、范应铃、吴恕斋、刘后村等一批著名法官的判案中得到证实。其实，司法公平不易取得，并非只有宋代如此，察现实社会之弊端，可谓古今同理。

2. 以田土的用途及形态不同为据，可分为“墓田之讼”“水田之讼”“山地陂田之讼”“山地林木之讼”。

3. 以争讼标的所涉及的法律关系性不同为据，可划分为“田宅买卖之讼”“田宅出典之讼”“田宅抵当与倚当之讼”“田宅租赁之讼”“业主赎田之讼”“亲邻赎田之讼”等多种类型。

鉴于本文的宗旨并非深究“宋代田宅诉讼的形态及其解纷机制”，故本文不再对后两种诉讼形态的各类“田宅之讼”一一加以申说，而是以“干照”与契约的联系来彰显唐宋社会变革时期田宅诉讼的不同面相。

（二）“干照”与田宅诉讼形态关系背后的社会变革

大体说来，我们可从三种不同的田宅诉讼的历史形态中看出自唐中期以来至宋所发生的社会变革。

1. 由“干照”一词所折射出来的“墓田争讼”之形态，反映了唐宋相交，古典中国的礼治秩序由贵族走向平民，从而使礼治秩序日常化、生活化、平民化、制度化。唐代自开元二十九年（741 年）前，法令与礼典中并没有庶民享有墓田之规定，墓田只有品官之家才能享受，即是说，庶民百姓无权以墓田祭祀自己的祖先与亲人，礼制是贵族化的。虽然开元二十九年（741 年）的诏敕改制中，规定了庶人墓田“方七步”的步数,[39]但在实际生活中并没有完全执行,这从北宋时期史籍中仍无庶民墓田统一法令的记载中可以推出。只是到了南宋时期,随着宋代确立祭祀以“小宗”为宗,庶民有修祠堂、编家谱、立族长之世风的兴起,才于宋高宗绍兴十二年(1142 年)由尚书省统筹制定庶民墓田法令,在全国推行。该法令规定:“庶人墓田,依法置方一十八步。”[40]这样,南宋时期的庶民便有了东西长 18 步,周围共 72 步,面积约 0.3 亩的墓田。[41] 从《清明集》一书所载“干照”一词所反映出来的数起“墓田之讼”[42]的案例来看,宋代庶民享有墓田的法令是得到司法的支持与保护的。这样一来,礼治秩序的平民化与生活化不仅形塑了宋以后中国八百余年的历史,而且已成为中国百姓日用而不自知的思维方式与行为方式,并成为中国人过日子的规则与逻辑,这就是宋与汉唐社会风俗与丧葬祭祀传统的最大不同。

2. “干照”一词所反映出来的因亲属关系而争田产的诉讼类型中,尤其是卑幼对尊长的论告,若结合前引《朱子语类》卷一百零六关于父母在亦可分家,南宋《淳熙条法事类》“著令许私分”之记载,可知在宋代社会,尤其是南宋时期,因田宅诉讼而引发的亲属之间的利益之争,已不时形成朵朵浪花,冲击和拍打着由儒家思想构筑的“卑幼不得告尊长”的人伦道德防线。其中,南宋法官在这类争讼中对卑幼及弱小的保护及其对卑幼诉讼请求的支持或救济,更是从一个侧面反映了宋代社会的新风尚及礼治秩序的新的时代因素。

3. 由“干照”一词所反映出来的田宅诉讼形态中不同法律关系的性质,表明了宋代土地私有制的深化与土地所有权、使用权的细化及分化,这是唐宋社会变革的根本所在。宋代田宅诉讼中田宅的可典、可卖、可租、可赎的各种面相与形态,既反映了宋代社会生活中,庶民百姓及社会各阶层充分利用“田宅”(现代民法理论视为不动产物权,古代法律称为“业”)的各种权能与利益的生动面相时,还反映了自唐中期以来,我国古代土地制度从唐初具有国有制属性的“均田制”与法律规定的各种土地买卖的约束与负担下走向自由的历史进程。这个进程同

---

[39]　(宋)王溥撰:《唐会要》卷三十八,中华书局 1955 年版,第 694 页,《葬》。

[40]　杨一凡、田涛主编:《中国珍稀法律典籍续编第 1 册:庆元条法事类》卷七十七,戴建国点校,黑龙江人民出版社 2002 年版,第 842 页,《丧葬·随敕申明》。

[41]　刘馨珺:《争山盗葬——唐宋墓田法令之探析》,载黄俊杰主编、高明士编:《东亚传统家礼、秩序与国法》,华东师范大学出版社 2008 年版。

[42]　“禁步内如非己业,只不得再安坟墓起造,垦种听从其便。”可参见《名公书判清明集》卷九,中国社会科学院历史研究所宋辽金元史研究室点校,中华书局 1987 年版,第 322 – 324 页。

时表现为法律制度与社会关系变革两个方面，它们的共同指向就是土地私有制的加深及农民人身依附关系的相对缓解。

就土地私有制的深化而言，一是表现为自唐中叶以来土地典卖关系的法典化，二是表现为土地权能的细化及宋代司法对这种细化了的权能予以的承认、保护与救济。所谓土地权能的细化，就是指土地所有权与使用权的分离与组合，如土地的买卖、出典、租赁、抵当、倚当、赎回等。就唐初而言，均田制下，国家法律虽然并非完全禁止土地买卖，但确实对土地买卖做了多种限制，设置了各种负担。唐初，土地实行国家授受制，口分田为国家所有，人死后由国家收回，不准买卖，买卖要受法律制裁。永业田即世业田，“世业之田，身死则承户者便授之”，[43]则永业田在一定条件下可以买卖，这也就是唐律中所说的“合卖”。《唐律疏议》卷十二《户婚律》云：“即应合卖者，谓永业田家贫卖供葬。”即农民在没有经济力量办理丧事的情况下，永业田可以卖掉。当然口分田虽然原则上不准买卖，但在特殊情况下国家允许买卖。即“及口分田卖充宅及碾硙、邸店之类；狭乡乐迁就宽者，准令并许卖之”。[44] 换句话说，口分田在四种情况下可以买卖：一是买来用于建造住宅；二是用于建造碾硙；三是买来用于建造邸店；四是自愿从狭乡迁往宽乡者，即乐于从人口多、土地少的区域迁往地广人稀的地方。[45]

在这种限制下，土地的买卖虽然也存在，但土地买卖不可能是社会生活中常见的现象，田宅出典、租赁、抵押借贷亦很难发生。直到唐玄宗开元二十五年(737 年)田令中仍有这样的规定：“诸田不得贴赁及质，违者财没不追，地还本主。”[46]大约从唐中后期始，随着“安史之乱”的发展及“均田制”的破坏，土地私有化随着杨炎“两税法”的推行，开始了它前进的步伐。自此，经五代十国的发展，到宋初制定《宋刑统》时，开始将土地、房屋的买卖、出典、指押及由此引起的诉讼如何处理等纳入法典中，这就是《宋刑统》中新出现的《典卖指当论竞物业》之条。[47]

土地与房屋作为社会生活中的生产资料与生活资料，它是社会及百姓生活的最重要也是最大的物质财富。在古代中国，人们的富裕程度是与拥有土地房

---

〔43〕 (后晋)刘昫等：《旧唐书》卷四十八，中华书局 1975 年版，第 2089 页，《食货志》。

〔44〕 (唐)长孙无忌等：《唐律疏议》卷十二，刘俊文点校，中华书局 1983 年版，第 242 页，《户婚律》。

〔45〕 赵云旗：《唐代土地买卖研究》，中国财政经济出版社 2002 年版，第 37 页。

〔46〕 (唐)杜佑：《通典》(第 1 册)卷二，王文锦等点校，中华书局 2016 年版，第 32 - 33 页，《田制下》。

〔47〕 (宋)窦仪等：《宋刑统》卷十三，吴翊如点校，中华书局 1984 年版，第 205 - 207 页，《户婚律》。

产的多寡成正比的。而土地与房屋作为不动产,欲产生社会效益,就必须进入社会生活的财产流转关系中,静止的财富不能创造社会效益,欲增加价值就必须使田宅流转起来,这就是土地与房屋的利用。而田宅欲利用,就必然带来田宅所有权能的深化,即土地所有权与使用权的高度分离及细化。《宋刑统》的规定就是这种田宅权能深化及细化的集中表现。依据宋初国家对土地私有化采取的放任主义政策及《宋刑统》之规定,土地与房的买卖、出典、租赁、抵押不再受任何法令与国家政策的限制,除了把田宅交易的程序纳入法制化轨道外,不再于法律上限定田宅交易的范畴与性质。当然,由于宋代的田宅交易仍然是在儒家主流价值观念下进行的,它仍不可避免地受到儒家人伦道德的约束,譬如"同居共财"的家产制度决定,在祖父母、父母在的情况下,子女不能擅自进行田宅交易;在男姓尊长亡殁,女性尊长仍在情况下,子女交易时,必须由母亲画押;还有出卖或出典的田宅,亲邻享有赎回权利等。这些限制或出于儒家孝道,或出于传统中国亲邻之间的守望相助之精神,但与唐代相比,田宅的所有权与使用权能显然得到了充分的发挥与细化。由此,宋代社会的结构与唐相比也发生了深层次的变革,土地私有与土地权能的分化显然已成为时代的潮流。

就土地私有制深化而带来的阶级关系变化而言,变化发生在地主阶级内部与外部两个方面。就地主阶级内部而言,土地与房屋有钱则买,无钱则卖,财富流转关系加快,东汉至唐的望姓大族及享有特权的士族地主再也不可能在宋代社会出现,代之而起的是庶族地主,挟时代之风貌而登上了历史舞台。就农民与地主之间的依附关系而言,三国两晋南北朝至唐代以来所出现的豪族地主的附庸——"部曲"已不复存在,他们已成为宋代政府的"编户齐民"。由于土地私有化的深化发展,土地使用的形式已契约化,租佃制成为宋代国家土地制度的支配形态,农民的人身自由得到了更大的发展空间,"人力"与"女使"也都在法律上获得了自由地位,他们不再是"律比畜产",而是政府的"编户齐民"。

依据历史辩证唯物主义之原理,一个社会的司法结构必然镶嵌在该社会结构本身之中。正是从此原理出发,我们以"干照"一词所折射出来的田宅诉讼形态为观照点,考察了唐宋之际的社会变革。下面再把"干照"置于宋代社会关系的网络文化结构中,以历史人类学的视野,考察宋代司法传统——宋代司法结构转型的时代特征。

四、"干照"词汇背后的宋代司法传统转型

在历史人类学家看来,一个历史时代的词汇不是一个干瘪的概念,孤单地存

在于一个社会结构中，而是有机地置身于一个社会历史的文化结构中。即是说，词汇作为一个社会中有价值意义的符号，它的所指与应指都应该从该社会的结构及文化意义中去寻找，因为词汇本身就是这个结构中的一个节点。就两宋而言，尤其是与唐中期之前的社会相比，宋代的司法结构已发生了较大的变革。所谓“变革”，就是在“断裂”之后的新生；与“变化”一词相对而言，“变革”更加强调不同质因素的冲突与融合；所谓司法结构，就是指司法理念、司法权力配置、司法机构的设置与运转、司法原则与司法制度诸因素的有机结合与运行。

1. 以法文化的眼光来看，宋代司法结构的新变化正是在经过中唐以来至五代十国社会价值理念的断裂与社会结构的巨大变迁后而发生的。就儒家的主导价值理念而言，以忠孝为基干的仁政民本思想始终是古典中国以皇权为代表的王朝统治者所秉持的基本治国之策。然而，自“安史之乱”至五代十国，斯文扫地、儒冠不存，此种价值理念早已为士人所摒弃，以冯道为代表的五代十国士人阶层，数易其主，气节尽失，受到《新唐书》编著者欧阳修的强烈谴责。儒家社会价值理念的断裂反映在司法上，就是五代十国以来，司法的野蛮与残酷。以唐初以来李世民君臣为代表而确立的为君之道早已成为历史的陈迹，《唐律疏议》所表彰的“德礼为政刑之本，刑罚为政教之用”的司法理念也已湮没在社会动乱之中。宋代开国伊始，其主要的精力与举措便是惩五代十国之乱，纠司法黑暗之弊。所以，编纂法典，以士人司法，派监察御史巡视全国诸道州军，便是宋初司法的重中之重。太祖立国之初所建立起来的“惩弊”之措，到了太宗时期，便上升为新的司法理念，这就是视刑狱为治国的首要任务，史谓“庶政之中，狱讼为切”。[48] 宋代对刑狱的高度重视，催生了宋代两种社会现象的产生，并形成了中国自宋代之后近八百年的历史传统：一是州县长官亲审囚徒，科决刑狱；二是法医学的发达及士大阶层中有志之士对刑狱的高度关注。不仅如此，到了南宋，士人阶层作为法官主体，其司法理念不仅包括对刑狱的高度重视，而且还把百姓的“婚田之讼”纳入了司法的视野中，庶民百姓生活中的“鸡虫得失”与“蝇头小利”，不再是“民间细故”，而成为司法官员的当务之急。这就是自唐中叶以来，“民本司法”理念断裂后，经过历史的总结而产生的新型宋代司法理念。正是在此理念的指导下，我们才有可能看到中国历史文献上，第一本流传下来的法官判决民事案件的真实记录——《清明集》。

---

〔48〕 司义祖编：《宋大诏令集》卷二百，中华书局1962年版，第741页。

2. 理念作为认知,是司法制度运行与更新的基础。正是由于两宋社会经过时代断裂后产生了新型的司法理念,才使宋代司法制度也有了不少时代新意,如“鞫谳分司制”“翻异别勘制”等。除此之外,就民事审判而言,宋代司法制度的最大创新就是创立了“给当事人断由”的制度。“断由”是宋代社会民事审判中的专有名词,〔49〕简单来说就是民事判决的理由,当然它的表现形式是官方制作的法律文书。“断由”制度的创设有三大作用:首先,“断由”作为法律文书,它记载了基本案情、判决适用的法律条文与法官的逻辑推理、案情分析与判决理由。它对案件的真实与公平与否,具有证信的作用。其次,如果当事人不服,可以“断由”为据向上级司法机关申诉。因为古代没有三级二审制或四级三审制的概念,法律的既判力不可能如现代社会一样清晰,故上诉与申诉没有什么界限,不服判即可上告,宋代谓之翻诉。一个案子审三五次是宋代司法中常见的现象,甚至可达七八次之多,缠讼数十年之久。“断由”因此成为上级机关或别的机关另行审理的基本依据。最后也是最为重要的,即通过给当事人“断由”,表明宋代政府对民事案件的高度重视。在儒家语境的文化形态下,没有诉讼当事人为诉讼主体的概念,有的只是儒家仁政爱民的司法意识,司法权力结构的配置以官方为主体。当事人获得权利保障仅能在这种语境下进行,而给“断由”的制度正在悄悄改变当事人的权利地位,使宋代司法权力结构的配置发生新的变化,同级并行的机关或上一级的司法机关既可凭“断由”查明案件是非,判断引用法律是否适当,也可借此对自身行为作深刻反思,从而去保护庶民百姓的财产利益,而不是简单地去指责当事人刁钻、蛮横。正如著名法官范应铃(范西堂)所言:“尝谓乡民持讼,或至更历年深,屡断不从,固多顽嚣,意图终讼,亦有失在官府,适以起争。”〔50〕正是在这种难得的官方自我反省与给“断由”的制度下,才使当事人的权利地位有了切实的保证,庶民百姓不再简单地是诉讼中的客体,而是一个由“断由”制度及新司法理念所构织的意义网络上的重要环节。

3. 便是田宅诉讼中,契约文书的普遍使用。宋代由于土地私有制深化,土地

---

〔49〕 笔者本打算将“断由”与“干照”一词共同考释在本文中,但由于时间与篇幅的限制,当另撰专文述之。拙作《宋代司法传统的叙事及其意义》一文,虽已对“断由”有所考察,但“断由”一词对整个南宋民事审判的意义似仍应著专文论述之。上文发表于《南京大学学报(人文社科版)》2008 年第 4 期,全文转载于中国人民大学复印报刊资料中心《法理学 · 法史学》2009 年第 1 期。

〔50〕 《名公书判清明集》卷四,中国社会科学院历史研究所宋辽金元史研究室点校,中华书局 1987 年版,第 120 页,《漕司送下互争田产》。

权能的归属、行使,田宅交易的进行,如典、租、卖、指押、抵当、倚当等都要以契约文书为据。我们必须清楚的是,宋代社会中的契约文书原件虽因历史久远,再加上兵火战乱及自然灾害诸般原因,没有像明清那样大量遗留传世。但从《宋会要辑稿》《清明集》等基本历史文献来看,不同种类的契约文书在宋代百姓的日常生活中所发挥的作用,远非今人可以想象。可以毫不夸张地说,契约文书既是宋代田宅诉讼中财产流转关系的物质载体,也是法官审判案件,辨别案情真伪的最重要的证据,同时它还与田产簿籍等官方文书一同是物权归属关系的载体与凭证。以现代的民法理念来看,物权靠它,债权靠它,证信断案也靠它,宋代百姓生活所发生的一切交易行为几乎都由契约文书加以记录与证明。

总之,在宋代法律关系的意义网络中,理念是基础,制度为框架,契约文书则是理念与制度结合运行发挥司法公平效能的机制保障,三者缺一,则不可能实现社会的司法公平。

明白了宋代社会法文化关系网络结构中的诸项内容意旨,我们才能明白为什么"干照"一词得以在宋代社会生活及各种法律关系的场合中不断出现,且没有固定的意涵。就田宅诉讼而言,在不同类型的诉讼中,"干照"通常意义上的指称,皆是法律文书与契约文书的泛称。从根本原因上来说,宋代土地私有制的深入发展,使田宅所有权与使用权分离,无论是土地所有权的转移,还是土地使用权的深入分割,都需要依据契约进行,契约是固化百姓日常生活的物化形态。契约的广泛使用促使"干照"一词广泛应用于不同形态的田宅诉讼中,使"干照"既成为法官判案的日常用语,也成为法官断决田宅诉讼的重要证据与原则。下面我们以南宋临湘县令王炎为代表,结合《清明集》所载案例,看看"干照"一词作为契约文书的同义语是怎样被南宋法官高度重视且广泛运用于司法实践中的。

宋代的王炎见于史册的有二人,一是北宋的王炎,二是南宋孝宗时期的王炎。我们这里所说的是南宋时期的王炎,其字晦叔,号双溪,徽州婺源(今江西婺源)人。按其自述,他一生并不得志,15岁束发学文,"三十有二年而仅登进士之科,犬马之齿,四十而蹭蹬于九品之贱"[51]在临湘(今湖南岳阳一带)县令任上,王炎写下了一篇言恳意切的如何审理田宅诉讼的书信,此史料弥足珍贵,在学界尚未被人们所重视。他在《上孙漕书》中写道:

---

〔51〕曾枣庄、刘琳主编:《全宋文》(第269册),上海辞书出版社、安徽教育出版社2006年版,第60页。

炎出于一介孤生，辛苦半生之久方得一官，蹉跎一纪之余方脱选调，法当试县，无所规避。因念民户争讼，诣县赴诉者，所以求决其曲直之情，为县令者于剖决之际自宜审之重之，不可苟也。若平心定气，用一己之见，犹未必每事皆中，若不由己见，用胥吏之说，则必至于十事九错无疑矣。临湘为县地止一乡，民止数千户，视江浙间繁难之县，其词讼不及百分之一也。然以炎之迟钝不才处之，则不可以民讼为少而不尽其心。况一县之人所谓词讼，半是诉田畴官司。理断争田之讼，先凭干照，既有干照，须问管业，则条令自有明文。如契要不明，限以二十年是也。或问开荒，则指挥自有明文。如已耕熟田，不许执旧划夺是也。然据两辞所供，则管业、开荒难以见其虚实，其势又须问及邻保，则事之曲直，人之情伪方别自而不可逃。而临湘人户争竞田土又与他处不同，或有契据不明，界至交互之人，或有虽纳税赋，并无契据之人，或有不纳一文一粒赋税、亦无一字契据之人。炎为田事之宜，斟酌人情，依傍法意，平心理断，不敢徇一己之私意，有所偏曲，亦不容吏辈执复，有所眩惑，此邑人之所通知也。若其两辞纷拏，即呼之使至案前，反复论辩，未尝敢临之以鞭朴，亦未尝敢拘之于囹圄。区区之意欲与百里之人情意相通，因是以理断曲直，庶几可以无失。然人之情伪固难尽知，而一己所见岂能皆当，即又准条令为给断由，其断由之中必详具两争人所供状词，然后及于理断曲直情理。恐人户以为所断未公，即当执出断由，上诣台府陈诉。庶几上司见得元断是非。若元断之是，则虚妄者无以肆其欺；若元断之非，则抑塞者可以伸其枉。而小民之诡诈者又或不然，自度县出断由则必尽见其无理之情状，遂有不肯收领前去者，却埋藏元断事项，改变情节，装饰虚词，或赴上司陈述。而其所以为词者则其说有二：以为知县偏曲者其一也；以为吏人执复者其二也。炎窃谓知县亲民之官也，在己偏曲而断民讼，即是徇私情而背公，罪也；若信吏胥执复而断民讼，则是庸缪而不明，亦罪也。万一上司未知元断因由，炎恐缘此陷于罪戾而无以自解，是以不避罪责，以情控告。欲乞日下或有临湘人户赴使台陈诉户婚公事，原赐台旨索出炎元来所给断由，酌事情之是非，如无断由，愿赐指挥行下，令炎详具元断因依供申，或索元案委清强官吏看详，如炎所断或所见未到，微有失错，乞原恕其过。如容心其间，不合人情，不遂法意，至于偏曲不公，则亦无所逃罪。干冒威严，下情不胜皇惧之至。[52]

---

〔52〕 曾枣庄、刘琳主编：《全宋文》（第270册），上海辞书出版社、安徽教育出版社2006年版，第89－90页。

王炎的这段话是我们了解宋代基层法官审断田宅诉讼的最原始、最珍贵、最完整的文献资料,也是我们了解“干照”一词意指及其作用的珍贵法律史文献。就此文而言,王炎大体讲述了三层意思:第一,临湘县的风土人情、人口户数及田宅诉讼的频繁,即文中所说“一县之人所谓词讼,半是讼诉田畴官司”。第二,临湘县田宅之讼的固有特征,即“虽有契据不明,界至交互之人”,这是因为此县地广人稀,荒田极多;“或有虽纳赋税,并无契据之人;或有不纳一文一粒赋税,亦无一字契据之人”,或有刁钻之人,不肯在诉讼审理时领取“断由”,以便文饰是非,从中谋利,或兴讼缠讼,诬陷审判官员。可见,在基层的田宅争讼审理中,法官作为县令并非人们所想象的那样高高在上、玩弄法条、欺诈乡里的蛮横无知之辈,而是一个极其谨慎、严守法令、精心依法断决的勤勉官员。这说明,在宋代的司法活动中,要做一个清廉、勤奋、忠于职守、爱护百姓、司法公平的官员,既极其不易,也是许多儒家士人的理想。第三,法官如何断案,这也是我们所要了解的重点。就王炎所说可知:一是他的态度极其谨严、认真、不敢苟且。二是他决不轻易拘禁民间诉讼当事人,而是反复辩论推敲,重视证据,更非动辄刑讯拷打、“临之以鞭朴”。三是他判案的原则。其特点是,依法断决,参酌人情法意;高度重视证据,尤其是契约文书的证信作用,理断诉讼必依法令之规定,给当事人以“断由”。王炎称:“理断争田之讼,先凭干照,既有干照,须问管业,则条令自有明文。”这里所说的“干照”是田宅争讼中能证明田宅所有权来历、田产周转、分割的书面证据,即契约文书。以“干照”查明是非,公平处断,既是南宋法令所要求的,也是宋代法官审理田宅诉讼的首要原则。于《清明集》所载众多实际案例,王炎的说法可以证实。

譬如著名法官胡颖说:“大凡官厅财物勾加之讼,考察虚实,则凭文书;剖判曲直,则依条法。舍此而臆决,则难乎片言折狱矣。”[53]范应铃(西堂)则认为“夫岂知民讼各据道理,交易各凭干照。在彼则曲,在此则直,曲者当惩,直者当予,其可执一,以堕奸谋。”[54]吴革(恕斋)认为,“切惟官司理断典卖田地之讼,法当以契书为主,而所执契书又当明辨其真伪”[55]。他还说:“理诉田产,公私惟

---

〔53〕《名公书判清明集》卷九,中国社会科学院历史研究所宋辽金元史研究室点校,中华书局 1987 年版,第 336 页。

〔54〕《名公书判清明集》卷四,中国社会科学院历史研究所宋辽金元史研究室点校,中华书局 1987 年版,第 112 页,《吴肃吴榕吴检互争田产》。

〔55〕《名公书判清明集》卷九,中国社会科学院历史研究所宋辽金元史研究室点校,中华书局 1987 年版,第 315 页,《孤女赎父田》。

凭干照。”[56]吴革这里所说的“公私”，则分别指官府法官与诉讼当事人。就官府而言，法官审理田宅诉讼，依据“干照”辨是非，示证信，明公断，这既是法令所规定的必然要求，也是司法所应遵循的首要原则。可见书证或物证的作用早已在宋代证据制度中超越“口供”而占据首要位置。这既是法律理性的要求，也是唐代及以前的司法传统所不具备的法律知识形态的新时尚。就当事人而言，不仅田宅交易须凭“干照”，以示证信，双方发生纠纷到官府诉讼，争取司法保护，以使权利得到救济，也须由“干照”加以说明。

如此一来，假若我们以历史人类学的视野审视“干照”，它就不仅仅是一个名词，一个契约文书的同义语，它还是宋代司法结构网络中一个别有意义的价值符号。宋代的法官在审理各类形态的田宅诉讼中，以法的功能确定争讼双方财产利益的边界，以“干照”为据明辨是非、申明公断、取信于民，这就使法律作为知识与客观准则得以在民事纠纷的审理中发挥作用，且拓展着生长的空间。在宋代社会文化的意义网络之中，“干照”一词不仅反映了宋代社会的新风尚，而且还同时折射着唐宋社会的变革，催生着宋代司法传统由“人伦理性”转向“知识理性”，从而形塑着其后八百年中国人的生活方式与行为方式，建构了传统中国人过日子的规则与逻辑。

---

[56]　《名公书判清明集》卷九，中国社会科学院历史研究所宋辽金元史研究室点校，中华书局1987年版，第313页，《过二十年业主死者不得受理》。

何种之私:宋代法律及司法对私有财产权的保护*

回顾学术史,学界以往对宋代私有财产权的研讨主要是以现代部门法之理论,对宋代的财产权利做了物权、债权、财产继承权之划分。[1]近年来,深入而且又有新贡献的代表性成果是柳立言、戴建国以及程民生三位先生的论著。柳先生最主要的贡献是:(1)率先指出了宋仁宗景祐四年(1037年)正月乙未的诏书,是宋代"同居共财"制的首要变化,以法律的形式承认了成人男女"白手起家"所赚得的财产属于个人所有;(2)鲜明地提出了宋代法律呈现出了"中产之家"的特色,局部打破了"同居共财"的儒家传统。[2]戴建国则从宋代的田宅"典权"入手,指出影响明清两代数百年的"一田两主"制,皆发端于两宋而独具时代特色。[3]程民生则

---

* 原载《华东政法大学学报》2017年第3期。

〔1〕 张晋藩主编:《中国法制通史》(第5卷),法律出版社1999年版;郭东旭:《宋代法制研究》,河北大学出版社2000年版;陈志英:《宋代物权关系研究》,中国社会科学出版社2006年版。

〔2〕 柳立言:《宋代的家庭和法律》,上海人民出版社2008年版,第325-442页;该观点的详细阐释,参见柳立言:《宋代的社会流动与法律文化:中产之家的法律》,载《唐研究》第11辑,北京大学出版社2005年版。

〔3〕 戴建国:《从佃户到田面主:宋代土地产权形态的演变》,载《中国社会科学》2017年第3期;戴建国:《宋代的民田典卖与"一田两主制"》,载《历史研究》2011年第6期。日本学者的研讨,可参见[日]高桥芳郎:《宋代官田的"立价交佃"和"一田两主制"》,载刘俊文主编:《日本中青年学者论中国史·宋元明清卷》,上海古籍出版社1995年版。

指出：宋代法律对公私财产的保护具有同等法律地位。[4] 这些研究，为我们认识宋代私有财产权的历史事实提供了一个新的视野。

然而，由于以保护个人权益为主旨的现代权利观念来自西方，而非中国古典文化所固有，这就为学界研究此一问题带来不少困难。首先遇到的问题是：儒家语境下私有财产权中的"个人"是何种意义上的"个人"？其次，私有制若上升为权利，必须得经过法律这一中间环节。宋代没有民法典，也没有私法观念，且刑法典是以惩治犯罪为目的，它该如何保护私有财产权呢？最后，即便宋代存在立法与司法保护私有财产权的事实，但这个事实已成过往，非人们现在能直觉感知，这就需要论证。论证能否成立，既取决于文献材料又需要论证方法的有效性。笔者的基本理论预设是：一个社会，若法律与司法能保障弱势群体中个体的正当私有利益，则私有财产权的普遍保障必成为共识与历史事实。

以上这些问题必然困惑着我们，也给笔者试图探讨这些问题提供了理论探索的勇气与动力。本文试图回答如下问题：[5]

其一，儒家语境下，宋代有无私有财产权？若有，内容为何，法律怎样保护，其特征与历史地位如何？

其二，何种意义的私有？西方法学理论解释中国私有财产权的意义与局限是什么？

一、宋代私有权的历史事实与分类

私有制是私有权的基础。中国自战国以来，土地私有制便占主导地位。秦汉以降，土地私有制的发展虽遇周折，但至宋时已深化至很高的程度。土地的市场要素与产品要素日显突出与扩大。如果说，土地是中国社会人们最大的财富

---

〔4〕 程民生：《论宋代私有财产权》，载《中国史研究》2015 年第 3 期。学者从不同角度涉及此问题的研讨，不再一一列出。

〔5〕 关注中国古代私有财产权，是笔者长期以来研读中国法律史的焦点。20 世纪 80 年代，笔者的硕士论文便以"元朝民事法规探微"为题，研讨元朝法律下的民事权利。20 世纪 90 年代后笔者的研究转向宋代，2006 年之后，欲集中运用《名公书判清明集》与《宋会要辑稿》等史料，分析宋代立法、司法对私有财产权的规制与保护，2011 年撰写"何种之私：宋代法律私有财产权保护论略"一文。由于该文为论纲（约 4000 余字）故未发表。但文中的观点已以笔谈的形式发表于《法学研究》2011 年第 6 期，题目为《中国法学知识体系的建构必须重视从中华法制文明中寻求资源》。此提纲之思路，曾在"2011 年西方法律思想史年会"、2013 年 7 月于开封河南大学召开的"跨学科视野下的法律史研究"等学术会议上宣读。其中的部分观点以"汲取传统中国的法治资源"为题，发表于《人民日报》2014 年 11 月 24 日评论版。

与财产的话，那么房屋作为“业”也是私有财产制的重要内容。宋代文献中，“田宅”是法官审理民事案件最常用的词汇，因此，田宅私有是社会生活中常见的现象。

就价值追求的基础以及由之而生的公私观念而言，传统中国与西方存在不小的差异。传统中国社会中，不可能出现绝对私有的财产制度，在现实中国社会，这一制度也是难以实现的。在儒家价值观的影响下，虽然个人“权利”及个人私产会受到官府与社会的压制，但仍然存在一种独特的土地私有制度。[6] 传统中国社会确实产生了商品经济，发展出了土地的商品属性和交易属性，普通百姓也在日常生活中不可避免地产生了个体性质的生存、生活需求以及相关的利益诉求，因而基于传统中国的历史事实，宋代作为商品经济和世俗文化尤其发达的时代，土地私有制确实成为社会经济的主要形态。

宋代土地所有制分国有与私有。国有土地有营田、屯田、弓箭手田、马监牧地、官田、学田等，称“公田”。[7] “公田”与“民田”相对，宋赋税的记载便有“公田之赋”与“民田之赋”的差别。[8]

据著名宋史专家漆侠先生之研究。宋代的土地私有制占有绝对的优势地位。他说：“在宋代土地所有制中，土地私有制占绝对的支配地位。”他进一步论证道：“北宋垦田在宋神宗熙宁元丰之际最高达七百万顷，可能在七百五十万顷

---

〔6〕 著名经济史学者杨国桢先生说：“中国封建社会的土地所有权，不是完全的、自由的土地所有权，它的内部结构是国家、乡族的两重共同体所有权与私人所有权的结合。中国封建土地所有权的运动，表现为这几种互相结合又处于互相排斥状态的所有权之间在同一结构内地位的更替与消长。在中国传统社会，土地私人所有权的发展，始终未能摆脱国家与乡族土地所有权的附着和制约。”参见杨国桢：《明清土地契约文书研究》（修订本），中国人民大学出版社 2009 年版，“序言”。

〔7〕 宋代的“官田”主要有以下几种形式：（1）户绝田；（2）抛荒田；（3）“涂田”或称“泛长江涂田”；（4）国家籍没田。参见漆侠：《宋代经济史》（上册），中华书局 2009 年版，第 298 页。

〔8〕 《宋史·食货志》卷一百二十七：“宋制岁赋，其类有五：曰公田之赋，凡田之在官，赋民耕而收其租者是也。曰民田之赋，百姓各得专之者是也。曰城廓之赋，宅税、地税之类是也。曰丁口之赋，百姓岁输身丁钱米是也。曰杂变之赋，牛革、蚕盐之类，随其所出，变而输之是也。”参见（元）脱脱等撰：《宋史》卷一百七十四，中华书局 1977 年版，第 4202 页。另外，“民田”之称亦可参见（清）徐松：《宋会要辑稿·食货一》（第 10 册），刘琳等点校，上海古籍出版社 2014 年版，第 5941 页。

左右。由此可见私有土地居于绝对的优势地位。"[9]

对宋代土地私有制的深入发展及史料中诸种反映土地私有的社会现象，笔者认为，可遵循下列线索加以分析。

1. 土地私有的本质特征是自由买卖。宋代，土地作为私有财产，在社会经济生活中流通的方式有多种：一曰典，二曰卖，三曰指名质举，四曰倚当。与唐代相比，宋代土地私有制深化的程度在土地权能的细化上，尤为突出。唐初，国家实行"均田制"，即国家授受制。唐代把土地分为"口分田"与"永业田"两大类。原则上，"永业田"可以附条件的买卖。"口分田"一般不准买卖，特殊情况下可以买卖。[10] 可见，唐对土地买卖的限制既多又严。宋时，这种限制全然不存。土地既可绝卖，亦可先典后卖，还可只典不卖，甚至以田宅作质押，以折抵因主债务而产生的利息，宋代称为"倚当"。[11] 由田宅流通与处分所引起的诉讼纠纷，官府称为"田宅之讼"，无日无之。

2. 就宋代的田土与户等关系而言。宋代的户等，既有主客之分，也有"五等"划分之别。就"主客之分"而论，宋代把有土地的田户称为"主户"，无土地的人户称为"客户"。主户占人口的大多数；就"户等"而言，宋把有土地的人户分为五等，一二三等户为地主阶级，四五等户为有土地的农民，这类户口在宋代占据了极高的比例。漆侠先生指出，在宋代户口中，拥有土地的农民属于其主体，而五等户中，四五等户又占43.3% ~58.5%。[12]

---

〔9〕 漆侠：《宋代经济史》（上册），中华书局2009年版，第343页。在笔者看来，宋代的土地数量如同人口一样，史籍并无精确记载，只能估其大概。这是因为宋代的基本史料《宋史》《文献通考》《宋会要辑稿》三大史书中，"食货""田赋"中并无历年土地开垦之详细数字。战乱时，土地之数字更无法精确，但漆先生顷毕生之心治宋代经济史，其所依据的史料达上千种之多，阅读范围之广，非一般学者所可企及，故所得之结论仍可为据。

〔10〕 《唐律疏议》卷十二《卖口分田》："诸卖口分田者，一亩笞十，二十亩加一等，罪止杖一百；地还本主，财没不追。即应合卖者，不用此律。"《疏议》曰："'口分田'，谓计口受之，非永业及居住园宅。辄卖者〈礼云〉'田里不鬻'，谓受之于公，不得私自鬻卖，违者一亩笞十，二十亩加一等，罪止杖一百；地还本主，财没不追。'即应合卖者'，谓永业田家贫卖供葬，及口分田卖充宅及碾磑、邸店之类，狭乡乐迁就宽者，准令并许卖之。"参见（唐）长孙无忌等：《唐律疏议》卷十二，刘俊文点校，中华书局1983年版，第242页。

〔11〕 参见《清明集》卷六《抵当》、《倚当》。这部判词汇编所反映的宋代社会生活中的田宅买卖，典与当等，是极其生动的。对它的研究，可参见宋代官箴研读会编：《宋代社会与法律——〈名公书判清明集〉讨论》，台北，东大图书股份有限公司2001年版。另可参见郭建：《典权制度源流考》，社会科学文献出版社2009年版。

〔12〕 漆侠先生说："占有一块土地的农民，在宋代户口中占的比重极大。"参见漆侠：《宋代经济史》（上册），中华书局2009年版，第332－333页。

3. 富户的田产可作为女儿出嫁之奁产。宋代笔记中就有反映南宋婚帖具体内容的史料，其中就分列了“房奁”的构成内容。[13]《清明集》卷八《女合承分》记载：南宋人郑应辰有两个女儿，无亲生儿子，后过继了一个儿子，即养子。郑应辰在世时，“家有田三千，库一十座，非不厚也。应辰存日，二女各遗嘱田一百三十亩，库一座与之”。郑应辰去世后，养子欲独吞家产，受到了法官的斥责，审理者依遗嘱给两女儿每人130亩田产。这在《清明集》中并非孤例。

4. 宋代的“女户”也是私有土地者。所谓“女户”，是指家无男丁由妇女担任户主的民户。马端临说：“凡有夫有子不得为女户。无夫、子，则生为女户，死为绝户。”[14]女户作为独立的户籍，意味着它必须向国家缴纳赋税，缴纳赋税则以具有田产为基础，因此“女户”必具有私人田产。[15]

私有制上升为权利，须由法律加以规定。以现代法学言之，法律依其规范的性质与调整对象之不同，可分为公法与私法两大类；又依其成文与否，可分为成文法与习惯法两大类。宋代，尚无现代法学之理念，故法律编纂的体例与体系中，虽无单独的私法系统——民法典，但却在成文律典令典及单行法律规范中都有现代民事性质的规范。

以宋朝一代大法《宋刑统》而论，不仅其中的“户婚”“杂”篇中有民事规范，这被现代学者称为“刑法典中的民事有效部分”，且它还在《唐律疏议》的基础上增添了四项内容：一是“务限法”，专门受理民事案件的条款；二是“典卖指当论竞物业”，即有关田宅典、卖、指押、倚当的法律；三是死商钱物，即外籍商人在中国经商死后财产如何处理的条款；四是户绝资产，指无子嗣之家财产如何分配的法律。[16] 这四个条款既涉及民事程序，也涉及田宅交易、外商财产处置、遗嘱继承诸民事领域，是纯粹的民事条款，这是律。再就令典而言，中华法系常以“律令体系”著称。说中华法系是律令体系，并非否定礼在古典中国法律体系中的支配作用，而只是说律典与令典都是成文法典。对律典，学界已耳熟能详，因为

---

〔13〕 据《梦粱录》记载，南宋的婚帖“具列房奁：首饰、金银、珠翠、宝器、动用、帐幔等物，及随嫁田土、屋业、山园”等。（宋）吴自牧：《梦粱录新校注》卷二十，阚海娟校注，巴蜀书社2015年版，第347页。

〔14〕 （宋）马端临：《文献通考》卷十三，上海师范大学古籍研究所、华东师范大学古籍研究所点校，中华书局2011年版，第378页，《职役考二》。

〔15〕 在《文献通考·职役考》中，“女户”常与单丁、寺观等并列，说明“女户”家中无男丁，理应免役。但免役不意味着免田产之赋。

〔16〕 参见（宋）窦仪等：《宋刑统》卷十二、卷十三，吴翊如点校，中华书局1984年版，第196－207页。

自《唐律疏议》之后,我国古代律典皆完整地保留下来,譬如《宋刑统》《大明律》《大清律例》等。而令典早已散佚,人们难以睹其真容,只是通过文献记载知其大概而已。1999 年,宋史专家戴建国于天一阁发现"明钞本天圣令",其后,中国社会科学院历史研究所唐宋史专家以此版本为研究对象,组成课题组,经几年整理研究,出版了《天一阁藏明钞本天圣令校正——附唐令复原研究》一书。[17]

《天圣令》虽为残卷,但其发现既为我们认识唐宋令典的面貌提供了实态,同时也使我们看到,古代的法典编纂体例与体系,不单纯是以刑为主的律典,还有不以刑罚惩治为手段的令典。《天圣令》中的"田令、赋役令、关市令、丧葬令、杂令"都是民事法规,或者是相当于现在的特别民事法规。

除律典、令典外,宋代还有以敕令形式颁布的单行民事法规或商事法规。著名者如宋仁宗天圣四年(1026 年)七月颁布的《户绝条贯》及其进行海外贸易的《市舶条法》等。[18]

此外,宋代的敕令、砧基簿、省簿、鱼鳞图册与田宅契约文书在田宅的归属与流转中,发挥着现代民法的物权、债权功能。[19] 除敕令外,也在司法审判中发挥着证据的作用。

由于史料的繁杂,加上宋代尚无现代的民法编纂体系,以法学的视野对其私有权能分类,是有一定困难的。但又不得不做尝试性努力,因为若不以今人的眼光看待历史,以现代法理分析、解释宋代私有权的历史事实,我们的研究与认识将无法深入,与现代的读者也无法对话。

欲将宋代私有权进行分类,首先是确定分类的标准,其次是对有关史料的选择与归纳。先言分类标准,若以财产的物质形态可否移动为据,私有财产权大体可分为两大类:不动产私有权,也就是田宅所有权;动产所有权,如牛马驴骡驼、

---

〔17〕 该书由中华书局 2006 年出版。中国社会科学院与台湾大学历史系随即举办"天圣令读书班",已发表不少有分量的研究成果。除上书外,大陆学界代表性成果有戴建国:《〈天圣令〉研究两题》,载《上海师范大学学报》2010 年第 2 期;黄正建:《天圣令与唐宋制度研究》,中国社会科学出版社 2011 年版。台湾学者研究成果参见高明士:《律令法与天下法》,上海古籍出版社 2013 年版。

〔18〕 "户绝条贯"参见《宋会要辑稿 · 食货六一》卷五十八,刘琳等点校,上海古籍出版社 2014 年版,第 7465 页。宋代的"市舶条法"多以编敕的形式进行,《苏轼文集》收录最详。参见《苏轼文集》卷三十一,孔凡礼点校,中华书局 1986 年版,第 888 - 890 页。亦可参见陈景良:《两宋海外贸易立法演变论略》,载《南京社会科学》1992 年第 5 期。

〔19〕 参见尚平:《南宋砧基簿与鱼鳞图册的关系》,载《史学月刊》2007 年第 6 期。另可参见戴建国:《宋代的民田典卖与"一田两主制"》,载《历史研究》2011 年第 6 期;戴建国:《宋代籍帐制度探析——以户口统计为中心》,载《历史研究》2007 年第 3 期。

车船及生活用品。

若以现代民法理论为据,把具有财产权诸项事实要素与功能要素加以提炼,而不是仅限于单纯的概念所指的话,那么宋代的私有财产权仍可大体上分为物权、准物权、债权、继承权、抚养权、养老权等。实际上,无论古今中西,想要对财产权进行精确的定义与分类都是十分困难的。因为历史与现实的社会生活是极其复杂的,而理论与概念又无法穷尽社会生活诸现象。我们在使用这些理论分析宋代事实时,需要有着足够的警醒,防止生搬硬套,更不能远离宋代历史场景,臆解历史,这是必须加以说明的。

二、宋代律典、敕令与经义对私有权的规制与支撑

现代法治国家,对私有财产权的规制与保护,主要是以宪法和部门法的形式进行的。[20]

一般而言,首先,往往会通过宪法或其原则宣告私有财产的不可侵犯。其次,民法典及其民事关系法规,会在民事权利主体平等,意思自治的原则上,把民事主体对物支配、占有的财产关系,人与人之间的身份关系纳入权利、义务的框架中,通过授权性规范与任意性规范,规制各类私有权能,如物权、债权、知识产权等。也会把人与人之间形成的身份关系、财产继承关系、抚养关系,通过权利义务关系的理论而创制成为婚姻家庭制度,使亲属、继承独立成篇而编纂于法典之中。民法典编纂及其关系法规的制定,是现代法律体系支撑私有财产权保护的强大支柱。最后,以刑事制裁的严厉手段,通过对犯罪人的惩处而保护所有人的私有财产权利。

宋代的法律不同于现代,但其所具有的功能及其对私有权维护与规制的历史事实,仍不妨以此眼光,进行有层次的分梳。需要说明的是,宋代没有私法体系与民法典编纂,对私有权的维护与规制自然有着自身的特点。

1. 通过敕令与经义的升格,使民众获得恒产——田宅所有权。在古代,儒家经典在治国理政中具有宪法的功能与地位,礼治原则就是国家的宪纲。《孟子》作为儒家经典,在宋代由“子部”升格为“经部”,从此入“十三经”,其重要原因有二:第一,五代十国以来,斯文扫地,武人当政,宋朝统治者要重建政权合法性的理论基础,孟子作为孔子伦理思想的最大继承者,其仁政仁爱思想自然会受到青

---

[20] 这当然指的是成文法传统国家,英美法系是个例外。

睐。第二,在《孟子》一书中,"有恒产"才有"恒心"的思想,完全适应了宋代田宅私有化的浪潮,经大儒朱熹系统整理,直接影响宋代社会经济生活,两宋之时,拥有一块土地的农民占人口总数的绝大多数。虽然《孟子》在国家意识形态中正式升格为"经"乃是在南宋,但重视经义在治国理政乃至立法与司法中的作用,则是自宋初就已开始了。

建国之初,从宋太祖到太宗的38年间,朝廷颁布无数道敕令,鼓励农民种桑植树,开垦荒田,振兴农业生产,并庄重承认农民的土地私有权。现举数例如下,以资说明:

(1)太祖乾德四年曾有诏书专门对广泛垦殖的农户进行奖励。[21] 诏令中的"通检"是普遍查索,调查之意。在这里意在强调:国家承认农民对新垦荒地拥有私有权。通过开垦荒地而取得所有权是宋代土地私有权确立的一种重要形式,宋初对开垦荒地实行开放、自由、鼓励的政策,很多无地的客户通过这种形式获得土地,而上升为主户。[22]

(2)太平兴国年间,宋太祖为了劝课农桑,曾专门下达诏书,在民间选拔"农师",给予一定的奖励措施,使之在民间农业生产中起到引导、督促农业生产恢复与扩大的作用。[23]

宋初30余年间,因受唐中期以来战乱影响,尤其五代十国时期,兵火连年,民不聊生,大片农田因人口流离抛荒。人稀地广,旷田片片。此种形势下,为了恢复生产,发展经济,朝廷不得不采取多种措施,通过诏令的形式或鼓励开荒,或

〔21〕 乾德四年(966年)闰八月,诏:"所在长吏谕民,有能广植桑枣,开垦荒田者,止输旧租。"参见(元)脱脱等撰:《宋史》卷一百七十三,中华书局1977年版,第4158页。

〔22〕 《宋大诏令集》卷一八二《政事三十五》"田农"一目中所载之宋初诏令有17种之多,皆是鼓励农垦,惩罚游手好闲,奖励辛勤,承认土地私有的法令。由此可见宋初朝廷对此一问题之重视。参见司义祖编:《宋大诏令集》,中华书局1962年版,第658-661页。

〔23〕 太平兴国七年(982年)闰年十二月庚戌诏:"民为邦本,食乃民天。常念稼穑之艰难,每虑田园之荒废。广兴山泽之利,大开衣食之源。既富庶之未臻,盖劝课之尤缺。宜令诸道州府,应部民有乏种及耕具人丁,许众共推择一人,练土地之宜,明种树之法,補为农师。令相视田亩沃瘠,及五种所宜,指言某处土地,宜植某物。某家有种,某户缺丁男,某人有耕牛。即令三老里胥与农师共劝民,分于旷土种莳。俟岁熟共取其利。为农师者,常税外,免其它役。民家有嗜酒蒱博,怠于农务者,俾农师谨察之,闻于州县,寘其罪,以警游惰焉。所垦新田,即为永业。官不取其租,诏到宜亟行之,无或稽缓。"司义祖编:《宋大诏令集》卷一百八十二,中华书局1962年版,第659页。

约束流民归业，或招募民众通过佃耕而取得土地私有权。[24]

(3)宋太祖为了推动恢复农业生产、鼓励百姓开垦荒田，曾经专门下达诏书对新开垦的荒田予以确认，并规定这些新垦田地能够成为开垦者的“永业”。[25]

“业”在中国古代是个专有名词，大多数情况下指田宅，有时亦指生活用品。当用作“管业”与“永业”时，多指田宅，即今天我们所说的不动产。“为永业”即这块土地为开垦者或耕种者永远所有，意义如同现在所说的所有权，又有所不同。下文详述。

经义与敕令的价值位阶，如同现在的宪法与政策，是中国历史文化条件下土地私有的重要保证，也是中国的特有制度。

2. 通过律典规制田宅所有权转移的方式，对违法者，律典或敕令给予制裁，以保护私人所有权与田宅交易的秩序。这里必须说明两点。

(1)与唐相比，宋代的土地买卖、出典、倚当已是遵循经济规律，依照社会生活需要，根据当事人意愿而自由进行，不需要向官府请牒立账。[26] 土地上的负担因赋税之需，自然不能免除，但买卖上的限制却越来越少，基本上是自由典卖、卖、倚当。所以契约任由私人签订，官方并不强加干预，这是要首先申明的。

但是，田宅毕竟不是一般生活用品。它们不但能给人们衣食之源与物质生活的基本保障，而且对它们的利用还牵涉国家的赋税与邻里、亲戚的相关利益。故它们的交易不可能像小件物品那样完成。这在今天也是如此。在承认土地私有，买卖自由的大原则下，宋代国家对田宅的交易，即物权的转移、利用、过割还

---

[24] 诏令说：“应开封府管内百姓等，一昨霖霪作沴，水潦存臻，多稼即被于天灾，尽室不安于地著，遂致转徙，其将畴依。先是今年三月辛亥诏，应流民限半年复业，限满不复，即许乡里承佃，便为永业。又念民之常性，安土重迁。离去丘园，盖非获已。自今年十一月以前，因水潦逃移人户，任其归业，不得以辛亥诏书从事。”这是对前一道诏令的修订。准许因灾荒逃离家园的民户，在超过半年后，仍可回归家园，重新获得土地所有权。但由此带来的冲突，即在辛亥诏令下，通过招佃耕种抛荒田地，而获得朝廷认可的民户，其权益如何平衡，这恐怕是个问题。宋廷怎么处理的，现在尚未看到史料之记载。诏令为宋太宗淳化四年(993 年)一月发布。参见司义祖编：《宋大诏令集》卷一百八十二，中华书局 1962 年版，第 659 页。

[25] 宋太宗至道元年(995 年)六月诏令说：“近年以来，天灾相继，民多转徙，田卒汙莱。虽招诱之甚勤，而逋逃之未复，宜申劝课之令，更示蠲复之恩。应诸道州府军监，管内旷土，并许民请佃，便为永业，仍与免三年租税，三年外输税十之三。应州县官吏、劝课居民垦田多少，并书于印纸，以俟旌赏。”参见司义祖编：《宋大诏令集》卷一百八十二，中华书局 1962 年版，第 659 – 660 页。此道诏令又可见于(宋)李焘：《续资治通鉴长编》(第 2 册)卷三十八，中华书局 2004 年版，第 817 – 818 页。

[26] 宋人袁采说：“贫富无定势，田宅无定主。有钱则买，无钱则卖。”参见(宋)袁采：《袁氏世范》(卷下)，天津古籍出版社 1995 年版，第 162 页，《富家置产当存仁心》。

规定了一套完备的程序。另外,田宅交易或需要遵循一定的原则,违反者就要受到刑事制裁,以保障私有权益与交易的安全,这在法典与法令中有详尽的规定,现分述之。

第一,买卖双方当事人据意愿,确定交易形式,或典或卖,或倚当,在中间人见证下进行。这在后周广顺二年(952 年)间即已确立,宋代自然沿袭。[27]《袁氏世范》中就专门记载了这一阶段的交易习惯与程序,提到了寻找中间人、表达交易意向以及确认交易对象的内容。[28]

第二,"典卖田宅,先问房亲,次问四邻,房亲不要,他人并得交易。"[29]之所以有此类规定,一是受伦理道德制约,田宅交易不出族;二是农业社会,守望相助,田宅周围之乡亲四邻,若是本宗亲属,便于扶危济困。当然如此规定,也会有问题,如房亲四邻借此压价,或拖延时间,均影响田宅交易的经济生活本能及交易效率。对此,宋代也在不断地进行调整,以平衡交易效率与交易安全二者的关系。

《文献通考》记载了宋哲宗时期的一项动议,要求沿用旧法,限定行使亲邻权利的行为必须同时满足亲、邻两个要件[30],即明确限定有服亲决定是否参与交易的期限,以防拖延、影响交易。到了南宋时,问亲邻之法,限制在既有亲也有邻的范围内,有亲无邻,有邻无亲,皆不在亲邻法调整之内,这是因为,交易中引起的诉讼纠纷常常使司法机关十分烦恼。法官胡颖的文书中就专门记录和描述了因亲邻问题而产生的交易诉讼实况,并专门在文书引述了"庆元重修田令"与

---

[27] (宋)王溥撰:《五代会要》卷二十六,上海古籍出版社 2006 年版,第 416 页。

[28] 《袁氏世范》(卷下)说:"人户交易,当先凭牙家索取阄书砧基,指出丘段围号,就问见佃人,有无界至交加,典卖重叠。"参见(宋)袁采:《袁氏世范》(卷下),天津古籍出版社 1995 年版,第 159–160 页,《田产宜早印契割产》。

[29] 《宋刑统》卷十三载:"应典卖、倚当物业,先问房亲,房亲不要,次问四邻,四邻不要,他人并得交易。房亲着价不尽,亦任就得价高处交易。"参见(宋)窦仪等:《宋刑统》卷十三,吴翊如点校,中华书局 1984 年版,第 207 页。

[30] 马端临《文献通考·田赋考五》称:"绍圣元年(1094 年),臣僚言:《元祐敕》,典卖田宅,遍问四邻,乃于贫而急售者有害。乞用熙宁、元丰法,不问邻以便之。应问邻者,止问本宗有服亲及墓田相去百户内与所断田宅接者,仍限日以节其迟。"参见(宋)马端临:《文献通考》卷五,上海师范大学古籍研究所、华东师范大学古籍研究所点校,中华书局 2011 年版,第 113 页,《田赋考五》。

“嘉定十年刑部颁降条册”，指出亲、邻两者属性兼具，是实行亲邻法调整的前提。[31]

第三，双方当事人、中间人评议价格是契约签订之基础。三面评价（要价、出价、估价），是宋代田宅典卖土地的常用语。比如，南宋时期的契约文书中，就有“三面评值”的说法。[32]

第四，写立合同契约，双方当事人、见证人签字画押。田宅交易在宋代，本由当事人自愿，故所立契约，原无统一格式，这当然反映了田宅作为私有财产，其买卖是自由的。但同时带来的问题是，私立契约，往往对所交易之田宅的范围四至不做清楚交代，邻里也不知悉，遂致弊窦丛生，争讼日繁。为此，太宗采纳了开封司录参军赵孚的建议，确立了“割移”“典卖”这两式契约文书的范例。[33]

这只是说，官府颁立一个合同样本，当事人定约时，可模仿此格式进行，并非官府印制的统一的标准契约样本。在宋真宗时期（乾兴元年，即1022年），朝廷依从地方官员的建议，正式确立了合同契法，专门规定了田宅出典活动中，契约文书必须一式四份，分别交由交易双方、商税院及地方官府保存，以此作为交易

---

〔31〕 胡颖说：“照得所在百姓多不晓亲邻之法，往往以为亲自亲，邻自邻。执亲之说者，则凡是同关典卖之业，不问有邻无邻，皆欲收赎；执邻之说者，则凡是南北东西之邻，不问有亲无亲，亦欲取赎。殊不知在法所谓因问所亲邻者，止是问本宗有服纪亲之有邻至者。如有亲而无邻，与有邻而无亲，皆不在问限。见于庆元重修田令与嘉定十三年刑部颁降条册，昭然可考也。”参见《名公书判清明集》卷九，中国社会科学院历史研究所宋辽金元史研究室点校，中华书局1987年版，第308－309页，《亲邻之法》。

〔32〕 南宋淳祐十二年（1252年）徽州李从致卖山田契载：“归仁都李从致、从卿、侄思贤等，今自情愿将地名乾塘坞，系罪字号夏（下）山玖等拾玖号山肆亩，又民字拾壹号夏（下）田壹角贰拾步。其山东至胡文质地，西至垄，南至屋口自众田，北至降。今来无钱支用，众议将前项四至内山并田出卖与同里人胡南仕名下。叁面评值，价钱拾捌界壹佰陆拾贯文省。其钱当立契日以（一）并交领足讫，不零少欠文分。其山地内即无新坟旧塚。今从出卖之后，已任买主闻官纳完，迁做风水收苗，永远为业。如有肆至不名（明），如有内外人占栏（拦），并是出产人祗（支）当，不涉受财之事。今恐人心无据。立此卖田山文字为照淳祐拾贰年柒月十五李从政（押）李从卿（押）李思贤（押）今于胡南仕名下领前项四至田山肆亩、田壹角贰拾步契内价钱拾捌界官会壹佰陆拾贯，前去足讫，并无少欠。别不立碎领，只此契后壹领为照。同前月日。从致（押）。从卿（押）思贤（押）见交钱人李贵合（押）。”见张传玺主编：《中国历代契约会编考释》（上），北京大学出版社1995年版，第534－536页。

〔33〕 《续资治通鉴长编》卷二十四载：“孚（赵孚）又言：‘庄宅多有争讼，皆由衷私妄写文契，说界至则全无丈尺，昧邻里则不使闻知，欺罔肆行，狱讼增益。请下两京及诸道州府商税院，集庄宅行人众定割移典卖文契各一本，立为榜样，违者论如法。’诏从之。”参见（宋）李焘：《续资治通鉴长编》卷二十四，中华书局2004年版，第542页。

的凭证,目的就在于消弭因契约不明而导致的纠纷问题。[34]

由于宋代土地、田宅的典与卖已是社会生活中的常见现象,兴讼纠纷自不可免。官府出于税收及维护交易秩序的角度,试图统一契约格式与标准,其主观愿望不能说不好,但在客观效果上,并不一定能达到上述目的。因为统一的格式不便于民间田宅交易。宋哲宗时,已开始松动,到了南宋高宗绍兴三十一年(1161年),这一做法受到户部员外郎马骐的批评。[35] 后朝廷认可:田宅交易,契约签立,除了必须有牙保、写契约人亲书押字、标明四至、到官府投税印契外,其他格式一律松动,由民间自由掌握。

第五,投税印契,官给凭由,对行批凿砧基簿,办理过割手续后,交易才算完成。田宅作为大宗商品,不论是典与倚当,或者是卖,都牵涉到该私有财产上的使用权益与所有权益,即现在所说的用益物权与物权,还牵涉到户等的升降与国家税赋的征收。故这种交易虽是在田宅可自由交易的大原则下进行的,法律法令主旨自然是规制田宅的所有权与使用权,维护当事人私有财产权,这是自不待言的。但田宅各种形式的交易,无不关涉户等升降与国家税收落实。因此,宋代政府严令双方当事人必须在一定的时限内,或三五日,或两个月,到官府一般是县衙门,办理交税凭证。且要携带田宅底册——砧基簿,当厅批对,即将田宅数目从买方底册中除去,转移到卖方底册上。宋代文献中,前者叫"投印交税,官给凭由"(常说的盖有官方印章的契约文书——红契);后者叫"双方批对砧

---

〔34〕"乾兴元年正月,开封府言:'人户典卖庄宅,立契二本,(一本)付钱主,一本纳商税院。年深整会,亲邻争占,多为钱主隐没契书。及问商税院,又检寻不见。今请晓示人户,应典卖倚当庄宅田土,并立合同契四本:一付钱主,一付业主,一纳商税院,一留本县。'从之。"参见(清)徐松:《宋会要辑稿·食货六一》(第12册),刘琳等点校,上海古籍出版社2014年版,第7464页。

〔35〕宋高宗绍兴三十年(1160年)六月二十二日,户部员外郎马骐言:"窃谓典卖田宅,条令所载契要格式备矣,或不如式,在法未尝不许执用。所有执用者,准条明言违法,如私辄典卖之类,是诚不可以执用也。然则契要不如格式,非违法明矣,乌可不使之执用乎?绍兴十年申明,将上件不依格式并无牙保写契人书字,并作违法断罪,不许执用。绍兴十九年宋贶申明:典卖田宅,不赍砧基簿对行批凿,并不理为交易。夫违法者,私辄典卖是也。今契内一项不如式及未批砧基簿,与私辄典卖情犯绝远,而一概以违法处之,则伦类不通,非所以为法也。户部看详(批示):'乞下敕令所检照旧法及申明、续降参照看详,颁降遵守施行。'本所看详:'旧来臣僚申请,乞今后人户典卖田产,若契内不开顷亩、间架、四邻所至、税租役钱,立契业主、邻人、牙保、写契人书字,并依违法典卖田宅断罪。难以革绝,交易不明,致生词讼之弊;不对批凿砧基簿,难以杜绝减落税钱及产去税存之弊。缘村民多是不晓法式,欲今后除契要不如式不系违法外,若无牙保、写契人亲书押字,而不曾经官司投印者,并作违法,不许执用。已经投印者,止科不应为之罪。所有对行批凿砧基簿事,合依原降指挥施行。'从之。"参见(清)徐松:《宋会要辑稿·食货六一》(第12册),刘琳等点校,上海古籍出版社2014年版,第7473页。

基簿”。

正常情况下，经历上述五道手续，或者说五个步骤，田宅交易才算完成。可见，田宅作为不动产，无论中西古今，其使用权与所有权的规制都是要经过一套完备而又严格的程序的。〔36〕

（2）田宅的各类交易既然是儒家伦理语境下进行的，那么父死母在的情况下，儿子即便成年为家长，当他进行典卖田宅时，母亲对家产仍有监护权。因此，必须获得母亲同意，才能交易。否则就是违法，要受法律惩罚。“子之鬻产，必问其母”既是宋代的法律原则，亦是宋代社会意识形态主流价值的共识，更是法官的判案依据。〔37〕宋人程迥说：“母在子孙不得有私财”。〔38〕对于怂恿子弟分产或故意使子弟负债以谋其家产的人，刑罚是流配。对此，我国台湾地区著名宋史专家柳立言先生曾有论述。〔39〕

3. 通过令典规制牛马等动产所有权的转移形式；对于一般财物、麦粟的出举（月息不得过六分），“任依私契，官不为理（不加干涉）”；对于拾遗物、宿藏物、漂流物则注重平衡国家、原物主及拾得人三方权利的平衡。

（1）对拾遗物、漂流物、宿藏物的规制，原则上既保护原物主的私权，又根据拾遗人或者漂流物拾得者是否付出代价而给予不同份额的报酬，这种平衡理念，体现了法律的公平精神。

《宋令》有相关规定，对漂流物、宿藏物拾得行为进行了区分情形的确认。对于拾得漂流物的行为，要求首先在发生地对物品拾得进行公开并报告官府，有物主认领的情形下，拾得者能够获得拾得物品的部分利益，没有物主认领的情形下，物品归拾得人所有。对于拾得宿藏物的行为，在公共地域发现的物品，归拾

---

〔36〕即便如此，宋代社会生活中，因田宅交易引起讼端的记载还是不绝于各类文献之中，这既是因为人心复杂，交易中伪造、欺诈手段花样翻新，更是因为田宅交易有关户等升降，而户等又与赋役制度密切相关，故实际生活中，有的人往往虚立契约，转移田产，降低户等，而达到逃役避税之目的，宋代称“诡名挟户”。由此引起的纠纷，两宋数百年间难以杜绝。参见（清）徐松：《宋会要辑稿·食货六一》（第12册），刘琳等点校，上海古籍出版社2014年版，第7462－7474页。“诡名挟户”之案例，可参见《名公书判清明集》卷五，中国社会科学院历史研究所宋辽金元史研究室点校，中华书局1987年版，第136页，《受人隐寄财产自辄出卖》。

〔37〕《名公书判清明集》卷五，中国社会科学院历史研究所宋辽金元史研究室点校，中华书局1987年版，第141页，《继母将养老田遗嘱与亲生女》。

〔38〕（元）脱脱等撰：《宋史》卷四百三十七，中华书局1977年版，第12950页。也可参见（宋）窦仪等：《宋刑统》卷十三，吴翊如点校，中华书局1984年版，第205页，《典卖指当论竞物业》。

〔39〕柳立言：《宋代的家庭和法律》，上海古籍出版社2008年版，第332－333页。

得人所有;在他人私有地域发现的物品,则由拾得人与地域所有者平均分享。[40]“漂流物”,是指江河发水时冲击下来的竹木,牛马或其他有经济价值的物品。这些物品或原有主人或没有主人。河流中捡拾漂流物与路上拾遗不同。后者不须付出代价,前者须投入相当大的气力,甚至冒生命危险。故法律根据不同情况,有不同份额的报酬。若是有主人且在设置期限内认领的,大份额归原主,小份额归拾得者。无人认领,归拾得者所有。“宿藏物”,即埋在地下有价值的物品或“形制异者”之古器(我们现在所说的文物)。若发现地点在官地内,皆归发现人所有。这些发现人绝大多数是佃耕官田的人户,官府不与其争利。若于私地发现,须与原田主平分。若是具有文物价值的器皿,则物归国家,由官府发给报酬。宋代法律承唐之精神,把拾遗物中的宝、印、符、节与马、牛、羊等称为“阑遗物”。[41] “阑遗物”与“漂流物”之规制,既有律典也有令典,不同的是前者有罚则,后者无罚则。法律的这种规制,用现代民法理论分析,颇似“无因管理”。实际上,宋代律典、令典所体现的保护私权、维护公平正义的理念与现代民法是颇为契合的。

(2)对于一般生活用品之债权,《令典》之规制原则上尊重私人意愿,自订签约,约定利息,官府并不加干涉。但利息(月息)最高不得过六分,积利不得过一倍。若债务人逃跑,则由保人代偿。[42] 对于特定的债务形态,《令典》也有相关规定,如以粮食出借形式产生的债务,允许以粮食形式归还。[43] 令文中的“官不为理”,就是遵从当事人意愿,官方不加干涉之意。当然,若债主契外强制胁迫

---

[40] 《宋令》第十四条规定:“诸竹木为暴水漂失有能接得者,并积于岸上,明立标榜,于随近官司申牒。有主识认着,江、河五分赏二,余水五分赏一。非官物,限三十日外,无主认者,入所得人。官失者,不在赏限。”《宋令》第二十六条:“诸于官地内得宿藏物者,皆入得人;于他人私地得者,与地主中分之。若得古器形制宜者,悉送官酬值。”参见天一阁博物馆、中国社会科学院历史研究所天圣令整理课题组:《天一阁藏明钞本天圣令校证》(下册),中华书局 2006 年版,第 429 - 430 页。

[41] (宋)窦仪等:《宋刑统》卷二十七,吴翊如点校,中华书局 1984 年版,第 446 页。

[42] 《宋令》第二十四条规定:“诸以财物出举者,任依私契,官不为理。每月取利不得过六分。积日虽多,不得过一倍,亦不得回利为本。若违者积利,契外擎夺,及非出息之债者,官为理断。收质者若计利过本不赎,所听私纳。如负债者逃,保人代偿。”参见天一阁博物馆、中国社会科学院历史研究所天圣令整理课题组:《天一阁藏明钞本天圣令校证》(下册),中华书局 2006 年版,第 430 页。

[43] 《宋令》第二十五条规定:“诸以粟麦出举,还为粟麦者,任依私契,官不为理。仍以一年为断,不得因旧本生利,又不得回利为本。”参见天一阁博物馆、中国社会科学院历史研究所天圣令整理课题组:《天一阁藏明钞本天圣令校证》(下册),中华书局 2006 年版,第 430 页。

别人财产，追夺利息，则是不允许的，官府则加以干预。

(3)关于财产继承，宋令也确认了遗嘱继承的位序高于法定的顺位继承。这一点，宋令是与唐宋律典精神相一致的。在“户绝”的情形下，被继承者在世时已经订有遗嘱的，其内容在原则上可以排除法定的顺位继承。[44]

对照《宋刑统》卷十二《户绝资产》《丧葬令》条，这条《天圣令》条文与唐《丧葬令》几乎相同，说明宋《天圣令》来源于《丧葬令》。依宋令，女子依婚姻与否，分为在室女与出嫁女。前者为未婚，后者为已婚。对于家庭财产，法律规定的原则是：诸子均分。[45] 若身丧户绝，又无嗣子，则除去丧葬费用外，财产由在室女继承，无女者，依次归近亲，无亲戚者，官为检校(归政府)。如果被继承者生前立有遗嘱，经查核属实者，则依遗嘱。这说明，宋令规定了有条件的遗嘱继承，这个限制条件只是户绝资产才实行遗嘱继承。

三、宋代司法对私有权的保护

如果说敕令、律典、令典只是从立法角度对宋代社会生活中的私有财产权，如田宅所有权、牛马牲畜及生活用品私有权、户绝资产中遗嘱继承权等，进行了规制的话，那么私有财产权一旦进入流转程序，并在社会生活中发生各种形态的纠纷，对此，宋代法官又是怎样来保护私有财产的呢？

现以《清明集》为据，结合其他历史文献，以社会生活中的某些特殊群体，即具有某种特殊身份的人为切入点，来考察宋代司法对私有权保护的法律实践，来深化我们对此问题的认识。

1. 私奴婢中的“女使”

在宋代，随着私有制的深入发展及社会关系的变化，唐律中的良贱之分，及奴婢、部曲对主人身份依赖关系，已有较大的松动。尽管官奴婢终宋之世，也没有废弃。但由于宋代经常大赦旧的官奴婢，新的官奴婢因犯“三逆”者人数不多

---

[44] 《宋令》第二十七条称：“诸身丧户绝者，所有部曲、客女、奴婢、宅店、资财，令近亲(亲依本服，不以出降)转易货卖，将营葬事及量营功德之外，余财并于女。(户虽同，资财先别者，亦依此。)无女均入依次近亲。无亲戚者，官为检校。若亡人在日，自有遗嘱处分，证验分明者，不用此令。即别敕有别者，从别敕。”参见天一阁博物馆、中国社会科学院历史研究所天圣令整理课题组：《天一阁藏明钞本天圣令校证》(下册)，中华书局2006年版，第425页。

[45] 《宋刑统》卷十二《卑幼私用财》条《准户令》：“诸应分田宅者，及财物，兄弟均分。妻家所得之财，不在分限。兄弟亡者，子承父分。兄弟俱亡，则诸子均分。其未娶妻者，别与聘财。故姊妹在室者，减男聘财之半。”参见(宋)窦仪等：《宋刑统》卷十二，吴翊如点校，中华书局1984年版，第197页。

而减少，故学界并未把宋之官奴婢视为重大问题，而宋人反把唐代视之为贱民的官奴婢——“官户”上升为官宦之家，可知变化之巨。〔46〕

私奴婢的身份有两种，一是女使，二是人力。与唐代相比，宋代的私人奴婢已由贱民上升为良民。柳立言先生说：“尽管宋人和我们继续使用‘奴婢’来指称私家仆婢，但已非法律名词，而仅是泛称，‘贱’字也一样，大都作为形容词。在法律上，男仆称‘人力’，女婢称‘女使’。”〔47〕若是良民因生活所需，为别人打工或干家务，5年后可视为同居卑幼，受同居法律的保护。法律为了保护他们的权利，防止他们无奴隶之名而有奴隶之实，规定雇主与他们签订协议——契约，最长不得超过15年，期满可自由离开；他们可以由旧主转雇给新主，但不能卖给新主。报酬无着落，他们虽不能直接控告主人，但可以由家人代诉；他们不顺从，雇主不得行私刑，尤其是刺字，而是要报官；主人犯罪，他们不受株连。当然，私奴婢与主人不可能在法律上完全平等，如主人与女使发生性行为，通常不被视为有罪等；反过来，男奴婢——人力若强奸或和奸主人的家人，虽然双方都是良民，但人力刑罚重于凡人。〔48〕

司法上，私奴婢中的“女使”所具有的私人财产权利是否受到了法律的保护，可以通过《清明集》中的一个案例，得出结论。南宋年间，有个叫罗柄的男主人雇了一个女使，名字叫“来安”，又名“阿邹”。在罗柄年老时，来安为罗柄生下一子，使罗柄得以免绝嗣之忧。然而，罗柄妻甚妒之，来安母子只好暂栖于外，依靠罗柄所拨田产生活。不料，孩子夭折，来安被遣送归已家与自己父母同住，田产交回罗家。不久，罗柄又把另外典到的一块田产赠送来安，且以来安的名义立户。及至罗柄去世，罗夫人即刻派人出庭告状，不但欲夺回罗柄所赠产业，更企图把来安自置的田产一并夺去。

对此，法官范应铃在判词中不仅严厉批驳了罗柄妻赵氏的歹毒，还判决来安胜诉，罗柄所赠田产及其利用这块田产购置的产业，统统归来安所有，且在来安再嫁人之时，为其自随田产。〔49〕

据我国台湾地区学者王平宇的研究，《清明集》中涉及女使的诉讼大体上有5类，即涉及家庭财产的诉讼、涉及遗腹子的诉讼、涉及奸淫的诉讼、涉及诬告的

〔46〕　柳立言主编：《性别、宗教、种族、阶级与中国传统司法》，历史语言研究所2013年版，“序论”。

〔47〕　柳立言主编：《性别、宗教、种族、阶级与中国传统司法》，历史语言研究所2013年版，“序论”。

〔48〕　柳立言主编：《性别、宗教、种族、阶级与中国传统司法》，历史语言研究所2013年版，“序论”。

〔49〕　《名公书判清明集》卷四，中国社会科学院历史研究所宋辽金元史研究室点校，中华书局1987年版，第115页，《罗柄女侍来安诉主母夺去所拨田产》。

诉讼、涉及拐卖人口的诉讼。[50] 就《清明集》中此类案件的审理来看,在仅有的5个案例中,有4例是法官依据书证与物证在查证案情,查清是非的基础上,依法判决女使胜诉的,这说明"女使"虽社会地位较低,且涉及家庭财产纠纷的关系复杂,但其合法权益还是得到了保证。[51]

那么,宋代法官是怎样审断此类案件的呢?再以上述案件为例。首先,法官是依据书证与物证来查清事实的。故重视书证与物证是南宋法官审理田宅之类案件的突出特征,这在《清明集》中不是个别现象,而是普遍的规律,其占案件的90%以上。就"来安"一案而言,罗柄赠予女使来安的田产均有"省簿"(物证,即宋代官府保存的田产底册)与印契(纳税的法律文书)。[52]

其次,是明辨是非。法官虽然在本案中维护了来安的合法权益,却没有支持她可以独立户籍。在宋代的法律中,女子只有在户绝或成为寡妇的情况下才能立户,时称"女户"。来安归家时,有生父邹明在,依据"同居必须共籍"之原则,来安不能自立门户,故法官判决罗柄赠予来安的田户只能归于其父名下,这是必须明确的。

最后,法官是依法判决的,并非都基于同情的立场。[53] 譬如,取消来安的非法户籍,就是依据法律规定的"父母在,子女不得别籍异财";维护来安的私有财产权益,就是依据印契与"省簿"上来安的名字。案情中的罗柄赠给来安田产的"批帖",实际上就是"遗嘱"。宋代律典与令典均承认民间所定契约只要是依法纳税,均具有合法性,官府所指定的契约样式只具有指导性而无强迫性,但纳税办理过割手续则具有强制力,遗嘱亦是具有合法性的。法官由此而作的判决不是依法判决,还能是什么。妄加指责,是人为的偏见,不是合理的怀疑。好在《清明集》判词俱在,读者不妨细读之。

2. 社会生活中的"赘婿"

法官对宋代社会生活中另一种具有特殊社会身份的人——赘婿,是怎么看

---

[50] 宋代官箴研究会编:《宋代法律与社会——名公书判清明集讨论》,台北,东大图书股份有限公司2011年版,第214-236页。

[51] 柳立言:《身分:以妾为例》,载氏著:《宋代的宗教、身分与司法》,中华书局2012年版,第139页。

[52] 宋代往往把田产交易的一应契约文书与纳税凭证,统称为"干照"。参见陈景良:《释干照——从"唐宋变革"视野下的宋代田宅诉讼说起》,载《河南财经政法大学学报》2012年第6期。

[53] 有学者认为法官是基于同情,才判决来安胜诉的。对此,柳立言给予了驳斥。参见柳立言:《宋代的宗教、身份与司法》,中华书局2012年版,第208页。

待的,是否承认他们应得的财产权益?

“赘婿”在中国文化中是个有点贬义的词汇,俗称“倒插门”。“赘”字本身是多余的意思,“累赘”一词就是麻烦。赘婿,谓之“倒插门”,一是指不合儒家传统的传宗接代理念,二是会在生活中招致很多麻烦与纠纷。社会生活中,种种原因致使倒插门的现象在宋代并非个别,而是形成了一个群体。法律中赘婿并非完全没有法律地位,而是权利受到伦理与习俗的各种限制。《续资治通鉴长编》元丰六年(1083年)正月癸卯条记载:“提举河北保甲司言:‘乞义子孙、舍居婿、随母子孙、接脚夫等,见为保甲者,候分居日,比有分亲属给半’。诏著为令。”〔54〕唐代法律关于赘婿如何分配家中财产尚无明确的规定,也没有与义务相连。〔55〕在宋代,赘婿已非个别现象,入赘的现象已越来越多,故赘婿又有多种划分。由于文献的散佚,宋代赘婿的种类已无从考察,〔56〕大体上是说:“舍居婿比有分亲属给半”;而在入赘后,又有立继的情况下,赘婿以妻家财物营运,增产财产,至户绝日,给赘婿三分。

在《清明集》两个有关“赘婿”的案例中,即卷七的《探阄立嗣》与《立继有据不为户绝》,法官都承认赘婿依法有私有财产权,司法应予以保护。但在实际判决中,又可根据案情适当平衡,给予不同份额。《探阄立嗣》一案中,虽主人家于户绝时由官府为之立继,但由于赘婿已“赘居年深,稽之条令,皆合均分”,故给赘婿一半。后一案例《立继有据不为户绝》,法官认为,赘婿虽依法应合得资产三分,但因赘婿已在嗣子成年分家时,从妻份中获得配额,且于尽孝礼节有亏,故不再给予救济。

其实,考察宋代法律对私有财产的规制与保护,已无必要从一般的历史事实与众所周知的共识上,论证宋人私有财产的正当性与合法性,而是要深入宋代社会生活深层结构中,通过研究不同身份、不同社会地位的群体,尤其是弱势的群体,如寡妇、婢女、接脚夫、赘婿等,看宋代法官是怎样在司法实践中,运用证据厘

---

〔54〕(宋)李焘:《续资治通鉴长编》卷三百三十二,中华书局2004年版,第8009页。

〔55〕参见邢铁:《唐宋时期妇女的分家权益》,载张国刚主编:《家庭史研究的新视野》,生活·读书·新知三联书店2004年版,第116页。

〔56〕元人徐元瑞《吏学指南·亲姻》把赘婿分四种:(1)养老婿或入舍婿,即终身在女家,并改从女方姓氏,子女姓氏也随女方;(2)不改姓,待女方父母亡后携妻儿回原籍,留下一个儿子继承女方门户,称归家婿或舍居婿;(3)规定在女家的年限,年限一到,即另觅居处,称年限婿;(4)夫妻分住各自家中,称出舍婿。参见(元)徐元瑞:《吏学指南》卷五,载杨一凡主编:《历代珍稀司法文献》第1册,社会科学文献出版社2012年版,第239页。

清事实,依据经义解释法律,再依法保护其私有权的。因为若这些弱势群体的私有财产权都已受到关注,则一般民众的私有权受到保护不证自明。就赘婿而言,他们与"接脚夫"相似,都是特殊情况下到妻家的。前者是到已婚却不出嫁的女方家成家立业,乃至传宗接代;后者是到女子出嫁后丈夫亡故的男方家重组家庭。赘婿面对的是女方家的家族势力;后者面对的是男方的家族势力,家族势力往往在处理家庭财产的诉讼纠纷中影响到法官判决。家庭财产分割在此情况下是极其复杂的,往往会面临着家族势力背后的干预,宗法伦理的制约,世俗的成见,案件的复杂及其自身的情况。法律与伦理、习俗、势力诸因素是相互纠缠而难以厘清的。总体上说,宋代的立法与司法原则都承认及保护这些弱势群体之私有财产权。至于宋代的司法实践,从《清明集》留下来的474个案例、504件判词来看,在涉及财产诉讼的"户婚"(卷四至卷十)类中,财产争讼是主题。在这些案件的审理中,法官不仅遵循着保护私有财产的大原则,而且还因发生诉讼的当事人身份地位之不同,在依法判决的基础上,情理兼顾,注重用天理(多数是儒家经典所体现的义理精神及原则)补充法律,注重对卑幼及弱者的利益维护,这或许是大多数法官与朱熹理学思想相关,或许是与他们饱读儒家经典,有着高度的人文情怀及儒家仁爱思想的素质相关。至于司法实践中的诸种外力干涉及其司法遇到阻碍,则是另外一个问题,需要再用力气加以讨论,本文不再赘述。

四、何种之私:西方法学理论的意义及其解释宋代私有权的限制

基于特定的传统中国伦理价值观念,现代西方法律体系中的绝对私有制难以在传统中国与当下中国扎根。一般来说,中国的历史中,古典中国没有出现过现代意义的民法典,中国人没有私之神圣性的概念。但这并不等于说,中国历史中没有土地私有制,立法与司法皆不保护与承认私有财产权。就宋代而言,虽然儒家主流价值观念仍然在支配着国家的法律,但随着商品经济的发达、土地私有制的深化,海外贸易的开展,都市文化与市民文化兴起,私的欲望与观念冲击着传统伦理道德的堤防,士大夫与一般民众并非都不言利,士人的婚姻与世俗生活都把"直取其财"作为时尚,宋人郑樵在《通志·氏族略》序中曾把宋代社会的新风尚用精确的语言概括为"取士不问家世,婚姻不问阀阅"。[57]

尽管,私有欲望带来的负面影响还会受到官府的压制及法律的惩处,但两宋

---

〔57〕(宋)郑樵:《通志二十略》(上册)卷一,中华书局1995年版,第1页,《氏族略》。

社会又确实存在国家、宗族、家庭等元素既互相抱合又互相分离的特定土地私有制。在此情形下,宋代私有权及宋代私有现象,共有三个层面的意义值得讨论,学界以往很少运用现代法学的理论对它进行厘清,或者进行适当的分梳,更没有指出其意义及其限制。

(一)家庭之私

与国家相分离,"家庭财产私有权"的主体是"家",即"家庭之私"。就此而言,两宋田产有"官田"(或称"公田")与"民田"之分。"民田"在两宋社会生活中呈现出主导的特定地位。仔细推究,此时"私有"性质的民田,不同于西方基于个人本位而生的所有权之私,而是基于传统价值追求与生活原理而生的"家产"之私。这种"家产"之私,或曰"家庭私有财产权",是以家、户为单位,以个人名义而进行交易的家庭私有,其主导的观念与制度都基于"父权"和"家长"。这种权利可以继承,也可以进行交易,如田宅的典、卖、倚当、租佃等。这层意义上的私有权,既在物质形态上称"民田"或"私田"从而与"官田"相对应;同时,又在权利功能或价值形态上承受着国家的赋税与伦理观念的制约,如家族对田地交易的优先权,共同构成家庭私有财产权上的负担,承载着缴纳赋税、稳定家族和睦、敦化风俗的多重社会功能,是中国社会也是宋代社会生活中独具时代与民族特色的私有权。

申言之,这层财产意义上的私田与公田相对,大量存在于宋代百姓日常生活中,我们常可于宋代历史文献中发现大量以个人名义处置、使用、占有土地的大量案例与事实。这自然是私,也是个人行使田宅私有权的表现形式,是与公田不同的个人之私。此种个人之私,不同于现代西方语境下的个人之私,乃因为两者对于"个人"的不同理解。在现代西方法学理论看来,"个人"仅指个体,并不附有任何与他人共享利益的内容;而在传统中国伦理下的"个人",不单单包含了现代独立"个人利益"的意义,在"个人利益"的内容之中,附着有个体必然的价值追求——家庭伦理,或者说,中国传统的"个人利益",其内容中就有指向家庭成员的"他人利益"。在家庭伦理(主要是"养父母、蓄妻子")作用下,即便身为独立个体,其内在利益诉求就包含了保证家庭成员生存、生活有所依靠。在这一附着家庭伦理的个体之私的观念支配下,个人交易实际上也就包含了家庭成员利益的内容,因而两宋个体之私,在其产生与行进的过程中,往往隐含着家庭生活理念与"同居共财"的制度。共财并非"共同所有",因为它没有西方民法理论的权利主体观念,家庭成员之间并非独立的个人主体,而是以父权占主导的家庭共有。田宅所有权的主体是“家”或“户”。对此，俞江教授有过精彩的分析与论述。[58]

（二）外商财产的个人之私

随着海上丝绸之路的开辟，大量外国商人来到中国经商，随后在中国安家，结婚生子，置办产业，他们在中国生活下来，史称“住唐”。外商死后的财产如何处理，唐与宋皆制定了专门的法令，这就是《宋刑统·户婚门》中的“死商钱物”条款。[59] 从这些条款来看，死商之人在中国的财产，若有家人亲属相随，给付家人亲属，如无人相随，官府代管。其父子兄弟来中国相认，经查证属实者，也令官府给付。由于外商家庭情况的复杂，法令总的原则是相随亲属都有继承权，有血缘关系的中国亲属也同样具有继承权利。死商的寡妻无子女者，在室姊妹、出嫁亲女也同样有三分之一财产权利。这种私有权，既原则上遵循中国的文化精神，又适当给予变通，也是一种特有私权之类型。

（三）伦理个体之私

在重视家庭纽带、强调孝悌的儒家伦理背景下，抽离个体地位、整合家庭主体性的理念在中国传统文化中处于主流地位。就这样的主流情境而言，个人之私往往被家庭伦理所抑制，“家庭成员个体之私”的产生与成长似乎难以实现。然而考察传统价值观中的两项内容，却能够解释为何在这样一个看似压抑的条件下，个体之私得以出现并获得承认。其一，传统儒家在强调与他者相联结的社会伦理的同时，也十分注重个人独立品格的个体伦理。比如，孟子归纳了个人面对“威武”“富贵”“贫贱”的三种情形，并提出了相应的独立人格追求。其二，经济形态的演进与日常生活的实在需求，使得功利主义不可避免地产生，在这样的世风下，理想性质的人伦道德必然受到挑战。在这一社会发展的条件下，统治者很难完全无视现实，不在一定程度上对“家庭成员个体之私”进行承认。宋代的“家庭成员个体之私”，在社会中的表现有五种：（1）“厚奁之风”下的妇女奁产制——妻子的嫁妆；（2）生分（分家）时，诸产所得之财；（3）父母的养老田；（4）继子或赘婿的财产继承权；（5）宋仁宗景佑四年（1037 年），政府允许儿子因白手兴家或仕宦所得的财富作为个人的私财。

这种内生性的个体之私，完全基于传统的孝义价值观，实际上是伴随社会发

---

〔58〕 俞江：《家产制视野下的遗嘱》，载《法学》2010 年第 7 期；俞江：《论分家习惯与家的整体性——对滋贺秀三〈中国家族法原理〉的批评》，载《政法论坛》2006 年第 1 期。

〔59〕 （宋）窦仪等：《宋刑统》卷十二，吴翊如点校，中华书局 1984 年版，第 508 页。

展而产生的对孝义价值观的进一步发展，是在实践理性基础上对人伦存续规律的认识深化，异于西方个人权利的"觉醒"。具体说来，所谓伦理个体之私，有五种含义。其一，我们必须承认在古典中国以儒家文化重家庭尚孝道的主流意识形态下，仍存在个人之私生长的空间，尽管它随时受到社会舆论、伦理道德、政府法令的三种挤压，但依然在宋代社会空前活跃。其二，这种私不同于西方近现代社会出现的个人本位之私或个人权利之私。为何如此说，这是因为田宅的私有买卖尽管以个人名义进行，但是它在交易时，往往有乡规俗例进行约束，有所谓"田不出族"之说。其三，亲邻优先权一直是中国古代社会田宅交易中的一项原则与传统。其四，尽管妇女的奁产可不入家产的范围，并在宋代《名公书判清明集》中多有实例，且获得司法的支持，但当夫死改嫁时，这份财产仍受"妇同夫为主"之法令及伦理因素的限制，有时会不受支持。其五，这种私在宋代社会生活及司法实践中虽得到司法保护，但主要是靠法官对案情的认知而进行的。在复杂的伦理关系网络中，权利的模糊性仍在所难免。

从历史实证的角度看，宋代法律传统在立法、司法及对乡俗惯例的默认 3 个层面对上述三种"私有财产权"进行着保护，以求达成适应社会发展、引导社会进步的目标。其具体表现如下四个方面：其一，在立国之初，创立者就下达诏令，明确承认和肯定了土地私有制现象，给出"不立田制，土地得自由买卖"的政策。其二，在基本法典层面，《宋刑统》中有诸多条文的目的在于保护业已存在的"私有财产"。南宋的《庆元条法事类》继续沿此历史轨迹行进。其三，在司法层面，统治者和法官都注重田宅细故的审理，在审理过程中，也都务求保护百姓的私有财产，甚至于对低下阶层的"杂人""女使"的财产都予以承认和保护。这一事实，在中国历史上分外耀眼。其四，再从判例上看，法官们对于乡规俗约背景下产生的私有财产保护机制，也是予以默认的。

需要进一步指出的是，在认识宋代土地私有财产权的法律保护时，不能步入这样一个误区：国家制定法是土地私有制及其保护的唯一根据。对于宋代以后的明清社会，土地私有制在法律体系、规则体系中的潜在内容与隐含意义必须纳入视野：

第一，刑律往往通过明确责任划分、限制加害行为的方式，达到保护合法私有权益的目的；在法律条文的表达上，通常都是注重对加害行为的规制。其背后隐含的价值规范，自然就是对个人私产的当然确认与保护。这样的法律体裁，以责任划分、制止损害为中心，并不直接从正面细致罗列私产的权益内容，自然不可能产生正面规定物权内容的“物权法”。

第二,契约文书在中国法律传统中,起到证明物权债权存在、细化物权债权内容的载体作用。受现代西方法律体系及其文本影响,契约往往只是单纯地被视为证据。但在中国历史的事实中,契约在证据属性以外,兼具更深远的规则载体属性。由于中国文字系统较早成熟、纸张获取便利,渗透于官方、民间的规则意识能够便利地以物质形态出现(契约文书),这与西方有着明显的不同。契约文书的内容,虽然在文本论述上以物权、债权内容为中心,使其首先成为证明物权、债权存在及明确其内容的证据,但在其诉求表达的背后,无不表露出物权、债权得以成立的规则基础。契约文书在财产流转过程中产生,其所依赖的流转规则乃至民事活动、社会互动的“常理”,就是支配其行文、表达的原则。从这一层面看,契约文书不单单是证据,同时也是规则的物化表现,亦即规则本身。

第三,乡规、民间交易习惯对于民间财产交易活动(其核心内容主要就是田宅土地)及相关诉讼、审判,也有着不可忽视的调整作用。反映两宋时期田宅交易的原始材料中,如《宋会要辑稿》的诏令、奏议及《清明集》的田宅书判之中,已经对“乡原体例”或“乡例”(乡土风俗、习惯)的存在作出确认和肯定。

第四,将传统中国特殊形态的私有制度转化为私有财产权利,需要通过法律进行界定。按照现代法律体系,民法与刑法构成了对私有财产正反面的确认与保护,但在传统中国,这样明确的确权机制是不存在的。若简单地将西方法律体系移植到中国,而无视中国原生的观念、制度土壤,往往就会导致新秩序无法完全建立、旧秩序丧失活力、社会最终失序的局面。因此,在借鉴现代西方法典体例、法学理论的同时,不能遗忘根植于传统中国土壤的法律逻辑与生活原理,不能忽略古今传统的对接。

五、结语

文章的结束,不能不回答学界的问题,尤其是长期受西方法学理论支配的法学界的质疑:儒家语境下,宋代何以会生长出私有制与私有财产权利的空间与法律保护的历史事实。然后再指出用西方民法理论透视中国历史的意义与局限。

学界通常认为:儒家主流价值观念中的义利观与宗法伦理是制约私有制与私有财产权利产生、发展的严重障碍,甚至完全否定私有制及私有权存在及保护的历史事实。其实这种看法基本是在近代西方文明冲击下,以西方“个人主义”为本位而观察中国文化与历史时所形成的偏见,更是丧失文化自信心的表现。

之所以如此说,理由在于三点。

首先,我们必须认识到,儒家主流价值观念中的"义高于利",并没有从根本上否定利存在的正当性。孔子主张以正当手段取得利益,即便是宋明理学的代表者朱熹也认为饮食男女,人之大欲存焉。饱食暖衣为正常之需,只是过分追求锦衣玉食,才是与天理对峙的"人欲",须加以节制乃至消灭。

其次,儒家的宗法伦理观,反映在民事生活的规制上,固然形成了田宅交易中私有财产权的负担,如"亲邻优先购买权"等,也在一定程度上构成了"民事权利主体"形成的障碍,但是我们必须看到的是,儒家仁政理念下的鲜活历史进程中,以家为单位的"伦理个体",不但在民事行为中有着自己利益的诉求,而且在司法实践中,那些著名的法官,即《清明集》中的"名公"们,还会以积极的态度,保护这个"个体"的利益诉求,甚至即使对那些弱势群体,如寡妇、女使、赘婿、接脚夫,也予以司法救济。这就告诉我们,对中国法律史的研究,不能简单地用西方法学理论的概念去裁剪历史事实——理论只是指引,不是僵死的教条。

最后,必须申明的是,宋代作为日本学者内藤湖南"唐宋变革论"中的近世,其假说并不被中国学界完全接受,但这个假说对宋代社会结构内部的变化及其社会诸领域的社会变迁,所具有的解释力与洞察力,则是毋庸置疑的。说到底,宋代社会土地私有制的深化、商品经济的发展、海外贸易的繁荣,以及由此而形成的"士大夫"趋向功利的士风、市民社会通俗文化及都市文化的利益多元化潮流,都在冲击着传统伦理道德的堤坝,孕育着私有财产权的产生,也为立法、司法对私有财产权的规制与保护,提供了深厚的社会土壤。

总之,本文的结论有如下三点:

第一,在现实生活中,我们面临的挑战既来自实践,也来自西方。在这样一个东西交汇、文明交流日益紧密的时代,无论任何领域的研究,都必须以现实的眼光对古今现象进行审视。在没有现代法学理论为参照物的条件下,研究者很难真正认识到中国法律传统的独特性质及其价值。

第二,对宋代社会而言,以田宅私有制为中心的财产权,既受儒家伦理观制约,也受反映时代之诉求的法律及司法保护。其保护的个体之私表现为"家产之私"与"伦理个体之私"。具有鲜明的时代风貌。这与现代西方法学理论的"绝对私有制"有明显差异。这个"私"非西方文化个体权利之"私",而是中国文化中伦理个体之"私"。此"私"与彼"私"逻辑起点不同,理论预设不同,故法律规范体系不同,价值亦不同,法秩序的形态也有差异。这个逻辑起点的差异全在于对人之本质属性的不同理解。

第三,西方法学理论只能为我们提供认识宋代司法传统的视野与方法,而不应该成为我们研究的教条。温情与审慎是我们研究中国法律史应有的立场。

现 实 关 怀

中国法学知识体系的建构必须重视从中华法制文明中寻求资源*

中华民族历史悠久，曾创造出以儒家思想为核心价值的中华法系。然自近代以来，在西方文明东渐下，中华法系逐步解体，但其精神却作为中国文化中的一部分已植根于中国人的日常生活中。在社会转型、改革开放深入发展的今天，如何在学习西方法治经验的同时，于本民族的法制文明中寻求历史的智慧，构建一个符合中国实际的法学知识体系，便是一个重大而又迫切的课题。对此，我以一个法律史学者的视角谈两个问题：一是以中国古代的私有财产制为例，说明西方罗马法传统的法学理论在解释中国历史时的不确当性；二是寻求中国百姓过日子的规则与逻辑。

用西方法学理论解释中国历史具有必然的不确当性。当我们拿它来解释中国的历史及现实时，应该深切反思它所产生的历史条件，洞察其局限性。就中国法律史的具体问题而言，我们能否运用西方所有权的理论，也即当今中国民法学者的物权理论解释中国古代的私有制？显然不行。中国历史上的“私”不同于西方罗马法传统中的个人权利之“私”。在中国，个人不是私有权利的个人，而是家庭成员中的个人，伦理亲情的个人。中国人的“私”之上附有伦理亲情的约束，也附载着乡族、国家所有权的负担，可以分为三个层次，即“家庭之私”“伦理个人之私”“乡族或民间之私”。这样的“私”是用西方的民法理论所不能确切解释的。

---

* 原载《法学研究》2011 年第 6 期。

但是当代中国的法学家，尤其是民法学者，由于对中国的典籍未加深入研读，便以为中国历史上既然没有民法典，没有所有权、物权、债权的分类，自然也不存在私有制及私有财产权利的保护。这实在是一种误解。中国古代土地所有权及私有财产的界定与保护并非尽由国家制定法——法典进行明确规定，而是通过自己特有的方式反映出来，这在宋代以后的元明清社会尤其突出。主要体现在以下两点：

1. 官方与民间的契约文书。中国历史上的契约文书在百姓的日常生活中发挥着远非今人所能想象的功能。它既是权利归属关系的证明，也是诉讼中证明案件事实真相的最有力物证，更是反映财产流转关系最重要的规则载体。物权靠它，债权靠它，证信也靠它，中国百姓的生活都靠它。中国的契约文书并非单纯西方民法上所讲的债与合同。它既是一种法律文书，也是私家档案，还是中国土地私有制及财产私有制历史演进的原始资料及物质载体。

2. 乡规、俗例。在以土地为核心的私有财产归属争议中，多由此加以调整。宋代《名公书判清明集》及《宋会要辑稿》中已多有“乡原体例”之称，明清两代尤为显著，契约文书中也有体现。另外，在明代，官方发给户主的“签书”也是土地归属的证明。

中国的法学研究要建立起自己的法律知识体系，必须揭示中国人对生活的理解及其特征，并从中寻求出中国人过日子的规则与逻辑。那么，中国人生活的规则与逻辑是什么？

第一，重家庭伦理的规则。过日子就要有家庭，家庭必有夫妻、父母与子女。男女不能随意结合，必有规则，因此中国人的第一规则便是家庭伦理规则，其中包括父母子女关系的规则，夫妻之间的规则，这是中国人之所以为中国人的第一准则。

第二，重家庭财产的规则。古代中国，平凡百姓，数间草房，几头耕牛，数亩薄田是维持家庭生活的基本保障。就此意义上说，中国人看重财产，决不会随便让与。中国也有过土地私有制，否则宋代以下田土买卖不会习以为常，所谓“千年田换八百主，今日一年换一家”。但这个视自家之财不可轻与他人的观念，并非以个体为本位的“个体权利之私”，而是以儒家思想为指导的“伦理个体之私”。

第三，重国家主导的准则。中国百姓的心态与行为方式已有数千年的历史，譬如文化的认同、民族的统一、大国权威的意识、中央法制统一的理念都已内化为中国人的日常生活，绝非短时间可以改变。中国人认可国家为政治、文化、社会生活中的强大因素，承认国家主导社会，但又认为国家与社会之间具有极强的整合性。社会虽有一定自由活动空间，但没有产生国家与社会的对立意识，故公民观念在中国难以深入人心。

这三种规则带来了中国人特有的生活逻辑：

首先，家庭生活中强调子女对父母的孝敬，父母子女之间财产关系的分配虽受分家习惯支配，强调诸子均分，但这并非相互之间权利义务关系的明确界定，而是基于生活所需的异财同籍，是和谐思想主导下的相给相与，不是此疆彼界意义上的权利义务。

其次，中国历史上，无论是田宅还是牛马等动产，都在绝大多数时间内为私有制，但是这个私有制存在诸多附加条件，宗法乡族与国家皆在此私有制上留着权利，构成现代民法意义上的所有权负担，如国家赋税、田不出族、房不离宗等。故私有制神圣在中国历史上不曾实现过。即便是如今的民法，在土地不是私有的情况下，完整的物权无法建立，对私有财产权的保护，不管是制定民法典，或是单行的物权法、侵权责任法都不可能真正实现。

最后，中国文化以善为本位，国家制定法以惩治罪恶，建立和谐的社会秩序为导向。这是种文化积淀的思维定式，再加上疆域的广阔与民族关系的融合及中央政府的整合能力，中国的宪法不可能照搬西方的模式，民主也只能在民生的基础上走中国特有之道路。

笔者的结论是：中国文化不同于西方文化，对人的本质看法不同，对社会生活的理解也不一样，对美好秩序的期待更是大相径庭。中国的法律在家庭伦理关系的维护上“委曲精尽”，在国家规则的层面，自秦之后，代有法典，但这种法典以生活经验为准据，不注重概念的抽象，更没有部门法的严格分类。在实际生活中，法典与日常的伦理融为一体。民间生活的人际交往，财产关系的冲突，虽有法典的禁止性条款为依据，供法官于案件审理中适用，但多数情况下，如田宅的典卖与租赁、财产的转移、婚姻关系的缔结，都不单单靠法条规制，而是以体现礼之精神的乡俗惯例进行规制。

重家庭伦理而不轻言权利义务，重实在的经验而不尚抽象的概念，重国家社会融合而不倡自治独立，重民族和睦、国家统一而不主张民族分立，有民事生活的规则而无民法典的制定与民法概念的抽象等，便是中国文化的积淀，也是中国法律的特征，更是中国人过日子的规则与逻辑。中国法学的研究要转型，要构建中国的法学知识体系，不能不注重这个中国特色。

汲取传统中国的法治资源*

在全面深化改革的今天，需要树立起民族的文化自信，于本民族的法制文明中寻求历史的智慧，构建法治中国的主体意识和问题导向。

中共十八届四中全会提出了全面推进依法治国的总目标，并指出，"汲取中华法律文化精华，借鉴国外法治有益经验，但决不照搬外国法治理念和模式"。习近平总书记曾强调，要治理好今天的中国，需要对我国历史和传统文化有深入了解。法治作为治国理政的基本方式，应从历史和传统中汲取养分。

"法治"是中国的固有词汇，以法支配权力的理念和表达则来自西方。作为一种理论与实践，法治产生于一定的历史及文化场景之中，并根据本国的历史传统和固有文化而改变。近代西方的法治原则，往往遗留着宗教的影响，法治的信仰便与基督教神学相关。而中国早在西周时期便奉民心为"天命"，较早摆脱了宗教对政治的影响。"天理、国法、人情"皆是民心的不同表达，法律的权威来自民意。传统中国的法治实践，在一定程度上就是寻求老百姓过好日子的规则与逻辑。离开此轨道，再响亮的理论也无法在中国的社会生活与历史文化土壤中扎根。历史文化的不同，决定了法治的中国道路必然有着不同于西方的独特性。

在世界法制文明的历史长河中，中华民族创造出了以儒家思想为核心价值的中华法系，是世界上著名的五大法系之一。尽管自清末变法修律以后，中华法系从形式上逐步解体，然而，中华法

---

* 原载《人民日报》2014 年 11 月 24 日第 5 版评论。

系德刑并用、礼法合治的精神作为中国文化的一部分,早已植根于中国人的日常生活中。譬如,中国古代法律对婚姻、家庭和财产关系的规制及其所体现的价值观念,直到现在仍然在百姓生活中发挥作用。因此,在全面深化改革的今天,需要在借鉴国外有益法治经验的同时,树立起民族的文化自信,于本民族的法制文明中寻求历史的智慧,构建法治中国的主体意识和问题导向。

在社会转型期重构中国法学知识体系,必须突出中国问题意识,深入了解国情,尊重传统,寻求中国人自己的规则与逻辑,而不是用西方法学理论知识来评价现实,裁剪历史,甚至采取历史虚无主义的态度。需要看到,用西方法学理论解释中国历史,往往极不恰当。比如,当我们用西方所有权的理论解释中国历史上的私有制时,容易忽略在古代中国的法制文明中,个人并非私有权利的个人,而是家庭成员中的个人、伦理亲情的个人,是“伦理个体之私”。这样的“私”是用西方的民法理论所不能恰切解释的。

当然,这并不意味着中国历史上不存在对私有财产的保护,更不是说中国古代没有民事生活及民事法律关系。中国古代对私有财产的界定与保护,主要是通过官方与民间的契约文书加以实施。契约文书既是权利归属关系的证明,也是诉讼中最有力的物证,更是反映财产流转关系最重要的规则载体。物权靠它,债权靠它,证信也靠它,中国百姓的生活都靠它,故中国的契约文书存世量世所罕见,在明清社会发挥的作用尤为突出。除契约文书外,乡规、俗例,以及明代官方发给户主的“签书”,都起着现代物权法的作用。这些体现着古代中国契约精神与物权意识的法文化传统何尝不是宝贵的资源库?

中国文化以善为本位,国家制定法以惩治罪恶、建立和谐的人伦社会秩序为导向,这体现了中华民族的博大胸怀与宏大理想,反映了中国文化独特的思维方式。由此决定了中国的法治道路不可能照搬西方模式,而必然要在中国文化的基础上,构建出中国特色的法学知识体系和法治模式。

寻求中国人“过日子”的逻辑*

立法者应在时代的变局中看到中国文化“不变的底色”，这些底色贯穿在中国古典的法律体系里，反映在老百姓的日常行为及心理结构中。

当前，民法典的编纂引起了社会各界的关注。对于学者而言，突出民法典的时代性，以及民事权利主体平等且一体保护，已成为共识与自觉。然而，民法典如何适应中国人的生活，平衡时代性与民族性的关系，值得深长思之。

编纂一部好的民法典，需要对接先进民法文明，同时也需要寻求中国老百姓过日子的规则与逻辑。后者既植根于中国历史文化的结构中，又沉淀于中国人的日常生活与行为方式上。与“权利本位”的西方民法典不同，中国法制史上从未突出过“个人本位主义”，也没有视人为抽象的“理性人”传统。在中华法系的传统中，中国人有着自己的民事行为准则。比如，在婚姻家庭生活中，中国传统主张儿女孝敬父母、财产共有。不附条件的相互扶养，既是家庭成员的责任，也是一种义务。唯有如此，才能养其家风、敦其和睦。现代社会，在民事婚姻制度及其司法解释中，如何将传统中的优秀因素吸纳进来，提倡一种有道德亲情的伦理关系，值得思考。

就法的实践层面而言，千年来中国古典法律对民事生活的规制，于制度和习惯两个方面，都有自己的特色，也留下了可借鉴的宝贵资源。唐宋以来，从制度而言，成文法律对家产的保护已经比较完备。例如，《唐律疏议》就对“诸夜无故入人家者”规定了严厉

* 原载《人民日报》2016年10月20日第5版评论。

而细致的刑罚。又如，唐宋法律的律典及令典对拾遗物、漂流物的处理，原则上既保护原主人的私权，又根据拾遗人或漂流物拾得者是否付出代价而给予不同份额的报酬，这种平衡理念，体现了固有法律的公平正义精神。在民事习惯方面，中国古代法律在例如田宅私有权的归属与财产流转等问题上，并不全由成文法律规范。宋代以后的田宅私契，不仅承担了现代民法上的物权功能，也发挥着债权功能，甚至还在司法审判中发挥着"证言示义"的证据功能。这些特色，值得今天的民法编纂者借鉴。

今天，中国的历史文化已发生了变化与转折。迈向现代法治文明进程中的中国社会，老百姓过日子的规则与逻辑自然也在发生着变化，如在婚姻家庭生活中，尤其是大都市以"三口人"为标志的"八零后""核心家庭"，更倾向于个人财产独立，以追求符合个性的自由生活。他们对传统中国文化中的家庭伦理及其婚姻观念，可能缺乏认同，固有的家庭财产制已很难适应他们的生活方式。因此，民法典的编纂完全回归传统既无可能，也无必要，而应该根据时代变化进行创造性转化。

对立法者而言，应在时代的变局中看到中国文化"不变的底色"。这些"不变的底色"就蕴含在中国文化的经典中，贯穿在中国古典的法律体系里，反映在老百姓的日常行为及心理结构中，体现在对婚姻家庭的"仁孝观念"、对处理人际关系的"和合原则"、对民商行为的诚信坚守等。

习近平总书记强调，中华优秀传统文化是中华民族的突出优势，是我们最深厚的文化软实力。对于民法典编纂来说，要深入中华法系的精神命脉，使之成为中国特色社会主义制度的重要源泉。例如，是否应当赋予"家"以民事主体的地位，婚姻家庭与夫妻财产制度如何吸纳中华法制文明中的精华；"仁爱、孝敬"等理念能否上升为法律原则与精神等，都需要认真思考。总之，把中国老百姓过日子的规则与逻辑重新凝练、提取以转化为制度形式，是民法典编纂过程中的当代使命。

突出“民族性”是中国民法典编纂的当务之急*

一、问题的提出

民法典作为规范既源于社会生活，也规制和指引着社会生活，与经济社会生活的联系最为密切。当下中国民法典的编纂正在紧锣密鼓地进行着，著名的民法学者不仅把民法典的编纂与公布视为终生的梦想与抱负，而且还以极大的热情纷纷参与民法典编纂的各项准备工作及各种学术活动。他们或承担课题，主持学术会议，或举办专题讲座并发表专业学术论文。[1]民法学者的基本共识是：与其他部门法相比，民法影响经济社会生活的广度与深度为诸法之最，因此编纂一部好的民法典，必须体现“时代性”、“民族性”和“突出对民事权利的保护”这三个基本特征。[2]

出于法律史专业的视角，笔者思考的问题是：民法典编纂的当务之急，与其说是“时代性”与“民事权利保护的本位性”，不如说是“民族性”。之所以如此讲，主要是因为“时代性”与“民事权利保

---

* 原载《法商研究》2017 年第 1 期。

〔1〕 梁慧星：《再谈民法典编纂的若干问题——兼回应所谓“解法典化、非法典化”》，载中国法学网 2015 年 6 月 2 日，http://www.iolaw.org.cn/showArticle.as-px? id=4350；王利明：《中国民法典的时代精神和时代特征》，载爱思想 2015 年 1 月 9 日，http://www.aisixiang.com/data/82393.html；孙宪忠：《我国民法典编纂中的几个问题》，载中国人大网，http://www.npc.gov.cn/npc/xinwen/2016-09/13/content_1997392.htm；何勤华主编：《民法典编纂论》，商务印书馆 2016 年版等。

〔2〕 孙宪忠：《我国民法典编纂中的几个问题》，载中国人大网，http://www.npc.gov.cn/npc/xinwen/2016-09/13/content_1997392.htm。

护的本位性”已成时代共识，而“民族性”对于民法典的编纂者来说，尽管其重要性问题已无争议，如民法学者普遍认为，民法典编纂要立足中国、面向中国，回应中国问题，归根到底是要解决“民族性”问题，[3]但是对于如何理解“民族性”，则既未能达成共识，也没有认识上的自觉，更缺乏学理上的阐释和民间习惯的实践调查。有学者认为，我国民法典要体现“民族性”，主要应在两方面下功夫：一是要将我国的社会主义核心价值观全面融入民法典的具体制度和内容中，要将社会主义核心价值观融入民法典编纂的全过程，弘扬中华民族传统美德，强化规则意识，增强道德约束，倡导契约精神，维护公序良俗；二是要将我国独有的民事制度在民法典编纂中予以完善和发展，如我国的农村土地承包经营权、宅基地使用权等物权制度，我国的家庭养老等婚姻家庭制度等。[4] 笔者认为，这种概括固然道出了“民族性”的部分内涵，但是如果考虑到中国几千年历史发展进程中与传统中国人生活文化原理密切相连的固有脉络关系，那么上述概括就仍难免有笼统论述之嫌。更深入的研讨仍属必需。

笔者认为，对于民法典编纂所欲体现的“民族性”，不能仅仅限于“社会主义核心价值观的宣示”与所谓“特有的民事制度”这两方面，更不能将之停留于口头宣示上。“民族性”体现在中国历史文化的原理和老百姓的社会生活之中，因此我们应当把思想的视角植根于中国历史文化之中，于中华法制文明的深层结构中探求“民族性”的内涵与奥妙；若不如此，民法典就只能是学者的理想，而与中国老百姓的生活毫不相干。

二、什么是传统中国人生活的文化原理

生活就是过日子，过日子离不开物质生活的基本保障。[5] 人们日常生活的第一要义是物质生活基本保障的满足，这是古今中西人们理解生活的共识。在物质生活的基本保障得到满足后，人们还要有精神的需求与价值意义的追问。

---

[3] 孙宪忠：《我国民法典编纂中的几个问题》，载中国人大网，http://www.npc.gov.cn/npc/xinwen/2016-09/13/content_1997392.htm。

[4] 孙宪忠：《我国民法典编纂中的几个问题》，载中国人大网，http://www.npc.gov.cn/npc/xinwen/2016-09/13/content_1997392.htm。

[5] 其实，无论是过日子还是历史创造，物质生活的基本保障都是前提。马克思、恩格斯指出：“我们首先应当确定一切人类生存的第一个前提也就是一切历史的第一个前提，这个前提是：人们为了‘创造历史’，必须能够生活。但是为了生活，首先就需要衣、食、住以及其他东西。”参见《马克思恩格斯全集》（第3卷），中共中央马克思恩格斯列宁斯大林著作编译局译，人民出版社1960年版，第31页。

因为生活的主体是人，人是高级动物，既要过物质生活，又要有超越肉体与物化世俗生活的精神价值追求，这也是各种文明形态下人们生活的共识。不过，仅就此两点立论，并不能解说出中国人生活背后的文化原理是什么，也不可能分辨出中西社会生活文化差异。因为人作为类的同质化，总有着某种共识。然而，在不同的文明形态和历史条件下，不同文化自觉的人对生活意义的理解不同，对法律规范价值意义的设定也不同。

单就民法规范而言，虽然学界通行的观点是古代中国没有现代民法观念，也没有制定出现代意义上的民法典。但笔者认为，在数千年古老的中国历史文化进程中，中国人要生活，要过日子，就要结婚、组织家庭、生儿育女。家庭既然与婚姻相关，就不可能在日常生活中脱离对物质财产的依赖，婚姻家庭、财产规制、商品买卖及日常生活的所有行动也都不可能在无序的状态下进行。依此而制定的规则或在日常生活中形成的方式或习俗，就是中国古代的法律体系。这种法律体系以不同的编纂体例呈现于历史进程中，或称为律典、令典、礼典，或称为“户绝条贯”“户部则例”等，[6]或反映在民俗中。虽然它们没有以“民法”的字样目之，没有像现在民法典一样以“意思自治”与“权利平等”为价值支撑来规范社会生活，但它们所蕴含的种种功能及其在这种功能中所体现出来的规则体系，若以民事法规目之，则也未尝不可。

（一）中西生活文化原理之异质性

所谓文化原理，就是人看待生活的道理。因为生活的背后是人，人是生活的主体。中西文化或者说中西法律文化对人之生活意义的理解不同，因此就有了不同文明形态下各具时代民族特色的生活文化原理。总体而言，中国人与西方人生活文化原理的不同主要有以下三个方面：

1. 对人之本质属性的理解不同。人生活在一定的历史文化条件下，它不是一个高度抽象的“理性人”，也不是一个高度自由的单个原子，而是一个由父母亲所生的天然具有伦理道德与血缘关系亲情的人。讲仁义、懂伦理是人区别于

---

〔6〕“户绝条贯”，是指宋朝时期颁布的当一个家庭没有男性子嗣、家长身丧户绝时法律如何规制女儿及近亲的财产继承权利。其内容还涉及遗嘱继承。最典型的是北宋仁宗时期颁布的《天圣户绝条贯》。参见（清）徐松：《宋会要辑稿·食货六一》（第12册），刘琳等点校，上海古籍出版社2014年版，第7465页。“户部则例”，是指清朝乾隆四十一年（1752年）编成的《钦定户部则例》，主要内容除规定户部职掌外，分立户口、田赋、库藏、漕运、盐法、关税等门类，内容涉及现代法律体系的经济法、民事法规等。参见故宫博物院编：《故宫珍本丛刊》（第275－340册），海南出版社2000年版，第二百八十四至二百八十六册。

动物的本质属性,也是中国人区别于西方人、中华法制文明区别于西方法制文明的逻辑起点与根本之所在。因为西方文化及民法典所代表的法制文明,恰恰是把人视作高度抽象的、单个分子式的自由个体,是冰冷的“理性”之物。“理性”是西方文明界定人之本质属性的逻辑起点,也是西方法律体系与民法典制定的基石。

2. 人与人关系设定的理论不同。人进入文明社会后,总是要在一定的社会关系中从事劳动生产、分配物质财富。如何看待人与人的关系、以什么样的理论解释此种关系同样是中国人的生活文化原理不同于西方人的重要理论分野。一般说来,人与自然、人与人(包括社会)、人与自身有着三类关系:天人关系、社会关系、灵肉关系。对这三类关系,中西文明的理论预设与解释完全不可同日而语。在中国的历史文化中,人与自然、人与人、人与社会的关系皆为伦理道德关系,儒家就此有“五辨之说”。[7] 故中国社会是一个伦理道德亲情的社会。西方社会则不然,从古希腊到古罗马,从中世纪到现代,西方文明对人与人关系的解读,都是以“契约”理论进行的。其实所谓的“社会契约论”,只不过是西方理论家论证人与国家、人与社会关系的理论假设,并无实际的历史根据。[8]

3. 人与物之关系不同,对待财富的态度也不同。在中国的历史文化中,世间万物作为能满足人之需求或者能带来经济效益的各种物质形态,当然是人的生活的第一需要与基本的物质保障,故人的生活离不开物作为衣食之源。因而一般来说,中国文化并不反对物及自然欲望的需求,对物的获取与分配、对侵害他人之物的惩处也都以规则为中心而制定各种形式的法律或礼则,包括各种民事法规,并不尽是空白。但中国文化对物及对物与人之间关系的理解与西方最大的不同在于,中国历来不把物单纯看作仅能满足欲望与需求的物自体,更不会仅仅把物与人之关系视为民法理论上民事主体与客体的占有、支配等关系,而是视作“同生共存”的依赖关系。

例如,与人们生活最为密切的水井、土地、房屋,就它们作为物质形态所具有的效用而言,当然是中国人传统生活中不可或缺的东西。它们是物,但又不是单纯的物,而是物质形态载体与精神价值追求的复合物。中国人并不像西方人那样,将与之的关系看作纯粹的占有与支配关系,进而追求物的拥有权及其排他

---

〔7〕 在儒家的理论中,对人生意义的诉求,孔孟有“五辨”之论,即“人禽之辨、义利之辨、王霸之辨、天人之辨、夷夏之辨”。辨者,别也,五辨即五别,五种关系的区分。参见陈景良:《法与人:中西法文化人格差异的解读》,载《河南政法干部管理学院学报》2003 年第 6 期。

〔8〕 有关论述可参阅卢梭、霍布斯的经典著作,也可参见李猛:《自然社会:自然法与现代道德世界的形成》,生活·读书·新知三联书店 2015 年版,第 385 - 484 页。

性、对世性,甚至在各种权利类型上进行界限分明的划分;而在对这些物的利用上,既强调人与物的“同生共存”,也重视由各种对物之利用所衍生的种种利益及人与人之间关系的平衡。

就水井而言,自然村中的一口水井对于此村中的人来说,无论在生活还是生产方面,都是极为重要的,因为它对于人来说须臾不可离开。但对于这个村庄的人来说,谁拥有它及获得这种拥有的权利并不重要。每一个与这口水井有关系的村民,都可利用它所具有的水资源来满足自己的需要,这种需要并不排斥他人。因此,对此口水井来说,单纯权利界限的划定既无意义,也无必要。相反,若因战乱或灾荒而“背井离乡”,即便法律上宣示某人对这口井中之水具有排他性的权利,在实际上这种单纯权利的界定也不能消解中国人由“背井离乡”而带来的乡愁与悲伤。[9]

就田宅来说,中国人对田宅的观念不是单方面强调对它的拥有权以及对这种权利完整性的界定。因为中国人与古典中国法律对物权、债权没有明确的概念,对物权之所有权所涵摄的占有权、使用权、收益权、处分权的完整形态更是模糊而又生疏。但由于生活所需及经营所求,田宅可以交易则是人们社会生活中的常识。对于中国人来说,交易中各种类型的程序与规则并非围绕西方民法理论所强调的“所有”“占有”等权利类型而进行,而是展现着自身社会历史条件所带来的特有逻辑结构。

(二)中国人生活的文化原理下民事关系的特有逻辑

1. 对土地资源重在经济效益的利用,不在物权逻辑的自洽。宋代之后,土地不仅可典、可租、可“倚当”[10]、可卖,也可在一块土地或水田上设置双重的具有现代民法理论所蕴含的所有权功能。例如,宋代私田上“田骨”与“田面”的分离,到了明清时,在江浙地区,“田面权”与“田底权”几乎分离为两种“独立”的形态,享有“田面权”的田面主处分、转移“田面”,既不用向田底原有的主人征求意见,也无须再向官府“申牒”、请求官府发放批准文书,而是完全依照经济需求和双方当事人的心愿进行。据学者吴向红考察,在湖北省广济县,池塘之资源的利用可分为“塘水”与“塘底”,“有塘水而无塘底者,只能取水,有塘底而无塘水者,能取鱼”。《中国民事习惯大全》卷四载:湖南常德县,多人于一湖分享权益。并且,不是现在所谓的“共有”,因为“共有”的前提是两个或两个以上民事权利主

---

〔9〕 更系统的分析,参见吴向红:《典之风俗与典之法律》,法律出版社 2009 年版,第 189 – 224 页。
〔10〕 郭建:《典权制度源流考》,社会科学文献出版社 2009 年版,第 123 – 130 页。

体的独立。而在常德县习惯中，多人于一湖之共享权益，只具有“共有”的外壳，而无“共有”之实质内涵，不过是把湖之可利用资源分为“水面”与“水底”罢了。例如，“甲乙丙丁共有一湖，甲乙仅有该湖水灌注田亩，而无收益鱼利之权，谓之水面权，丙丁则有收益该湖鱼利及车灌之权，谓之水底权”。[11]

2. 宋元之后，中国人于土地之上各种利益形态的管理与利用，创造了一个极具民族智慧的术语：“管业。”[12]“业”既指一个人学而未成的专攻之事，如学业等；也指老百姓社会生活中的大宗财富，如田宅。“管业”是一个内涵丰富而又极具中国历史文化特色的专用术语，这个术语可以帮助我们借用现代民法理论的视野分析中国历史条件下土地权利与资源管理利用的实态，也可借以与现代民法理论中“所有权”“物权”相区分。大体说来，“管业”一词有下列几种含义与事实指涉或文化表征。首先，“管业”是指田地或房屋主人对田宅的实际领有状态。例如，南宋时期临湘县令（今岳阳附近）王炎曾说，大凡“理断争田之讼，先凭干照，既有干照，须问管业，则条令自有明文”。[13] 这里的“须问管业”，就是指主人对土地的实际领有状态，即审查目前谁在经营这块土地。其次，“管业”也可以表示某类人对某类特殊物品所具有的职业行为与资格，如四川自贡的盐业生产。因为生产井盐能带来利益，所以生活在这里的人们便世代以此为生。“业井”既是指对井盐管理、生产、交易的活动本身，也指这里的人们所具有的以井盐为生活来源的职业行为。[14] 清代自贡井盐文献中所说的“子孙业井”，就是指这里的人们子子孙孙所享有的以井盐为生计的资格与职业行为。最后，“管业”这个词，自南宋以来便与“契据”“干照”等书证联系在一起，用来表征社会生活中人们据有某物、管领某物、收益某物的状态、资格或职业行为。“管业”之人未必是现代民法理论上的“所有权人”，它可以指涉在某一块土地上具有现代所有权部分功能、分享多层土地权益的各种人，如田底权人、田面权人、永佃人

[11] 吴向红：《典之风俗与典之法律》，法律出版社 2009 年版，第 191 页。

[12] 对“业”及“管业”的研讨，参见［日］寺田浩明：《权利与冤抑：寺田浩明中国法史论集》，王亚新等译，清华大学出版社 2012 年版，第 216－220 页；李力：《清代民法语境中“业”的表达及其意义》，载《历史研究》2005 年第 4 期；吴向红：《典之风俗与典之法律》，法律出版社 2009 年版，第 189－224 页。

[13] 曾枣庄、刘琳主编：《全宋文》（第 269 册），上海辞书出版社、安徽教育出版社 2006 年版，第 60 页。

[14] 李力：《清代民法语境中“业”的表达及其意义》，载《历史研究》2005 年第 4 期。

等。[15] “管业”并非表达人与物之间的支配、占有关系,而是表达中国人与物之间所具有的一种“同生共存”的依赖关系。自洽的物权理论与逻辑原则不能准确解释中国传统上人与物之间的关系。

3. 中国人对物之为财产所具有的私有观念不是没有,而是与西方民法典传统有着不同的逻辑构思。中国对人的定义是儒家伦理而非个人理性;对人与物的关系是生存依靠而非单纯的占有支配;对物之为财产之权益,重的是多层次利用而非明确的界限划分。正如史学家杨国桢先生所言:“中国没有西方那种明确地规范所有权范畴的罗马法传统,不存在与西方法律制度相对应的私法体系。”[16] 中国人的私是伦理个体之私,而非理性个体之私。[17] 从类型学的方法与角度出发,把中西文明千年的历史浓缩为不同质的文明形态,从而去观察文化原理不同的起点,有可能把复杂的历史文化简单化,或者遮蔽掉许多鲜活的历史事实。但由此得以从一个大脉络出发去透视两大文明的不同机理,仍然是一个不可取代的方法与角度。就此而言,中国文化重“道德伦理”,强调人的道德自觉与责任;西方文化重“知识理性”,尊崇人的自由与权利。这样的区别与分梳大体上是正确的。现在的问题是,在不同的文化原理下,古典中国法律是怎样规制老百姓的民事生活的呢?

三、中国古典法律如何规制人们的民事生活

中国社会内部的历史进程中有无现代性因素?以人伦道德自觉为逻辑起点的中华法制文明,如何在没有现代民事权利主体观念的语境下规制老百姓的社会生活且能够发挥现代民法的诸多功能?这些问题本身就需要在文献梳理的基础上加以阐释。阐释的方法离不开西方的视野,而坚持的立场则必须是自身民族文化的认同。

为了厘清此问题,有几个前提必须申明:其一,现代的民法典是在公法、私法划分之基础上产生的,其主旨是规范社会生活中涉及私益的行为,故民法典为私法,与公法相区分。其二,鉴于民法典与人们日常生活的紧密联系,中国要编纂

---

〔15〕 曹树基在分析浙江石仓契约时,认为一块土地上的“田底权”、“田面权”和“永佃权”这三层权利清晰可考,参见曹树基:《“残缺产权”之转让:石仓“退契”研究(1728—1949)》,载《历史研究》2010 年第 3 期。

〔16〕 杨国桢:《明清土地契约文书研究》,中国人民大学出版社 2009 年版,第 2 页。

〔17〕 陈景良:《中国法学知识体系的建构必须重视从中华法制文明中寻求资源》,载《法学研究》2011 年第 6 期。

一部什么样的民法典才能适应中国社会的生活,这部民法典应当是悬于空中的还是切合实际的?答案无疑是后者,现今编纂的民法典应是满足中国老百姓过日子规则与逻辑的法典。[18] 其三,老百姓过日子的规则与逻辑是什么,是生活中所有的民事行为皆以"权利本位"为逻辑起点与归宿,以"工于计算"、讲求效率的"理性人"为预设,还是应在婚姻家庭生活维度内适当注重美德、仁和、友爱与权利、平等、自由等价值理念的平衡?答案也自应是后者。其四,虽然中国古代无民法典,无民事主体、权利主体地位平等以及意思自治之概念,但中国古代的历史中有无现在意义上的民事行为,生活中有无私有财产的观念,法律与司法有无对私有财产的规制及保护?答案也是肯定的。笔者认为,中国古代既有私有财产权利观念,也有私有财产权利保护的法律与事实,只不过其表达与西方的民法典不同而已。笔者把中国历史中存在的,可与盗贼人命重案相区分的古人称之为的"民间细故",老百姓以私有观念为基础而进行的田宅买卖、生活商品交易、婚丧嫁娶、财产分配、拾得品之处理等行为,目之为"民事行为",或曰"民事生活"。那么,中国古典法律是怎样规制民事生活的呢?

1. 在古代中国,无论是国家的治理,还是老百姓社会生活的规制,都与西方或者说现代社会有着极大的差异。就国家之治理而言,中国古人不会把国家权力中的政权与教权截然两分,更不会把现在国家权力治理体系中所代表的政统、道统与学统三分,而是三者合一,即治理国家的手段是"礼乐政刑"综合为治。就社会生活的规制而言,中国古人没有因法律所调整社会关系的不同而着眼于"公法"与"私法"之划分,而只是从"罪之有无"与"理之曲直"的角度,把相当于现代社会中刑法与民法所调整的社会关系粗略地归类于"命盗重案"与"民间细故"。故此,以律典为首的成文法编纂体例,往往把现代社会所细分的民事法律关系、刑事法律关系乃至其他社会关系,一同编进一部法典之内,从秦至清末,一以贯之,概莫能外。不唯如此,这些律典内所调整的社会关系与法律行为,不管是民事还是刑事,都统统处以刑罚之处分。这种处分,只有轻重程度不同,没有性质的差别。现在的问题是,这样的律典何以有私法生长的空间,又何以在如此的法典编纂体系下能够有我们现在所理解的民事行为与民事生活呢?

2. 由于中国古代没有个体本位的私,也没有现代意义上的民事主体、意思自

---

〔18〕 陈景良:《寻求中国人"过日子"的逻辑》,载《人民日报》2016 年 10 月 20 日,第 5 版。

治、权利平等的理念,因此不会把民事行为所涉及的法律关系都归结为一种授权性规范或任意性规范,而是把民事行为所带来的后果,依礼义精神为准则,分为正当与否而归责于合礼或违法。正当的民事行为为礼所容纳,不予制裁;不正当之行为则纳入律典而予以刑事处之。古代法律中的归责原则,不像如今民事、刑事、行政责任那样泾渭分明,而是民刑行政合为一体。故中国古代之律典把涉及现代民事领域中的物权、债权、亲属、继承的诸项内容,统统放到"户婚""杂律"等或体现"户婚""杂律"精神的"礼、户、吏、工"诸篇中,如大明律、大清律例。涉及此类内容之行为所引起的法律责任也统统以惩罚为原则,归类于刑事处分。

在这样的设计下,体现和保护私有财产权利的法条往往不是授权性或任意性规范,而是禁止性规范,禁止性规范的特征之一就是运用刑事处罚之手段,通过打击加害人从而保护受害人的民事权益。唐宋法律对私有田地权利的保护往往是通过打击盗卖、盗耕公私田地的行为来实现的。例如,《宋代石刻文献全编》第二册《江苏通志·金石十五·给复学田公牒二》记载了宋理宗绍定三年(1229年)平江府检法司检出的法条:"律:诸盗种公私田者,一亩以下笞三十,五亩加一等,过,杖一百,十亩加一等,罪止徒一年半。"[19]这一类禁止性条款占据可被归类为现代民法中物权、债权、继承诸内容的绝大部分,特色十分突出。当然,禁止性条款因其突出的惩罚性特征而使私法生长的空间有限,往往备受现代学者的诟病。但不得不指出的是,这些涉及现代民事生活领域的惩罚性条款,在一定的历史条件下并非不能转化为现代民法规范。回顾20世纪初期北京国民政府(1912—1928年)大理院的民事判例就会知道,正是那些具有现代法律理念的推事(法官)们,在民法典未备的社会转型时期,在千年变局的"守成"与"创新"的矛盾交融下,运用其卓越的智慧,把《大清现行刑律》的民事有效部分,与老百姓生活密切相关的刑律中的"五服、五服图、户婚、钱债、田土、继承、立嗣"以及《户部则例》诸法条,通过法律解释转化为民事案件的审判依据。只不过这种转换必须遵循两条原则:一是制裁部分一律无效;二是凡与国体相抵触者无效。[20] 法官们于司法实践中的创造性智慧,不但激活了旧刑律中的现代元素,

---

〔19〕 国家图书馆善本金石组编:《宋代石刻文献全编》(第2册),北京图书馆出版社2003年版,第338-339页。

〔20〕 黄源盛纂辑:《景印大理院民事判例百选》,台北,五南图书出版股份有限公司2009年版,第3-62页。

解决了审判民事案件时所遇到的无法可依的难题,而且使我们重新认识到古代律典中确实孕育着现代私法生长的空间。

3. 从规范之性质而言,中国古代律典并非全部禁止性条款,其中也有授权性条款乃至任意性条款。这些条款所蕴含的理念,不仅与现代私有财产权相一致,而且极具民族特色。这就是唐宋法律中的"夜无故入人家"条与《杂律》中的"得阑遗物"条。试分述如下:

《唐律疏议》卷十八《贼盗·夜无故入人家》条规定:"诸夜无故入人家者,笞四十。主人登时杀者,勿论。"《唐律疏议》进一步解释:"律设听杀之文,本犯侵犯之辈。"这条律文,如果我们从规范的角度加以分析就不难看出,它的后半句是一个授权性规范。国家把私力救济的权利在一定的前提条件下授予有可能遭受不法侵害的家主,即凡夜里无正当理由又不通知的情况下擅自进入别人私宅是违法的。在此种情况下,主人即使把擅自闯入者杀死也会免责,即主人不负刑事责任。进一步分析不难发现,唐代的立法者预设了一个前提,凡是深更半夜无正当理由而擅自进入他人私宅者(当然这个人是一个头脑清晰的成年人),肯定不怀好意,非偷即抢,或者见色起意,另有歹心。否则,未经主人允许,无正当理由深夜进入他人私宅,意欲何为?故法律背后的逻辑是:家是社会成员接受教育、繁殖后代、过日子的私密场所。家的物质载体是房子,这个房子是私宅,私宅不能随意进入。擅闯私宅,有可能构成对他人身体、生命、财产或性的侵犯,即便此种危害行为没有发生,擅闯私宅本身也是一种违法与犯罪,故除国家给予"笞四十"之惩处外,还把"防卫权"及行使"防卫权"所带来的惩治权(即时杀死而免责)也授予私人。这种授权型规范当然既蕴含着"私宅不受侵犯"的中国古老观念,也是中国古代法律保护私人财产及生命健康、安全的证明。

再看唐宋时期法律对拾遗物、宿藏物、漂流物的规制。拾遗物,无论是公还是私,原本皆有主人,故拾得者原则上应归还给主人;宿藏物,即埋在地下有价值的土地主人原不知道之物品或器皿,如租佃他人之土地者在耕种过程中发现了埋藏物。对于拾遗物与宿藏物,唐宋时期法律把它们统归到"地内得宿藏物"与"得阑遗物"条进行规制。用现代的语言分析,唐宋律条、令及疏议中所说的"宿藏物",既包括我们现在所说的具有价值的一般物品,如金、银、铜等,也包括"形制异者",即我们现在所说的文物。文物不同于一般器物,唐宋时期的法律原则上也是规定必须上交国家,否则就要按"坐赃",即准贪赃论处。文物上交官府后，发现者可得到官府的计值奖赏。[21] 这类规定与现代的法律精神颇为契合，并且要比我们现在民法所规定的具有文物价值的物品一经发现皆须上交的机械原则更具合理性。对于“阑遗物”，即现在民法上的拾得物，则依据其种类、性质及价值大小，规定了不同的处理原则：其一，宝、印、符、节为国家权力之象征，拾得者必须上交，且须五日内上交，否则，论罪。其二，马、驼、骡、牛、驴、羊，虽属动产，但价值较高，不同于一般日常生活用品，法律依其原主人有公私之异规定了不同的处置原则。凡牲畜身上有官府印记无私印者，送官府；既有官府印记，又有私印记者，满一年无主人认领，则入官府，但须单独饲养。其他杂畜，如猪、狗之类，则令原主人到放牧处识认，有证据且验实者，发还。对于州镇之处，拾得牲畜，应于辖区内寻访主人。经两个季节无人认领者，就地出卖。价归官府，物充驿站。后有主人识认，检验得实，则价还原主。其三，一般物件则皆送官府，悬于公众处招认。有主人认领，检验后，责保发还。过三十日无人认领者，登记在案；满一年无人认者，登记没官。其后，主人认领，证据分明者，发还。[22] 对于漂流物而言，其意是指江河发水时冲击下来的竹木、牛马、生活用品，这些物品或原有

---

〔21〕《宋刑统》卷二十七“地内得宿藏物、得阑遗物”条规定：“诸于他人地内得宿藏物，隐而不送者，计合还主之分，坐赃论，减三等。若得古器，形制异而不送官者，罪亦如之。”【疏议曰】谓凡人于他人地内得宿藏物者，依令，合与地主中分。若有隐而不送，计应合还主之分，坐赃论，减三等，罪止徒一年半。注云，若得古器，形制异而不送官者，谓得古器钟鼎之类，形制异于常者，依令送官酬直，隐而不送者，即准所得之器，坐赃论，减三等，故云罪亦如之。【问曰】官田宅私家借得，令人佃食，或私田宅，有人借得，亦令人佃作，人于中得宿藏，各合若为分财？【答曰】藏在地中，非可预见。其借得官田宅者，以见住、见佃人为主。若作人及耕犁人得者，合与佃住之主中分。其私田宅，各有本主，借者不施功力，而作人得者，合与本主中分。借得之人，既非本主，又不施功，不合得分。参见（宋）窦仪等：《宋刑统》卷二十七，吴翊如点校，中华书局1984年版，第445页。

〔22〕诸得阑遗物，满五日不送官者，各以亡失罪论。赃重者，坐赃论，私物坐赃减二等。【疏议曰】得阑遗之物者，谓得宝、印、符、节及杂物之类，即须送官，满五日不送者，各得亡失之罪。赃重者，谓计赃重于亡失者，坐赃论，罪止徒三年。私物坐赃论，减二等，罪止徒二年。其物各还官、主。【准】捕亡令：诸得阑遗物，皆送随近县。在市得者送市司，其金吾各在两京巡察，得者送金吾卫。所得之物，皆悬于门外，有主识认者，检验记，责保还之。虽未有案记，但证据灼然可验者，亦准此。其经三十日无主识认者，收掌，仍录物色目，榜村坊门，经一周年无人认者，没官录账，申省听处分。没入之后，物尤见在，主来识认，证据分明者，还之。【准】厩牧令：诸官私阑遗马、驼、骡、牛、驴、羊等，直有官印，更无私记者，送官牧。若无官印，及虽有官印，复有私记者，经一年无主识认，即印入官，勿破本印，并送随近牧，别群牧放。若有失杂畜者，令赴牧识认，检实，印作“还”字付主。其诸州镇等所得阑遗畜，亦仰当界内访主。若经二季无主识认者，并当处出卖。先卖充传驿，得价入官，后有主识认，勘当知实，还其价。参见（宋）窦仪等：《宋刑统》卷二十七，吴翊如点校，中华书局1984年版，第445－446页。

主人或没有主人。河流有大有小,危险程度大小不一,于江河中捡拾漂流物与一般路上拾遗不同,后者不付代价,前者须投入气力,甚至冒着生命危险,故法律据不同情况有不同的规定。若是有主人且在设置时限内认领的,须交还主人。无认领者,则归拾得者所有。但是无论何种情况都需要给予捡拾者以报酬,以体现法律的公平精神。例如,《宋刑统》卷二十七【准】杂令规定:“诸公私竹木为暴水漂失,有能接得者,并积于岸上,明立标榜,于随近官司申牒,有主识认者,江河五分赏二分,余水五分赏一分。限三十日,无主认者,入所得人。”〔23〕由此可知,唐律及《宋刑统》对“宿藏物”“拾遗物”“漂流物”之规制,既有律典,也有令典。不同的是,律典有罚则,而令典则无。就其内容而言,则涉及现代民法中的“无因管理”与“不当得利”。尽管中国古典法律并没有抽象出这类概念,但律条、令典所蕴含的精神及功能则反映出中华民族法文化的优秀智慧且与现代民法精神契合。

4. 土地私有制是民事生活的基础,古典法律对土地私有权的保护于律典、令典、礼俗之外,主要是依据契约文书。中国自战国以来实行土地私有制。在老百姓的日常生活中,既有生活资料的私有,也有生产资料的私有。前者如一般生活用品,后者如田宅、牛马等。私有权的立法及司法保护更是自秦汉至明清,源远流长,代有新意。只不过是,古代中国的私有权观念和法律保护不同于西方。一般来说,中国古代的私有权观念不是个体本位、个体之私,而是伦理本位、伦理个体之私。对这种私的保护,中国古典法律没有像西方罗马法传统基础上的近代民法典那样,以权利、义务为内容,以主体平等、意思自治为原则,把涉及社会生活的财产及人身关系,统统纳入一个以“理性人”为逻辑起点的法律框架内,分为总则、债权、物权、亲属、继承五编的“潘德克顿”式的法典内,而是以中华民族特有的智慧,视人为天生具有伦理道德、讲亲情、向往仁义、立身为诚的道德人。这样的人的终生幸福在于追求超越物质利益的美德,故中国的法律不立足于截然分明的“权利”界限之上,而是强调法律内容中的责任与义务,崇尚的是“相给相与”。

当然,由于人不能生活在真空中,因此对日常生活中物质利益的追求与界限的厘清,也是中国人生活的一般准则,是立法与司法的主要内容。以唐宋律令为例,大约相当于罗马法核心和主体的财产法的三个主要内容——物权、债权、继

〔23〕(宋)窦仪等:《宋刑统》卷二十七,吴翊如点校,中华书局1984年版,第446页。

承权，就规定在唐令与宋《天圣令》中。就物权而言，唐宋《田令》皆规定，土地所有权通过买卖方式转移，必须双方呈牒（申请官府核实之文书），官府经核实，只有从一方户籍上除去之后，才能在另一方户籍上注入。只不过，唐代的土地私有制不充分，对田宅之交易常有负担。及宋，田宅私有制深化，交易的深度非唐可及，有关的国家负担进一步削去。私田可典可卖，房屋亦是如此。除了须向国家纳税外，田宅之交易基本上遵循生活规律及个人意愿。拥有土地与房屋的人，在唐宋的法律文献及司法判词中，常被称为"地主"、"田主"或"业主"，[24]拥有田宅之多寡是决定人生富贵与否的标志。

就继承权而言，继承的内容主要是土地与房屋，唐令与宋令中存在清楚的法定继承与遗嘱继承之分类，而且还确立了"遗嘱继承优于法定继承"的原则。例如，唐宋《丧葬令》中有明确的规定，死者所有资财"若亡人在日，自有遗嘱处分，证验分明者，不用此令"。也就是说，虽然《丧葬令》规定了死者财产的继承顺位及原则，但若是被继承人在生前立有遗嘱，那么无论是口头遗嘱还是书面遗嘱，只要是能证明或者是经官府审核证明此遗嘱真实，是死者自由所立，其效力就是高于法定继承的。这当然在一定程度上体现了当事人的意志自由及心愿。因此，不能笼统地说中国古代法律没有个人之私及自由意志的表达，只是这种私及意愿的表达遵循中国古人行为的一般准则，即儒家伦理中财产之处分不能剥夺死者子嗣的继承权，即中国古代遗嘱处分的适用范围仅限定在"户绝"的范围内，这就是中国古人的智慧与法律的特色。

必须强调的是，私有制上升为权利必须经由法律规定。法律可分为成文法、习惯法乃至广义上之习俗。中国成文法的编纂体例与法律体系既包括律典，也包括令典。律典中的民事部分常有刑罚制裁，而令典之规范所涉及民事的内容并无罚则。这一点是学界尤其是民法学者所忽略的。尽管国家制定法层面为私法及私权生长所提供的空间没有西方民法典那样广阔，但私法及私权所体现的"物权"、"债权"与"继承权"诸内容，尤其是物权的归属、债权的流转、继承权的处分等，也绝非没有在生活与法律中出现过，而是自有其特色与逻辑。

再就保护的方式而言，对田宅私有权的保护与规制主要靠契约文书。受内容及宗旨所限，本文不予展开，只在此强调而已。应该说中国古代的契约文书十分发达，现在能够保留下来的明清契约，其数目与内容都是惊人的。中国的契约

---

〔24〕 在《宋会要辑稿》之瑞异、职官、食货、方域、道释、刑法等中，"地主""田主""业主"分别出现57、31、53次。参见（清）徐松：《宋会要辑稿》，刘琳等点校，上海古籍出版社2014年版。

文书并非单纯西方民法中的“合同”与契约之债，而是在国家制定法层面之外，承担西方民法功能的物质载体，它在社会生活中，与礼俗相配合，发挥着现代民法典的诸项功能，甚至还在司法审判中发挥着“证信示义”的证据作用。

四、千年变局中中国文化不变的“底色”与意义

自古以来，中国的历史与法制文明既有自身社会结构的变迁，也有近代以来面对西方文明冲击而一直变革融合的复杂现实。就中国自身社会结构的变迁而言，明人陈邦瞻曾独具慧眼地观察到：中国历史自尧舜至明，已有三次剧烈的变革。他指出：“宇宙风气，其变之大者有三：鸿荒一变而为唐、虞，以至于周，七国为极；再变而为汉，以至于唐，五季为极；宋其三变，而吾未睹其极也。”[25]此种关于中国社会变革及阶段划分的论述，反映了古典史家的睿见卓识。自近代到当下，以“变”之眼光，观察中国历史，论证现代西方文明冲击下“变”之必然、“变”之应然的道理影响“大且著”者，当然首推清末变法维新之中坚人物梁启超。梁启超论述变法之必要性的宏文，至今仍深深影响着现代中国学人及民法学者的深层思维。因此，民法学者之主流价值观念是，民法典之编纂，必须坚持权利本位，物权逻辑自洽，以适应市场经济发展需要的诸项原则。

在民法学者看来，坚持这些原则既体现了时代精神的需求与国家治理现代化的需要，也是中国历史文化变革的必然大势。笔者认为，民法典编纂固然需要坚持时代精神，但它的“民族精神”又该如何体现？欲把“时代性”与“民族性”有机地融合到社会生活文化之中，反馈到民法典的编纂之上，就不能不思考既定的西方民法理论必然正确的价值定位，从而去反思既有的以“个人理性”为基础的现代民法理论预设是否都合乎中国人的生活逻辑。

不妨设想：中国文化与中华法制文明对人之属性的见解是否都无道理，人之本性于婚姻家庭，于父母尊长到底是“理性”的功利计算好，还是诉诸温情的伦理道德好；父母子女之间的相互扶养义务，到底是诉诸传统的伦理道德，还是皆

---

〔25〕（明）陈邦瞻等：《宋史纪事本末》（第3册），中华书局1977年版，第1191页。此外，南宋史家郑樵则说：“自隋、唐而上，官有簿状，家有谱系，官之选举必由于簿状，家之婚姻必由于谱系。历代并有图谱局，置郎、令史以掌之，仍用博古通今之儒知撰谱事。凡百官族姓之有家状者则上之，官为考定详实，藏于秘阁，副在左户。若私书有滥，则纠之以官籍；官籍不及，则稽之以私书。此近古之制，以绳天下，使贵有常尊，贱有等威者也。所以人尚谱系之学，家藏谱系之书。自五季以来，取士不问家世，婚姻不问阀阅，故其书散佚而其学不传。”参见（宋）郑樵：《通志二十略·氏族略第一》（上册），中华书局1995年版，第1页。

以民法相关的司法解释为据,处处凸显"个人本位主义"?[26]其实,中国人日常的生活与行为方式早已给出了答案。于现实中国家庭之中,几乎不存在父母对已成年子女不再抚养和支持的情形。

如果上述反思具有一定道理的话,那么我们不妨就民法典编纂如何体现"民族性"之思换一个角度来探讨,即于现代千年变局中去寻求那些"不变"的中国文化"底色",因为正是这些不变的"文化底色"才正是"民族性"的体现,才正是老百姓过日子的规则与逻辑。其实,这些不变的底色就蕴含在中国的文化经典中,贯穿在中国古典的法律体系里,反映在老百姓的日常行为及心理结构中,那就是:对婚姻家庭中的"仁孝观念",对处理人际关系中的"和合原则",对"商品交易"的诚信坚守(中国人常用"童叟无欺"来表达)等。对此,《学习中国》的编者曾对习近平总书记在中国共产党成立95周年纪念大会上的讲话有过精辟的论述与总结:世界上没有任何一个民族能够依靠否定、割断自身的文化传统,照搬外来制度走向复兴。中华文化是中华民族的精神命脉,也是中国特色社会主义制度的重要源泉。五千年的中华文明代代相传、生生不息,蕴含着讲仁爱、

〔26〕 父母子女关系在法律上主要表现为相互扶养的权利义务关系。在中国古典传统伦理之家庭关系到权利义务对等的现代民法之家庭关系转变的过程中,父母子女关系的转变亦有着颇费周折的历程。"六法全书"的制定主要参考了《德国民法典》关于亲属法的规定。在西方权利义务对等、个人本位主义原则的指导下,《德国民法典》关于子女对父母之赡养亦颇受影响。其第1601条规定:"直系血亲有相互扶养的义务。"但第1602条接着对上一条款进行了限定,即"只有当父母不能维持生活的情况下,子女才有扶养其义务"。第1603条甚至规定:"考虑子女所负之其他义务,在其不能、也不会危及自身之合理生活状态下,方有扶养其父母之义务,反之不负扶养义务。"上述《德国民法典》关于父母子女相互扶养之权利义务的规定为即便对于全盘移植西方法律的"六法全书"之制定者而言也是不能接受的。故而,中华民国时期的《中华民国民法》对《德国民法典》的相关规定进行了一定的修改和重新理解。第1117条(受扶养之要件)规定:"受扶养权利者,以不能维持生活而无谋生能力者为限。前项无谋生能力之限制,于直系血亲尊亲属不适用之。"而《德国民法典》第1603条关于子女优先维持自身合理生活状态的规定,当时的立法者在1118条(扶养义务之免除)将其改为:"因负担抚养义务而不能维持自己生活者,免除其义务。但受抚养权利者为直系血亲尊亲属或配偶时,减轻其抚养义务"。可以看出,当时的制定者虽本着移植主义原则吸纳了《德国民法典》规定,但其仍在这些条款中融入了中国传统家庭关系中子女对父母之赡养的伦理道德标准。然而,我国《婚姻法》第21条关于父母子女间抚养、赡养的规定,从其格式对仗之严谨不难看出在经过阶级革命和社会巨变后,我国立法者虽然突出强调了权利义务之对等和民法意思自治的原则,但是置传统中国之伦理道德准则于不顾。在子女不赡养父母、父母有权索得赡养费之条加入"无劳动能力的或生活困难的"这一条对父母的限定条件。这一条对父母的限定将子女不赡养"有劳动能力和生活一般的"父母置于何境?《婚姻法》的上述规定及最高人民法院对其进行的诸多解释,在传统中国道德观念与西方个人本位主义中的选择是否适当?笔者认为仍需实践与时间的检验。

重民本、守诚信、崇正义、尚和合、求大同的丰富内涵。[27]

这就是中国文化于千年大变局中“不变的底色”，是中国老百姓过日子的规则与逻辑。编纂一部适合中国人生活的接地气的当代民法典，突出它的“民族性”才是当务之急！

〔27〕 参见《习近平指出我国制度的先进性》，载人民网，http://politics.people.com.cn/n1/2016/0717/c1001-28560463.html。

治 学 方 法

反思法律史研究中的"类型学"方法*

——中国法律史研究的另一种思路

一、从马克斯·韦伯说起

近代中国,学术知识的各个谱系都充斥着西方的强势话语,法学相对于其他学科更是有过之而无不及。人们不仅用西方法学中的名词编织着未来中国大地上法治的美好理想,同时也以西方法学的知识谱系去剪裁着中国的历史与传统。用"类型学"的方法研究中国法律史或中西传统法文化就是其典型之一,其中由于马克斯·韦伯对当代中国的学界影响尤巨,故本文不得不从此说起。

马克斯·韦伯(Max Weber,1864—1920 年)作为当代最有影响的社会学家之一,他的名字在中国的学术界,尤其是法学界几乎家喻户晓,人人皆知。其著作在汉语学界广为翻译和流传,笔者案头能见到的著作大体可分三类:(1)综合类。主要有:《新教伦理与资本主义精神》[于晓、陈维刚翻译,三联书店(北京)1987 年 12 月出版];《儒教与道教》(洪天富翻译,江苏人民出版社 1993 年 8 月出版,此书的另一译本为王容芬所译,由商务印书馆 1995 年 10 月出版);《世界经济通史》(姚增广翻译,上海译文出版社 1981 年出版);《经济与社会》(林荣远译,商务印书馆 1997 年 12 月出版)上下两册。此译本很快又于 1998 年 5 月以 1 万份的数量再度印刷。需要指出的是,这类综合性的著作虽不以法律命名,但其中很多内容却与法律,尤其与中国传统的法律相关,如《儒教与道教》等。

---

* 原载《法商研究》2004 年第 5 期。

(2)以社会学的眼光讨论法律与社会的专门著作，如《论经济与社会中的法律》(张乃根翻译，中国大百科全书出版社1998年9月出版)，不过此书实应译为《法律社会学》。(3)研究马克斯·韦伯生平与思想的传记与著作，如《马克斯·韦伯的生平、著述及影响》(德国著名学者迪尔克·克勒斯著，郭锋译，法律出版社2000年9月出版)；《马克斯·韦伯思想肖像》(美国学者莱因哈特·本迪克斯著，刘北成等译，顾忠华审校，上海人民出版社2002年3月出版)；《韦伯：摆脱现代社会两难困境》(王威海编著，辽海出版社1999年7月出版)；《中国传统伦理与近代资本主义——兼评韦伯〈中国的宗教〉》(杜恂诚著，上海社会科学院出版社1993年4月出版)；《儒教伦理与法律文化》(我国台湾地区学者林端著，中国政法大学出版社2002年5月出版)，本书的作者曾游学于韦伯的故乡，并在德国海德堡大学获社会学博士学位，是研究韦伯社会学的专家，其对中国传统法文化的观察，慧眼独具，发现尤多；《韦伯：法律与价值》(李猛编，上海人民出版社2001年7月出版)。

另外，笔者近日于坊间又看到由广西师范大学出版社2004年5月出版的《韦伯作品集》，该作品集共五本，即《学术和政治》《经济与历史的支配类型》《支配社会学》《经济行动与社会团体》《中国的宗教》《宗教与世界》。这套书由我国台湾地区学者康乐、简惠美、胡昌智等人译出，经台湾远流公司授权在大陆出版发行。书前有苏国勋教授写的序言，文笔甚佳，值得一读。

韦伯的著作及其思想、生平在短短的不足二十年的时间内，能在中国人的心目中引起如此强烈的共鸣，足见其观察法律与社会的思想及方法有独到之处。那么，韦伯的思想有哪些特点，又是如何影响一代中国学人的呢？

先说方法论。韦伯作为古典的社会学家，也是现代文化比较研究的先驱人物之一，他对中国古代法律观察的睿智之光就是在与西方宗教伦理与资本主义精神的比较研究中折射出来的。韦伯一生致力于考察“世界诸宗教的经济伦理观”，亦即试图从比较的角度，去探讨世界主要民族的精神文化气质与该民族的社会经济发展之间的内在关系，并在研究中形成了自己独特的研究方法——“理解”与“理想型”的方法，学者又称为“类型学研究方法”。

在韦伯的研究中，“理想类型”可分为两种：一是“历史学的理想类型”；二是“社会学的理想类型”。前者如韦伯在《新教伦理与资本主义精神》一书所经常使用的术语“资本主义文化”“新教伦理”等。由于这种理想类型是在特殊的时空条件下形成的，亦即在一定的历史进程中形成的，因此又被称为“形成过程中的理想类型”。后者指韦伯所讲的“三种权力类型”，即指“克里斯玛型统治”“传统型统治”“法制型统治”。[1] 韦伯认为，合法性是统治的基础，合法的统治主要包括以上三种类型，但只有最后一种——“法制型统治”，才是唯一具有合理性与合法性的统治。韦伯认为，这三种“理想类型”虽在具体的历史进程中很少单独见到，但作为一种抽象原则或典型却又是在任何时空条件下都可能存在的，所以又称为“纯粹的理想类型”。一般所说的作为韦伯会学方法论概念的理想类型，主要是指后者。

韦伯《新教伦理与资本主义》一书的译者于晓说：理想类型（ideal – type）是韦伯社会学理论中最重要的方法论概念之一。[2] 质言之，韦伯在进行学术研究时，试图仿效自然科学研究中普遍采用的“理想模式”的方法，先对经验的、现实的对象或关系进行抽象，即先进行超验的、纯观念的研究，然后再以研究中假设的“理想类型”为参照坐标对经验的、现实的对象或关系进行理论解释。

当然，上述解释还是太过抽象，欲明了韦伯的思想方法还需对“理想类型”作进一步的阐释。第一，“理想类型”既是一个社会学的研究方法，也是社会学分析的工具，该方法强调通过理想类型的主观建构去理解社会行动的客观意义。这句话是什么意思呢？我们知道，无论是自然科学，还是社会科学，人们都试图通过发现真实去理解自然现象或人类行动的意义。但自然科学的真实与社会科学的真实又有着较大的差别。自然科学的真实（现象之间的规律性）可通过因果律来认识，一个结论正确与否，可通过实验去证实，而社会科学则不能。韦伯认为，与自然科学相比，由于社会科学的研究对象是人及人的社会行动，而人具有复杂的动机和意志，所以社会科学的概念建构就远比自然科学来得复杂和困难。因此，就社会科学之一的社会学而言，无论是发现现实的真实还是历史的真实，构成真实本身的素材或文本都不能自己发言，都必须通过研究它的主体——人的眼光去发现。发现意味着选择，选择就是有所放弃、有所保留。弃留的方法之展开表现为概念的建构，弃留的标准是所遇材料在研究者主题中的地位，凡于主题有重大意义的则留之，于主题意义不大的则舍去，故此称为“主观建构”。但主观建构并非随心所欲，埋头杜撰，而是以特定历史阶段的文化现象为对象所

---

〔1〕 参见［美］莱因哈特·本迪克斯：《马克斯·韦伯思想肖像》，刘北成等译，上海人民出版社2002年版，第319－452页。

〔2〕 ［德］马克斯·韦伯：《新教伦理与资本主义精神》，于晓、陈维刚等译，生活·读书·新知三联书店1987年版，第51页。

作的符合历史逻辑和规则的设想。为什么要作这种主观的"理想类型"的设想呢？在韦伯看来，这是由社会科学研究对象所具有的复杂性决定的。在人文科学的领域内，人是有目的、有意识的行动者，人与人之间社会关系的因果性可不像自然界的因果性那样容易确定，往往只能从或然的角度去观察。这里所说的或然性指的是由于人在一定的环境中遵循某些规范，因而在既定的事件之后又发生另一事件的机会。也就是说，人的社会行动总是或然的，而非必然的。故在人文科学中百分之百地发现客观，寻找真实，都是不可能的。因此，对人的行动之客观意义的理解必立足于个人，而不是团体，必立足于精神而不是物质，必立足于主观而不是客观，这正是韦伯区别于马克思和杜尔凯姆（涂尔干）的地方。韦伯说："在社会学研究方法上，笔者一直力求把说明与理想结合起来，以建构起笔者称之为理解的社会学。所以笔者的社会学理论与实证社会学的理论存在着一些不同之处，比如与笔者同时代的实证社会学的重要代表法国社会学家杜尔凯姆，他的社会学理论主要是试图说明社会是什么以及社会是怎样构成的，论述的主要是社会在各种不同领域内的外在表现。与杜尔凯姆不同，笔者的社会学研究主要集中在讨论社会生活的本质上，通过研究社会的精神气质并分析人们社会行动的动机进而把握社会行动的意义。笔者认为人们的社会行动既是主观的，亦是客观的，但是主观理解乃是社会学研究的独具的特点。"〔3〕

第二，"理想类型"是一种逻辑的抽象，而非事实本身。换言之，理想型不是现实型，而是一种逻辑建构，它从来没有在历史、社会的真实里存在过；它只是一种抽象的概念，用以检验经验界的事实，掌握社会领域的复杂性。韦伯认为，只有通过这种清晰的理想建构来分析社会现实或社会行动，社会学家才有可能从经常是互动抵触的、混乱的经验材料中理出头绪来，从而精确地显示事实最关键性的层面，要做到这一点，必须对经验材料加以取舍。譬如，韦伯在研究宗教社会学的时候，首先，从分析中古以来西欧历史的演变入手，从中选择出一些他认为是促成西欧资本主义之形成的"理想型"。其次，利用西欧资本主义的这个"理想型"进一步检视其他异质文明的相关因素，将之有机地构成那个异文化的社会"理想型"，再将这个异文化的社会"理想型"与西欧近代资本主义社会的"理想型"进行比较，以期为近代资本主义为何只在西欧产生出来的这个问题提供较满意的解释。

---

〔3〕　王威海编著：《韦伯：摆脱现代社会两难困境》，辽海出版社1999年版，第271页。

韦伯说:“笔者这里所说的理想乃是指事物在逻辑上的一种可能性。所以所谓理想类型并不是对现实的描述,而是把某种特定社会现象的本质属性而非一般属性加以集中的理性的构造。理想类型研究的社会生活的主观因素,也就是实证性加以集中的理性的构造。理想类型研究的是社会生活的主观因素,也就是实证社会学理论所忽视的那些独特的无法重现的文化因素。所以理想类型涉及选择,因此往往是片面地强调社会现象的某些特点,从而把许多混乱的、无关的、瞬间消失的具体现象加以综合起来,安排到一个统一的分析构造中间去。”〔4〕

第三,“理想类型”是社会行动的类型。社会学的意义在于理解社会行动,所谓“理解”,有两层意思,即“观察性理解”与“解释性理解”。虽然这两种理解对社会行动的意义都是必不可少的,但韦伯强调的重点显然在于后者。就二者的意义来说,前者告诉我们什么正在进行之中,后者告诉我们为什么它会进行。例如,当我们观察樵夫砍柴的时候,我们只理解他正在砍柴,但不知为何他要这样做,只有当我们了解到了他行动的原因,如为了营利、为了养家糊口等,我们才获得了解释性的理解。韦伯想借此说明,只有参照一种更广阔的知识背景,一种社会行动才能被适当地理解和解释。再就社会行动而言,韦伯既立足于社会行动中的个人及由共同价值取向组成的社会群体的考察,又不把个人及特殊的社会群体的行为视为一孤立的现象。在韦伯看来,从理解的社会学所研究的基本对象即个人的社会行动的角度看,资本主义、儒教与道德等可以被看作个人社会行动的方式;而反过来,新教伦理、禁欲主义和典范先知等又可以被看作对个人社会行动方式的限制。这样一来,韦伯就把对社会行动意义的理解与社会现象规则的研究结合起来,使每一个概念都成为具有理想类型含义的复合概念。

再说韦伯法律社会学思想的特色及对中国学界的影响。韦伯一生中几部著名的著作并非法学专著,因此韦伯对法律的看法是立足于社会学的角度,此其一。其二,韦伯对中国法律传统的评估,既非立足于中国的法律史,也非立足于中国文化的内在理路,而是在论证西方宗教伦理——新教伦理(文化气质)与资本主义生产方式产生的内在关系的整体框架下,把中国文化、法律当作异质于西方的“另一类”理想类型而立论的。当然,这些特殊的视角并没有抹去韦伯法律

〔4〕　王威海编著:《韦伯:摆脱现代社会两难困境》,辽海出版社1999年版,第274页。

社会学的理论光辉,[5]也没有影响他对中国古代法律所具有的敏锐洞察力,正是韦伯思想的独到之处影响了中国学界几代法律学人。质言之,韦伯研究法律的方法及特色有三:一是立足于西方文化气质,寻求法律正当性的途径;二是以"类型学"的研究方法,排列组合、阐释历史进程中法律的不同类型(如形式的与实质的、理性的与非理性的等);三是强调不同文化形态下法律秩序传承者对法律传说的影响有举足轻重的作用(如伊斯兰教下的先知卡的大师,基督教下的普通法系中的律师团体等),这些人的文化知识体系、价值取向和行为模式塑造了世界法系的传统。

二、韦伯的影响及其"类型学"方法论的偏颇

韦伯对中国学界的影响,固然在于他思想的深刻,但若不是与中国法制现代化的追求形成视界融合,断不能使其"类型学"研究方法靡于学林。申言之,韦伯对西方法律正当性的追寻、描述与解释,既具洞察历史的深邃眼光,又特别迎合了现代社会众多法理、法史学者及研习法学的莘莘学子解说中国法律的口味。这种口味的特征有二:一是仰慕西方法治文明;二是卑视或轻忽本民族的传统。尤其是韦伯下述两个著名的论断,更是得到了学界及青年学生的热烈响应:其一,与西方文化的特质相适应,西方的法律(近代资本主义社会的法律)是理性的、正当的;其二,这个理性的、正当的法律在历史进程中展现为"形式合理性"与"实质合理性",并得出结论——只有西方的法律才具备这种合理性。反观中国,中国传统的法律是"家产官僚制"下的法律,在此种形态下不仅形式的法学

[5] 韦伯在法学领域所具有的高素质,得益于他年轻时所受的良好的法律教育。据学者研究,韦伯的父亲是一个富有的律师,韦伯本人18岁中学毕业后即进入柏林大学攻读法学专业,1886年通过法学考试,在完成法律史领域的博士学位论文(《论中世纪商业团体的历史》,该文考察了由若干人共同分担一个企业的成本、风险或利润的法律原则)后,韦伯还进行了法官或律师资格所要求的司法实习。此后,他于柏林大学取得讲师教席资格,并主讲罗马法、日耳曼法、商法课程。参见[美]莱因哈特·本迪克斯:《马克斯·韦伯思想肖像》,刘北成等译,上海人民出版社2002年版,第1-2页。

未能发展，而且它从未试图建立一套系统的、实在的、彻底理性化的法律。[6]

虽然韦伯的著作本身并不包含对中国传统文化的特殊卑视心理，但韦伯有关中国传统法律的论断，确乎是促进了现代法学界及青年学生对中国传统法律乃至中国法律史这门课程的轻视。

韦伯对中国法学界的影响既是思想的，也是方法的；既影响上一代中国学人，也影响中国青年学者及青年学生。翻翻摆放在案头的由当今法理、法史学界比较活跃的学人所写的著作，又有谁能越过韦伯问题的“卡夫丁”峡谷呢？[7]研究中西传统法律文化颇有见解的两位史学者——梁治平、张中秋教授不仅对韦

---

〔6〕 韦伯对于中国古代法律，提出了不少深刻的观点，笔者虽然并不完全赞成这些观点，但对韦伯的学术深度常怀敬重之心。韦伯的主要论断如下：(1)西方中世纪城市中朝气蓬勃的市民阶级发展出的那些风格独特的机构，要么是至今根本不存在于中国，要么就是展现出一种完全不同的面貌。在中国，缺乏资本主义“经营”的法律形式与社会学基础。(2)家产制的国家形式，尤其是管理与立法的家产制性质，在政治上造成的典型结果是：一个具有神圣不可动摇的传统的王国和一个具有绝对自由和专横与仁慈的王国并存。这种情况无论是在中国，还是在其他各国，都会阻碍对这些政治因素特别敏感的资本主义的发展，因为工业发展所必需的那种理性的、可预见的管理与法律机能并不存在。(3)在中国并没有一个法官阶层，因为那里缺乏西方意义下的律师事务所。之所以如此，是因为中国福利国家的家产制度及其职权，并不在乎世俗法律的发展形式。中国的家产政体，既没有考虑到强而有力且不可抑制的资本主义利益，也没有顾及一个自主的法学家阶层。(4)特别值得一提的是，中国的法官是典型的家产制法官——他会根据被审者的实际身份以及实际情况或者根据实际结果的公正与适当来判决。参见[德]马克斯·韦伯：《儒教与道教》，洪天富译，江苏人民出版社1993年版，第103、120、174、175页。

〔7〕 法理学同人的著作和文章引证韦伯的观点或辟专门章节讨论韦伯所提出的法律理性化问题，已成为普遍的时尚，如葛洪义教授的专著《法律与理性——法的现代性问题解读》，对韦伯的观点列有专题，上海人民出版社则专门推出了北京青年学人李猛、郑戈博士等学者撰写的研究韦伯法律问题的专辑——《韦伯：法律与价值》。法史学者对韦伯的关注因已在正文中叙述，故不一一列出。有影响的中青年法史学者如梁治平、张中秋教授都对韦伯怀着浓厚的兴趣。

伯的学术观点很是赞赏，[8]其分析中西法文化之异的方法也深受韦伯“类型学研究方法”的启发和影响。例如，张中秋君在其著作中把中西法律文化之异简约化为八个方面，在这八个方面的比较中，我们很难看到这些异质文化映照下八个被类型化（理想化）的特征，在各自的历史进程中有什么样的差异及前后变化。且不说这样的特征概括是否恰当，即使恰当，它也会遮蔽数千年的中国历史文明中法律本应具有的鲜活面容，给人的印象是中国的法律价值取向数千年来没有任何变化，从秦到清一如静水，都是“无讼”。其实这大大偏离了中国的历史实际，且不说明清两代江南地区（如徽州一带）存在大量好讼、兴讼的事实，即便是宋元两代，单用“无讼”二字也很难穷尽司法活动中主审法官的功利主义价值蕴涵。就此而论，笔者在大型的学术会议上及私下的场合都曾与中秋君交换过意见，他也觉得似乎有些道理，但在再版的《中西法律文化比较研究》中仍未作修订。这不是中秋教授知过不改，而是他的“类型学”研究方法使然。[9]

再就老一代学者瞿同祖先生而言，他平生的经典著作《中国法律与中国社会》，是当今的法史学者及学生的必读著作，亦是笔者置放案头于科研教学时经常翻阅的典范作品之一。在这部影响法史学界甚巨的著作里，我们固然还看不到有多少个韦伯的字眼出现，但有一点是可以肯定的，瞿先生作为一个社会学者，他的研究方法与韦伯所使用的“类型学—理想型”方法十分接近。我国台湾地区学者林端先生在采访了瞿老之后，曾对瞿先生的研究方法作了这样的介绍：“瞿先生将这样的观点（指社会学研究中“功能论”的观点）运用在中国法律发展

〔8〕 法律史上所谓法律的“形式合理性”首先完成于西方近代法典体系之中绝非偶然。这里，笔者提到了“形式”[或形式化（formality）]的概念，这是韦伯经常使用的另一个重要概念。他从这个角度来描述法律和法律思维的两个不同方面：（1）简单指“依一般规则或原则的统治”；（2）法律的独立或自治，在后一种意义上，不承认法律原则与非法律原则之间区别的法律秩序便是缺乏形式性。由“合理的”与“形式的”两种概念，人们可以得出法律秩序或法律思维的四种基本类型，即形式合理性、形式非理性、实质合理性、实质非理性。其中，作为法律之最高发展的形式合理性必定满足了这样一些条件：首先，所有具体的法律判决都是抽象之法律判断适用于具体实施情态的结果；其次，在所有情况下，都可能借助于法律逻辑由抽象的法律判断得出判决；再次，此种法律必须实际上或实质上构成“无隙可寻”的法律判断体系，或至少被看成是这样一种严密的体系；复次，凡不能以法律术语作合理理解者，亦是在法律上无关者；最后，人的所有社会活动必须总是被想象为法律判断的“适用”或“实施”，否则便是对法律的“违反”，因为法律的“无隙可寻”必定产生包容所有社会行为的无隙可寻的“法律秩序”。参见梁治平：《寻求自然秩序中的和谐》，中国政法大学出版社 1997 年版，第 321－323 页。

〔9〕 这样的批评文字并非对中秋教授大著的简单否定，而是想深入探讨问题，想必这也是中秋的心愿。其实，笔者对中秋的这本专著一直怀着深深的敬意，该书也是放置在笔者案头的必读之书。参见张中秋：《中西法律文化比较研究》（第 4 版），法律出版社 2009 年版。

史的研究上,建构了他的‘中国法律社会史’,无可避免地要碰到擅长结构分析的功能观点面对历史社会变迁问题的局限,他也意识到这个问题,其解决策略也与韦伯描述中国传统社会的策略一般:‘把秦汉到明清这两千多年的中华帝国的法律和社会看成一个缺乏变化的历史事实,然后提纲挈领地掌握其基本的形态与特征。’”林先生的概括深得瞿老治学方法之要领,因为瞿先生在《中国法律与中国社会》的导论中说:“这种将秦汉以至晚清变法以前两千余年间的事实熔于一炉的态度是基于一个基本信念——认为这一长时间的法律和整个的社会政治经济一样,始终停滞于同一的基本形态而不变。如此前提是对的,则我们不妨忽略那些形式上枝节的差异,而寻求其共同之点,以解释我们法律之基本精神及主要特征。如其中并无矛盾冲突之处,则此方法是可采用的,同时也证明了中国法律制度和中国的社会在此阶段内,果无重大的变化,此点请读者自行裁判。”对此,林端先生评论说:“他这样的做法,用韦伯的术语来说,是建构了有关中国传统法律的‘理念型’(Ideal - Type)。”〔10〕

的确,韦伯“类型学”研究方法为我们认识数千年的中国法律传统的特征提供了一把不可多得的“奥卡姆剃刀”,〔11〕故受学界青睐当也在预料之中。中国历史悠久,文化深厚,不仅记载法典、诏令的载籍十分丰富,而且阐释礼治德刑的经、史、子、集更可谓汗牛充栋,这不仅使一般的青年学子面对中国法律史望而却步,即便是我们这些专门研究法史的人,也时常感到困惑,而韦伯的研究方法可以把数千年“礼治”秩序下的法文化形态简化为一种不变的理念类型,既可反观中国法与西方法之异,又避免了陷入冗杂史料中见木不见林的琐碎之苦,于是乎学界前有老先生奋笔于前,后有学子蹈继于后,皆在揭示中西法文化之异,而达促进现代法治之效。

然而,世间万物往往具有两面性,就学术研究而论,往往一种经过深刻反思而建构的方法论体系,在它具有深刻性的同时,其偏颇之处也相伴而生。当我们细读中国古籍,深入到时代的具体问题,尤其是当我们见到了韦伯所未见到的史料从而反思中国法律传统与现代的关系,并意图去建构而不是单纯地去破坏传统与现实之间的联系时,“类型学”方法论的不足之处便会展现在我们面前,简

〔10〕 林端:《儒家伦理与法律文化》,中国政法大学出版社2002年版,第137-138页。

〔11〕 奥卡姆又称奥康姆(1285—1347年或1349年),方济各会修士、哲学家、神学家。由于他提出了思维的“经济原则”,即“如无必要,勿增实体”,故被称为“奥卡姆剃刀”。学界经常以此为喻,借指将繁杂的事务予以简约化处理。参见《简明不列颠百科全书》编辑部:《简明不列颠大百科全书》(第12册),中国大百科全书出版社1999年版,第209页。

言之，有下列数点：(1)韦伯尽管有一颗智慧的大脑，但他毕竟没有直接阅读中国的古籍，就是他所见到的译文资料，也多集中在清代。这样一来，他对中国古代法律理想型的建构所依据的史料基础难免有偏颇之嫌。(2)韦伯的立足点在于论述西方的法律正当性及其展开过程，是在解决西方的问题。这样的思路和方法使他无法体悟中国文化的内在奥妙，以及中国人特有的法律智慧。(3)无论是韦伯的"类型学"方法，还是受其影响的中国学人的"类型学"方法，都把中国古代法的特征浓缩在不变的基本形态之中，这虽然有利于彰显法的某一种特质，但极容易忽视法作为生活中的智慧所具有的鲜活个性。

三、法律史研究的另一种思路

学术研究的生命力在于根据不同的问题意识去拓展人们的研究领域，从而彰显所研究问题的时代意义。就中国法律史研究而言，无论是法学专业的法史教学，还是考察历时状态下法学传统的特质，人们都无法摆脱在西方法学彰显下中国法传统与现代法精神之间的内在张力，及由这种紧张所带来的矛盾与焦虑之窘境。法史的教学与研究若不能回答韦伯理论带给青年学子的困惑，说不清历史长河中先贤们在解决中国日常生活问题，处理纠纷时有哪些法律智慧，以及这些以往的智慧与现实的法之间还有无文化上的传承关系等，法史学在现代法学中的处境将会进一步边缘化，乃至最后歇绝而不能复振。从此意义上讲，笔者对韦伯"类型学"研究带来的中国传统与现代法治之间内在张力的关注及方法论上的警醒，并不意味着笔者对韦伯及其受其影响的中国学人研究方法的简单否定，也不意味着笔者的研究具有新方法论的价值与意义，笔者所持的另一种思考，与其说是方法的，不如说是立场的；与其说是对"类型学"方法的否定，不如说是在尊重它的基础上所持的一种反思姿态。

简言之，笔者所集中思考的问题是：法律作为人生的智慧，终究是为了解决人类的生活问题而创立。生活既是物质的、现实的，又是精神的、有价值意义的。法律作为规范必为现实生活所设，但支持规范存在的价值体系并非单纯由人们存在的物质生产方式所决定。在很大程度上，一个民族的法律价值取向是由该民族文化背景下某种秩序的承担者、传承者对生活意义的不同理解而赋予的。基于对生活意义的不同理解，人们对法之概念、法之规范、法之原则所作的思考亦不同，由此形成了不同的法律智慧。这种法律智慧就其解决人际纠纷的功能主义取向而言，必有其共同性，故某种法律智慧可以跨越民族和时代，为另一种民族在不同的时代所接受,因此法律智慧必有其普遍性和共同性。昔日庄子曾言:以其异者视之肝胆楚越;以其同者视之,万物归一。中西法律传统有共同的人类智慧并非无端臆说,而是历史的真实。大体而言有三:第一,都追求法之正当性。法之所以为法,即法的合理性、正当性、权威性于法律本身很难求得,必于法条之上寻求形而上的原理。这个超越具体法的原理,西方称为"自然法",中国叫作"善法"、"仁政"或"王道"。第二,法并非简单的权力意志之体现。中西文化皆认为,法的精神应以人为本。但现实生活中的法条由于受社会结构、文化及地理环境诸因素的影响,善法之求往往是理想而非现实,法的应有精神往往会受到强权者的践踏。强权践踏法,中国称"暴政",西人称"恶法"。限制恶法亦乃中西之同,只不过西人曰"理性"、曰"正义";中国曰"仁义"、曰"仁政"。第三,中西文化皆主张用某种法所体现的形式或程序制约权力行使过程中的专横。执法者若不能反对强权,抑制霸道,法的权威便会在人们的心目大打折扣。故人们除在思想深处对权力保持警醒外,还须从司法上设置程序来遏制暴虐。对此,西方叫"程序正义",而中国历史上则称为"鞫谳分司"制。另外,人们对法律的思考必立足于对生活意义的阐释,生活意义不同,其法律价值的取向也迥然不同。美国著名学者费正清教授说:"中国人不把法律看作是社会生活中来自外界的、绝对的东西,不承认有什么通过神的启示而给予人类较高的法律,摩西的金牌律是神在山顶上授给他的,而孔子却只在日常生活中推究事理,而不求助于任何神灵。"〔12〕故法律智慧又是民族的、时代的。沧海桑田,时代变迁,中国古人对法之思考所遗留下的法典、概念、原则已在法制近代化过程中化作历史的陈迹,但中国古人面对生活和人生意义所作的法之思考以及由此而形成的法律智慧,对现代中国人来说,在文化上仍具有传承和借鉴的意义。

近几十年来,笔者的思考一直集中于宋代。把士大夫、讼师、胥吏作为礼治文化背景下宋代司法传统的传承者、维系者、解释者、执行者,作为三个既不同又相同的社会群体,从法秩序担当的角度去理解他们的社会行为与司法传统的关系,成为笔者解读宋代司法传统的特殊视角。笔者认为上述三者对民间的诉讼纠纷、官方法律条文、百姓生活的意义、司法秩序与亲和认同,一直有不同的话语。他们作为镶嵌在宋代司法秩序的三块基石,是理解、阐释宋代司法传统的关键。他们之间既有不同的话语,对抗、指责在司法活动中经常出现;又在商品经

---

〔12〕［美］费正清:《美国与中国》,张理京译,世界知识出版社2001年版,第109页。

济大潮的冲击下不同程度地接受着功利主义的意识，推动着宋代司法由儒家人伦型向近代理性化方向发展，并使宋代司法传统富有鲜活的近代性基因：司法中的制衡机制、民事判决中的法律推理、判决的制度性要求等。因此，笔者不赞成韦伯"类型学"研究视中国古代法制与司法传统数千年不变的研究进路，更不同意韦伯有关中国古代司法不存在逻辑推理，只有脉络化的人伦情景推理（滋贺秀三称之为"父母官型诉讼"）的论断。但韦伯研究法律正当性及其展开过程中对各大法系之法律人的重视，仍是笔者理解中国古代法律传统的基础。为了明确起见，笔者把自己的研究思路概括为：从中国文化的内在理路去理解中国的法律传统；从人生智慧的角度去追寻中国传统法文化的价值。

何谓中国文化的内在理路？笔者以为，欲回答此问题，须明确三个方面的内容：其一，什么是理解中国文化内在理路的基础；其二，中国文化内在理路的内涵；其三，中国文化内在理路的特征。

1. 文化与中国文化的核心价值是理解中国文化内在理路的基础。学界对文化的界说并没有一个统一明晰的概念。自 1952 年美国学者克罗伯与克拉克洪发表《文化：关于概念和定义的探讨》一文以来，关于文化的定义已达上百种之多，[13] 而且这种争论还将继续下去。笔者以为，对文化的界定应体现两个方面的特征：一是人与动物的区别；二是人的主体性，即人的反思能力。就前者而言，古希腊思想家认为，人是理性的动物，理性是人与动物的本质差异；而中国文化则认为，人与动物的最大差别是人知"仁义"。理性与仁义在中西文化中有不同的侧重点，这构成了中西文化之异。但它们又有一个共同点，即在文化的第一层意义上，都在强调：人与动物相比，具有较强的生命意志力。动物有生命力，但只是本能地活着，人却是自觉地活着。文化的发达与否与人的自觉程度成正比，就人的主体性而言，文化指的就是自我肯定。在人类文明的历史进程中，这种自我肯定具体展现为人的自我确立、自我提升、自我实现的方式、过程与状态。文化从最抽象的意义上讲，就是人的自我优化。在这个自我优化的历史进程中不同的民族有不同的方式与途径。西方重视个人的意志自由，即道德自主，中国强调人的道德自律。

何谓文化的核心价值？其实就是对人之所以为人的应然与必然之理。何谓人之所以为人的应然之理？孔孟的回答是：人应该超越物质财富的享受与感官

---

〔13〕 参见张广智、张广勇：《史学，文化中的文化——文化视野中的西方史学》，浙江人民出版社 1990 年版，第 1 页。

的本能快乐，去追求道德理想境界的永恒！孔子曰："志于道，据于德，依于仁，游于艺。"[14]这里的道就是追求人生理想。孟子则强调"良贵""良爵"在人生意义上的崇高作用。所谓"良贵""良爵"，即人生的内在价值，亦即人的品行与道德自觉意识。故中国文化的核心价值是：人应通过道德自觉去弘仁行义，从而达到君子的理想人格。

2. 由此出发，构成了中国文化内在理路的内涵：远神近人，以人为本。所谓"远神"，有两层意思：其一是中国在较早的历史阶段，即在西周时期便开始将目光由神移向了人。"明德慎罚"思想的提出，固然不能完全否定神权，但"保民"毕竟成为西周统治者关注的重点。其二是在中国以儒家思想为主流的文化里，人的生命及其意义不在于彼岸而在于日常人伦之间。所谓"近人"，就是说"人道近，神道远"，恰如孔子所言："务民之义，敬鬼神而远之。"[15]"以人为本"就是重视人的生命、价值与尊严，这是中国文化内在理路的必然之理。

3. 中国文化的人本思想虽然在重视人的生命、价值、尊严上与西方有暗合之处，但中国文化对人的重视又摆脱不了以"仁、义、礼、智、信"为核心内容的儒家宗法伦理道德的羁绊，由此形成了中国文化内在理路的特征：礼法秩序下的"以人为本"，原生态下的法制文明分化。现就其特征申述如下：

(1)礼治秩序下的中国法制文明，无论就其分化的形态而言，还是就其生成的历史进程而论，都是一种自洽的、独特的文明形态。

这种文明形态就其分化程度而言，似乎始终未能给私法体系——现代所讲的民法典体系提供植根的土壤与拓展的空间，但这绝不意味着中国古代没有民事生活，更不意味着数千年的社会结构没有变化，商品经济无所发展，法的规范、法的编纂、法的术语尽是刑法而无民商法规。没有民商法典，不意味着没有单行的民事法规；没有物权、债权、侵权行为的概念，不意味着没有划分财产界限、处理财产纠纷、促使财产流转的法律术语和司法运行机制（如宋代社会，司法活动中民商法律术语就异常丰富，诸如田宅交易中的"批凿""关书""支书""管业""备偿""断骨卖""乡原体例"等）。

就其历史进程而言，原生态的礼治文明尽管给自秦至清的古代法制套上了家庭伦理、罚有差等、以孝为本的枷锁，但明清两代私家注律对法律概念的科学化、明确化仍起了不可小视的作用。因此，单纯以现代法律专门化的标准去衡量

---

〔14〕《论语·述而》。
〔15〕《论语·雍也》。

中国古代法之体系的分化程度和历史进度,都难免存在粗糙、落后之讥,且这种评估很容易抹杀历史长河中中国固有的法的智慧。因为中国古代法之分化与演进常常与原生态的礼治秩序混融交织,甚至会淹没在道德论的话语之中,这不仅使没有直接读中国古籍的大思想家韦伯曾慧眼失真珠,也使现代社会中某些头脑聪明、口齿伶俐、善于滔滔雄辩却又懒于读中国古籍的人,只有对西方法治文明的沉湎,而没有了对“自家历史”的记忆。

独特性本身就是一种文化价值,换言之,古代中华民族并不缺乏文化创造力,也不缺乏法律智慧。礼治秩序下的中国法制在分化过程中仍在发展、变化着。因此,当我们以“类型学”的观点整合数千年来法律传统的不变特质时,千万别忘了以另一种眼光从不变的特征看变的事实。正是在这种变化中,我们才能看到法在分化、演变中的鲜活个性。

(2)应从中国文化的内在理路去理解中国的法律传统,寻找中国人的智慧。这句话有两层含义:

第一,中国的法律智慧生长于中国文化的背景之下,文化的核心是对人的价值的思考,是对人生意义的追问。人的价值、人的尊严离不开一定的物质财富,因为人首先须过日常生活,然后才有尊严与意义的寻求,故法的第一层面作为规范的形态出现总是与物质生活密切相关的,这可在历代法典的条文中得到验证。但物质财富的多寡并非与人的尊严、意义成正比。一文不名的古希腊先贤第欧根尼与身在陋巷、衣衫简朴的颜回,其生活的价值与尊严并非就一定低于具有财产万贯,过着糜烂生活的国王。但多数人不能靠道德而活着,他们需要在一定的物质基础上,才能有生活的空间和意义的追求。在这个层次上,西人叫自由意志,强调以私有财产为基础的人格意志之自由;而中国则重人品,然人品的高下从来以道德境界衡量,而并非与财产挂钩,故中国人品之高下在于发自内心的善,而非来自确定物质财富界限的法定权利。中国的立法和司法固然也与财产归属及使用有关,但在处理财产纠纷的活动中,即使是以法划定是非(这在商品经济发达的宋代尤其明显),但整体法律价值取向并不以此为最善。故在古代中国,其与法有关的知识体系和价值信仰是现代西方法学所无法厘清和归类的。记载古代人知识与信仰的载籍,在中国叫经、史、子、集,它们皆与法律有关,却又都难以现代的部门法分类。从此意义上说,当我们以现代民法上的物权、债权去解读中国古代的传统时,常常捉襟见肘,挂一漏万。以中国人的“信”而论,它作为一个道德范畴,儒家特别推崇人际关系应建立在本身的诚实信用之上(正如孔子所说的“自古皆有死,民无信不立”〔16〕),但“信”又不仅仅是一个道德范畴,它从普遍的人际关系上升为整合奖惩功能的刑事原则,所谓“信赏必罚”,所谓“执法坚如金石,信如四时”等。更有意思的是,“信”之观念所体现的所谓道德评价,既是古代人的伦理基础,也是古人乃至整个社会民事活动网络的枢纽,在古代中国的民事契约里,“质剂结信而止讼”的功能成为人们建立婚姻关系,从事买卖、典当、租赁各种民事活动的基本准则。故中国的“信”,并非西方民法的诚信原则之复制。到此,笔者只是想说,当我们不得不用西方的术语、概念裁剪中国历史、剖析中国古代法之概念、解释古代法律规范的特征时,怀有一颗理解、尊重中国文化的心及警醒西方法制话语霸权的姿态是十分必要的。

第二,观察本文所说的文化内在理路还要注意:追求和谐为中国固有文化之特质,但千万不要忘了“和而不同”才是中国文化作为独特形态在其历史进程中分化、前进的内部动力,由此而来的“法律个性”才会凸显时代光彩,于不变中有变。但这种观察,不是民国时期学人在传统与现代关系问题上的意气之争、门户之见,而是立足于中国人生智慧的内在角度,对中国古代法之概念、名词乃至法之运行中社会行动意义的动态而又活泼的描述,而不是停留在由“类型学研究方法”所描述的几组静止不变的干瘪的概念之中。

〔16〕《论语·颜渊》。

用现实的眼光洞察法史，于法史研究中体悟现实*

法史学是历史学与法学的结合。对中国法律史的深入研讨，离不开对现实问题的观察。在一定程度上，正是对现实问题的焦虑，才激发了我研究宋代法律史乃至宋代司法传统的无比深情。有人说，现在的中国离宋代已千年之久，二者有何关联？也有学者认为，现代的法制主要是学习西方，与中国古代是凿枘不投，甚至势同水火。其实，这只是一种流俗之见。现实中国最大的问题是“三农”，与“三农”关联最为密切的是土地。土地权利的归属、流转与利用，既是现实中国改革的瓶颈，也是中国现代民法，尤其是物权法最不容易解决的问题，这已为学界所共识。其实，这个问题也是一个历史问题。宋代社会生活中那些因农民土地、房屋权利归属及其利用所引起的诉讼纠纷，同样是宋代司法、法官所面临的问题。

现实生活中，由于我国不承认土地私有，农民土地经营权常与土地国有或集体所有制发生冲突。现代大都市郊区农民常建“小产权”房卖给城市中的“白领”，国家的法律与政策都不予以承认，司法也无从保护，可这种现象仍大量存在。这是因为现在的社会在转型过程中，法律往往落后于生活。宋代的社会生活中也常有此类现象。譬如宋代的国有土地不能买卖、继承，但私有土地却可以。在南宋的江南，国有土地私有化是常见的现象，只不过那时不

---

* 原载《法学研究》2009 年第 2 期。

叫“私权”,而叫“资陪”罢了。中国现实的土地制度,经济学家称为“共有私用”,中国历史上的土地制度,史家称为“弱化的土地私有制”或“贫困的私有财产权”。

对于这些现象,作为一个法史的研习者,该怎样认识并加以合理地解释呢?我以为中西古今,人类在社会生活中,会遇到共同的生活困境与思想焦虑。但由于各个民族所处的地理环境与时代条件不同,文化价值取向不同,故面对这些困境与焦虑所采取的处理方式也不同,生活的样式也因此具有鲜明的时代与民族特征。对中国古今与西方的差异,需要用现代的理论去阐释,但我们必须意识到:用现实的眼光洞察历史,绝非单纯以西方的理论为参照系,更不是把它当作唯一真理,而是要在现代与传统的内在张力与焦虑中质疑这种理论预设与参照系,尽可能地还原历史的语境,并在对现实的思考之中,同情地阐释传统,研究历史。这样做的根本原因在于:无论就历史还是法学而言,它都来自生活,而生活的样式则是复杂的。解决复杂的中国生活样式问题,需要同情的历史眼光。从此意义上说,我十分赞同意大利史学家克罗齐的一句话:“一切真历史都是当代史。”[1]其意是对历史的洞悟离不开现实的眼光,我们应在现实的眼光中去研讨法史。

---

〔1〕 [意]贝奈戴托·克罗齐:《历史学的理论和实际》,傅任敢译,商务印书馆1982年版,第2页。

学林记事

林园求学记*

——记我的导师、著名法学家张晋藩先生

一、学者风范

中国人民大学校园内，有一片葱绿的冬青和树林。在树影婆娑的晨光中，人们常可看到一位两鬓斑白，但却精神奕然的智者在一招一式地练着太极拳。安详的神态在晨霞的映照下，透脱出一个学者历经沧桑后心情的宁静，那舒缓而优美的动作又仿佛在向人们昭示着一个仁者的胸怀，他就是饮誉学界的中国法律史专家——张晋藩先生。

说起张晋藩先生，学界总爱把他与中国法制史这门学科联系起来。是的，先生自1952年于中国人民大学研究生毕业以来，已在中国法律史这个园地里辛勤耕耘了40余年。几十年来，他写的专业论文有200多篇，著作30余部。先生学识渊博，而其业亦专而精。在讲坛上，他对学生严肃认真而又循循诱导。口试、设问、辩难都是先生考查学生专业水平的常用方式。同时，先生特别注重培养学生的笃实学风，要求我们认真地阅读历史文献，因为学术问题的提出与学理的运思都必须以史料为基础，这样才能做到持之有故，言之成理。正是在这种笃实而又严谨的教风下，一代代学子脱颖而出，其中有的在国家教育委员会、最高人民法院、中国社会科学院法学所担任重要的职务，有的成为博士生导师、法制史学科的带头人。在学术的园地里，先生以其浓厚的学术热情和不懈的

---

* 原载《南京大学法律评论》1995年秋季号。

探索精神，先后泼墨于中国古代法制史、法律思想史、比较法制史、法律文化史、部门法史诸多领域，筚路蓝缕，开风气之先。

耕耘赢来花事好，辛勤铸就学者魂。先生的学术成就和执着的追求精神，赢得了社会的认可和崇高的学术声誉。他先后担任中国政法大学副校长、研究生院院长，国务院学位委员会法学评议组成员，国家重点学科带头人，中国法律史学会常务副会长、名誉会长、专业顾问等行政及社会职务，1991 年被国务院授予"具有突出贡献的专家"称号。在名誉面前，先生总是淡然处之。

三月的春绿把我们送进了先生的书斋，春光下，先生即将飞赴大洋彼岸，讲学神游于美国大地。在春花的飘香中，怀着美好的祝愿和丝丝流连之情，我们请先生谈起了他的治学经历、人生感受及其对学生的希望。

人生道路的选择常与儿时所受的教育密切相关。先生在一片深情中展开了他童年的回忆：

在我小的时候，最大的乐趣是听父亲讲历史故事。三国演义中的"火烧赤壁""七擒孟获"等都使我悠然神往，充满遐想。但父亲很忙，不可能天天满足我的要求，我便渴望着上学识字，有一天可以自己读。这个愿望终于实现了。我在小学时便读了不少历史小说，经常为历史人物的遭遇而兴奋或悲怆。但我读的历史小说和我在小学所上的历史课的内容经常是截然矛盾的。因为我是在日本帝国主义统治下的伪满洲国读小学的。日本侵略者为了推行奴化教育，粗暴地篡改了历史，使我朦胧地意识到正确地理解历史对于一个民族的自信、自强该有多么重要的意义！我在大学读文学，文史不分家，我对历史的爱好依然如故，但这时吸引我的已不是情趣横生的历史故事，而是对中华民族兴衰之由的探索。1950 年，我被分配读中国法制史的研究生，当时有的同学认为这门学科尚待创立而又冷僻，颇有些为我惋惜，但我却感到投我所好而十分惬意。从那时起算，我已经在中国法制史这个学科的海洋里沉浮了四十几年。

听着先生的一席话，我的心头似乎释去了一层迷离，因为对于我们这些置身于现代商海大潮中的学子来说，先生具有青年成名的才气和成绩优异的学业，何故独钟情于法律史这门学科？这也是使不少人感到困惑的问题之一。

人生的价值，生活的幸福，在先生看来，不在于他所选择的职业是否贴近现实，而在于一个人是否将敬业精神倾注于他所选择的事业，于事业中追求真理，于探索中品味人生。亚里士多德曾说："（哲学家）探索真理只是为想脱出愚昧，显然,他们为求知而从事学术,并无任何实用的目的。"[1]先生常说,古人有言,"不以物喜,不以己悲",一个学者应该有广阔无限的胸怀。也许正是由于有这样的人生情怀,才使先生于一次又一次的政治运动冲击下,始终保持着自己的学术信念,写下了不少带有独立思索痕迹的专业学术论文,在新中国法律史的园地里,留下了一个学者于数十年风雨中艰苦跋涉的足迹。1957 年,法律虚无主义思潮伴随"阶级斗争"的风雨,在中国大地上愈益抬头,法学界在讨论法律是否具有继承性的过程中,由于"左"的思想的影响,很多人不敢再谈法律的继承性,或者从根本上否认法律的继承性。面对压力,先生却撰文坚持法律的阶级性不能否定法律的继承性。先生说:"据我个人粗鄙的认识,以阶级性作为探讨法律本质的出发点,无疑是正确的,但同时也还应该注意到法律的阶级性并不排斥继承性。"[2]为了更好地说明这个观点,先生从以下三个方面展开了论述:

第一,先生在文章中主张用马克思主义哲学中"否定之否定"的规律来解释继承问题。

第二,先生认为不能将法律现象从社会生活发展的辩证过程分离出来。尽管法律的继承性确有它的特殊个性,但这是属于怎样继承和继承什么的问题,而不是有无继承的问题。旧法的阶级性与科学性,并非在任何历史发展阶段都绝对的冲突和绝对的排斥。具体说来,春秋战国时期新兴地主阶级制定的反对贵族领主的特权,要求社会经济和政治的统一,主张废除氏族社会的积习等的法律,都是与社会发展相一致的,因而有一定的历史进步作用。近代资产阶级认识客观真理的程度大大超过了封建时代的新兴地主阶级,资产阶级创造的法治原则、陪审制度、代议制度、辩护制度、普选制度,无疑是历史上的功绩。这些确凿的历史事实说明了阶级性不是在任何时候都绝对地排除科学性。[3]

第三,先生在文章中说:"在任何社会,任何国家的法律都是人们之间具有约束力的一定行为规则的总和,都是由多种多样的法律规范所构成的。有许多人们之间的行为规则则有它历史的因袭性,而决不属于某一特定的社会。对于那些调整在各个社会都不可缺少的一些行为规则的法律规范,也是可以批判地

---

〔1〕[古希腊]亚里士多德:《形而上学》,吴寿彭译,商务印书馆 1959 年版,第 5 页。

〔2〕张晋藩:《关于法的阶级性和继承性的意见》,载《政法研究》1957 年第 3 期;另可参见张晋藩:《滴涓集》,中国国际广播出版社 1990 年版,第 1-2 页。

〔3〕张晋藩:《关于法的阶级性和继承性的意见》,载《政法研究》1957 年第 3 期;另可参见张晋藩《滴涓集》,中国国际广播出版社 1990 年版,第 4-5 页。

继承的。"[4]今天（写作时）我们重读他近40年前的文章，认为他的观点依然是站得住脚的。

1966年年初，"文化大革命"的风雨呼之欲出，在对清官的讨论中，当否定清官的历史作用的倾向几乎成为定势时，先生却撰文认为，从法律的角度看，清官之"清"在于他们遵守法定的权利，而这是对人民有利的，因而清官的形象能够矗立在舞台上。这些观点现在看来，已成为常识，但在那个完全以意识形态为学术评判标准的历史条件下，该需要有多大的学术勇气！

1964年，中华书局出版了先生与邱远猷合著的小册子《科举制度史话》，由于这本小书列入了吴晗主编的《中国历史小丛书》，故1966年"文化大革命"初起之时，先生便受到《人民日报》的批判。其实，这本二万五千字的小书也还是在马克思主义的指导下编纂的，没想到作者却因吴晗先生为其丛书主编而获罪。30年后，当我从先生手中接过这本封面淡黄的小书时，我的目光一瞬间被扉页上的一行小字所吸引，那行小字是：刘永章，1965年7月10日购于北京新街口书店。旁边有刘先生写的一首题为"呈张晋藩教授"的小诗，诗文曰："卅年风雨有书缘，李白识韩千古传，劫火幸免天怜才，完璧复归应无憾。"落款是："后学刘永章1994年8月31日"。

原来这本劫后余生的小书30年前由一个叫刘永章的读者购去，30年后，这位读者朋友又把它送给作者。这段轶闻中浸透着作者、读者的辛酸，记载着时代的风风雨雨。今天，当我望着这本几乎具有文物价值的小书，用手抚摸着它那淡黄柔软而又残缺的封面时，我的心似乎也一下子回到了那个不太遥远的时代。古人云："颂其诗，读其书，不知其人，可乎？"[5]我则说："欲理解先生的情怀及人生道路，必当理解先生所处的那个时代。"

二、其言蔼如

中国古语言："君子尊德性而道问学，致广大而尽精微，极高明而道中庸，温故而知新，敦厚以崇礼。"[6]或许是受传统文化的影响，抑或为数十年治学人生经验之总结，先生作为我国法学界早期的博士生导师，对学生历来首重其德，要

---

〔4〕 张晋藩：《关于法的阶级性和继承性的意见》，载《政法研究》1957年第3期；另可参见张晋藩《滴消集》，中国国际广播出版社1990年版，第5－6页。

〔5〕《孟子·万章下》。

〔6〕《中庸》。

求颇严。在先生的及门弟子中,学生的年龄相差甚为悬殊,最大的已五十有余,最小的才二十来岁。在年龄差距的背后,反映着学生们不同的生活阅历及其千差万别的成长道路。但无论是对已毕业并颇有成就的学生,还是对正在苦读之中的莘莘学子,先生都在关注其学术成长的同时,更加严格要求他们的为人。

在中国传统文化悠久的历史中,古人向来视道德文章为一体,所谓:孔孟大名千古传,道德文章启后贤。可以说,“德”作为一个伦理概念,在中国人的心目中是一个蕴涵极为丰富的字眼,不同时代的思想家、政治家赋予它不同的内涵,但把正直、诚实、信用与德联系在一起,则是人们的共识。先生也是这样要求学生的。他常说,为人为学,首重其德,次重其才,“子欲学者,学为人者乎”。他把诚、信、智、勤四个字与德结合起来,作为培养学生的四个要素。

首说一个“诚”字。史称,宋儒范仲淹以为“惟不欺二字,可终身行之”[7]。刘器之追随司马光五年,只得到一个字:“诚”。司马光向他解释:“诚者,天之道;思诚者,人之道,至臻其道则一也。”[8]先生说:“诚作为德的一个主要之义,表现在为人处世上,应该是‘不自欺,不欺人’,坚持操守,表里如一,奕奕清畅,俯仰有度,一生行之,岂不君子乎!表现在治学上,一个人欲学真知,当不慕虚名。”先生引用熊子真(十力)先生的话说,“有真志者不浮慕,脚踏实地,任而直前”,“天下唯浮慕之人最无力量,决不肯求真知”。[9] 这一点于治史尤为重要,因为治史的结论必须是以史料为基础,而史料的爬梳、钩沉、辨伪乃是最为基本的训练方法,于此,尤不可偷懒、自欺而敷衍塞责。

对先生的教诲,我感受至深。记得十年前(1984年)我在中国政法大学读硕士学位时,当时先生作为研究生院院长给我们讲的第一节课就是“为学之道”,我印象依然如故的是先生转述的“板凳要坐十年冷,文章不写一字空”的警言。如今十年过去,回想起教学科研中的成败得失,怎能不感慨系之。1992年我撰写《中国传统法文化在现代法制建设中的意义》一文[10](与张中秋合作),由于对文中所引用的《管子·任法篇》的一条资料没有查对原文,故当责任编辑发回校对稿核实材料时,竟然于《管子》一书的各种版本中,查无出处,后来才发现这条转引自教科书的资料根本不在《任法篇》,而是出于《管子·明法篇》,教科书

---

〔7〕 (宋)邵伯温:《邵氏闻见录》卷八,中华书局1983年版,第83页。

〔8〕 (宋)邵伯温:《邵氏闻见录》卷八,中华书局1983年版,第156页。

〔9〕 熊十力:《十力语要》卷四,上海书店出版社2007年版,第324页。

〔10〕 陈景良、张中秋:《中国传统法文化在现代法制建设中的意义》,载《江苏社会科学》1992年第2期。

的作者引用时就没有核实，以讹传讹，现在回想起来查核原始资料的窘迫及先生的教诲时，仍觉汗颜。至此，我想起了中国古语中那句悠长的格言："经师易求，人师难得。"〔11〕证诸事理，我真想说："先生乃仁义之师，其言蔼如也！"〔12〕

次言"勤"与"信"。先生认为，为人应该言必信，信必行，行必果。而要做到这一点，平时必须孜孜以求，勉于力学。高质量的学术见解及深厚的学术素养来自平时的辛勤和积累。学术界一般都知道先生知识渊博，著述甚丰，但先生的勤勉及平时极讲效率的生活节奏中所蕴含的丝丝甘苦，则非个中人所能知晓。先生在他已走过的四十余年的学术生涯中，养成了一种极有规律的生活习惯：早睡早起，中午不休息，数十年如一日。先生每天23时左右休息，翌日5时起床，半小时的太极拳后，开始一个半小时的写作时间。可以说先生对于已经答应的著作项目，一旦进入写作状态，决不拖延，必按时完成。1995年8月的一天，烈日炎炎，热浪灼人。我因一本书的大纲要向先生汇报，便在14时按响了他家的门铃。我想这可是午休的时间，连我这个三十多岁的年轻人都直打哈欠，先生已过花甲之年，此时的他，还能没有疲惫之感？谁想开门之后，先生一手拿支红蓝铅笔，一手托着还带有丝丝清香的茶杯，轻松愉快地从凉台的门口走来，原来先生正在挥笔修改《古代民事诉讼制度研究》一书的稿子。望着他书桌上那一沓沓的书稿，再看看他那精力充沛的面容，我迎面仿佛吹来了一股清风，一下凉爽了许多。我曾诧异地问道："先生之乐从何而来？"他悠悠而笑，顺口吟道："读书以荷世，明理以悦心。"闻此箴语，吾心释然。

在编纂先生治法律史学40余年之学术目录时，先生曾把他珍藏了数十年用一大牛皮信封装着的几十张纸条交给了我，那封面上赫然写着四个大字：法史偶思。启开视之，纸条的颜色不一，大小相杂，有的是稿纸，有的是信纸，还有两张醒目的纸条，一是最高人民法院的介绍信，二是兰州饭店的菜单，它们的背后也密密麻麻地写着先生读史的片思与心得。原来这些都是先生在外出旅行的茶余饭后，对法史进行思考的记录。我心想，这片片小纸如同天空中的朵朵云霞，一旦汇入先生的大手笔，它将悄然蔚出，一篇篇大文章就是从这不经眼的小纸条里诞生的。

在追随先生的岁月里，与其说吾辈弟子于先生的谆谆教诲中领悟了为人治

---

〔11〕（唐）令狐德棻等：《周书》卷四十五，中华书局1977年版，第807页，《卢诞传》。

〔12〕"仁义之人，其言蔼如也"，出自韩愈《答李翊书》。参见（唐）韩愈：《韩愈文集汇校笺注》，中华书局2010年版，第700页。

学的真传,倒不如说,我是在这枝枝叶叶的小事中悟出了先生的真精神!

先生之勤不仅表现为他勤于动脑、勤于思索,而且还表现在勤于动手,不停地写作。就以近两年为例,他出版了独自撰写的《中国古代法律制度》《清律研究》,还出版了他主编的《中国官制史》、《清朝法制史》和《中国法律史》。这本《中国法律史》是从法律思想的角度提出法制的建设问题,是创建一门融合法律思想、法律制度于一体的新学科。不仅如此,他还主编了《中国古代民事诉讼制度》和《两宋民法研究》。这两本书很快就将发排。先生作为主编从不挂虚名,从指导思想、构架直到重要篇章,他都亲自动笔,既是主编又是重要撰稿人。他常常是一个项目未完,又在着手下一个项目。现在他正在撰写《清朝至民国的民事法律》,同时又在设计《中国少数民族法制史》,他千万字的著作就是这样产生的。用他的话说是"自讨苦吃,苦在其中,乐也在其中"。

最后,说到"智",先生认为,应当是指史才、史识。一个博士生,不仅要重视史料,而且要在史料钩沉中,发现问题,提出问题,进而去解决问题,这是识的要求。至于才,其实就是指文采。清人赵翼在《瓯北诗话》中称颂苏轼的文采时说:"才思横溢,触处生春,胸中书卷繁富,又足供其左抽右旋,无不如意,其尤不可及者,天生健笔一支,爽如哀梨,快如并剪,有必达之隐,无难显之情。"为了培养学生的才和识,先生对学生采取了两项措施:第一,要求学生广读博览,不仅要读专业的书,而且还要读邻近专业及其他专业的书。对非专业的书,先生要求浏览快读,以开拓视野,对本专业的名著、典籍,先生则要求学生必须读而有思,思而有感,感而有发,写出读书札记,在每星期听先生授课时,依次法言。第二,在讲课时,先生设一题目,然后辩难,争议激烈处,先生也常常直接切入其中,讨论到最后,由先生做一点评,若仍有不同意见,则亦可不同意先生之意见,或在会后再行交谈。一次,先生就"皇权强化与法制之间的关系"这一主题设问,要求我们结合宋代法制的发展及明朝灭亡的教训来回答下述两个问题:(1)皇权强化是否必然带来法制的破坏?(2)明代灭亡的教训,从法制上该怎样总结?

当时的讨论异常激烈,有的认为,皇权与法制在根本上是不相容的,皇权的强化必然带来法制的式微,故宋代与盛唐相比,法制几无建树;有的则认为恰恰相反,宋代法制的成就远远高于唐朝。对于明亡的教训,更是仁者见仁,智者见智。有的认为明朝亡于内忧外患;有的认为明亡于天灾人祸;有的认为明朝亡于皇帝的性格;有的认为明亡于士大夫的束书不观、游谈无根。

先生的总结大体如下:皇权的强化并不必然带来封建法制的破坏,还可能在一定程度上促进法制的发展，宋代即可作如此观，皇权只有腐朽时，才会破坏法制，明朝亡于皇权极度腐朽对法制造成的全面破坏。

先生说，这个观点还可进一步阐述。但在详述之前，需要首先明白以下几个问题：(1)皇权的强化与腐朽是两个不同概念，强化者乃加强之意，但它依然没有越出封建法制所界定的度。腐朽则不然，此时的皇权以是为非，以非为是，黑白完全倒置，非法的成为合法，合法的反倒非法了。例如，明代熊廷弼与袁崇焕被冤杀，不但是自毁长城，而且是朝廷黑白颠倒、滥施赏罚的典型例证。又如宦官干政本属非法，但有明一代自成祖之后，宦官不仅干政，且监军、监矿、监法。三法司会审，太监端坐中央，三大司法机关的长官成了配角，以一宦官旨意而行判决之权，合法的反倒非法了，此种情景之下，封建法制全面破坏，这等王朝如若不亡，天理何在？(2)此处所指法制乃封建之法制，非以民主政治为基础的资产阶级法制，二者之间的区别，兹不详论。(3)观察历史，评价制度之得失，对法制的分析评价亦如此，不能以单纯的思维方式，简单地说"是"或"非"，而应该具体事情具体分析。历史现象是复杂的，在这复杂的表象背后，隐藏着更加复杂的各种经济利益关系及深厚的文化背景，对此，若不做深入分析，则结论必失之于片面、肤浅而不中的。以法制而言，在宋代，土地私有制普遍确立，庶族地主广泛参与各级政权，经济关系及社会结构的变化，有利于生产力的发展，带动了商品经济关系的繁荣，经济的发展带动了社会关系的发展，社会关系的复杂性及各种经济利益关系的冲突迫切要求法律来进行调整。宋朝统治者顺应历史潮流，在总结唐代立法经验的基础上，对法制建设倍加重视。有宋一代，民商立法发达，诉讼程序强调对个人所有权的保护，司法官员的选拔注重其文化修养，律学考试成为士人跻身于司法机关的必经之路。宋与唐比，法制建设取得了更为辉煌的成就。

先生所论，也许仍有可商之处，但论述之简洁精辟及其中所蕴含的深厚学术素养，的确给人以启迪。于此，在深深的思考中，我想起了韩愈《师说》中那脍炙人口的名言："师者，所以传道授业解惑也。"

三、人中有书

先生退了，退得那么轻松。1994 年 5 月，担任中国政法大学研究生院院长职务长达 11 年之久的他从行政领导的岗位上退了下来，岁月的风霜染白了先生的鬓发。在人们的印象中，先生的名字是与才华横溢、气势磅礴连在一起的。这是因为，早在20世纪五六十年代，张晋藩这个名字便经常出现在《政法研究》《教学与研究》《光明日报》《人民日报》《文汇报》等专业性学术刊物及各大报纸上。后来，只是因为时代的原因及“文化大革命”的爆发，耽误了先生及那一代学人的学术生命。20世纪70年代末至80年代，随着党的十一届三中全会的召开，中国历史进入了新的一页，先生身上那被压抑多年的才华宛如火山爆发一般，一下子在20世纪80年代学术的春天里喷发出来。《中国法制史》(全国高校首批统编教材之一，先生为主编)的出版、“编写《中国法制史》多卷本专著的设想”、对沈家本及中华法系的专题研究成果的发表，都在法学界引起了极大的反响。[13] 20世纪80年代中期，先生以其崇高的学术声誉就任中国政法大学研究生院院长一职，并开始招收中国的首届法制史学博士研究生。此时，先生一边带中国法制史硕士、博士研究生，一边继续耕耘在中国法制史学的学术园地里。1985年以来，先生先后在《中国社会科学》《中国法学》《法学研究》《人民日报》《光明日报》等学术期刊及大型报纸上发表了学术论文数十篇，又出版了《清入关前的国家法律制度》(合著)、《法史鉴略》、《中国政治制度史》(合著)等学术著作。1985年中国法律史研究所在先生的领导下成立，中国法制史专业随之成为国家的重点学科。

知识渊博，使人敬仰，这只是先生为人治学的一个方面；其实，他在学生眼里还有可亲可爱的一面，这一面便是其性格的率真和旷达。有人说，苏格拉底是人中有书，梁启超则是书中有人。我要说，先生既是书中有人，也是人中有书。

我们这一届弟子，是先生近年所招收的学生中年龄较大的一簇，生活的阅历使我们对人生多了一层理解，更在知识的传授之外，平添了几分茶余饭后与先生倾心交谈的感情。

林园求学数载，我常想最大的收获也许不在那谆谆教诲的课堂，而在先生漫步吟诗、酒后挥毫、品茗谈心、林间徜徉的闲暇之中。因为只有此时，才能显现出先生的性情之真，就我而言，我喜欢先生晚年设帐讲学中的真性情，因为这真中有挚，挚中有乐。

熊十力先生有言：“为学，苦事也，亦乐事也。唯真志于学者，乃能忘其苦而知其乐。”[14] 熊老先生当年以“怪诞”著称于士林，然其言嘎嘎有声。我以此来

---

〔13〕 张晋藩：《试论沈家本的法律思想》，载《法学研究》1981年第4、5期；张晋藩：《编写〈中国法制史〉多卷本专著的设想》，载《法学研究》1980年第4期。

〔14〕 熊十力：《十力语要》卷四，上海书店出版社2007年版，第325页。

问先生："真至于学者，其旨何在，其精神之源何来？"先生则于漫步之中朗声吟道："绿草如波漫平川，野炊处处笑语喧，莫道飞瀑天上出，溪水源头有清泉。"这或许并没有直接回答我的问题，然而我却猛然有悟：这源头活水也许就在人生美好的寻觅之中！

先生虽然是当代中国法制史学界的著名学者，但他发自内心的谦虚使我们的印象尤为深刻。一次，先生的一位教授法制史的老朋友给研究生作报告时说："我刚刚跨进法制史学殿堂的门槛。"但先生却说："我只是看到了法制史殿堂的门楣，正在'载欣载奔'。"他鼓励我们"赶上他超过他"，但同时他也指出"要赶超我也并非易事，因为我仍然在前进着"。

人们常说，晚霞比晨曦更灿烂。林园求学，于我，如饮一杯浓烈的老酒，其意悠悠，师心融融。追随先生，我不禁想起《礼记·学记》里的一段话："善待问者如撞钟，扣之以小者则小鸣，扣之以大者则大鸣，待其从容，然后尽其声；不善答问者反此。此皆进学之道也。"

我庆幸，在先生的晚年曾于林园求学……

传统悠悠入梦来:中国法制史的价值、现代意义和研究方法*

——记我的导师张晋藩先生

中国作为世界上著名的法制文明古国,“法律的历史可以上溯到公元前三千年左右,而且辗转相承,绵延不断,形成了历史悠久的、特色鲜明的法律传统,傲然自立于世界法律历史之林”。[1]然而,自1840年以来,中华法系在西方列强的炮火轰鸣中,随着西风欧雨的侵袭,轰然坍塌,19世纪末,清廷变法修律,大规模的西方法律移植成为中国近现代一百多年来的时代潮流。自此以后,中国法律传统与现代法制建设的关系问题,便一直成为中国社会生活中的主流话语,也是法学界无法回避的热门话题。

如何看待传统与现实的关系,怎样认识中国法律传统在现代社会生活中的价值与意义,这对于一个法律史的研究者来说,是一个不得不认真思考的急迫话题。张晋藩先生作为中国法制史学科的创建人与带头人之一,在长达半个多世纪的教育与研究中,创立并建设了一个内涵丰富、观点鲜明、方法独具时代特色的学术派别,在当今的中国法学界占有重要的地位。本文将从三个方面阐释张先生的观点与方法,以期能从张先生丰富的学理内涵、经世致用的教学实践、风格独具的治史方法三个方面,展现张先生对传统与现代关系问题的思考力度与时代风采。

---

* 原载《江苏警官学院学报》2010年第3期。

〔1〕 张晋藩:《中国法律的传统与近代转型》,法律出版社2005年版,“前言”。

一、解释传统，面向现实：中国的法制建设必须植根于传统之中——张晋藩先生的学理运思

（一）进入传统，尊重历史

在传统与现代的关系上，张先生明确地说，一个认真思考的学者，特别是一个中国法律史的研究者，首先要进入传统，了解传统，尊重传统，这样才不至于在学习西方的过程中失之于肤浅。作为一个生活于中国文化中的普通人，在一般的意义上说，认识并体悟传统，似乎并不是一个问题。但作为一个研究者，一个负有责任的学人，要在运用学理的深度上阐释传统，并非易事。就中国法律传统而言，学界通常认为，由于中国古代君主专制、家族本位、小农经济，故中国古典社会没有以保护私权为主旨的民事法律，也没有制定出民法典。乍看起来，这种说法既揭示了中国法律传统的特征，也符合中国的历史实际，是一个不容置疑的定论。但若深入历史文献与中国的司法实践，认真思考，这个定论就不是定论，也不是那么完全正确了。难道历史上的中国人就没有自己的婚姻生活，就没有田宅诉讼纠纷，就没有财产界限的观念？那赖以生存的三亩田、二分地、两头牛、三间茅屋，就可以任人拿去？中国人生活的背后，就无民事规则与逻辑可言吗？其实，对于一个中国法律史研究者来说，并非要以抬杠的方式讨论，“你说没有，我偏说有”。因为说中国古典社会有没有民法的争论，表面看来，大相径庭，实际上二者殊途同归，都是以西方的形式主义法学理论为标准而论说的。然而，真正有意义的争论，不在于翻遍史料找出中国有民事法规的证据。那样只会如黄宗智先生所言，即便是找出许多文献资料，证明中国古代社会存在民事法规，但终竟也只是在西方普遍价值理念的标准下，凸显了一个中国不同于西方的他者形象。真正意义上的探讨，应是深刻挖掘出中国人生活背后的逻辑规则究竟是在什么意义上与西方人不同。这就要求研究者必须放弃西方中心主义的偏见，深入历史文献中，弄清楚传统的内涵及活的因素。

在今天的学界，对于部分学者来说，一提到中国法律史，就意味着是“五刑”“十恶”“八议”；一说到中国的法律传统就是刑法残酷、司法黑暗、君主专制、法官贪腐。其实，这既不是中国法律历史的全部真实，也不是中国法律传统的全部内涵。中国法律史与中国法律传统，作为悠悠千年民族文化的体现，它还有问题的另一面，即就治国的理想而言，中国古代法律传统提倡的是“道德理想主义”，“以人为本，建立和谐社会”与“大道之行也，天下为公”；就治国的成效而言，它

主张“礼乐政刑”综合为治，反对纯任刑法，更不主张严刑峻罚，滥施暴力；在司法实践上，于刑事而言，它强调尊重人的生命，反对滥杀、淫刑，主张罪刑法定，依法判决，于民事方面，它主张因生活“细事”引起的纠纷，由民间调解，打到衙门的争讼，在教谕的说辞下依法判决。纵然说，中国古代法律理想难以在历史的实际生活中实现，但古今中外，哪个国家、民族乃至生活中的个人没有过理想，又有哪个理想能完全实现？人类不能没有理想，否则就会只依靠本能生活；国家也不能没有理想，否则就会失去目标与动力；法律也需要有理想，否则就是涂炭生灵的工具。人在现实中生活，却离不开理想。理想植根于传统，回应着现实。从此意义上说，我国现代法制建设，绝不能脱离现实，背离自己的民族传统。更不能说，提起历史，就意味着走进黑暗，说到中国法律传统，就意味着腐朽。

对此，张先生十分鲜明地提出：“传统绝不意味着腐朽，保守；民族性也不是劣根性。传统是历史和文化的积淀，只能更新，不能铲除；失去传统就丧失了民族文化的特点，就失去了前进的历史与文化的基础。我们需要从固有的法律传统中，引出滋润了五千年中国的源头活水，需要科学地总结和吸收有价值的因素。经验证明，对传统的反思越深刻、越彻底，越能准确地撷其精华，弃其糟粕，从而创造出反映时代特色的中华法系。”〔2〕

阅读这些文字，我感受到了张先生那激情涌动的家国情怀。当我再次通过电话采访他时，张晋藩先生虽已八十高龄，但仍然思维敏锐，语言激昂。他说：“当我们谈到传统与现代法制建设的关系时，必须否定一个在现代颇为流行的观点，那就是以今否古，西方中心主义的观点必须彻底否定。中华民族文化，历史悠久，法律传统延续了数千年，这本身就是价值所在。世界上，有些文明古国之所以灭亡，就是因为他们割断了历史，不尊重自己的传统。我们必须尊重传统，理解历史，把握历史发展的机遇，尊重自己的传统而不泥古不化，学习西方，但要有自己的选择，不能盲从，更不能唯西方马首是瞻。”〔3〕

听着先生的这些话，不禁让我想起了冯友兰先生1946年为西南联大写的纪念碑文：“我国家以世界之古国，居东亚之天府，本应绍汉唐之遗烈，作并世之先进，将来建国完成，必于世界历史居独特之地位。盖并世列强，虽新而不古；希腊罗马，有古而无今。惟我国家，亘古亘新，亦新亦旧，斯所谓‘周虽旧邦，其命维

---

〔2〕 张晋藩：《中国法律的传统与近代转型》，法律出版社2005年版，“前言”。

〔3〕 我在动笔写这篇文字时，曾于2010年4月24—26日多次电话采访吾师张晋藩。

新'者也"。[4]

那么，何谓传统，何谓现实呢？

(二)阐释传统，面向现实

日本的著名中国法制史专家仁井田陞说："耶林谓罗马曾三次征服世界，而中国古代之亚细亚，亦曾一度以武力支配之，一度以儒教支配之，一度以法律支配之。"[5]这段话虽道出了古典中国法律的历史地位，但对于一个法律史研究者来说，从学理上阐释中国法律传统的内涵，并以此为基础，论证传统与现实的关系，则是一个更为值得关注的话题。张先生在近几年发表的作品中，从中国民法史、中国司法制度史、中国诉讼制度史到中国近代社会与法制文明、中国法律的传统与近代转型等，从各个方面以不同的视角阐释了中国法律传统即中华法制文明产生的途径、内容及不同于古希腊、古罗马法律文明的时代特征。张先生在阐释中国法律传统作为中华法制文明的内涵时说："中华法制文明的起源既不同于古希腊、古罗马，也与古埃及、古巴比伦有别，表现了中华民族走向法制文明的特殊的途径和规律性。不仅如此，在悠久的中华法制文明中，既辗转相承，而又从未中断过，因此，无论是某一部法典，某一项制度，还是某一种思想，都有着清晰的沿革和源流关系，这种系统性和完整性是世界其他文明古国所少有的"。[6] 就这个法制文明，也即中国法律传统的内涵而言，张先生概括为八个方面："第一，以人为本，明德慎罚；第二，引礼入法，礼法结合；第三，依法治国，法为权衡；第四，罪刑法定，援法断罪；第五，理、法、情三者协调统一；第六，制定法与判例法的互补；第七，无讼是求，调处息求；第八，以人为本，建立和谐社会"。[7]

法律传统的内涵既以阐明，那么，如何认识传统与现实的关系呢？欲正确认识传统与现实的关系，必须对现实先有一个基本的认识。我们说的现实到底是指什么呢？是指通行于现代生活的、以移植西方法律为主要内容的法律体系，还是指法学界颇为流行的以西方法律价值为主导的话语形态，抑或充满官方话语

---

〔4〕 这块碑原在昆明，北京大学与清华大学有它的复制品。北京大学的复制碑就屹立在学校西门一进来的右手方向。参见吴志攀：《我们对中国模式充满自信》，载潘维、玛雅主编：《人民共和国六十年与中国模式》，生活·读书·新知三联书店2010年版。

〔5〕 黄源盛：《法律继受与近代中国法》，台北，元照出版公司2007年版，第5页。

〔6〕 张晋藩：《张晋藩文选》，中华书局2007年版，第600－601页。

〔7〕 张晋藩：《张晋藩文选》，中华书局2007年版，第601－610页。需要指出的是，该文选中只列出了七个观点，第八个观点是张先生在电话中表达的。这个观点参见张晋藩：《法制文明与和谐社会》，载《国家行政学院学报》2007年第6期。

的现实司法运行机制？其实，这些都不是我们所理解的现实。我们所理解的现实，理应在学习西方文化时，不忘记本民族的优秀传统，在移植西方法律时，还需要考虑本民族的法律价值与中国人生活的逻辑，现实的法制建设理应包含古典与现代的适当平衡，而不是从一个极端走向另一个极端。如今，现实充满谲诡，法律远离实际。譬如，当今中国人的社会生活中，尽管国家制定完成了以宪法为主导的几近完整的法律体系，而且中华人民共和国的高等院校还创办了在世界上首屈一指的600多个法学院系，为法律的实施培养了大批的储备人才，但人们的现实感受是，法律与法学并没有像法学家所宣扬的那样，在实际生活中起重大作用，支配人们生活的逻辑与规则似乎与颁布的法条甚远，法学院的学生也成了全国大学生、研究生就业最为艰难的"剩余产品"。这是为什么？个中的原因恐怕不能不说是，现今大量法律移植于西方，远远脱离现实中国社会生活的实际。今日的立法者与某些部门法学者长期不了解中国的法律传统，使法律观念与法律规范游离于社会生活之上，而不能在民族文化的土壤中植根，这种现象，我们必须警醒，更要反思。

若从广阔的意义上，理解法制建设的现实，解决中国人生活的实际问题，就既要注意学习西方先进的法律价值与制度，也要总结本民族的法律传统与智慧，这个本民族的法律传统，既包括新民主主义革命的法律传统，也包括古典的中国法律传统。

张先生坚持认为，现代的法制建设要卓有成效并富有特色，就不能不处理好学习西方与尊重本民族法律传统的关系。因此，他在近几年出版的学术著作及学术演讲中，多次坚定而又立场鲜明地指出：建设有中国特色的法制，必须既要学习西方，又要尊重传统。学习西方，自不待言，因为自清末以来，中国的法律实践从未中断过向西方的学习，尊重传统则在西方法语占主流的法学界尤为重要。

（三）借鉴传统而不泥古，学习西方而不盲从——张晋藩先生关于重塑中华法系的思考

历史进入20世纪，已届七十岁高龄的张晋藩先生早已著述丰厚，桃李满园。这时候，学界普遍认为，张先生可以封笔而安养晚年了。殊不知，张晋藩的名字总是与勤奋和毅力相连，他对法律传统与现实法制建设的思考一刻也没有停止；相反，倒是因为年岁的增高而显得越来越急，其理论运思也越来越有深度。

2005年，他的《中国法律的传统与近代转型》在法律出版社发行了第二版。在这本颇有影响力的著作中，张先生从近代中国法律传统转型的历史经验出发，

批评了学习移植西方法律过程中简单的"拿来主义"，即不加选择的"西方盲从主义"，同时，也对清末变法修律中的固守传统派进行了批评，他说："在对待中西法律文化的交融上，晚清曾出现了守旧与图新之争。守旧派把以儒家法律思想为主的法律传统文化，视为中国几千年'相传之国粹，立国之大本'，不允许变革体现传统法律文化的'祖宗之成法'；图新派接受了西方学说，改变了他们的法律价值观念，积极从事变法修律，但在少数人中也出现了简单的'拿来主义'倾向。历史的经验证明：固守传统不可能实现法律的现代化，简单的拿来主义也不等于现代化，更不能完成现代化。无论对传统文化还是外来文化，都有取舍的问题，其标准是有利于社会的进步和符合国情。"〔8〕张先生分析说，就中国法律传统的近代转型而言，由于古典中国的法律，总体上来说是一个"礼法结合"的模式，对社会的调控机制呈现"重教化、轻刑罚；重公权、轻私权；重人治、轻法治；重家族、轻个人；重伦理、轻是非；重和谐、轻争论"的特点，这与西方经过资产阶级革命后出现的"民主、法治"理念有根本的不同。但法律的现代化对中国而言，既是一个目标，也是一个异常复杂的长时期的历史过程。作为一个文化悠久、历史积淀丰富、法律传统独具的大国，中华民族的现代法制建设不可能长期以西方法律的价值标准为导向。如果说清末与其后的中华民国政府，在开启法制现代化的过程中，采纳西方法律价值理念与原则是历史之必然的话（其实中华民国时期的立法与司法实践，都在一定程度上保留了中国古典的法律传统，如民法上"典权"的保留，刑法中对杀害直系血亲尊亲属的加重等），那么，现代中华人民共和国的法制建设，就必须立足于本国国情，尊重本民族的文化与法律传统。张先生说："过度的西方化并不是中国法律近代转型的最优路径"。〔9〕如果说，中国法制的现代建设必须适应中国人的生活需要而且具有本民族特色的话，那么超越西方化的藩篱，实现中华法制文明的复兴，就是现代法制建设的应有之义。

重塑中华法系，借鉴中国法律传统，实现中华法治文明的复兴，既是中国法制史的价值及现代意义之所在，也是从事中国法制史教学与科研的学人们的使命所在，更是张先生挥之不去的家国情怀。对此，张先生自20世纪90年代中期以来，在不同的场合与发表的著述中，开始了对"重塑中华法系"，实现中华法治文明复兴的理论思考，概括来讲，有以下几点：

---

〔8〕　张晋藩：《中国法律的传统与近代转型》，法律出版社2005年版，"前言"。

〔9〕　张晋藩：《中国法律的传统与近代转型》，法律出版社2005年版，第428页。

第一,中华法系是中国在特定的历史条件下形成的,是中华法文化的特殊性及其世界影响的集中体现。它显示了中华民族的伟大创造力和中华法制文明的深厚底蕴。

第二,中华法系的蜕变与更新有其历史的必然性,是以新认识、新理念所丰富起来的具有新时代烙印的、自觉的运动。人们回顾在法制上全盘西化与"一面倒"学习苏联的教训时,终于领悟到引进外国法文化进行法制的改革不能脱离本民族的文化土壤,不能忽视中华法系中体现历史发展总规律的民族性因素,不能不顾及形成国情的仍在起作用的某些条件。

第三,中华法系不能理解为只是历史现象,或者是失去生命力的僵化的概念。相反,重塑现实性与历史性相结合、世界性与民族性相统一的中华法系,是一个值得认真思考与完善的社会主义法制建设的重要课题。

第四,具体来说,中国法律传统中值得总结、借鉴的民主性因素是:其一,重视法制兴衰与政治清明的关系;其二,良法与廉吏是推行法制的必要条件;其三,正确处理权力与法制的关系是维系法制的根本;其四,法律欲取信于民,必须君臣共守;其五,监察机关的司法监督作用应受到高度重视。

第五,就治国方略与社会的长治久安而言,中国古代的法律传统也为我们提供了值得认真思考的历史经验。其大要是:其一,法律义务与亲情义务的统一。传统的伦理道德深入中华民族的骨髓,植根于社会生活之中,既是凝聚中华民族的重要因素,也是中国法律传统的根本精神,不能用西方的价值观进行简单的判断,更不能一概否定。其二,在治国中,既重视法律的作用,也重视依法治吏。其三,教与罚综合为用。其四,制定法与判例法互补。[10] 其五,礼乐政刑综合为治。

张先生在《重塑中华法系的几点思考——三论中华法系》一文中满怀深情地说:"任何一个民族如果不尊重自己的优秀文化传统,便是缺乏精神支柱的,没有自信心的民族,当然也不应夸大本民族的文化传统。如果说大陆法系是人类共同的财富,那么,中华法系同样也是人类共同的财富。经历了巨大的社会变革,作为完整的中华法系已经解体,如何在新的历史条件下,继承发扬、更新、重塑中华法系,应该是个提上历史的议事日程的任务。"[11]

---

〔10〕 张晋藩:《张晋藩文选》,中华书局 2007 年版,第 204 - 230、534 - 540 页。

〔11〕 张晋藩:《张晋藩文选》,中华书局 2007 年版,第 539 页。

二、学以致用,法史教授走向中南海——张晋藩为党和国家领导人三次讲授中国法律传统

在研究中国法制史的价值及现代意义时,张先生强调“学以致用”,强调在尊重传统的同时,要面对现实,提炼传统中的精华与元素,从而为现实的政治与法制建设提供科学决策的依据。张先生是这样主张的,同时也把这种主张落实到他的教学实践中去。只不过张先生的教学实践,既包括他在大学校园为大学生、研究生开设的法史课程,也包括了自1986年到1998年这十余年中为中共中央书记处及全国人大常委会所做的三次有关“中国法律传统”的讲座。

张先生坚持认为:中国法制史研究的是过去,但面对的是现实。中国法制史学科的生命力,就在于为现实的政治、法律建设提供科学的历史借鉴。在张先生从事的半个多世纪以来的中国法制史教学与研究中,他不仅强调学习、研究法律史的笃实学风,而且更加强调研究者、学习者要有现实的眼光、广阔的胸怀,在尊重传统的同时,不要泥古不化,而是要立足于现实,回应现实生活与政治、法制在发展中对中国法制史及法律传统的追问与需求。对于张先生这一辈人来说,能在改革开放的历史大潮下,在中国社会与文化的巨大转型中,把握历史的机遇和时代的要求,把自己的所学所思,所热爱的专业学科知识,既以严肃负责的态度,严谨的知识体系提供给中国共产党的最高决策机构与国家领导人,让他们体会到中华法制文明的悠久与价值,又能通过自己简练的语言与生动的表达,让国家的领导者明白建设有中国特色的社会主义法制体系,必须扎根于本民族的文化与传统之中。这对张先生来说,既是一项光荣的使命,也是一个严峻的挑战。

如今,当我接受母校“张晋藩先生志庆文集”编辑组的分工,撰写张先生关于“中国法制史的意义、价值”这个论题上的观点与方法时,重温先生三次为中共中央书记处、全国人大常委会讲授法律史课程的历史时,当时先生的心情、风貌及其文才,已不是我现在思考的重点,我所关注的中心问题是:在改革开放的历史大潮下,在中国要建设社会主义市场经济法治体系的历史转折中,何以中央领导对中国法律传统情有独钟,张先生是以怎么样的胸怀和知识,在怎样的历史背景条件下去阐释中国法律史的价值及其法律传统的呢?这让我陷入了深深的思考。

欲理解张先生此次为中共中央书记处讲课的内容及意义,应先对中国1986

年前后的历史有所明了。虽然这段历史刚过去20多年,但在校的大学生、硕士生包括博士生未必能把它说得明白。那就让我们看一看自1984年至1987年发生在中国改革开放历史舞台上的大事吧。1984年,中国的改革开放进行了五个年头,就在这一年的10月20日,中共中央通过了《关于经济体制改革的决定》,[12]由于中国的改革是以农村的承包责任制为基础的,故中央对农村的联产承包责任制特别重视,[13]共产党人不仅越来越用商品经济的观点观察分析农村与城市的商品流通机制,鼓励以公有制经济为主体,城乡合作经济、个体经济和私营经济共同发展,同时也强调法制建设的重要性。实际上,自1978年党的十一届三中全会之后,党对国家的领导方式已发生了根本的转变,这就是把党的各项决策由过去的重点依靠政策及个人威信转向了民主法制的轨道。邓小平多次指出,"坚持发展民主集中制,是我们党的坚定不移的方针"。为了增强党和国家领导人的法治认识能力,中共中央自1986年起开始在中南海怀仁堂为中央领导同志举办法律知识讲座。自此以后,中共中央书记处与全国人大常委会领导同志定期听法制讲座,便成了一项制度,这是新中国政治历程上开天辟地的一件大事,这表明中国的政治与社会迈向了法制的轨道。民主与法治在中国的真正落实尽管还要走一段路程,但"依法治国"是势不可挡的历史潮流,谁也改变不了这种发展的趋势。法史学成为党和国家领导人决策时的必备知识,中国的法律传统及价值也成为最高决策层所欲掌握的内容。张晋藩便是在这样的历史背景下,走进了中南海,走进了人民大会堂。就此而论,他是幸运的、光荣的,这幸运的机遇只属于那些在法学领域辛勤耕作、在学术与学科建设上做出巨大贡献的人们,张先生以其卓越的学术成就及其影响,理所当然地成为其中的一员。自1986年至1998年,张晋藩先生三次为党和国家领导人讲授有关中国法律史与中国传统在现代法制建设中的价值与意义的专题讲座,现据张先生的回忆及历史文献的记载,试述如下:

第一次是1986年7月的某一天,张先生走进中南海,为中共中央书记处讲授《谈谈中国法制历史经验的借鉴问题》,此次讲座时,听课的还有近170名部

〔12〕 李占才:《当代中国经济思想史》,河南大学出版社1999年版,第497页

〔13〕 李占才:《当代中国经济思想史》,河南大学出版社1999年版,第506、509页。

级干部。[14] 第二次是 1995 年 10 月 31 日,张先生于人民大会堂为全国人民代表大会常务委员会的领导主讲“中国法律的传统与近代化的开端”之专题。这次讲座由乔石委员长主持,课后,乔石委员长接见了张晋藩先生。第三次是 1998 年 12 月 22 日,张先生再次走进人民大会堂,为第九届全国人大常委会举办第六次法制讲座,题目是“中华法制文明的世界地位与近代化的几个问题”。在本次讲座中,张先生第一次系统地阐述了“中国法制文明的内涵”“中华法制文明的世界地位”“中国法制走向近代化的思考”三个重大而又密切相关的论题。听这次法制讲座的有全国人大常委会的委员长、副委员长、秘书长以及全国人民代表大会常委会办公厅及各专门委员会的负责人,听完讲座后,时任全国人大常委会委员长的李鹏同志亲切接见了张晋藩先生。

虽然我们无法考证到底哪些讲座影响了中国领导人的决策,更无法论证张先生的法律史讲座究竟在哪些立法上发挥了现实作用,但有一点可以肯定:如果说,自党的十三大以来,历次党的政治报告中“有关法制建设”的论述,都渗透着法学教授的心血的话,那么现实司法对调解的重视,“以人为本,建设和谐社会”等理念,无疑都有着中华文明的因子,也有着中国法律史的价值因素。也许,这就是张先生学术讲座潜在的影响所致,也许未来的中国法制建设中,中国法律的传统会越来越受到人们的重视。

张先生是幸运的,因为他正经历一个伟大而充满变革的时代;中国法制史是有价值的,因为一个伟大民族有特点的法制建设离不开中国的法律传统作为历史的镜鉴!

三、静态和动态结合,人物与思想互见——张晋藩治史方法之一瞥

中国法律史是史学与法学的交叉学科,就认识论而言,法律史及其对象、价值、现代意义的研究,必须以史实为基础,任何离开历史文献与研究对象的高谈宏论都不免是蹈空之臆说。因此,法律史研究与中国法制史在现代社会中价值及意义的阐释,都需要立足于历史事实。求真、求实是法史研究的第一要义,也

[14] 我的手边有一本张晋藩先生主编的《中国法制大事纵览》(法律出版社 2001 年版),书中记载了自 1900 年 1 月至 1999 年 12 月发生在中国的法制大事。其中 1986 年的法制大事记有该年 7 月 3 日中央书记处为中央领导同志举办法律知识讲座的事。第一次的主讲人是中国人民大学的孙国华副教授。这一年的记载中没有出现张晋藩为中央领导主讲法律史传统的事。电话询问先生,先生说,该年 7 月,时任中共中央总书记的胡耀邦同志实际上已停止了工作,故未公开报道,但司法部在内部文件中作了报告,之后,中央电视台以“教授走进中南海”为题进行了报道。

是对法史研究价值的基础性认识。然而,历史已成往事,真实消弭于以各类载体为媒介的历史文本中,如历史文献、地下遗存、碑文石刻、神话传说等,因此,法史研究与对法制史价值的阐释,首先是要求研究者竭尽全力地收集爬梳各种体裁的历史文献资料,于史海中探赜索隐,拾起历史真实的碎片,去建构、显现那历史之真,并在这真确中条分缕析,阐释研究对象的价值及现代意义,因此方法首先与认识论相关。

其次,已经逝去的中国法律史与中国法律传统作为我们现代人的研究对象,它实际上是一个无限多样性的整体,它的特色、价值及其现代意义既与我们的认识能力有关,也与我们的世界观、历史观密不可分。已经消失的历史,永远都不可能复原,文献记载的历史真实因与我们的史观相连,故而会呈现不同的面相。世界是个无限多样的整体,无论是过去还是现在,我们对它的认识都不可能完全实现全面。故认识历史,阐释中国法制史的现代价值,需要从认识法史的个别入手,需要确定研究的范围与条件。需要认识的个别,对我们已有的认识而言是新的。我们认识个别的目的,阐释它的意义,就必须理解它的功能作用、历史源流、发展规律,乃至它在整体的位置与关系。因此,对法律史个别的认识,对其价值与意义的解释就需要有一种整体、观念上的理论思维作为工具,这就是我们的历史观。

最后,法史研究的价值及意义作为方法论,必须通过研究者严密的逻辑思维与才华表现出来,甚至要求研究者于历史及法律传统有一定的悟性及灵感。

虽然,自1997年4月至2007年,张先生连续出版了三种具有划时代意义的学术著作,[15]但张先生依然没有在这些深具学术影响力的著述中,就治史方法论发表鸿篇大论;只是在《编写〈中国法制史〉多卷本专著设想》一文中,才涉及方法论的问题。根据我追随先生读书的观察与体悟,我认为,张先生并不主张在方法论上高谈阔论,也不认为有所谓划时代意义的方法。方法不是谈出来的,也不是吹出来,而是在脚踏实地的研究中,慢慢形成的;在丰厚而又有影响力的学

---

〔15〕其一,《中国法律的传统与近代转型》,法律出版社1997年版。此书一经刊行,即成为在校大学生、研究生必读的经典著作,法律出版社列入精读书系,现已发行第三版。该书的学术观点被学界广为引用。其二,张晋藩总主编的《中国法制通史》(十卷本),法律出版社1999年版。这套书为中南财经政法大学法学院教授出访意大利名校时携带的贵重礼品,据说也是国务院总理温家宝(时任)视察中国政法大学时,校方赠给总理的反映法大学术研究水准的礼物。其三,《张晋藩文选》,中华书局2007年版。张先生学术著作远不止这些,以上只是其代表作而已。

术著作中渐渐积累起来的；抑或在长达半个多世纪的教学与学科建设的言传身教中，由弟子们体悟出来的。现据张先生的记述与我的个人体悟，再把张先生的方法论梳理、概括如下：

第一，就认识论而言，张先生主张中国法制史的研究及其对现代意义的阐释，应首先建立在历史文献资料的广泛收集与阅读理解上，这既是法史研究首要价值之要义，也是研究法史的笃实学风之所需。

第二，就历史观而言，张先生主张在研究中国法制史并阐释其在现代法制中的意义时，必须坚持马克思主义历史唯物论与辩证法。从历史实际出发，而不是从西方的某种法治理论出发，具体问题具体分析，不泥古不僵化，也不盲从西方的文化，在发展中求借鉴，于革新中求重塑。

第三，就文献资料与方法的关系而言，张先生说治法史者首先要重视历史文献资料，“板凳应坐十年冷，文字不写一句空”，但一个人穷其毕生精力，也难以把史料于自己的研究范围内搜索殆尽，“人生悠悠只百载，经典未尽已白头”，这是人生的无奈，治史者只能在有限的阅读中，尽可能地收集资料。但资料本身不等于史学，更不是法史研究中现代价值的自然彰显。它需要研究者以自己的才识于史料中发现问题，从而于历史的碎片中搭建有价值的意义世界。文献资料是搭建房屋的砖瓦材料，但它不是房屋本身，水泥、钢材、砖瓦堆砌一起是废墟，不是房屋。有特色与艺术风格的经典建筑，不仅需要砖瓦，更需要方法。方法也就是理论，理论的解释力度与向度与我们的认识能力与逻辑思维有关。

第四，于具体的中国法制史研究中，张先生主张，要把静态的法律制度放到动态的历史变革中去慎思，去观察，去揭示其意义，去阐释其内涵；还需要在研究中见人物，见思想。制度作为规则，其本身无法运作，藏在其背后的价值理念与逻辑规范，必须借助具体的、生活中的人才能展现，而人是有思想、有感情、有理念、有好恶的。制度是死的、静态的，人是活的，时代是发展变化的。因此，在制度与人、制度与思想、制度与生活、制度与时代之间，存在多重纷杂多变的因子与现象，既有特殊的规律，也有普遍的规律。在中华法制文明的历史演变中，既有其千年不变的固定内涵，也有其因时而变的特殊规律；既有其规模宏大的典章饮誉于世界，如唐律疏议等，也有其著名的法学人物活动于历史舞台之上，如李悝、商鞅、张斐、刘颂、唐律的解释者、明清的注律者、宋代的宋慈、清末的沈家本、伍廷芳等。他们各擅胜场，风采独具。中国法制史研究的魅力就在于“动静结合，人思互见”——这正是北京蓟门桥畔，中国政法大学张氏学派的治史名言。语言朴实，却深藏哲理。

当今的中国政法大学，是一个中国法律史研究的学术重镇；在这个重镇里，既有着一批敏思好学的学子，也有着一批学风笃实的学科带头人，更有着才华正茂的中青年学者，还有着“经典深处觅家园”的精神守护者，而这一切都与一面旗帜，一个孜孜苦求，终身以治史研究为乐的，一个年届八十高龄，仍在载欣载奔的学者相关，他就是中国政法大学的终身教授，我的导师张晋藩先生。在半个多世纪的法史教学与研究生涯里，张先生既是新中国法制史学科的辟路先锋，也是法史研究学术重镇的守护者与带头人，他的教泽遍被大江南北的弟子，他的情怀似诗如画，让我唏嘘不已，诗云：

心门实为法史开
寿高八十仍风采
问师何能书中醉
传统悠悠入梦来

谨以此献给我的母校与导师！

蓟门学子陈景良
己丑年四月三十日
于江城晓南湖居室中

参考文献

一、古籍(文献以作品首字母排序,下同)

B

(唐)李百药:《北齐书》,中华书局1972年版。

C

(宋)陈亮:《陈亮集》(增订本),邓广铭点校,中华书局1987年版。

(宋)石介:《徂徕石先生文集》,陈植锷点校,中华书局1984年版。

E

(宋)程颢、程颐:《二程集》(全2册),中华书局1981年版。

F

(宋)范仲淹:《范仲淹全集》(全3册),四川大学出版社2007年版。

G

(清)陈立:《公羊义疏》,刘尚慈点校,中华书局2017年版。

(宋)谢维新:《古今合璧事类备要》,上海古籍出版社1992年版。

故宫博物院编:《故宫珍本丛刊》(第275－340册),海南出版社2000年版,《钦定户部则例》。

(宋)周密:《癸辛杂识》,中华书局1988年版。

H

(唐)韩愈:《韩愈文集汇校笺注》,中华书局2010年版。

(汉)班固:《汉书》,中华书局1962年版。

（宋）陈师道撰：《后山谈丛》，李伟国点校，中华书局 2007 年版。

《皇宋中兴两朝圣政辑校》（全 5 册），孔学辑校，中华书局 2019 年版。

（宋）王明清：《挥麈录》，上海书店出版社 2001 年版。

J

（宋）庄绰：《鸡肋编》，中华书局 1983 年版。

（宋）李心传编撰：《建炎以来系年要录》（全 8 册），中华书局 1988 年版。

（宋）李心传撰：《建炎以来朝野杂记》（全 2 册），徐规点校，中华书局 2000 年版。

（后晋）刘昫撰：《旧唐书》，中华书局 1975 年版。

L

（明）黄淮、杨士奇编：《历代名臣奏议》（全 5 册），上海古籍出版社 1989 年版。

杨一凡主编：《历代珍稀司法文献》（第 1 册），社会科学文献出版社 2012 年版。

《刘克庄集笺校》（全 16 册），辛更儒笺校，中华书局 2011 年版。

（唐）柳宗元：《柳宗元集校注》（全 10 册），尹占华、韩文奇校注，中华书局 2013 年版。

（宋）苏辙撰：《龙川略志 龙川别志》，俞宗宪点校，中华书局 1982 年版。

（宋）陆游：《陆放翁全集》（全 3 册），中国书店 1986 年版。

M

《名公书判清明集》，中国社会科学院历史研究所宋辽金元史研究室点校，中华书局 1987 年版。

（宋）沈括：《梦溪笔谈》，中华书局 2015 年版。

（宋）吴自牧：《梦粱录新校注》，阚海娟校注，巴蜀书社 2015 年版。

N

（宋）吴曾：《能改斋漫录》，上海古籍出版社 1979 年版。

O

（宋）欧阳修：《欧阳修全集》，中华书局2001年版。

Q

（宋）应俊编：《琴堂谕俗编》，载《文渊阁四库全书》（影印本，第865册），台湾商务印书馆1986年版。

曾枣庄、刘琳主编：《全宋文》（全360册），上海辞书出版社、安徽教育出版社2006年版。

上海师范大学古籍整理研究所主编：《全宋笔记》（全102册），大象出版社2016年版。

R

（宋）洪迈：《容斋随笔》，孔凡礼点校，中华书局2005年版。

S

（宋）邵伯温：《邵氏闻见录》，中华书局1983年版。

周立昇等编著：《商子汇校汇注》，凤凰出版社2017年版。

（梁）钟嵘：《诗品》，李子广评注，中华书局2019年版。

（宋）叶梦得：《石林燕语》，侯忠义点校，中华书局1984年版。

（汉）司马迁：《史记》（全10册），中华书局1982年版。

（宋）李攸：《宋朝事实》，中华书局1955年版。

司义祖整理：《宋大诏令集》，中华书局1962年版。

《宋代石刻文献全编》，北京图书馆出版社2003年版。

曾枣庄主编：《宋代序跋全编》（全8册），齐鲁书社2015年版。

（宋）李元弼等撰：《宋代官箴书五种》，闫建飞等点校，中华书局2019年版。

（清）徐松：《宋会要辑稿》（全16册），刘琳、刁忠民、舒大刚、尹波等点校，上海古籍出版社2014年版。

王秀梅等编录：《宋人诗话外编》，中华书局2017年版。

（元）脱脱等撰：《宋史》（全40册），中华书局1977年版。

（明）陈邦瞻：《宋史纪事本末》（全3册），中华书局2015年版。

（清）陆心源编著：《宋史翼》（全 3 册），吴伯雄点校，浙江古籍出版社 2017 年版。

（宋）吕祖谦：《宋文鉴》，齐治平点校，中华书局 1992 年版。

（宋）窦仪等：《宋刑统》，吴翊如点校，中华书局 1984 年版。

（宋）苏轼：《苏轼诗集》，孔凡礼点校，中华书局 1982 年版。

（明）茅维编：《苏轼文集》，孔凡礼点校，中华书局 1986 年版。

（宋）司马光：《涑水记闻》，中华书局 2017 年版。

T

（宋）王溥：《唐会要》，中华书局 1955 年版。

（唐）李林甫等：《唐六典》，陈仲夫点校，中华书局 2014 年版。

（唐）长孙无忌等撰：《唐律疏议》，中华书局 1983 年版。

天一阁博物馆、中国社会科学院历史研究所天圣令整理课题组：《天一阁藏明钞本天圣令校证》，中华书局 2006 年版。

（唐）杜佑：《通典》，王文锦点校，中华书局 2016 年版。

（宋）郑樵：《通志二十略》，中华书局 1995 年版。

W

（宋）马端临：《文献通考》（全 14 册），上海古籍出版社 2011 年版。

（梁）萧统：《文选》，上海古籍出版社 1986 年版。

（宋）詹大和、（清）顾栋高、（清）蔡上翔：《王安石年谱三种》，裴汝诚点校，中华书局 1994 年版。

王水照主编：《王安石全集》（全 10 册），复旦大学出版社 2017 年版。

（宋）王溥：《五代会要》，上海古籍出版社 2006 年版。

（宋）普济：《五灯会元》，苏渊雷点校，中华书局 1984 年版。

X

（宋）宋慈：《洗冤集录译注》，高随捷、祝林森译注，上海古籍出版社 2016 年版。

（宋）欧阳修等撰：《新唐书》，中华书局 1975 年版。

（宋）李焘：《续资治通鉴长编》（全 20 册），中华书局 2004 年版。

（清）黄以周：《续资治通鉴长编拾补》，中华书局 2004 年版。

Y

（明）蒋一葵：《尧山堂外纪》，中华书局 2019 年版。

（宋）叶适：《叶适集》（全 3 册），中华书局 1961 年版。

（宋）洪迈：《夷坚志》，中华书局 1981 年版。

（宋）袁采：《袁氏世范》，天津古籍出版社 1995 年版。

Z

（宋）曾巩：《曾巩集》，陈杏珍、晁继周点校，中华书局 1984 年版。

（宋）郑克：《折狱龟鉴译注》，刘俊文译注，上海古籍出版社 1988 年版。

（清）周中孚：《郑堂读书记》，上海书店出版社 2009 年版。

（清）郑燮：《郑板桥全集》，凤凰出版社 2012 年版。

张传玺主编：《中国历代契约会编考释》，北京大学出版社 1995 年版。

杨一凡、田涛主编：《中国珍稀法律典籍续编第 1 册：庆元条法事类》，戴建国点校，黑龙江人民出版社 2002 年版。

孙诒让：《周礼正义》，王文锦、陈玉霞点校，中华书局 2013 年版。

（唐）令狐德棻等：《周书》，中华书局 1971 年版。

（宋）黎靖德编：《朱子语类》（全 8 册），王兴贤点校，中华书局 1986 年版。

二、今人专著、外国论著

A

［意］托马斯·阿奎那：《阿奎那政治著作选》，马清槐译，商务印书馆 1963 年版。

郭建：《案发当时：大宋提刑官断案宝典》，中华书局 2006 年版。

B

裴汝诚：《半粟集》，河北大学出版社 2000 年版。

陈植锷：《北宋文化史述论》，中国社会科学出版社 1992 年版。

［美］格伦顿、戈登、奥萨魁：《比较法律传统》，米健等译，中国政法大学出版社 1993 年版。

[美]埃尔曼:《比较法律文化》,高鸿钧等译,生活·读书·新知三联书店 1990 年版。

《不列颠百科全书》国际中文版编辑部编译:《不列颠百科全书》,中国大百科全书出版社 1990 年版。

C

张中秋:《传统中国法理观》,法律出版社 2019 年版。

D

李占才:《当代中国经济思想史》,河南大学出版社 1999 年版。

张中秋主编:《道与法:中国传统法哲学新探》,中国政法大学出版社 2016 年版。

郭建:《典权制度源流考》,社会科学文献出版社 2009 年版。

吴向红:《典之风俗与典之法律》,法律出版社 2009 年版。

高明士:《东亚传统家礼、秩序与国法》,华东师范大学出版社 2008 年版。

F

梁治平:《法意与人情》,海天出版社 1992 年版。

黄源盛:《法律继承与近代中国法》,台北,元照出版公司 2007 年版。

叶坦:《富国富民论——立足于宋代的考察》,北京出版社 1991 年版。

H

《汉语大词典》,汉语大词典出版社 1993 年版。

《胡适口述自传》,安徽教育出版社 1990 年版。

田涛:《黄岩诉讼档案及调查报告》,法律出版社 2004 年版。

J

黄源盛纂辑:《景印大理院民事判例百选》,台北,五南图书股份有限公司 2009 年版。

张国刚主编:《家庭史研究的新视野》,生活·读书·新知三联书店 2004 年版。

《简明不列颠百科全书》编辑部编:《简明大不列颠大百科全书》,中国大百科全书出版社 1999 年版。

张晋藩:《涓滴集》,中国国际广播出版社 1990 年版。

K

《孔子诞辰 2540 周年纪念与学术讨论会论文集》,生活 · 读书 · 新知三联书店 1992 年版。

L

沈家本:《历代刑法考》,中华书局 1985 年版。

[意]贝奈戴托 · 克罗齐:《历史学的理论和实际》,[英]道格拉斯 · 安斯利英、傅任敢译,商务印书馆 1982 年版。

梁漱溟:《梁漱溟全集》,山东人民出版社 1990 年版。

程千帆、吴新雷:《两宋文学史》,上海古籍出版社 1991 年版。

《刘子健博士颂寿纪念宋史研究论集选编》,同朋舍 1989 年版。

高明士:《律令法与天下法》,上海古籍出版社 2013 年版。

M

[美]莱因哈特 · 本迪克斯:《马克斯 · 韦伯思想肖像》,刘北成等译,上海人民出版社 2002 年版。

《马克思恩格斯全集》,中共中央马克思恩格斯列宁斯大林著作编译局编译,人民出版社 1960 年版。

高道蕴等编:《美国学者论中国法律传统》,清华大学出版社 2004 年版。

[美]费正清:《美国与中国》,张理京译,世界知识出版社 2001 年版。

[法]谢和耐:《蒙元入侵前夜的中国日常生活》,刘东译,江苏人民出版社 1995 年版。

何勤华主编:《民法典编纂论》,商务印书馆 2016 年版。

刘馨珺:《明镜高悬:南宋县衙的狱讼》,北京大学出版社 2007 年版。

杨国桢:《明清土地契约文书研究》(修订版),中国人民大学出版社 2009 年版。

[日]滋贺秀三等撰,王亚新、梁治平编:《明清时期的民事审判与民间契

约》,法律出版社 1998 年版。

P

《裴汝诚教授八秩寿庆论文集》,中华书局 2011 年版。

Q

[美]黄宗智:《清代的法律、社会与文化:民法的表达与实践》,法律出版社 2014 年版。

[日]寺田浩明:《权利与冤抑》,王亚新等译,清华大学出版社 2012 年版。

R

柳立言:《人鬼之间:宋代的巫术审判》,中西书局 2020 年版。

潘维、玛雅:《人民共和国六十年与中国模式》,生活·读书·新知三联书店 2010 年版。

陈来:《仁学本体论》,生活·读书·新知三联书店 2014 年版。

刘俊文主编:《日本学者研究中国史论著选译》(第八卷法律制度),中华书局 1992 年版。

刘俊文主编:《日本中青年学者论中国史》(全 3 册),上海古籍出版社 1995 年版。

[德]马克斯·韦伯:《儒教与道教》,洪天富译,江苏人民出版社 1993 年版。

林端:《儒家伦理与法律文化》,中国政法大学出版社 2002 年版。

S

熊十力:《十力语要》,上海书店出版社 2007 年版。

余英时:《士与中国文化》,上海人民出版社 1987 年版。

汪荣祖:《史学九章》,生活·读书·新知三联书店 2006 年版。

张广智、张广勇:《史学,文化中的文化——文化视野中的西方史学》,浙江人民出版社 1990 年版。

葛兆光:《思想史研究课堂讲录》,生活·读书·新知三联书店 2005 年版。

柳立言:《宋代的家庭和法律》,上海古籍出版社 2008 年版。

柳立言:《宋代的宗教、身分与司法》,中华书局 2012 年版。

姚瀛艇主编:《宋代文化史》,河南大学出版社 1992 年版。

宋代官箴研究会编:《宋代法律与社会》,东大图书股份有限公司 2011 年版。

戴建国:《宋代法制初探》,黑龙江人民出版社 2000 年版。

戴建国:《宋代法制研究丛稿》,中西书局 2019 年版。

郭东旭:《宋代法制研究》,河北大学出版社 2000 年版。

漆侠:《宋代经济史》(全 2 册),中华书局 2009 年版。

朱瑞熙:《宋代社会研究》,弘文馆 1986 年版。

刁忠民:《宋代台谏制度研究》,巴蜀书社 1999 年版。

陈志英:《宋代物权关系研究》,中国社会科学出版社 2006 年版。

魏文超:《宋代证据制度研究》,中国政法大学出版社 2013 年版。

赵仁珪:《宋诗纵横》,中华书局 1994 年版。

钱钟书:《宋诗选注》,人民文学出版社 1958 年版。

漆侠主编:《宋史研究论丛》(第 1 辑),河北大学出版社 1990 年版。

龙潜庵:《宋元语言词典》,上海辞书出版社 1985 年版。

王曾瑜:《琐屑编》,河北大学出版社 2020 年版。

T

戴建国:《唐宋变革时期的法律与社会》,上海古籍出版社 2010 年版。

赵云旗:《唐代土地买卖研究》,中国财政经济出版社 2002 年版。

黄正建:《天圣令与唐宋制度研究》,中国社会科学出版社 2011 年版。

赵晶:《天圣令与唐宋法制考论》,上海古籍出版社 2014 年版。

W

刘咸国:《王安石年谱长编》,中华书局 2018 年版。

高清海、李家巍主编,王威海编著:《韦伯:摆脱现代社会两难困境》,辽海出版社 1999 年版。

X

[美]马文·佩里:《西方文明史》,胡万里、王世民等译,商务印书馆 1993 年版。

王振忠撰文、李玉祥摄影:《乡土中国·徽州》,生活·读书·新知三联书店2000年版。

[德]马克斯·韦伯:《新教伦理与资本主义精神》,于晓、陈维刚等译,生活·读书·新知三联书店1987年版。

[古希腊]亚里士多德:《形而上学》,吴寿彭译,商务印书馆1959年版。

徐道隣:《徐道隣法政文集》,清华大学出版社2017年版。

梁治平:《寻求自然秩序中的和谐——中国传统法律文化研究》,上海人民出版社1997年版。

Y

严复:《严复集》(全5册),中华书局1986年版。

梁启超:《饮冰室合集》,中华书局2015年版。

Z

张晋藩:《张晋藩文选》,中华书局2007年版。

戴建国:《秩序之间:唐宋法典与制度研究》,上海人民出版社2020年版。

张晋藩:《中国法律的传统和近代转型》,法律出版社2005年版。

张晋藩:《中国法制通史》(第5卷),法律出版社1999年版。

张晋藩主编:《中国法制大事纵览》,法律出版社2001年版。

何勤华:《中国法学史》,法律出版社2000年版。

张晋藩主编:《中国古代司法文明史》,人民出版社2019年版。

《中国历史大辞典》(宋史卷),上海辞书出版社1984年版。

谭其骧主编:《中国历史地图集》(全8册),中国地图出版社1982年版。

茅彭年、李必达主编:《中国律师制度研究》,法律出版社1992年版。

张晋藩:《中国民事诉讼制度史》,巴蜀书社1999年版。

[日]内藤湖南:《中国史通论——内藤湖南博士中国史学著作选译》,夏应元等译,社会科学文献出版社2004年版。

柳立言主编:《中国史新论(法律史分册)》,台北,联经出版公司2008年版。

张中秋:《中西法律文化比较研究》,南京大学出版社1991年版。

张中秋:《中西法律文化比较研究》(第4版),法律出版社2009年版。

朱瑞熙:《中国政治制度通史》(第6卷),人民出版社1996年版。

刘子健:《中国转向内在——两宋之际的文化转向》,赵冬梅译,江苏人民出版社 2012 年版。

[日]岛田虔次:《朱子学与阳明学》,蒋国保译,陕西师范大学出版社 1986 年版。

李猛:《自然社会:自然法与现代道德世界的形成》,生活·读书·新知三联书店 2015 年版。

三、期刊、集刊论文

B

张晋藩:《编写〈中国法制史〉多卷本专著的设想》,载《法学研究》1980 年第 4 期。

C

曹树基:《"残缺产权"之转让:石仓"退契"研究(1728—1949)》,载《历史研究》2010 年第 3 期。

张中秋:《传统中国司法文明及其借鉴》,载《法制与社会发展》2016 年第 4 期。

陈义彦:《从布衣入仕论北宋布衣阶层的社会流动》,载《思与言》1972 年第 4 期。

戴建国:《从佃户到田面主:宋代土地产权形态的演变》,载《中国社会科学》2017 年第 3 期。

王平宇:《从〈清明集〉看南宋地方官对待"争业"诉讼的态度》,载《思与言》1997 年第 4 期。

D

何兆武:《对历史学的若干反思》,载《史学理论研究》1996 年第 2 期。

F

张晋藩:《法制文明与和谐社会》,载《国家行政学院学报》2007 年第 6 期。

G

张晋藩:《关于法的阶级性和继承性的意见》,载《政治研究》1957 年第 3 期。

J

俞江:《家产制视野下的遗嘱》,载《法学》2010 年第 7 期。

L

王振忠:《老鼠与黄猫儿的官司》,载《读书》1999 年第 6 期。

赵晓耕:《两宋法律中的田宅细故》,载《法学研究》2001 年第 2 期。

俞江:《论分家习惯与家的整体性》,载《政法论坛》2006 年第 7 期。

程民生:《论宋代私有财产权》,载《中国史研究》2015 年第 3 期。

M

王志强:《〈名公书判清明集〉法律思想初探》,载《法学研究》1997 年第 5 期。

孔学:《〈名公书判清明集〉所引宋代法律条文述论》,载《河南大学学报(社会科学版)》2003 年第 2 期。

N

柳立言:《南宋的民事裁判:同案同判还是异判》,载《中国社会科学》2012 年第 8 期。

尚平:《南宋砧基簿与鱼鳞图册的关系》,载《史学月刊》2007 年第 6 期。

戴建国:《南宋基层社会的法律人》,载《史学月刊》2014 年第 2 期。

王志强:《南宋司法裁判中的价值取向——南宋书判初探》,载《中国社会科学》1998 年第 6 期。

Q

李力:《清代民法语境中"业"的表达及其意义》,载《历史研究》2005 年第 4 期。

R

易平:《日美学者关于清代民事审判制度的论争》,载《中外法学》1999 年第 3 期。

S

张晋藩:《试论沈家本的法律思想》,载《法学研究》1981 年第 4、5 期。

强世功:《司法能动下的中国家庭——从最高法院关于〈婚姻法〉的司法解释谈起》,载《文化纵横》2011 年第 1 期。

戴建国:《宋代的民田典卖与"一田两主制"》,载《历史研究》2011 年第 6 期。

柳立言:《宋代的社会流动与法律文化:中产之家的法律》,载荣新江主编:《唐研究》第 11 辑,北京大学出版社 2005 年版。

戴建国:《宋代籍帐制度探析——以户口统计为中心》,载《历史研究》2007 年第 3 期。

邓广铭:《宋史刑法志考正》,载《历史语言研究所集刊》第 20 本(1948 年)下。

T

柳立言:《"天理"在南宋审判中的作用》,载《历史语言研究所集刊》第 84 本(2013 年)。

戴建国:《〈天圣令〉研究两题》,载《上海师范大学学报》2010 年第 2 期。

Z

赵晓力:《中国家庭资本主义化的号角》,载《文化纵横》2011 年第 1 期。

后　记

这部文集的问世是机缘所致。2018 年秋季，为庆祝建校七十周年，法学院裒集学者文集，希望我能从自己的学术文章中辑出一部 25 万字左右的文稿，共襄盛事。这是本书出版的缘起。借着此次机会，我想对个人的学习和研究经历作一番说明。

1979 年高考时，我报考的志愿原本是中文系或历史系，但却阴差阳错地被吉林大学法律系录取。四年后读硕士报考北京大学刑法专业硕士研究生，攻读甘雨沛先生的外国刑法，却因英语不合格而名落孙山。来年又报考中国政法大学刑法专业，因未进前六名而被调剂到中国法制史专业。几番误打误撞后，我最后走上了中法史的研习道路，虽非初心，却也正是“无心插柳柳成行”。

1984 年的中国政法大学，坐落在北京蓟门桥畔，小月河西侧。当时的校区环境是煤渣铺地、锣鼓喧天，学校与北京市戏剧学校、北京市歌舞团共享一块狭窄的地面。虽然拥挤喧闹，但也给这个刻板严肃的专业平添了几分生活气息。硕士三年，懵懵懂懂。导师薛梅卿先生问我毕业论文选什么方向，我说正在读《元史》，对成吉思汗手下的木华黎与赤老温印象深刻，有意选择元代法制史的题目。在河南大学的图书馆，我又查到了《山右石刻丛编》，其中《霍邑县杜庄碑》记载了两个村庄因水源而发生争讼，后以民事调解结案的案例。我对此很是兴奋，遂把“元代民事诉讼法规探微”作为论文选题。

毕业后我来到河南大学法律系工作，在图书馆查史料时认识了历史系的穆德全先生，他是专门研究回族人怎样来到中国这一问题的。受他影响，我想报考南京大学元史专业博士研究生。写信一问，此念立消。原来元史研究是一门世界性的学问，对语言的要求极高，至少要会四五种语言，如蒙古文、藏文、俄文、波斯文等。我只能望而却步。

河南大学是个百年老校，其所在的开封则是一座千年古城，它曾是北宋的都城。河大宋史研究是全国知名的，当时我决心以此为依傍，展开中法史研究，研究兴趣也逐渐转向了赵宋。1989 年，我在《史学月刊》上发表了《两宋法制历史地位新论》一文，1990年此文被汪圣铎先生摘录于《中国历史学年鉴》上。1992—1993年我又分别在《南京社会科学》《法律科学》《法学研究》上发表研究宋代法史的专业学术论文。1993年评上副教授，秋季二次北上，又回到了蓟门桥畔，跟随张晋藩先生攻读中法史博士学位。博士论文以“士大夫”这个群体为视角，研究其与宋代司法传统及整个宋代法律文化的关系。

我少年时虽喜读文史书籍，但仅限于小说及历史故事。大学时代以法律为专业，虽也强调逻辑思维，但并未受到历史学的严格训练。年轻时教学及交友，多率性而为，不喜循规蹈矩。天命之年后，方悟“史学即史料学”之真谛，遂对宋代基本史料《宋史·刑法志》、《文献通考·刑考》、《宋会要辑稿·刑法》及《宋会要辑稿·食货》等重加梳理，并对李焘《续资治通鉴长编》及李心传《建炎以来系年要录》重新阅读，对萦绕我心头三十多年的“士大夫与宋代司法传统”这一主题重新思考，并对史料、方法与中法史研究的范式加以检视，试图能对这些问题有新的思考和开拓。

我的体悟有以下几点。首先，中法史研究必须笃实。就宋代法史研究而言，宋代的基本史料，尤其是与法制相关的史籍必须通读一过。其次，注重史料之外，仍需有史识，需要贯通的理论与方法。研究范式不同，笔下的叙事自然有异。理论虽然不能改变历史事实，但历史事实的叙述模式与意义阐释却因史家所处时代主旨不同而大为异趣。譬如，两宋三百余年，法律制度自有长短优劣，司法传统也有多个面向：公平与不公平，光明与黑暗，士大夫在法律活动中的角色特征到底是昏暗蒙昧，还是通经晓律？今人对此应如何评价？可否开展实证研究？实证研究的具体途径又是什么？这一系列问题都难有统一的标准答案，所贵者在于学人的辩证综合。

这本书既含有法史研究方法的反思，也有三十年来研究宋代司法传统的些许心得。就目前的学思宗旨而言，我更希望坚守笃实与厚重。对于本书，我原想以“宋代法史考论”命名，但因受此套学术丛书宗旨、出版社规划、文集字数诸多限制，加之内容不仅仅限于宋代，故以现名命之。

本书的出版正值全国疫情严峻之时，又逢江城武汉湿热的酷暑。感谢法律出版社丁小宜先生、宋丽娜女士的辛勤编辑，更感谢我的博士生王小康、王若尧及博士后童旭的辛勤校对。书中的参考文献由王小康列出。

最后,谨缀数语,以结本书:

余生中原,豫东鹿邑。束发启蒙,就学谭集。
及至成年,科考废弃。行伍嵩洛,从戎投笔。
幸逢改革,七九及第。求学吉大,入法律系。
朝夕讲求,法条律义。非无所得,难寻根蒂。
文史治道,吾性夙喜。于是转向,专注法史。
耕耘卅载,念兹在兹。岂窥堂奥,跬步探微。
躬逢校庆,爰裒小集。滥竽充数,聊备一席。
责编辛苦,诸生努力。值此付梓,权为后记。

陈景良
辛丑年七月初四
于江城